KB181585

Passion, Craft, and Method in Comparative Politics

그들은 어떻게 최고의 정치학자가 되었나 3
정치학자 15인의 꿈과 열정, 그리고 모험

1판 1쇄 펴냄 2012년 9월 28일
지은이 | 헤라르도 뭉크, 리처드 스나이더
옮긴이 | 정치학 강독 모임

펴낸이 | 박상훈
주간 | 정민용
편집장 | 안중철
책임편집 | 이진실
편집 | 윤상훈, 최미정
제작·영업 | 김재선, 박경춘
표지 디자인 | 박대성
일러스트 | 권재준 blog.naver.com/luviv

펴낸 곳 | 후마니타스(주)
등록 | 2002년 2월 19일 제300-2003-108호
주소 | 서울 마포구 합정동 413-7번지 1층(121-883)
편집 | 02-739-9929, 9930  제작·영업 | 02-722-9960  팩스 | 02-733-9910
홈페이지 | www.humanitasbook.co.kr

인쇄 | 천일문화사
제본 | 다인바엔텍

값 23,000원
ⓒ 정치학 강독 모임, 2012

ISBN 978-89-6437-152-7  04300
     978-89-6437-149-7 (전3권)

이 도서의 국립중앙도서관 출판시도서목록(CIP)은 e-CIP 홈페이지(http://www.nl.go.kr/ecip)에서
이용하실 수 있습니다.(CIP제어번호: CIP2012004179)

| 정치학자 15인의 꿈과 열정, 그리고 모험 |

# 그들은 어떻게 최고의 정치학자가 되었나

**3**

애덤 셰보르스키 | 로버트 베이츠
데이비드 콜리어 | 데이비드 레이틴 | 테다 스카치폴

헤라르도 뭉크 | 리처드 스나이더 인터뷰
정치학 강독 모임 옮김

후마니타스

**일러두기**

1. 한글 전용을 원칙으로 했다. 고유명사의 우리말 표기는 국립국어원의 외래어 표기법을 따랐다. 그러나 관행적으로 굳어진 표기는 그대로 사용했으며, 필요한 경우 한자나 원어를 병기했다.
2. 본문의 대괄호([　])는 옮긴이의 첨언이며, 각주의 옮긴이 첨언은 '•' 를 병기했다.

이 책을 위해 함께해 준 15인의 학자들에게


우리에게

처음 비교정치학이라는 학문에 매료되었던 이유를 다시 일깨워 주고,

영감과 가르침을 주었던 그 모든 시간들과

자신들의 삶과 사상에 대해 이야기하면서 함께 나눈

잊지 못할 시간들을 위해

**Passion, Craft, and Method in Comparative Politics**

Adam Przeworski

# 자본주의와 민주주의, 그리고 과학

애덤 셰보르스키는 사회민주주의와 민주화, 민주주의에 대한 선도적인 이론가 가운데 한 사람으로, 서유럽과 숭남미, 동유럽뿐 아니라 전 지구적 범위에서 이 주제를 연구했다. 그는 또한 비교정치학에 형식적이고 통계적인 방법들을 적용한 방법론의 혁신자이자, 합리적 선택이론의 초기 제창자 가운데 한 사람이기도 하다.

셰보르스키의 초기 연구는 사회민주주의에 초점을 두었다. 그는 사회민주주의를 생산수단을 국유화하지 않으면서 자본주의의 비합리성과 부정의를 극복하려는 시도로 이해했다. 그는 저서 『자본주의와 사회민주주의』 Capitalism and Social Democracy(1985a)와 공저 『종이 짱돌』 Paper Stones(1986)에서, 노동계급이 다수를 점하지 못한 채 선거 과정에 참여할 경우, 좌파 정당은 사회주의를 포기하고 자본주의 내에서 개혁적 의제를 수용하게 된다고 주장했다. 서유럽을 사례로 검증한 주장을 통해 특정 환경에서는 자본주의 철폐보다 자본주의 체제 내에서 개선을 추구하는 것이 노동자에게 합리적일 수 있다는 것을 보여 주기도 했다.

1980년대 남유럽과 1990년대 동유럽에서 권위주의 통치가 민주주의로 이행하자, 셰보르스키는 민주화와 민주주의의 문제로 관심을 돌려 몇 가지 중요한 연구 업적을 남겼다. 『민주주의와 시장』 Democracy and the Market(1991)에서 민주주의 이행 연구에 처음으로 게임이론을 적용했다. 공동 논문인 "근대화 : 이론과 사실" Modernization : Theories and Facts(World Politics 1997)과 저서 『민주주의와 발전』 Democracy and Development(2000)에서 전 세계를 대상으로 민주주의의 원인과 결과를 통계적으로 분석했다. 민주주의의 **원인**과 관련해서 그는 립셋의 유명한 테제인 경제 발전이 정치체제에 영향을 미친다는 주장에 중요한 수정을 가했다. 셰보르스키의 데이터는 높은 수준의 경제 발전이 민주주의의 안정을 촉진한다는 립셋의 주장을 뒷받침했지만, 경제 발전이 민주주의로의 이행을 촉진한다는 주장에 대해서는 의문을 제기했다. 민주주의의 **결과**와 관련해서는, 헌팅턴 같은 영향력 있는 학자들과는 반대로, 민주주의 체제의 경제적 성과가 권위주의 체제에 못지않다는 점을 보여 주었다.

셰보르스키는 민주주의국가들에서의 경제개혁과 정책 결정에 대한 관심을 이어 가면서, 지구화라는 상황에서 신자유주의적 경제개혁, 재분배의 가능성, 일국적 정책 선택, 그리고 정책 과정과 결과에 대해 민주주의 제도가 어떤 영향을 미치는지를 분석해 왔다. 이와 관련해 그는 『자본주의사회의 국가와 경제』*The State and the Economy Under Capitalism*(1990), 『국가와 시장』*States and Markets*(2003)에서 국가와 정치경제에 대한 이론들의 폭넓은 개요를 제공했다.

마지막으로 셰보르스키는 비교정치학 연구 방법론에도 큰 영향을 미쳤다. 그는 널리 읽힌 방법론 책, 『비교사회 연구의 논리』*The Logic of Comparative Social Inquiry*(1970)의 공동 저자이기도 하다. 그의 많은 저작들은 서로 다른 방법들을 어떻게 적용해 복잡한 실제 문제들을 분석할 수 있는지를 보여 줌으로써 비교정치학의 방법론적 수준을 높이는 데 기여했다.

셰보르스키는 1940년에 폴란드 바르샤바에서 태어났다. 1961년에 바르샤바 대학에서 철학과 사회학 석사 학위를, 1966년에 노스웨스턴 대학에서 정치학 박사 학위를 받았다. 워싱턴 대학(1969~73)과 시카고 대학(1973~95), 뉴욕 대학(1995~현재)에서 강의했으며, 1991년에는 미국예술과학아카데미 회원으로 선출되었다.

2003년 2월 24일,
뉴욕 주 뉴욕에서,
뭉크가 인터뷰했다.

**정치학에 처음 관심을 갖게 된 계기는 무엇인가? 폴란드에서 성장한 것이 당신의 정치관에 어떤 영향을 주었는가?**

내가 태어나던 1940년 5월은 독일이 폴란드를 침공, 점령한 지 9개월이 지났을 무렵이었다. 당시 사람들은 어떤 정치적 사건이 일어나면 아무리 사소한 일일지라도 곧바로 그것이 자신의 삶에 어떤 결과를 가져올 것인가를 생각했고, 그런 측면에서 사건을 해석했다. 당시 모든 뉴스는 전쟁에 관한 것이었다. 내가 서너 살 정도 되었을 때인가, 우리 가족이 BBC의 비밀 라디오 방송을 들었던 기억이 난다. 전쟁이 끝나고 불확실한 시기가 지나간 뒤, 소련이 모든 것을 장악했다. 또다시 사람들은 소련에서 들려오는 소문이나 미소 간의 갈등 같은 것이 우리 삶에 어떤 영향을 미칠 것인지 주시하기 시작했다. 나 또한 1961년 처음 미국으로 떠날 때까지 그랬고, 1989년 베를린장벽이 무너진 직후에도 그랬다. 사람들의 일상생활에 국제적이고 거시정치적인 사건들이 넘쳐 났다. 모든 것이 정치적이었다.

하지만 정치학을 공부할 생각은 없었다. 당시 유럽에는 정치학이 없었다. 우리에게는 (독일어를 그대로 번역하자면) '국가와 법 이론'이라 불리던 독일 및 중유럽적 전통만 있었다. 보통 로스쿨에서 가르치는 슈미트Carl Schmitt와 켈젠Hans Kelsen 같은 것을 가르쳤다. 이것이 당시의 정치학이었다. 폴란드에서는 정치학이 별개의 학문 분야가 아니었다. 그래서 내가 정치학을 공부하게 되리라고는 생각도 하지 못했다.

**부모님은 어떤 일을 했나?**

두 분 모두 의사였다. 나는 아버지를 만난 적이 없다. 아버지는 1939년 폴란드 군에 징집되었고, 결국 러시아 군의 포로가 되었다. 그는 러시아군이 카틴Katyn에서 자행한 폴란드군 장교 학살 사건[1] 때 살해되었고, 바로 그 무렵에 내가 태어났다. 어머니는 나치 점령기에 의사로 일할 수가 없어 빵 굽는 일을 했다. 전쟁이 끝난 후에야 다시 의사 일을 시작했다.

**어디서 학부를 마쳤나? 전공은 무엇이었나?**

철학을 공부하기 위해 1957년, 바르샤바 대학에 입학했다. 당시 유럽 학제에서는 5년 과정을 마치면 처음 받는 학위가 석사였다. 철학·사회학과 소속이었던 나는 같은 과의 많은 동료들이 그랬던 것처럼, 몇 과목만 더 이수하면 철학과 사회학에서 학위를 받을 수 있다는 것을 알게 되었다. 그래서 바르샤바 대학에서 철학과 사회학 석사 학위를 받았다. 그 후 미국 노스웨스턴 대학으로 가서야 비로소 정치학 공부를 시작했다.

**바르샤바 대학에서 어떤 것들을 읽었나?**

제2차 세계대전 이전의 폴란드 사회과학 분야에는 두 가지 강력

---

1 • 제2차 세계대전 중이던 1940년, 소련이 자행한 폴란드인 대량 학살 사건으로 폴란드의 군 장교와 경찰, 대학교수, 성직자, 의사 등 약 2만 2천 명이 스탈린의 명령으로 처형되었다.

한 지적 전통이 있었다. 그중 하나가 논리 실증주의였다. 빈학파Vienna Circle 이라 불렸지만 사실 빈-르부프-바르샤바Vienna-Lwów-Warszaw 서클이었으며, 그중에서 몇몇 저명한 논리학자는 폴란드인이었다.[2] 이 전통은 당시 영향력이 매우 강했다. 또 다른 흐름은 주로 독일 이상주의로 우파 역사주의의 전통이었다.[3]

전쟁이 끝나고 나서는 확실히 마르크스주의가 영향을 미치기 시작했지만, 실증주의도 여전히 세력이 강했다. 당시 학술지 『철학 사상』Myśl Filozoficzna 에서 마르크스주의와 실증주의 간에 논쟁이 붙었는데, 마르크스주의자들이 열세였다. 그러나 1948년 스탈린주의가 폴란드를 장악한 이후, 이 논쟁은 이른바 행정처분에 의해 해결되었다. 학술지는 폐간되었고, 모든 실증주의자들이 대학에서 쫓겨났다. 하지만 다른 소련 점령국들의 경우와는 달리 이들은 살해되거나 하지 않았고, 플라톤이나 아리스토텔레스 등의 저작을 편집하는 일이 맡겨졌다. 탈스탈린화의 물결과 함께 1955년 무렵 억압이 줄어들면서 같은 논쟁이 다시 일어났다.

이는 순수하게 지적인 영역에서 벌어진 훌륭한 논쟁으로 그 전개 양상 역시 매우 흥미로웠다. 분석 마르크스주의[4]의 진짜 기원을 찾으려 한다면, 그것은 바로 1957년의 폴란드에 있었다. 실증주의자들은 마르크스주의자들에게 주로 "'장기적 이익'long-term interests의 의미는 무엇인가? 당신들이 '계급'이라 부르는 것은 무엇인가? 왜 계급은 장기적 이익을 추구하는가?"라

---

2 철학자와 과학자들로 구성된 집단으로 모리츠 슈리크Moritz Schlick의 주도로 빈에서 창립되어 1922년부터 1932년까지 정기적으로 모임을 가졌다. 철학도 과학처럼 엄밀함을 추구해야 한다고 주장한 이들의 철학에 대한 접근법은 논리 실증주의로 알려져 있다.

3 역사주의적 접근법은, 개념과 사실은 역사적 맥락과의 관계에서만 이해될 수 있다는 입장을 취했다.

4 분석 마르크스주의는 마르크스주의의 한 분파로, 마르크스주의 이론도 '정상' 과학의 방법을 따라야 한다는 입장이다.

는 질문을 던졌는데, 더 이상 '행정처분'의 보호를 받을 수 없었던 마르크스주의자들은 그 질문에 대한 답을 찾아야 했기 때문이다. 나는 매력적인 격동의 시기에 대학에 입학했던 셈이다.

내가 입학할 무렵, 교과과정 또한 이런 변화를 반영하고 있었다. 스탈린주의 시대에 바르샤바 대학은 철학과를 폐지하는 대신 변증법적 유물론 학과를 설치했었다. 1870년대부터 있었던 사회학과도 폐지하고 역사 유물론학과로 대체했다. 내가 입학하던 1957년에는 변증법적 유물론학과와 역사 유물론학과가 폐지되고, 실증주의와 마르크스주의 양쪽 모두의 영향을 반영해 철학·사회학과를 새로 만들었다. 교과과정에는 2년짜리 수리논리학 과목과 수많은 과학철학 과목이 포함되어 있었는데, 이는 실증주의의 영향이었다. 또한 철학사 과목에는 매우 체계적이고 전통적인 중유럽식 교과과정이 포함되어 있었는데, 지금은 이름만 들어도 알 수 있는 코와코프스키Leszek Kołakowski, 바치코Bronisław Baczko 같은 마르크스주의자들이 가르쳤다. 아주 훌륭한 교과과정이었다.

**1961년 미국으로 건너가 노스웨스턴 대학에서 공부를 계속하게 된 이유는 무엇인가?**

말하자면 이렇다. 무엇보다, 폴란드는 매우 폐쇄적인 국가였다. 우리는 뭔가 다른 것을 보고 싶어 하고, 밖으로 나가고 싶어 하는 분위기에서 자랐다. 그런데 바르샤바에서 아주 우연히 노스웨스턴 대학 교수인 패럴R. Barry Farrell을 만나게 되었다. 우리는 영어로 토론하는 학생 모임을 정기적으로 마련했는데, 그가 이 모임에 나타났던 것이다. 어느 날 그가 나를 점심에 초대했고, 느닷없이 미국에 가서 정치학을 공부할 생각이 없느냐고 물었다. 정치학이 뭐냐고 물어볼 만큼 내가 영리했는지는 기억이 나지 않지만, 당시 난 정치학이 뭔지도 모르고 있었다. 패럴 교수가 전 세계를 돌아다니는 배에서 선원으로 일해 볼 생각이 없느냐고 물었더라도 아마 '그러겠다'고 답했을 것이다. 당시 나는 스무 살이었고, 무슨 일을 하든지 어디로든 떠나고 싶었다. 노스웨스턴 대학을 가게 된 것은 순전히 우연이다.

**노스웨스턴 대학에서는 어떤 것을 공부했나?**

당시 노스웨스턴 대학 정치학과는 미국에서 가장 '행태주의에 친화적인 학과들' 가운데 하나였다. 교수진으로, 국제관계 전공의 리처드 스나이더, 최초로 국제 체제에 시뮬레이션 기법을 도입한 게츠코Harold Guetzkow, 최초로 경험적 비교 연구를 시작한 사람 가운데 하나인 잰다Kenneth Janda가 있었다. 노스웨스턴 대학의 정치학과에는 뭔가 신비로움이 있었다. 그러나 이들 대부분이 아주 대단하지는 않았다. 솔직히 말해 내가 배운 것은 거의 없었다. 그곳에서 뭔가를 더 배우기에 나는 이미 교육을 많이 받은 상태였다. 내 기억으로, 교과과정의 시작은 정치학 개론이었다. 첫 부분이 "과학이란 무엇인가?"였고, 그다음이 정치였다. 내 생각에 과학철학에 대한 강사의 지식은 정말 엉망이었다. 이 때문에 혼자 많이 갈등했다. 당시 나는 읽으라는 책보다는 '사회적 프로이트주의자들'social Freudians의 책들을 많이 읽었다. 이 점에서 나는 그리 충실한 대학원생은 아니었다.

나는 경제사학자 슈바이니츠Karl de Schweinitz의 "경제 발전론"이라는 흥미로운 강의를 들었다(Schweinitz 1964). 또한 심리학자 캠벨Donald Campbell[5]의

---

5 캠벨은 연구 설계에 관한 저작으로 유명하다. 저작으로는 Campbell and Stanley(1966)와 Cook and Campbell(1979), Campbell(1988)이 있다.

"연구 설계론" 강의도 들었는데, 그런 것들이 내 삶의 안식처가 되었다. 경험적 연구를 설계하는 일은 상당한 신중함을 요구하는 일이라는 것을 알게 되었다. 그나마 이 두 강의가 대학원 과정에서 배울 게 있는 강의였다.

**박사 학위논문에 대해 이야기해 달라.**

노스웨스턴 대학에서 2년간의 과정을 마치고 논문 자격시험을 통과했다. 그리고 정당 체제가 경제 발전에 미친 영향이라는 논문 주제만 정한 채 폴란드로 돌아갔다. 폴란드과학아카데미Polish Academy of Sciences에서 사회학 연구자로 일자리를 얻었다. 당시 정치적으로나 경제적으로나 폴란드를 떠나기가 매우 어려웠던 나는 미국에서 논문 심사를 받을 수 있을 거라고는 미처 생각하지 못했고, 그래서 폴란드에서 발표하려고 계획하고 있었던 두 번째 사회학 학위논문을 동시에 쓰고 있었다. 그런데 어느 날, 노스웨스턴 대학으로 날 초대해 주었던 패럴 교수가 바르샤바에서 논문 심사를 받는 것을 노스웨스턴 대학이 허락해 주었다는 편지를 보내 왔다. 패럴 교수는 미국인 교수 몇 명이 바르샤바에 체류 중인데, 그들이 논문 심사위원회를 구성할 수 있을 것이라고 말해 주었다. 그렇게 해서 나는 6개월 만에 논문을 작성해 학위를 받을 수 있었다(Przeworski 1966).[6] 내가 아는 한 그 논문은 정치제도와 경제 발전의 관계에 대한 최초의 경험적 연구였다.

---

6 셰보르스키는 1966년 노스웨스턴 대학에서 정치학 박사 학위를 받은 것 외에 1967년 폴란드과학아카데미에서 사회학 박사 학위를 받았다.

**당시 폴란드에서 계속 일할 계획이었나?**

　　폴란드에 있을 생각이었다. 그러던 차에 1967년 한 학기 동안 펜실베이니아 대학의 초빙을 받았다. 나는 1964년부터 진행하고 있던 "정치에서의 가치에 관한 국제 연구"International Studies of Values in Politics라는 국제 공동 연구 프로젝트에 참여하고 있었다. 이 연구는 고故 필립 제이컵Philip Jacob 등 펜실베이니아 대학의 저명한 학자들이 이끌던 지역 정치 프로젝트였다. 이 프로젝트는 미국·폴란드·유고슬라비아·인도에서 진행한 여론조사를 바탕으로 한 연구였다. 당시 우리는 데이터를 분석하는 단계에 있었고, 펜실베이니아 대학은 내게 두 개의 강의와 자료 분석을 돕는 일을 맡겼다. 펜실베이니아에 있는 동안 세인트루이스 워싱턴 대학으로부터 한 학기 동안 더 초빙을 받았다. 워싱턴 대학에 재직하고 있던 1968년 봄에 바르샤바에서 학생 시위가 발생했고, 시위는 엄청난 탄압을 받았다. 많은 사람들이 체포되었으며, 친구들은 내게 폴란드로 돌아오지 말라고 충고했다.


**왜 폴란드로 돌아오지 말라는 충고를 받았는가? 정부와 문제가 있었나?**

　　펜실베이니아로 가기 바로 전해에 바르샤바 대학에서 사회학 개론 강의를 했었는데, 그 강의에 참여했던 학생들 중 몇 명이 1968년 정부의 탄압 이후 유명한 반체제 인사가 되었다. 바르샤바에서 망명 생활을 하고 있었던 브라질 공산주의자 카발칸티Pedro Celso Cavalcanti라는 친구가 있었는데, 그가 일부러 베를린까지 나와 내게 전화를 해서는 내 제자 40명 가운데 28명이나 감옥에 있으니 폴란드로 돌아와서는 안 된다고 충고해주었다. 개인적으로도 1963년에서 1964년 사이에 참여한 소규모 공동 연구 때문에 문제가 좀 있었다. 그 연구는 1948년에서 1955년까지 스탈린주의 시대 폴란드에서 산업화의 대가를 누가 치렀는가에 관한 것이었다. 연구의 결론은 명백히 노동자가 대가를 치렀다는 것이었다. 우리 연구는 프롤레타리아독재의 공고화를 위해 국가를 통치한다는 공산당이 사실은 노동자를 착취했음을 보여 주었다. 확실히 당이 좋아할 만한 것은 아니었다. 그래서 폴란드로 돌아갈 수 없었다. 하지만 비자 기한 문제로 미국에도 계속 머물 수가 없었다. 그러던 차에 우연히 칠레로 가게 되었다.

**왜 칠레였나?**

폴란드에서 가르친 학생 중에 수아레스Pablo Suarez라는 칠레 사람이 있었는데, 그가 칠레로 돌아가서 나를 초빙해 주었다. 내겐 그것이 유일한 기회였다. 나는 돈도 없고, 일자리도 없고, 폴란드로 돌아갈 수도, 미국에 머무를 수도 없었다. 하지만 결국 그 초빙은 성사되지 못했다. 하지만 칠레로 갈까 생각하고 있을 무렵, 우연히 산티아고에 있는 라틴아메리카 사회과학원Facultad Latinoamericana de Ciencias Sociales, FLACSO 원장 소아레스Gláucio Soares를 만나게 된다. 내가 칠레에 관심이 있는 것을 알고 그가 초빙해 줘서 1968년 가을, 칠레로 갔다.

**칠레에 머물면서 칠레를 연구했나?**

아니다. 펜실베이니아 대학 여론조사 자료를 분석했다. 그리고 펜실베이니아 대학의 튜니와 비교정치 방법론에 관한 책을 썼다(Przeworski and Teune 1970). 칠레에서 머문 6개월간 나와 내 아내는 칠레를 정말 좋아하게 되었다. 그래서 1970년에서 1971년까지 사회과학연구협의회의 기금을 받아 다시 칠레를 방문했다. 이때 나는 칠레인 공동 연구자와 함께, 서유럽과 중남미의 선거권 확대에 대한 연구를 진행했다. 결국 그 연구는 끝내지 못해 아직도 진행 중이다. 그때 내 아내는 칠레 경제사에 관한 박사 학위논문을 썼다.

**결국 워싱턴 대학에 임용되었는데?**

맞다. 1969년 워싱턴 대학에 전임으로 임용되었다. 그리고 프랑스에 머물고 있던 1972년에 시카고 대학에서 자리를 제안받았고, 1973년 시카고로 옮겨 22년 동안 있었다.

**정년 트랙 조교수였나? .**

그랬던 것 같다. 하지만 나는 그 제도에 대해 잘 몰랐고, 당시에는 거의 자동으로 정년 트랙[종신적 지위를 인정받게 될 교직 신분]이었다. 1972년 칠레로 가려 할 때였을 것이다. 여행 경비가 필요해서 워싱턴 대학 중남미 연구위원회Latin American Studies Committee 위원장이었던 사회학자 고故 조지프 칼Joseph Karl을 찾아가 경비 지원을 요청했다. 그때 그가 내게 "정년 트랙 교수인가, 비정년 트랙 교수인가?"라고 물었는데, 나는 "그게 무슨 뜻이냐?"고 되물을 정도였다. 그제야 내가 비정년 트랙인 것을 알게 되었다. 하지만 시카고로 갈 때는 정년 트랙으로 갔다.

## 자본주의와 사회민주주의

처음에 연구한 중요 주제는 사회민주주의였고, 이 주제에 대해 일련의 논문들과 두 권의 책 ─『자본주의와 사회민주주의』(Przeworski 1985a), 『종이 짱돌』(Przeworski and Sprague 1986) ─ 을 발표했다. 사회민주주의에 관심을 갖게 된 동기는 무엇인가?

나는 마르크스주의자였고, 사회민주주의를 정치적으로 이해하려고 했다. 내 의문은 "왜 서구에서는 혁명이 일어나지 않는가?"였다. 마르크스주의가 제시한 이론에 따르면, 산업화된 나라에서 조직된 노동계급은 혁명을 이끌지는 않더라도 최소한 지지는 해야 한다. 나도 이 이론이 합리적이라 생각했지만 관찰한 바에 따르면 혁명은 없었고, 앞으로도 없을 것 같았다. 나는 그 이유를 밝히고자 했다.

칠레와 그곳의 사회주의 역사도 내게 큰 영향을 미쳤다. 아옌데 정부[7]의 집권 첫해인 1970년에서 1971년 사이에 칠레에 살았는데, 이때 자본주의사회의 점진적 전환 전략의 가능성에 대해 생각하게 되었다. 아옌데 정권의 경험은 한 가지 의문을 제기했다. 즉, 사회주의자들이 선거 경쟁에

---

[7] 아옌데는 1970~73년 칠레 대통령을 지냈으며, 민주적 수단으로 급진적 개혁의 도입을 시도했던 좌파 연정의 대표였다. 아옌데 정부는 1973년 9월 피노체트 장군이 이끄는 군사 쿠데타로 전복되었다.

참여해 유권자 다수의 지지를 받는 개혁을 실행하는 것이 실행 가능한 전략인가? 라는 것이었다. 이 의문 때문에 나는 유럽으로 눈을 돌렸고, 유럽에서 사회주의적 개혁을 달성하려 했던 기획들이 역사적으로 어떻게 되었는지 살피게 되었다.

사회민주주의에 대한 내 연구 주제는 점차 진화해 갔다. 먼저 1970년경에는 "노동계급의 합법적 정치 세력화" — 저자 이름은 생각나지 않지만 불어로 된 책의 제목이다 — 의 관점에서 선거권의 확대를 연구하는 데 관심을 가졌다. 투표권을 가지고 있던 엘리트들은 왜 이 권리를 다른 사람들에게 확대했는가, 그리고 다른 한편 노동자들은 왜 체제를 파괴하는 대신이 체제 안에서 활동하며 선거권을 행사하는가라는 문제에 관심이 있었다. 이는 최근 경제학자들 사이에 유행하고 있는 주제다. 결국, 투표권의 확대와 초기 사회주의자들이 선거 정치에 참여하기로 한 결정에 초점을 맞추고 있던 나의 좁은 사고는, 사회민주주의를 좀 더 폭넓게 이해하는 것으로 발전했다. 이 넓은 시각에서는 두 가지 질문에 답할 필요가 있다고 생각했다. 하나는 사회주의 정당과 선거 과정에 관한 것으로, 왜 사회주의자들은 선거권을 얻기 위해 투쟁하기로, 그리고 선거권을 개혁적 목표를 위해 이용하기로 결심했는가 하는 물음이었다. 둘째는 경제 전략에 관한 것으로, 왜 사회주의자들은 집권 후 생산수단을 국유화하려 하지 않았는가 하는 물음이었다.

**이 연구에서 도달한 주요 결론은 무엇인가?**

내가 이 연구를 통해 알게 된 핵심은 개혁주의가 노동자들에게 합리적 전략이었다는 것이다. 노동자의 이익은 자본주의적 민주주의를 지지하는 데 있다. 언젠가 변화가 생겨서 육체노동자가 전체 인구에서 압도적 다수를 차지할 것이라는 가정은 잘못된 것이기 때문에 순수 노동자 정당이 선거에서 승리하기란 불가능하다. 사회주의 정당은 노동자를 대표한다는 것만으로는 선거에서 이길 수 없다. 그들은 포괄 정당catch-all party이나 다계급 정당multi-class party으로 활동해야 선거에서 이길 수 있다. 이를 실현하기 위해서 사회주의 정당은 노동자의 특수 이익을 넘어 광범위한 대상에 호소해야 한다.

두 번째로 알게 된 것은, 마이클 월러스틴Michael Wallerstein과의 공동 연구 과정에서 내린 결론으로, 노동자는 소득분배와 경제성장이라는 목표 사이에서 [어느 한쪽을 얻기 위해서는 다른 한쪽을 희생해야 하는] 맞교환trade-off 상황에 직면하며, 어떤 조건에서는 분배 요구를 제한하는 것이 장기적으로 그들에게 최적의 전략일 수 있다는 것이다(Przeworski and Wallerstein 1982). 임금 상승을 제한함으로써 노동자는 자본가들의 투자를 유도하며, 투자는 경제성장을 가져올 수 있다. 그렇게 해서 노동자는 이익을 보게 된다. 이런 측면에서 사회민주주의의 계급 타협 전략은 합리적 토대를 가지고 있다.

**사회민주주의에 관한 연구에서 특별히 논박의 대상이 된 사람이 있나?**

레닌에서 트로츠키, 루카치, 룩셈부르크까지 사회민주주의자를 배신자로 간주하는 모든 사회주의 전통을 논박하는 것이 내 비판의 목표였다. 좀 더 꼭 짚어 말하면 마르크스가 1850년에 쓴 『프랑스에서의 계급투쟁』Class Struggles in France이래로 여러 저작에 걸쳐 사적 소유권과 보통 선거권 사이의 [안정적인] 결합은 불가능하다고 말했던 구절들이다(Marx 1952).[8] [마르크스의 예상과 달리] 사적 소유와 보통 선거권은 명백히 공존할 수 있었다. 하지만 왜 그런지는 불분명했다. 좌파적 전통 — 즉, 다양한 형태의 급진 사회주의 — 에서는, 사적 소유와 보통 선거권의 결합이 가능했던 것은 사민주의자들이 '배신자'였기 때문이라고 말해 왔다. 하지만 내가 보기에 사민주의자들은 배신자가 아니었다. 오히려, 그들은 주어진 상황 아래에서 최선을 다했을 뿐이었다. 내 입장은, 나중에 내 책의 제목(Przeworski and Sprague 1986)으로도 사용한 바 있는, 엥겔스의 "투표용지가 종이 짱돌이 되었다"라는 문구 속에 담겨 있었다. 엥겔스는 보통 선거권이 노동자의 이익 증진을 위한 효과적인 수단이며, 따라서 더는 바리케이드를 세울 필요가 없다고 보았다. 투표를 통해 집권할 수 있기 때문이다. 그리고 선출된 공직자의 권력은 자본주의사회를 변화시키는 데 사용될 수 있다.

**좀 더 넓게 봤을 때, 자본주의적 민주주의의 작동에 관한 문제에 비해서 '왜 선거권이 보장되고 확대되는가'와 같은 민주주의의 기원에 관한 문제에는 초점을 덜 맞추고 있는 듯하다.**

     '왜 선거권이 확대되는가?'라는 문제도 다뤘다. 내 가정은, 선거권의 확대는 혁명의 위협에 대한 대응이었다는 것이다. 게다가 선거권의

---

8 마르크스의 이 구절은 Przeworski(1985a, 133[177])에 인용되어 있다.

[세보르스키에 따르면, 마르크스는 사적 소유권과 보통 선거권의 결합에 기반을 둔 자본주의적 민주주의는 내재적 모순에 따라 지속될 수 없을 것이라 생각했다. 이는 생산수단의 사적 소유와 정치적 민주주의의 결합이 빚어내는 근본적인 모순에 기인한 것으로, 마르크스는 이를 다음과 같이 말한 바 있다.

"헌법은 프롤레타리아트, 농민, 프티부르주아 계급의 사회적 노예 상태를 영구화하려는 의도를 가졌음에도 불구하고 그 계급에게 보통 선거권을 부여함으로써 정치적 권력을 소유하게 했다. 그리고 자신이 그 옛 사회적 권력을 인정했던 계급인 부르주아지로부터는 그들의 사회적 권력에 대한 정치적 보증을 박탈했던 것이다. 헌법은 부르주아지의 정치적 지배를 민주적 조건 속으로 밀어 넣었는데, 이 조건들은 매 순간 적대 계급의 승리를 용이하게 하고, 부르주아 사회의 토대 자체를 위태롭게 했다. 헌법은 프롤레타리아트, 농민, 프티 부르주아지에게는 그들이 정치적 해방에서 사회적 해방으로 나아가서는 안 된다고 요구하고, 부르주아 계급에게는 그들이 사회적 복고에서 정치적 복고로 후퇴해서는 안 된다고 요구했다"(임지현·이종훈 옮김, "프랑스에서의 계급투쟁," 『프랑스 혁명사 3부작』, 소나무, 1993, 79쪽)].

확대는 종종 1867년 런던 하이드파크 시위와 같은 폭력적 동원이 벌어진 뒤에 이루어지기도 했다. 나는 영국의 경우 선거권 확대는 혁명의 위협을 가라앉히기 위한 보수적 장치였다고 본다. 하지만 민주주의 자체가 어떻게 출현했는가에 대해서는 많이 생각해 보지 못했다. 나는 민주주의에 대해 잘 몰랐다. 민주주의 체제에서 성장하지 못한 내게 민주주의는 낯선 대상이었다. 민주주의에 관한 어느 것도 명확하지 않았다. 민주주의가 어떻게 작동하는가라는 문제는 내게 풀기 어려운 문제다. 그리고 아직도 그렇다.

## 민주주의로의 이행과 민주주의의 안정성

**두 번째 연구 분야는 민주주의로의 이행과 민주주의의 안정성이라 할 수 있을 것 같다.**

내가 민주주의로의 이행에 대해 체계적으로 생각하기 시작한 것은 1979년이다. 오도넬과 슈미터, 화이트헤드가 진행한 프로젝트(O'Donnell, Schmitter, and Whitehead 1986)[9]에 참여했는데, 우리는 1979년 워싱턴 소재 우드로윌슨센터에서 첫 모임을 가졌다. 그때만 해도 나는 전체 프로젝트가 무엇에 관한 것인지 정말로 잘 몰랐다. 친한 친구 필립 슈미터가 "일단 참여해 보게, 그러면 곧 뭔가 흥미로운 이야깃거리가 생길 거야"라고 했지만, 나는 이야깃거리를 찾기가 너무 힘들었다. 결국 논문을 하나 쓰기는 했지만(Przeworski 1986) 나는 민주주의로의 이행이라는 문제와 관련해 어

---

[9] 이 프로젝트에 대한 오도넬과 슈미터의 관점에 대해서는 2권 〈인터뷰 7〉과 〈인터뷰 8〉 참조.

떤 이론과 경험이 중요한지 정말 잘 몰랐다. 아무도 몰랐던 것 같기도 하다.

워싱턴회의가 삼 일째 되던 날, 문득 이론적 측면에서 무어(Moore 1966)나 립셋(Lipset 1959)에 대해 아무도 언급하지 않고 있다는 생각이 들었다. 참석자 40명 중 적어도 30명은 학생들에게 무어와 립셋을 가르치고 있었는데도 말이다. 나는 이 점을 지적하면서 "이거 이상하지 않은가?"라고 말했다. 내 생각에 당시 우리는 무어와 립셋의 이론을 지나치게 결정론적이라고 생각했던 것 같다. 우리는 민주주의로의 이행 전략을 짜려고 했다. 이는 어떤 행동이 어떤 조건에서 성공하고, 어떤 조건에서 실패하는가에 대해 생각하고 있었다는 뜻이다. 민주주의로의 전망은 무어의 주장처럼 2세기 전 농업 사회의 계급 구조에 어떤 일이 일어났는지에 따라 결정되는 것도, 립셋의 주장처럼 경제 발전 수준에 따라 결정되는 것도 아니다. 사례와 관련해서, 우리는 과거 민주화 사례를 살폈다. 그러나 사례가 타당한 것인지에 대한 확신을 얻지는 못했다.

**그 모임은 동구 공산주의가 붕괴되기 10년도 전의 일이다. 동유럽에서 뭔가 대단한 일이 벌어질 것임을 처음 감지한 것이 언제였나?**

1986년 6월이었다. 이유를 묻는다면, 글쎄. 1980년 8월에 폴란드에서는 수많은 대중이 참가한 파업이 있었다. 그리고 3주 만인 9월에 자유노조 운동Solidarity Movement이 만들어졌고 1천 6백만 명이 회원으로 가입했다. 이 운동은 사회운동 역사상 가장 폭발적인 것이었다. 결국, 이는 체제 전체의 위기로 이어졌고, 1981년 12월 13일에는 야루젤스키Wojciech Jaruzelski 장군이 이끄는 중남미식 쿠데타가 발생했다. 나는 이를, 마르크스가 1848년에서 1851년까지의 프랑스를 바라본 관점으로 해석했다. 말하자면 그것은 공산당이 국가를 통치할 수 없는 지경에 이르렀고, 군부를 통해 체제를 수호하려 한다는 증거라고 보았다. 당시에 "야루젤스키 장군의 브뤼메르 18일"이라는 글을 썼다.[10] 내가 던진 질문은, 당이 체제를 유지하는 데 실패했는데, 군부는 할 수 있겠는가였다. 처음에는 어느 정도 탄압을 통해 유지했으나 1980년대 초에도 계속해서 수많은 대중 봉기와 간헐적 파업이 이어졌다. 군부는 '강온'stop-and-go 전술을 구사했다. 탄압하다가 한발 물러서 타협하다가, 다시 탄압하다가 한발 물러서기를 반복했다. 7월 22일은 전후 공산주의자들이 폴란드에서 정권을 장악한 날로 폴란드의 독립 기념일이었다. 정부는 거의 매년 이날 사면령을 발표했다. 1980년대 초 폴란드에는 이런 농담이 유행했다. "1982년 7월 22일에는 무슨 일이 있었을까? 사면이 있었다. 그럼 1983년 7월 22일에는 무슨 일이 일어날까? 더 큰 규모의 사면이 있을 것이다." 대부분의 사람들이 이렇게 생각했다. 그러나 1985년 정부는 '강온' 전술이 잘 먹히지 않는다는 판단을 하고, 파업 노동자들을 체포하지 않기로 결정했다. 나는 공산주의자들이 포기하고 있다는 조짐을 느꼈다.

1986년 6월에 나는 바르샤바에 있었다. 가끔 그랬던 것처럼, 저명한 공산주의 개혁가 비아테르Jerzy Wiater라는 친구와 산책을 나갔다. 그 친구가 "우리는 약간의 개방을 위해 지방 수준에서 선거를 실시할 수 있지 않을까 생각하기 시작했다네"라고 말했다. "선거를 한다면 당신들은 패배할 거야"라고 했더니, 그 친구는 "알다시피, 문제는 이길 것이냐 질 것이냐가 아니라 **무엇을 잃을 것인가야**"라고 대꾸했다. 이 말을 들으면서 '오! 대단한걸!'

---

10 마르크스는 『루이 나폴레옹의 브뤼메르 18일』The Eighteenth Brumaire of Louis Napoleon에서 1851년 12월, 나폴레옹 보나파르트의 조카인 루이 보나파르트에 의해 독재가 공고화되는 과정을 분석했다. 프랑스 혁명력으로 '브뤼메르 18일'은 1799년 11월 9일로 나폴레옹 보나파르트가 쿠데타를 통해 스스로 절대 권력자임을 선언한 날이다.

이라는 생각이 들었다.

**"무엇을 잃을 것인가"라는 말은 어떤 의미였을까?**

지배자들이 잃을 것이 그들의 목숨인가, 자리인가, 아니면 단순히 선거에서 패배하는 정도인가 라는 것이었다. 나는 이 말이 좀 이상하다고 생각했다. 고르바초프는 1985년에 집권했고, 러시아인들은 경제개혁에 대해 이야기하기 시작했다. 왜 그랬는지는 모르겠지만 바르샤바에서 친구와의 대화 이후 경제개혁을 둘러싼 러시아 경제학자들의 논쟁에 대한 글을 읽는 데 빠져들었다. 처음 강하게 들었던 직관은, 일단 경제개혁이 시작되면 끝이 없으리라는 것이었다. 마치 미끄러운 비탈길처럼 말이다. 고르바초프와 그의 개혁 팀이 계획하고 있던 가격 메커니즘을 도입하게 되면, 공산주의 경제 모델을 정당화할 수 없게 되는 것이다. 일단 한 발을 떼게 되면 무조건 앞으로 나가야 한다. 마치 자전거를 타는 것처럼, 멈추면 넘어지게 된다. 1987년에는 동유럽에서 뭔가 중요한 일이 일어나고 있다는 확신이 들었다.

나는 지금 여기서 동유럽의 변화에 대해 주장한 사람이 바로 나라는 점을 이야기하고 있는 것이다. 민주주의 이행론의 거두인 헌팅턴은 1984년 동유럽에서 [민주주의로의] 이행은 불가능하다는 논문을 썼다(Huntington 1984). 린츠도 1989년에 비슷한 글을 써서, 1990년에 출판했다(Linz 1990). 나는 1988년, 브라질에서 열린 회의에서 동유럽의 자본주의로의 이행에 대해 언급했다. 사람들은 내게 고함을 질러 댔고, 배신자, 미친놈, 계급의 적이라는 비난이 난무했다.

**민주주의 이행에 대한 당신의 연구는 게임이론을 이용해 전략적 선택을 형식 이론을 통해**

분석한 것으로 유명했다. 당시로서는 민주화 연구에서 게임이론이 일반적인 방법이 아니었는데, 게임이론으로 전환한 이유가 무엇인가?

나는 폴란드 공산주의자들이 꽤 전략적으로 사고한다는 것에 크게 충격을 받았다. 1980년대 바르샤바를 자주 방문했는데, 당시 공산주의자들은 가끔 실수를 하기는 했지만 아주 신중하게 전략을 마련하고 있다는 확신이 들었다. 게다가 1970년대 스페인이나 1980년대 폴란드에서 사람들은 술자리에서조차 정치를 전략적인 방식으로 분석했다. 그들이 모든 것을 알고 있었다거나, 자신의 선택이 가져올 결과를 모든 사람이 예측할 수 있었다는 말은 아니다. 그렇지만 사람들이 전략적으로 생각하고 있다는 데 충격을 받았다. 나는 먼저 "그들의 입장이 되어서 상황을 전략적으로 이해하려고 노력했으며, 그것을 모델로 만든 후 내가 어떤 해답을 찾게 되는지 살피기" 시작했다.

게임이론을 사용한 것은 전반적인 나의 방법론적 성향 때문일 것이다. 즉, 논리적으로 일관성 있는 주장을 만들고, 형식 이론의 도구를 이용해 그 주장이 실제 논리적으로 일관성이 있는지를 확인하는 성향 말이다. 슈미터가 윌슨센터의 이행 연구 프로젝트에 나를 참여시킨 것도 이 때문이다. 슈미터가 "뭔가 이야깃거리가 있을 것"이라고 말했던 것도, 내가 민주주의 이행에 대해 슈미터나 오도넬과는 다른 방식으로 생각하리라 여겼기 때문이었을 것이다. 나와 절친한 마라발José María Maravall은 최근에 윌슨센터 시절을 회상하면서, "당신이 이야기를 시작하자, 마치 다른 세계에서 온 사람 같았고, 칠판에 상자와 화살표를 그리기 시작했을 때는 그것이 어떤 의미인지 전혀 알 수가 없었다"라고 말했는데, 지금은 마라발도 게임이론을 사용하고 있다. 내가 게임이론을 사용하게 된 것은 내 방법론적 성향과, 민주주의 이행에 참여하는 정치적 행위자들이 전략적으로 사고한다는 내 직관이 합쳐진 결과다.[11]

**민주주의 이행에 대한 당신의 게임이론적 분석은 오도넬과 슈미터에 의해 이루어진 연구 (O'Donnell and Schmitter 1986)[12]에 어떤 기여를 했다고 보는가?**

　　돌려서 말해 보자. 1970년대 중반에 카르도수Fernando Henrique Cardoso 와 함께한 학술회의에 참석했다. 당시 그는 종속이론을 연구하고 있었 다.[13] 이해관계가 존재하는 곳에서 이는 계급과 파벌로 조직되고, 계급과 파벌은 동맹을 만든다는 식의 내용이었다. 나는 그에게 "이런 계급들과 파 벌들로부터 이런 동맹들이 만들어졌다는 걸 어떻게 알 수 있나?"라고 물었 다. 그러자 카르도수가 "오, 애덤, 자네는 공허한 형식을 찾고 있어"라고 대답했다. 하지만 나는 그것이 공허한 형식이라고 생각하지 않았다. 왜냐 하면 이익 구조로부터 동맹이 만들어지는 방식이 명확하지 않았기 때문이 다. 하나의 동맹만이 가능할 수도 있고, 여러 개가 가능할 수도 있고, 동맹 이 전혀 불가능할 수도 있다. 그래서 우리는 어떤 동맹이 가능한가를 밝혀 낼 도구가 필요하다. 나는 게임이론이, 특정한 조건, 특정한 이익 구조 아 래에서 어떤 결과를 기대할 수 있는지 알아낼 수 있는 도구라고 보았다.

　　특히 나의 중요한 발견들 가운데 하나는, 민주주의로의 이행에 관련된 모든 주요 행위자들이 서로의 선호에 대한 완벽한 정보를 갖고 있다면, 그 리고 우리가 이야기하는 상황에 있다는 가정하에서라면, 민주주의로의 이 행은 일어나지 않으리라는 것이다. 이는 곧 누가 무엇을 알고 있는지에 대

---

11 셰보르스키의 민주주의 이행에 관한 문헌에 대한 의견은 Przeworski(1997) 참조.

12 특히 Przeworski(1991, 2장) 참조.

13 카르도수는 가난한 나라의 경제 발전 전망에 있어 외적 결정 요인을 강조했던 종속이론의 창시자 가운데 하 나다. 가장 널리 읽힌 책은 『라틴아메리카에서의 종속과 발전』*Dependency and Development in Latin America*(Cardoso and Faletto 1979)이다.

한 걱정에서부터 시작해야 한다는 뜻이다. 정권은 반대파에 대해 알고 있는가? 혹은 반대파는 정권에 대해 알고 있는가? 이것은 어떤 차이를 만들어 내는가? 이런 질문들에 대답하기 위해서는 도구, 즉 형식적 도구가 있어야만 한다. 슈미터와 오도넬은 『불확실한 민주주의에 대한 잠정적 결론』*Tentative Conclusions about Uncertain Democracies*(O'Donnell and Schmitter 1986)에서, 거의 체념한 듯 "민주주의로의 이행에서는 만사가 불확실하다"라고만 이야기했다. 그렇지만 이런 민주주의로의 이행들은 그들이 생각했던 것만큼 불확실하지 않았다. 더 많은 구조가 있었으며, 따라서 슈미터와 오도넬이 활용할 수 있었던 체제 이행에 대한 정보 역시 더 많이 있었다고 할 수 있다.

**민주주의로의 이행을 게임이론으로 분석해 어떻게 형식화할 것인가에 대해 누구와 이야기를 나눴나? 당시에는 민주주의로의 이행을 게임이론으로 연구한 문헌이 없었다.**

누구와도 이야기하지 않았다. 대화 상대가 없었다. 하지만, 내가 제안하는 것이 생소한 것이었음에도 불구하고 많은 사람들을 설득할 수 있었다. 사람들은 내가 제시하는 추론의 몇몇 측면이 꽤 유용하다는 것을 알게 되었다. 1986년에 나는 셸링Thomas Schelling의 연구에서 아이디어를 얻어 기존의 권위주의 체제를 지지하던 사람들이 언제 지지를 철회하기 시작하는지를 규명하는 글을 한 편 발표했다(Przeworski 1986). 사람들은 그것이 유용하다는 것을 알게 되었으며, 린츠조차 그렇게 생각하기 시작했다. 내 이야기를 듣기 시작했던 것이다.

**이행에 대한 당신의 게임이론적 분석은 충분히 형식 이론적이지 못하다는 비판을 받았다.[14] 이 비판에 대해 어떻게 생각하는가?**

내 모델은 세 가지 이유에서 투박하고 초보적인 수준이었다. 첫째, 25년 전만 해도 정치학에서 게임이론을 사용한 연구가 그리 많지 않았다. 둘째, 내 기량이 부족해서 더 잘하기는 힘들었다. 셋째, 내겐 내가 만족할 수 있을 만큼 상황을 이해할 수 있게 해주는 도구 정도면 충분했다. 나는 게임이론에 관한 논문을 쓰려는 것이 아니었다. 강경파와 개혁파, 반대파가 있다는 것을 알았고, 내겐 그것으로 충분했다. 다른 무엇인가가 더 필요하다고 생각하지 않았다.

**이후 민주주의로의 이행과 민주주의의 안정성에 대한 통계 연구를 진행함으로써, 민주주의 이행에 대한 게임이론적 연구를 좀 더 진전시킨 것으로 알고 있다.[15]**

1990년 무렵, 많은 신생 민주주의국가가 출현함에 따라 정치적으로나 학문적으로 '공고화'consolidation라는 문제가 제기되었다. 내가 정말 쓰고 싶지 않은 용어이긴 하지만, 나도 다른 사람처럼 "이제 이런 민주주의 체제를 갖게 되었는데, 과연 이것이 성공할 것인가? 살아남을 수 있을 것인가?"라는 질문에서 시작해서, "민주주의가 지속되는 조건은 무엇이고, 민주주의가 붕괴하는 조건은 무엇인가"라는 일반적인 질문으로 나아갔다.

신생 민주국가가 많아졌다는 것은 민주화를 통계적으로 사고할 수 있을 만큼 민주주의로의 이행 사례가 많아졌음을 의미했다. 미처 깨닫지는 못했지만 민주화에 대한 접근법에 있어서 우리는 극도로 베이지언적이었

---

14 예를 들어 Gates and Humes(1997, 5장) 참조.

15 이와 관련된 주요 저작들로는 Przeworski and Limongi(1997)와 Przeworski et al.(2000, 2장)이 있다.

다.[16] 1979년 당시 민주주의로의 이행 사례는 포르투갈, 그리스, 스페인 이 세 개뿐이었고, 우리는 이것에 기반해 우리의 신념을 구축했다. 결과적 으로, 민주주의로의 이행과 관련된 새로운 사례가 나타날 때마다 민주화 의 원인에 대한 우리의 생각은 달라졌다. 우리의 신념은 아주 불안정한 것 이었다. 사례가 너무 적어서 모든 사례가 중요했다. 이런 방식으로 우리는 민주화에 대해 알아 갔다. 1990년대 초부터 나는 이에 대해 통계 연구를 시작해도 좋을 만큼 사례가 충분해졌다고 생각하기 시작했다.

**당신의 주요 발견 가운데 하나는, 1959년 립셋의 주장처럼 경제 발전의 수준이 민주주의 의 생존[지속]을 설명해 주기는 하지만, 민주주의의 출현은 설명하지 못한다는 것이다. 인 과관계의 이 같은 비대칭적 양상에 대한 당신의 논지에 대해 몇몇 학자들은 당신의 데이 터 또한 그것을 뒷받침하지 못한다고 의문을 제기했다.**

　　　1인당 소득이 증가함에 따라 민주주의가 생존할 확률이 증가한 다는 것은 의심의 여지가 없다. 어떤 경우에도 이 상관관계는 유지될 것이 다. 그것은 단순하고 믿을 수 없을 만큼 강력한 논리다. 여기에 대해서는 전혀 의심의 여지가 없다.
　　하지만 경제적으로 발전한 나라들일수록 민주주의로의 이행 가능성이 더 높은지에 대해서는 다음과 같이 이야기해 볼 수 있다. 리몽기와 나는

---

16 [베이스T. Bayes가 주창한] 베이지언 통계Bayesian statistics는, 기존의 지식과 신념을 바탕으로 어떤 사건의 발생에 대해 연구자가 할당한 사전 확률에 비추어 데이터를 분석한다. 이런 관점은 통계적 추론에 대한 고 전적 접근법과는 대립되는 것으로, 변수들 간에 관계가 없음을 상정하는 영가설[귀무가설]과는 달리, 변수들 간의 관계에 관한 가설들을 평가한다.

1997년『세계 정치』*World Politics*에 실린 논문에서 이 문제를 처음으로 다루었는데(Przeworksi and Limongi 1997), 여기서 우리는 우리가 검토했던 변수들과 민주주의로의 이행 사이에 어떤 유의미한 관계가 있다는 점을 발견하지 못했다. 이후『민주주의와 발전』을 쓰면서 자료를 다듬는 과정에서, 우리는 경제 발전과 민주주의로의 이행 사이에 약간의 곡선 관계[17]가 있다는 점을 발견했다. 즉, 그 둘 사이의 모종의 관계에 대한 몇몇 증거를 찾아낸 것이다(Przeworski et al. 2000, 2장). 하지만 우리는 그 관계에 주목하지 않았다. 부분적으로 이는 통계적으로 그것을 우리가 어떻게 평가할 것인가의 문제 때문이었다. 그러자 보아와 스토크스(Boix and Stokes 2003)가 우리의 발견에 대해 문제를 제기했다. 요즘 들어 많은 논문들이 경제적으로 발전한 나라에서 민주화가 일어날 가능성이 높다고 주장하고 있다. 하지만 모두가 부정확한 통계 모델을 제시하고 있다. 체제 이행은 1차 마르코프 과정first-order Markov Process[18]을 따르지 않는 것으로 드러나고 있다. 다시 말해 이행의 가능성은 가장 최근의 조건들뿐만 아니라 과거의 역사에 따라서 달라진다. 과거 체제의 역사를 통계에 대입해 보면, 경제 발전과 민주화 사이의 관계는 사라진다(Przeworski 2004b). 경제가 발전할수록 민주화될 가능성이 높아진다는 것은 사실이 아니다.

**소득수준이 민주주의 체제와 권위주의 체제에 같은 영향을 미치지 않는 이유에 대해 짐작**

---

17• 서로 상관을 가진 변수들 사이의 관계가 비직선적이어서 변수값x의 변화에 따른 다른 변수값y의 변화가 동일 비율이 아닌 관계를 말한다. 예컨대, 독립변수를 한 단위 변화시키는 것이 항상 종속변수를 일정한 양만큼 주어진 방향으로 변화시킨다면, 그 함수는 직선적linear이며, 그렇지 않은 것은 곡선적curvilinear이다.

18 현재의 사건이 이전의 모든 상황들과는 관계없이, 오직 가장 최근의 사건에 의해 결정되는 경우를 말한다.

하는 바가 있는가? 왜 소득수준이 민주주의의 지속에는 강한 영향을 미치는 데 반해, 독재를 유지시키는 데는 별 영향을 못 미치는 것일까?

내 생각에, 경제적으로 발전된 사회일수록 민주주의가 안정화되는 이유는, 부유해지면 민주주의에 대한 전복 시도가 있을 때, 너무 많은 것들이 위험해지기 때문이다. 일반적으로 격렬한 정치적 동원은 위험을 동반하기 마련인데, 부유한 민주국가일수록 더욱 위험하다. 잃을 것이 더 많기 때문이다. 예를 들어 2000년 미국 대선 때 일어났던 일[19]이, 소득이 미국의 3분의 1밖에 안 되는 나라에서 일어났다면, 1948년에 코스타리카에서처럼 쿠데타나 내전으로 이어졌을 것이다. 미국에서 그런 식의 쿠데타나 내전이 일어나지 않은 이유는 사람들이 잃을 것이 너무 많기 때문이다. 결국 사람들은 이렇게 말한다. "선거 결과를 조작한, 정통성도 없고, 우리가 좋아하지도 않는 정부가 우리를 통치할 것이다. 그렇다고 뭐가 달라지나? 우리는 살아남을 것이다. 우리에겐 집도 있고, 차도 있고, 텔레비전도 있다. 그러니 뭣 하러 신경을 쓰나? 거리로 뛰쳐나가거나 바리케이드를 쌓는 따위의 일을 하기에는 위험해지는 것이 너무 많다." 이것이 바로 부자 나라에서 민주주의가 지속되는 이유다.

19* 2000년 미국 대선 당시 민주당의 앨 고어 후보는 총 득표수에서 48.4퍼센트를 득표해, 47.9퍼센트를 득표한 공화당의 부시 후보를 이겼지만, 선거인단 투표에서 266 대 271로 패했다. 이에 따라 선거 결과를 좌지우지할 플로리다 주 선거인단 투표에 대해 한 달 동안 검표와 재검표를 진행했지만, 대법원이 재검표 중단 결정을 내리고 고어가 이에 승복함으로써 사태는 부시의 당선으로 마무리되었다.

**그러면 왜 독재 체제에서는 동일한 메커니즘이 작동하지 않는가?**

　부유한 독재 체제가 안정적이라는 내 말이 사실이라면, 내가 방금 말한 것과 같은 메커니즘이 실제로 잘 작동할 것이다. 즉, 대만, 한국, 그리고 아마도 심지어 동독이나 프랑코 치하의 스페인까지도 말이다. 먹고살 만해졌는데, 체제를 반대한다는 것은 위험을 수반하는 일이다. 물론 체제를 반대한다는 것은 늘 위험한 일이지만, 잃을 것이 많으면 위험도 훨씬 커지게 되는 것이다. 그렇지만 부유한 독재 체제는 결국 붕괴한다. 소득수준이 높아서 독재 체제가 붕괴하는 것이 아니다. 다양한 위험 요인들이 쌓여 붕괴하는 것이다. 예를 들어 대만의 경우 독재 체제가 붕괴한 것은, 국가가 부유해져서가 아니라, 중국과의 지정학적 싸움에서 민주주의국가들의 지지가 필요했기 때문이다. 스페인에서 독재 체제가 붕괴한 것은, 첫째, 초대 독재자가 사망했기 때문이고, 둘째, 스페인이 유럽공동체EC에 가입하기를 원했으며 독재 체제를 유지한 채 가입할 수는 없었기 때문이다. 동독의 독재 체제가 무너진 것은 소련 독재 체제가 붕괴했기 때문이다. 베네수엘라에서 1958년 독재가 붕괴한 이유는 미국이 히메네스[20]에 대한 지지를 철회했기 때문이다(베네수엘라는 역사상 네 번째로 부유한 독재 국가였다). 독재는 결국 망한다. 하지만 그것은 각자 특수한 이유 때문이지, 경제적으로 발전해서가 아니다.

---

20 히메네스Marcos Evangelista Pérez Jiménez는 1952년 12월부터 1958년 1월까지 베네수엘라 군부독재 체제의 수반이었다.

**당신은 우리가 민주주의의 붕괴에 대해서는 잘 알고 있지만, 독재의 붕괴에 대해서는 잘 모른다고 말한다. 이런 차이가 어느 정도는, 독재 체제에 비해 민주주의 체제를 더 많이 연구하고 있기 때문인가?**

그렇다. 현재 우리는 독재 체제 간의 차이를 제대로 구별하고 있지 못하다. 민주주의로의 이행을 연구하는 과정에서 이것이 문제가 되기도 했다. 나는 독재 체제의 붕괴가 곧 민주주의로의 이행이라는 가정하에 통계 연구를 진행했다. 하지만 많은 경우 독재의 붕괴는 다른 독재로 이어졌다. 따라서 독재 체제들을 구분한 다음, 독재가 다른 독재로 이어질 가능성을 염두에 두면서, 이행 모델들을 재평가할 필요가 있다. 그렇게 되면 더 많은 것을 알 수 있을 것이다. 요즘 이 문제에 대해 제자 제니퍼 간디와 연구를 진행하고 있다. 우리는 이미 함께 논문 한 편을 작성했고(Gandhi and Przeworski 2006), 간디는 독재 체제하의 제도들에 관한 주제로 박사학위논문을 썼다. 몇 가지 이유로 학계에서는 오랫동안 독재 체제하의 제도는 눈속임에 불과하다고 결론을 내려 왔다. 결국은 독재자 개인이 결정하느냐 독재자 집단이 결정하느냐의 문제라는 것이다. 프리드리히와 브레진스키를 보자. 이들은 독재에 관한 책 서론에서 "우리는 헌법과 제도를 고려하지 않을 것이다. 그건 별로 중요하지 않기 때문이다"라고 밝혔다(Friedrich and Brzezinski 1956). 다른 문헌들 또한 이와 별반 다르지 않다. 독재에 대한 개론서로 브루커(Brooker 2000)의 훌륭한 책이 있는데, 이 책 색인에는 '법'이나 '제도'라는 단어가 아예 없다. 린츠는 독재 체제의 유형에 대해 특별한 관심을 기울였다(Linz 1964; 1975; 2000). 문제는 린츠의 분류가 조작 가능하지 않다는 것이다. 나는 그것을 재생산할 수 없다. 린츠는 자신의 머릿속에 모든 역사적 사실이 들어 있기 때문에 분류해서 생각할 수 있는 것이다. 그러나 나는 분류라는 것은 재생산이 가능해야 한다고 굳게 믿는 사람이며, 린츠와 같은 결론에 도달하기 위해 어떤 것들을 고려해야 하는지를 알고 있지 못하다.

그래서 제니퍼 간디와 나는 "독재 체제에서도 제도는 중요하지 않은 가?"라는 질문을 던졌다. 그리고 우리는 독재 체제에서도 제도가 실제로 의미 있다는 것을 계속 발견하고 있다. 제도는 모든 정책과 모든 결과에 영향을 미친다. 독재 체제는 비교정치학에서 가장 연구가 안 된 영역이다. 이에 대해 연구가 필요하다.

**1991년 저서 『민주주의와 시장』과 2000년의 『민주주의와 발전』 사이에는 주목할 만한 차이가 있다. 1991년 책에서는 립셋과 무어를 인간이 없는 역사라고 비판하면서 전략적 행위자들에 초점을 맞추는 것이 중요하다고 강조했다. 그러나 당신의 2000년 책은 인간 없는 상관관계들에 관한 책이라 할 수 있다. 관점이 바뀌어서 정치학적 감각을 상실한 것 같은데, 맞나?**

정당한 지적이다. 『민주주의와 발전』이 의도한 것은, 경험적 문헌에서 나타나고 있는 혼란들을 말끔히 정리하려는 것이었다. "우리가 얻을 수 있는 최선의 사실을 수집하고, 강건성 테스트를 거친 후에, 우리가 믿어야 할 것을 결정하자"라고 다짐했다. 우리는 계획에 따라, 그 어떤 이론적 발견도 자제하면서 신중하게 이렇게 밝혔다. "우리는 이론화를 바라지 않는다. 이런 사실들을 우리의 이론적 가정에 얽매이게 하고 싶지 않았다. 우리는 순수하게 귀납적이며, 순수하게 빈도주의적frequentist이고 싶었다." 먼저 사실을 수집하고 나서야 우리는 그것을 어떻게 설명할 것인지를 생각할 수 있었다. 최근에 나는 선진국에서 민주주의가 왜 지속되는가라는 주제로 논문 두 편을 발표했다(Przeworski 2005; Benhabib and Przewoski 2006). 이 문제를 설명하려면 아주 복잡한 모델을 고안해야 할 것이다. 이제야 나는 이를 설명할 수 있게 된 것 같다. 『민주주의와 발전』에서 우리가 의도했던 것은, 이런 종류의 문제를 다루고, 미시적 동기와 전략적 선택을 다루는 것과는 다른 것이었다. 나는, 설명이 필요한 사실이 무엇인가를 먼저 확립하고 난 뒤, 그것을 설명하고 싶었다. 경제학자들의 논문을 보면 "정형화된 사실"[21]을 제시한 후 그것을 설명하는 아주 복잡한 모델을 제시한다. 나는 이런 글들을 보면 "그런 사실이란 없다"라고 반응하곤 한다. 그래서 내가 설명하고 싶은 것을 알게 될 때까지 모델을 글로 쓰지 않으려고 했던 것이다.

**발전의 결정 요인**

『민주주의와 발전』에서는 경제 발전의 정치적 결정 요인이라는 주제를 다루었는데?

이 문제는 내가 폴란드에 있을 때부터 그리고 노스웨스턴에서 대학원을 다니던 시절부터 평생 관심을 가져 온 주제다. 폴란드의 공산주

---

21 • 정형화된 사실stylized fact
수많은 맥락에서 경험적 사실이라고 폭넓게 받아들여지는 관찰 결과를 말한다. 사회과학, 특히 경제학에서 이는 경험적 관찰 결과를 단순화해 제시하는 것을 말하는데, 보통 몇 가지 복잡한 통계적 계산들을 요약해 폭넓게 일반화한 결과를 가리킨다. 이는 세부적으로 보면 부정확하다 할지라도 크게 보면 참인 진술로, 예를 들어 "교육 수준이 높을수록 평생 수입이 높다"는 진술을 들 수 있다. 이 진술은 세부적으로 살펴보면, 학계에 종사하는 박사 학위 소지자들의 경우와 같은 반례가 존재하지만, 정형화된 사실의 관점에서는 참으로 받아들여질 수 있다. 1961년 자신의 논문에서 이 말을 처음 도입한 니콜러스 칼도어Nicholas Kaldor는 경제성장에 대한 신고전파 경제학의 모델들을 비판하고 이론의 구축은 개개의 세부적 사실보다는 폭넓은 경향에 집중해 유의미한 사실들을 요약하면서 시작해야 한다고 주장하면서, 이런 과정으로부터 도출된 폭넓은 경향을 가리켜 "정형화된 사실"이라 불렀다.

의 체제는 발전을 이룰 것이라는 말로 스스로를 정당화했다. 공산주의자들은 근대화의 지름길을 제시하고 있다고 말했다. 폴란드에서 우리는 그 말을 의심했다. 경제 발전을 위해 독재가 필요하다는 것은 사실인가? 아니면 단지 공산주의 체제의 선전 문구에 지나지 않는가? 같은 문제가 미국에서도 표면화되었는데, 슈바이니츠와 갈렌슨Walter Galenson은 둘 다 1959년에 발표한 글에서 이렇게 말했다. "우리는 민주주의자이다. 그러나 가난한 나라가 발전을 위해 자원을 동원하려면 독재가 필요하다는 엄연한 사실과 마주칠 수밖에 없을 것이다." 이것이 바로 내가 박사 학위논문에서 씨름했던 질문이며, 평생을 생각해 온 주제다.

1990년 이후, 정치체제가 경제 발전에 미치는 영향이라는 좀 더 폭넓은 문제가 다시 중요해졌다. 나는 신생 민주주의 체제가 지속될 것인가뿐만 아니라, 이 체제가 어느 정도의 경제적 성과를 이룰 수 있을까도 궁금했다. 이 문제에 대한 미국의 담론도 변화되어 왔다. 과거 표준적인 입장은 민주주의가 (경제)발전이라는 측면에서 성과가 좋지 않다는 것이었으나, 현재 미국의 공식적인 입장은 민주주의국가들이 경제적 성과도 좋다는 것이다. 그 사이에 연구 성과도 축적되었다. 나는 이 문헌들을 제자 리몽기와 함께 검토했는데(Przeworski and Limongi 1999), 이상한 점을 발견했다. 가장 당혹스러웠던 것은 1988년 이전에는 민주주의 체제가 더 빨리 성장한다는 내용의 연구가 없었으며, 1987년 이후에는 어떤 연구도 독재가 더 빨리 성장한다고 주장하지 않았다는 것이다. 이데올로기적 변화는 1982년경에도 있었기 때문에, 나는 이런 연구 양상은 뭔가 이상하다는 생각이 들었다. 그래서 이 문제에 대해 적절한 데이터를 가지고 진지하게, 그리고 통계적으로 연구해 보기로 결심했다.

## 어떤 결론에 도달했나?

집합적 수준에서 민주주의가 총소득의 증가율에 영향을 미치지 않는다는 것은 분명했다. 로버트 배로(Barro 1997) 같은 사람은 민주주의를 지속적으로 측정해 보면 민주주의와 발전 사이에 곡선 관계를 발견할수 있을 것이라고 주장한다. 그러나 내가 보기엔 독재와 발전 사이에도 곡선의 관계가 존재한다. 즉, 소득수준이 중간 정도 되는 비민주국가도 성장률이 높다. 1인당 소득에 따라 성장률이 어떻게 변화하는지를 그려 보면점점 증가해 최고조에 달했다가 다시 감소하는 것을 볼 수 있을 것이다. 따라서 배로 같은 경제학자들은 민주주의와는 상관없는 양상을 이야기하고 있는 것이다. 나는 집합적 수준에서 체제는 발전에 아무런 영향을 미치지 않는다고 생각한다.

이 모든 탐구의 궁극적 목표Holy Grail이자 내가 아직도 열심히 하고 있는작업은, 경제 발전에 효율적인 정치제도를 찾아내는 일이다. 하지만 아직까지는 그다지 성공적이지 못했다. 재산권의 보장, 사법부의 독립, 투명성, 부패 등 제도들에 대한 주관적 척도를 활용한 문헌이 있긴 하다. 이런척도들은 모두 최근 시기를 다루고 있다. 횡단면 분석을 해보면 이 제도들과 경제성장 간에 상관관계가 있음을 발견할 수 있을 것이다. 그와 같은상관관계는 언제나 작동한다. 하지만 주관적 척도 대신에 관찰 가능한 척도로 같은 결과를 얻어 낼 수는 없다. 덜 집합적인 수준에서조차 성장에대한 제도의 영향은 발견할 수 없다. 수많은 연구 문헌들은 "제도가 중요하다"고 말하지만, 문제는 "어떤 제도인가?"다. 우리는 잘 모른다. 제도가중요할 수도 있지만, 그게 어떤 제도인지 우리는 잘 모른다. 나는 여전히이 문제에 매달리고 있고, 역사를 더 거슬러 올라가 데이터를 모으고 있는중이다.

## 민주주의 개념

『민주주의와 발전』의 통계분석에서 당신은 '최소주의적 개념'이라고 부르는 민주주의 개념, 즉 폭력이 없는 상태에서 경쟁적 선거를 통해 통치자가 선출되는 체제라는 개념을 사용했다. 또한 당신은 계속해서 최소주의적 개념을 분명히 지지해 왔다(Przeworski 1999). 왜 이런 관점을 갖게 되었는가?

　　　　　민주주의에 대한 사람들의 기대는 매우 높다. 나는 민주주의를, 통치자가 선거를 통해 선출되고 재선의 대상이 되는, 즉 시민 다수의 투표가 통치자를 물러나게 할 수 있는 체제로 이해하는 것에서 시작한다. 나는 민주주의에서 합리적으로 기대할 수 있는 것이 무엇인가를 귀납적·연역적 사고를 통해 이해하려고 했다. 이미 이야기했듯이, 통계적 결과에 따르면 민주주의로부터 경제성장을 기대할 수는 없다. 하지만 [민주주의하에서 내려지는] 그런 결정이, 18세기에 흔히 그렇게 생각했듯, 합리적이라고 기대할 수는 있을까?[22] 역시 그렇지 않다. 그렇다면 책임성을 기대할 수 있을까? 선거가 책임성과 관련해 조야한 수단이라는 것을 우리는 알고 있다. 분명 책임성을 보장하기에 충분하지 않다. 그러면 민주 정부가 평등을 가져오리라 기대할 수는 있을까? 이 문제는 여전히 열려 있다. 왜 민주주의가 소득을 좀 더 평등하게 만들지 못할까? 우리는 그런 평등을 기대하겠지만, 실제로

---

22• 셰보르스키는 『민주주의와 시장』에서 "어떤 의미에서도 민주주의는 합리적인가?"라고 물으면서 다음과 같이 이야기한다. "18세기적인 의미에서 민주주의가 집단적으로 합리적이려면, ① 공동선, 일반 이익, 공동 이익 등과 같은 정치 공동체의 복지를 극대화할 수 있는 독특한 점이 존재하고, ② 민주적 과정은 이 극대화 점에 수렴해야 한다. 더 나아가 만약 ③ 민주적 과정이 이런 복지의 극대화로 수렴하게 하는 독특한 기제(어떤 자애로운 독재자도 일반 의사가 무엇인지 알 수 없다)라면, 민주주의는 다른 어떤 대안보다 우월한 체제일 것이다"(임혁백·윤성학 옮김, 『민주주의와 시장』, 한울, 1997, 36쪽).

평등이 실현되는 것을 보게 될 것 같지는 않다. 결국 "우리는 민주 정부에 무엇을 기대할 수 있는가?" 나는 이 질문에 이렇게 답할 것이다. 경제 발전은 아니고, 합리성도 아니며, 책임성은 약간, 평등은 아마도라고.

민주주의로부터 확실하게 기대할 수 있는 것은 무엇일까? 사람들이 서로 죽이지도, 정부에 의해 살해되지도 않으리라는 것이다. 이것이 바로 내가 포퍼(Popper 1945)와 보비오(Bobbio 1984, 156)로 돌아가서 "민주주의는 우리가 서로 죽이지 않도록 하는 체제다. 그것이면 충분하다"라고 말하는 이유다. 나는 1973년 칠레의 반 아옌데 쿠데타 결과를 보면서 이런 민주주의 개념에 이르렀다. 민주주의가 얼마나 중요한지를 알게 되었으며, 민주주의의 기반을 약화시킬 수 있는 어떤 정책도, 그것이 대량 학살로 이어질 수 있으므로, 무책임하다는 것을 알게 되었다. 민주주의에 대한 나의 최소주의적 견해는 이때의 경험에서 비롯된 것이다. 우리 좌파들은 민주주의에 대해 양면적인 태도를 가지고 있었다. 우리의 목적을 실현하는 데 도움이 되면 이용했으며, 도움이 안 되면 거부했다. 그러나 1973년에 나는 민주주의가, 최우선으로 지켜져야 할 가치임을 알게 되었다. 그것이 내 생각의 가장 큰 전환이었다.

**최근의 '민주주의의 질'이라는 넓은 개념은 최소주의적 민주주의 개념과 차이가 있어 보인다. 이 논의는 생산적인가?**

아주 생산적이다. 이 문제는 민주주의[의 정되를 연속적으로 측정할 것인가, [민주주의인지 아닌지] 이분법적으로 측정할 것인가 라는 방법론적 논쟁과 관련이 있다(Collier and Adcock 1999). 민주적이라고 보기 어려운 나라가 분명히 있다. 게다가 피노체트가 비델라[23]보다 민주적인지, 스탈린이 히틀러보다 민주적인지 비교하는 것은 의미가 없다. 이 체제들은 명백히 독재 체제이고 점수로 따지면 0점이다. 그러나 그렇다고 한 나라가 다른 나라보다 더 민주적이라고 말할 수 없음을 의미하는 것은 아니다. 임신을 예로 들면, 임산부들의 상태가 임신 1개월이냐 2개월이냐로 말할 수 있다. 우리는 구별할 수 있다. 그래서 나는 민주주의의 질을 평가하려는 노력에 적극 찬성이다.

이런 노력들이 갖는 문제는 민주주의의 질을 측정할 수 있는 만족스러운 척도를 고안해 내기가 상당히 힘들다는 데 있다. 또 '민주주의의 질'이라는 말이, 미국 정부나 국제 금융 기구들이 다양한 나라에 제도적·정치적 의제를 강요하기 위해 사용하는 지정학적 도구가 되고 있기 때문에, 조심스럽게 접근해야 한다. 같은 맥락에서 '좋은 통치'[24]를 측정하려는 노력이 급격히 늘었다. 그러나 케냐나 인도네시아 정부의 관점에서 좋은 통치란 무엇이겠는가? 그것은 미국 정부가 "이런 것을 당신네 정치 체계에 도입하면 수억 달러를 주겠다"라고 말하는 것에 지나지 않는다. 이런 의제를 옹호하는 사람들 가운데 많은 이들은 자신이 무엇을 하고 있는지도 잘 모른다.

물론 만약 [민주주의의 질을 증진시키기 위한] 그와 같은 정책 결정들이 탄탄한 연구에 기반을 두고 있다면, 만약 우리가 어떤 정책이 제대로 작동하고 어떤 정책들이 제대로 작동하지 않을지에 대해 제대로 알고 있다면, 상황은 달라질 수 있을 것이다. 그럴 경우 나는, 약간 조심스럽기는 하지만, 그

---

23 비델라Jorge R. Videla는 아르헨티나가 군부 체제였던 1976년에서 1981년까지 대통령을 역임했다.

24 • 좋은 통치good governance
1990년대 초 냉전 이후, 공여국들은 개도국의 개발을 효과적으로 지속하기 위해서는 정치·사회·경제 등 각 분야에 대한 국민의 참여와 이를 보장하는 각종 제도가 마련되어야 한다는 인식 아래, 개도국 국민의 개발에 대한 참여를 확보하는 제도 및 체제를 총괄해 '좋은 통치'라 불렀다. 구체적으로는 민주주의, 법의 지배, 투명한 회계 제도와 공무원 제도 등 행정 부문의 효율화, 부패 방지, 과다한 군비 지출 억제, 인권 보호 등이 좋은 통치의 주요 항목에 해당한다. 양호 통치, 굿 거버넌스 등으로도 일컬어진다.

와 같은 정책의 도입에 어느 정도 공감할 수도 있을 것이다. 그러나 우리는 잘 모르고 있다. 사법부 독립에 대해 이야기해 보자. 에콰도르에서 사법부의 독립은 어떤 결과를 초래하겠는가? 이 주제에 대한 기사를 몇 편 읽은 후 내릴 수 있는 결론은 더 적은 액수로 판사들을 매수할 수 있게 된다는 것이다. 판사가 정치인으로부터 독립적이지 못할 때는, 정치인을 먼저 매수해야만 한다. 게다가 그 정치인에게 주어야 할 뇌물은 그 정치인이 자신을 지지해 줄 다른 정치인과 뇌물을 공유할 수 있을 정도가 돼야 한다. 반면, 사법부의 독립성을 보장하는 개혁이 이루어진다면, 더 낮은 금액으로도 판사들을 매수할 수 있게 된다. 왜냐하면 외국 기업들은 판사들 가운데 골라서 뇌물을 주면 되고 정치인들은 고려하지 않아도 되기 때문이다. 우리는 실제로 어떤 효과가 나타날지 잘 모른다. 민주주의의 질에 대한 논의는 그것의 정치적 결과에 대한 깊은 이해와 함께 이루어져야 한다.

내가 우려하는 것은 이런 구상들 가운데 다수가 이데올로기적 의제를 숨기고 있다는 것이다. 예를 들어 프리덤 하우스의 순위Freedom House's ranking를 보자.[25] 프리덤 하우스는 사람들이 뭔가를 자유롭게 할 수 있는지의 여부에 따라 순위를 매긴다. 그래서 미국은 최상위에 가깝다. 미국인들은 자유롭게 정당을 만들 수 있고, 자유롭게 투표할 수 있다. 하지만 미국인은 정당을 만들지 않고, 대통령 선거 때 인구의 절반이 투표하지 않는다. 이 자유의 개념은 실행 능력과는 분리된 추상적 잠재성에 관한 것으로 이념적으로 경도돼 있고 설득력도 없다. 로자 룩셈부르크는 "문제는 자유로운 것이 아니라 자유롭게 행동하는 것이다"라고 말한 바 있다. 이런 측면에서, 우리는 정당의 수가 몇 개인지, 정당들이 무엇을 약속하는지, 가난한

---

25 프리덤 하우스는 전 세계 모든 국가를 대상으로 매년 두 개의 지수를 발표한다. 하나는 정치적 권리에 대한 것이고, 다른 하나는 시민적 자유에 대한 것이다. 데이터는 http://freedomhouse.org에서 볼 수 있다.

사람들이 선거에 얼마나 자주 참여하며 당선되는가와 같은 질문을 해야 한다. 하지만 프리덤 하우스는 그런 질문을 하지 않는다. 나는 프리덤 하우스가 미국 이데올로기의 산물이라 생각한다.

**당신이라면, 민주주의의 질을 어떻게 연구하겠는가?**

나라면 가장 먼저 정치에 대한 돈의 영향력을 살펴볼 것이다. 실제로 민주주의국가들 간의 차이를 만들어 내는 것은 이것이다. 레닌이 1919년 헝가리 노동자들에게 쓴 편지에서 "부르주아 민주주의는 부르주아 독재의 한 형태에 지나지 않는다"라고 말했을 때 그는 다음과 같은 메커니즘을 염두에 두었을 것이다. 민주주의는, 마치 추상적이고 보편적인 규칙을 가진 게임처럼, 보편적인 체제다. 그러나 이 체제에 투입할 수 있는 자원은 집단별로 다르다. 키가 2미터가 넘는 사람과 나처럼 작은 사람이 농구 경기를 한다고 생각해 보자. 결과는 뻔하다. 돈을 많이 쓸 수 있는 사람과 그렇지 못한 사람이 민주정치 게임을 하고 있는 것이다. 나는 경험적 마르크스주의 국가론에 관한 밀리밴드의 저작(Miliband 1969)에 일말의 진실이 있다고 생각한다. 즉, 돈이 정치에 개입하면 경제 권력이 정치권력으로 변환되고, 정치권력은 다시 경제 권력의 도구가 된다는 것이다. 우리는 많은 나라에서 이런 일을 목격하고 있다. 민주주의의 질을 측정하기 위해서는 먼저 정치에 대한 돈의 접근을 규제하고 있는 법과 실제 현실을 살펴봐야 한다.

## 방법론 연구

이와 같은 실질적 프로젝트들뿐만 아니라 방법론에 관한 글도 써왔다. 특히 경력 초반에 이런 글들을 많이 쓴 것 같다. 방법론에 관심을 갖게 된 이유는 무엇인가?

아마도 두 가지 이유가 있을 것이다. 첫째, 실질적 문제에 대한 연구를 시작하면서 기존의 방법으로는 안 되거나 답을 구할 수 없다는 것을 여러 차례 깨달았기 때문이다. 그 결과 방법론의 문제를 건드리게 되었다. 나는 절대로 방법론적 목적만을 위해서 방법론을 연구하지 않는다. 그러나 가끔 실질적 문제로 다시 돌아가지 못하고 방법론에 관한 글만 쓴 경우도 있다. 1974년 체계 분석에 대한 공저(Cortés, Przeworksi, and Sprague 1974)가 그런 경우인데, 원래는 선거권 확대에 관한 연구에서 시작한 것이었다. 그때 나는 방법론 문제에서 실질적 문제로 돌아가지 못했다.

두 번째 이유는 내가 폴란드를 떠나면서 폴란드를 계속 연구하고 싶지 않았고, 미국을 연구할 만큼 미국을 잘 알지 못했으며, 내가 중남미 출신이 아니었으므로 중남미를 연구하고 싶지도 않았기 때문이다. 그래서 내가 할 수 있는 것을 찾았는데, 그 가운데 하나가 방법론이었다. 1970년대 초반에 들어서면서 내 자신에게 "진짜 관심 있는 것은 실질적인 문제인데 왜 방법론을 하고 있는가?"라는 질문을 하게 되었다. 그때부터 다시 실질적 문제를 연구하기 시작했다.

하지만 늘 방법론적 주제에 매력을 느껴 왔다. 최근, 제자와 함께 책을 내기도 했다(Przeworksi and Vreeland 2000). 우리는 국제통화기금IMF이 경제성장에 어떤 영향을 미치는지 알고 싶었다. 그러나 이 문제에 대해 고민하기 시작했을 때, 우리는 우리에게 필요한 통계 모델이 없다는 결론을 내렸다. 그래서 원래 연구와는 별도로 방법론 논문을 쓰게 되었다(Przeworski and Vreeland 2002).

내가 방법론 연구에서 지적 즐거움을 찾는다는 것도 인정해야겠다. 논리적 퍼즐들을 좋아하기 때문에 방법론 연구도 좋아한다.


**당신의 가장 유명한 방법론 저작은 튜니와 함께 쓴 『비교 사회 연구의 논리』(Przeworski and Teune 1970)다. 그 책이 기여한 바는 주로 무엇인가?**


　　　　그 책의 주요 이론적 기여는 비교정치가, 비교에 대한 것이 아니라 국가들 간의 가설 검증에 관한 것이라고 보았다는 점이다(이는 폴란드 사회학에서 비롯된 것이다). '비교 연구'를 한다는 것은, 상이한 역사적 조건하에서 일반 가설을 검증하는 것이다.

　또 다른 기여는 국가 간 비교가 가능한 데이터의 생산에 관한 것이다. 우리는 여론조사에 초점을 맞췄다. 당시에는 설문지를 한 언어에서 다른 언어로 가능한 한 정확히 번역하면 비교 가능성을 보장할 수 있다고 생각했다. 미국인에게 자신이 살고 있는 동네에 갈등이 있는지를 물으면 그들은 이렇게 대답할 것이었다. "세 가지가 있다. 물, 학교, 도로에 관한 것이다." 그런데 '갈등'이라는 말을 인도어로 가장 가까운 단어로 번역해 인도에서 똑같은 질문을 한다면, 사람들은 이렇게 말할 것이다. "아니다. 절대 아니다. 우리 지역은 서로 평화롭게 산다. 서로 죽이지 않는다." 왜 그럴까? 인도 사람들이 이해하기에, 평화와 화합의 상태, 그리고 서로 죽고 죽이는 양 극단의 상태 사이에는 아무것도 없기 때문이다. 그들의 개념 세계에는 제한되고 조절된 '갈등'이라는 말이 존재하지 않는다. 설문이 문자 그대로 번역될 수 없다는 것, 그리고 우리가 생각하는 기술적 용어에 있어 국가 간 등가성은 존재하지 않는다는 결론을 내렸다. 튜니와 내가 생각해 낸 것은 국가 간 다른 척도를 이용해 의미를 통제하는 방법이었다.

1970년 출간된 이 책은 아직도 대학원 과정에서 많이 읽고 있다. 부침이 심하다고 볼 수 있는 방법론 분야에서 이는 놀랄 만한 일이다.

그렇다. 이 책은 아직도 인쇄되고 있고, 살아 있다. 왜 그럴까? 좋은 책이었던 것 같다. 우리는 명확하게 정리하고자 했다. 지금은 생각이 달라진 부분도 많다. 예를 들어 연구 설계에 관한 내용 가운데 최대 유사 체계 설계와 최대 상이 체계 설계에 관한 글은 잘못된 것이다. 그럼에도 불구하고, 근본적으로 비교 연구는 서로 다른 역사적·지리적 조건하에서 가설을 검증하는 것이라는 중심 논지는, 사회과학이라는 좀 더 보편적 기획과 연결될 수 있는 부분이라고 생각한다. 또한 역사적·지리적으로 조건이 서로 다른 사회에서 특정 정보를 어떻게 추적할 것인가에 대해서도 유용한 조언을 제공했다고 생각한다.

**만약 『비교 사회 연구의 논리』를 다시 쓴다면 어떻게 달라지겠는가?**

그 질문에 대해서는 쉽게 대답할 수 있다. 지금은 반사실적 가정[26]이 비교 연구에서 중요한 역할을 한다고 생각한다. 비교 연구 또는 일반적으로 사회과학에서 우리가 알고자 하는 것은, 특정 단위, 말하자면 한 국가를 원인 변수가 달라진 상황, 즉 다른 '실험 상황'treatment하에 놓고 본다면 무슨 일이 일어날 것인가이다. 요령은, 그와 같은 반사실적 가정을 알아내는 합리적 방법, 즉 우리가 관찰할 수 있는 것을 이용해 우리가 관찰할

---

26 • 반사실적 가정counterfactuals
사실과 반대되는 명제를 가정해 봄으로써 실제로 일어났던 사실의 인과성을 추론하는 방법.

수 없는 가상적 상황을 알아내는 방법을 찾는 것이다. 식민 지배가 미치는 영향을 예로 들어 보자. 이는 내가 지도하고 있는 카니야추Sunny Kaniyathu의 박사 학위논문 주제다. 아담 스미스는 식민 지배가 식민지를 황폐하게 만든다고 생각했는데, 이때 그는 식민화되지 않았다면 식민지가 발전했을 것이라는 가정을 하고 있는 것이었다. 후에 마르크스주의자들도 같은 생각을 했다. 이와 반대로 마르크스와 존 스튜어트 밀은 식민 지배가 그 지역의 경제 발전에 도움이 된다고 생각했다. 왜냐하면 이들은 그렇게 하지 않았으면 식민지는 정체된 채로 남아 있었을 것이라고 가정했기 때문이다. 그러므로 답은 그 사람이 가정하는 반사실적 가정에 달려 있다. 그렇다면 어떤 것이 올바른 반사실적 가정들인가? 어떻게 그 조건들 중에서 선택할 수 있는가? 그래서 비교 방법론 책을 다시 쓰게 된다면 표본 선택 편향selection bias을 다룰 것이다.[27]

**표본 선택 편향과 관련해, 킹·커헤인·버바(King, Keohane, and Verba 1994)의 논의는 유용하다고 생각하나?**

내 입장에서는 반사실적 가정 문제가 덜 강조된 면이 있기는 하지만 매우 훌륭한 논의였다. 킹은 자신이 하고 있는 일에 대해 잘 알고 있었고, 문제의 중요성을 이해하고 있었다. 그러나 사안을 정식화하는 데 있어, 반사실적 가정에 대한 사고를 수반하는 철학적 문제들을 거치지 않고, 너무 빨리 통계 쪽으로 흘러간 면이 있다.

27 표본 선택 편향은 무작위적이지 않은 방식으로 사례를 추출하는 연구에서 나타나는 체계적 오류를 말한다.

## 핵심 아이디어와 그에 대한 평가

**당신이 생각해 낸 최고의 아이디어는 무엇이었나?**

글쎄, 괜찮은 아이디어가 뭐가 있을까? 계급 타협에 관한 아이디어도 괜찮았던 것 같다. 월러스틴과 내가 개념화한, 자본에 대한 국가의 구조적 종속이라는 아이디어도 좋았다고 본다(Przeworski and Wallerstein 1982). 선거 과정에서 나타나는 [사회주의 정당이 중간 계급으로부터 지지를 이끌어 내는 것과 노동자계급으로부터 지지를 이끌어 내고 이를 유지하는 것 사이의] 맞교환 관계electoral trade-off와 노동계급이 선거 정치에 참여함에 따라 분열된다는 아이디어도 좋았다. 그러나 이것이 경험적으로도 작동하는지는 확신할 수 없다. 우리는 사회주의 정당들이, 『종이 짱돌』(Przeworski and Sprague 1986)에서 주장했던 것보다 더 심각하게 퇴락하리라 예상했었다.

민주주의란, 갈등을 평화적인 방법으로 처리하는 일련의 규칙이라고 보았던 것도 괜찮았다. 이런 민주주의 개념은 특정한 종류의 불확실성을 수반하며, 집단들로 하여금 [장기적 관점과 단기적 관점 사이의] 시점 간[이시적] 맞교환inter-temporal trade-offs을 가능하게 해준다. 나는 시점 간 맞교환을 가능하게 해주는 이런 민주주의 개념에 대한 애착이 크다.

방법론 연구에서 비교정치란 가설을 국가 간 교차 검증하는 것이라는 아이디어도 괜찮았다.

**당신의 연구나 아이디어들 가운데 과소평가되었다고 생각되는 것이 있나?**

좋은 아이디어가 있다고 생각할 때마다 반향을 얻을 수 있었다는 점에서 나는 운이 좋은 편이다. 어떤 때는 그렇게 빼어난 아이디어가 아니라고 생각한 것에도 반응이 있었다. 내 아이디어들은 엄밀하게 말해서 완전히 독창적인 것은 아니다. 어딘가를 파헤치면 누군가 비슷한 이야기를 했다는 것을 알 수 있다. 하지만 내게는 독창적인 것이었고, 또 그렇게 받아들여졌다.

그러나 방법론에 대한 두 가지 아이디어가 과소평가되었다고 생각한다. 비교 연구가 서로 다른 역사적 조건하에서 일반 가설을 검증하는 것이라는 생각은 제대로 부각되지 못했다(Przeworski and Teune 1970). 이런 방법으로 비교정치에 접근하는 사람들은 소수이지만, 대부분의 비교정치학 교재를 보면 첫 번째나 두 번째 문장에서, 비교정치란 국가들 간의 비교에 관한 것이라는 말이 나온다. 또한 국가 간 비교를 가능하게 하는 데이터를 어떻게 만들 것인가에 대한 제안도 게리 킹의 최근 연구(King et al. 2004)가 있기 전까지는 거의 주목받지 못했다.

**당신의 저작 가운데 완전히 잘못 이해되고 있는 것이 있다면?**

『민주주의와 시장』(Przeworski 1991) 4장은 경제개혁의 과정을 분석한 것인데, 어떤 까닭인지, 내가 급진적 신자유주의 개혁을 지지하는 것처럼 읽히고 있다. 이것은 명백한 오해다.

**연구 과정으로 돌아가 보자. 연구 문제를 어떻게 정식화하는가? 어디에서 영감을 얻는가?**

보통은 내가 모르거나, 우리 모두가 모르는 것, 우리가 집단적으로 믿고 있던 신념들이 서로 일관되지 못한 그런 문제를 찾는다. 관련된 이슈가 정치적으로 중요하다는 생각이 들면 그것에 대해 고민하기 시작한다. 기본적으로 나는 지적으로 난해하고, 정치적으로 중요한 문제에서 자극을 받는다. 내게 있어 연구는 규범적이고 정치적인 동기에서 비롯된다.

**정치 이론이나 고전을 읽는 것이 당신 연구에 도움이 되는가?**

정치 이론 분야의 고전을 읽는 것은 내게 매우 중요하다. 나는 고전에서 가설이나 역사적 정보, 위대한 아이디어를 얻는다. 완전히 새로운 문제는 없다고 생각한다. 아리스토텔레스를 읽으면 미국 정치학의 수많은 의제들이 떠오를 것이다. 분명 역사적 조건은 변했고, 우리는 고전이 제기하고 있지 않은 세부적인 질문을 떠올릴 수 있다. 또한 고전은 때때로 모호한 직관을 담고 있으며, 실제로 연구될 수 있는 명확한 서술이 없는 경우도 있다. 하지만 여전히 고전은 지식과 영감의 중요한 원천이다.

나는 일군의 정치철학자들과 매일 교류를 하고 있다. 대의 민주주의 이론에 관한 책을 쓴 정치사상사 연구자인 마넹(Manin 1997)과 여러 해 동안 함께 강의를 진행해 오고 있다. 이 강의에서 마넹이 루소에 대해 이야기하면 나는 루소의 모델을 설명한다. 또 그가 콩도르세Marquis de Condorcet에 대해 가르치면, 나도 콩도르세의 모델을 가르친다. 루소와 콩도르세는 내게 매우 중요한 지적 원천이다.

1960년대 내가 미국으로 왔을 무렵에는 대체로 정치철학과 비교정치를 같은 사람이 강의했다. 사실, 비교정치 분야에서는 대부분 정치철학·비교정치 담당 교수를 채용했다. 한 사람이 "플라톤에서 나토까지"(당시에는 [정치사상 강의를] 이렇게 불렀다)와 "비교 정부학 개론"을 동시에 강의했다. 비교정치와 정치 이론 사이의 이와 같은 관계는 사라지고 있다. 오늘날 비교정치를 공부하는 학생들은 더 이상 큰 문제들을 배우지 않으며, 그에 따라 그런 문제들 이면에 숨어 있는 통찰 역시 희미해져 가고 있다. 그 대가는 학생들이 더욱 편협해지는 것이다.

**스스로를 '방법론적 기회주의자'라고 규정했다(Przeworski in Katzenstein et al. 1995, 16-21). 방법론에 대한 당신의 일반적 접근법에 대해 이야기해 달라.**

나는 기술적technical 문제와 동떨어진 방법론적 논쟁을 좋아하지 않는다. 모든 사람이 비교정치 방법론에 대해 알고 싶어 하기 때문에, 나를 끊임없이 방법론 논쟁에 끌어들였다. 레이틴이나 베이츠도 마찬가지였다. 나는 이런 논쟁을 피한다. 물론 모든 것은 기술적으로도 맞아야 한다고 생각한다. 만약 이론을 다룬다면 엄밀해야 한다. 통계분석을 하고자 한다면 통계분석을 정말 잘해야 한다. 양쪽 모두 장인적인 솜씨가 필요하다. 나는 솜씨가 대단히 중요하다고 생각하지만, 방법론에 종교적 믿음을 가지고 있는 것은 아니다.

모든 연구가 게임이론이나 통계분석, 혹은 구조 분석, 서사로 이루어져야 한다고 생각하지 않는다. 방법은 도구에 지나지 않으며, 이 방법은 이 문제에 적당하고, 저 방법은 저 문제에 적당할 수 있다. 나는 실질적 문제에 따라 선택하고, 가능한 한 그 문제에 답하려고 노력한다. 그래서 다양한 방법을 사용한다.

어떤 방법은 좋고, 어떤 방법은 나쁘다는 식의 추상적 논쟁에 개입하는 것이 생산적이라고 보지 않는 이유는 또 있다. 토머스 쿤이 제시한 것처럼 (Kuhn 1962) 사람들은 대체로 방법론적 가르침에 설득되기보다는 범례 exemplar를 모방하곤 한다. 좋은 예시는 추상적 아이디어보다 더 설득력이 있다고 생각한다. 그래서 나는 어떤 방법이 훌륭하다고 다른 사람을 설득하고 싶을 때는, 그 방법을 연구에 직접 사용한다.

**여전히 자신을 과학자라고 생각하는 것 같다.**

그렇다. 나는 과학자다. 논리적 일관성과 경험적 반증 가능성이 과학의 핵심 기준이라고 생각한다. 논리적으로 일관성이 있어야 하며, 참인지 거짓인지를 증명할 수 있는 관찰 가능한 결론이 있어야 한다.

## 모델과 경제학

**형식적 모델화와 게임이론의 도구들은 당신 연구의 두드러진 특징이다. 연구의 어떤 단계에서 모델화를 시작하나? 모델을 완성하기 위해 어떤 노력을 하는가?**

보통 인과적 사슬을 생각하는 것으로 시작한다. 예를 들어 한 사회의 1인당 소득과 소득분배, 불평등 정도를 생각해 보자. 그 사회에도 역시 의사 결정이 어떻게 이루어지는가를 규정하는 정치제도가 있을 것이다. 그 사회에 대한 모델을 만드는 방법 가운데 하나는, 주요 정치 행위자와 그 행위자의 소득수준에 집중하는 것이다. 이것이 고전적 모델이다. 그러고 난 후 다음과 같은 질문을 던질 수 있을 것이다. "가난하고 불평등한 상태에서 출발한다면, 시간이 흐름에 따라 이런 사회에서는 어떤 일들이 벌어질까? 반면 가난하지만 평등한 사회에서는 어떤 일들이 벌어질까? 소득 불평등과 정치제도는 서로 다른 시나리오상에서 어떻게 변할까?" 나는 곧바로 기호로 기록하지 않고서는 이런 종류의 문제를 정리할 수 없다고 생각하게 된다. 그것을 형식화하지 않고 인과 사슬에 대해 생각할 수 있을 만큼 똑똑하지 못하기 때문이다.

오래전에 내 친구 욘 엘스터Jon Elster가 비형식적·연역적 논증은 작동하지 않는다는 것을 가르쳐 주었다. 가정만 말해 주면 바로 결론을 이야기할 수 있는 천재들이 있을 수도 있다. 우리는 그 결론을 수학적 모델로 검토해 봐야 그들이 옳다는 것을 알 수 있다. 나는 이런 비범한 사람들을 알고 있지만, 그런 종류의 비형식적 연역 방식은 내 능력 밖의 일이다. 수학은, 누군가 말했듯이 바보들을 위한 도구다. 똑똑한 사람들은 가정에서 어떤 결론이 도출되는지 알고 있다. 내겐 그게 그리 간단하지 않다. 그래서 나는 연구 과정의 초기부터 기호를 적기 시작한다. 물론 이 기호들의 대부분은 책이나 글에 포함되지 않는다. 그저 내 생각을 분명하게 하기 위해 사용될 뿐이다. 나보다 수학을 더 잘 아는 내 딸은 내가 너무 일찍 모델을 만들고, 수학으로 뛰어들기 전에 충분히 생각하지 않는다고 한다. 딸의 생각이 맞을 수도 있다. 왜냐하면 형식화를 시작할 때 직관과 그 형식화가 잘 맞지 않을 수도 있고, 만들어진 모델이 기대했던 답을 내놓지 않을 수도 있기 때문이다. 하지만 내 경우 생각을 정리하기 위해서는 형식화를 해야만 한다. 나는 다른 방식으로 사고하는 방법을 모른다.

**형식 이론화는 최근까지도 비교정치학자들의 도구가 아니었다. 이런 식의 사고 방법을 어떻게 그렇게 일찍 배웠나?**

열일곱 살 무렵 폴란드에서 2년 동안 엄격한 수리 논리학을 배웠다. 그리고 연역적으로 사고하도록 교육받았다. 루스와 라이파의 게임 이론에 관한 책(Luce and Raiffa 1957)을 읽을 때 이런 경험이 많은 도움이 되었다. 내가 정치학을 배우던 시절에는 형식 이론을 교육받을 기회가 거의 없었다. 내 학생들에게 뒤지지 않는 것이 내게는 늘 가장 큰 도전이다. 더 이상 새로운 것을 배울 수 없게 될까 봐 항상 두렵다. 하지만 나는 일찍이 수리 논리를 접했기 때문에 기호에 대한 두려움은 없었다. 결국 따라잡는 것은 시간문제이며, 새로운 것을 배우는 데 시간을 할당하는 문제에 지나지 않는다.

**형식화를 하거나 모델을 만드는 과정에서 새로운 통찰을 얻게 되거나 놀라운 결론에 도달하게 되나?**

물론이다. 놀랄 만한 연역적 결과들을 많이 발견했다. 예를 들어 민주주의로의 이행을 연구할 때, 비민주주의 체제 내의 강경파와 개혁파, 그리고 체제에 대한 반대파 모두가 모든 정보를 알고 있으면 이행이 이루어지지 않을 것이라는 결론에 도달했다. 모델을 만들어 보기 전까지는 그 결론을 알 수 없었다.

모델을 만들 때 중심적으로 생각하고 있던 부분에서 반드시 놀라운 결과를 얻게 되는 것은 아니다. 오히려 당연한 곁가지 결론들에서 결정적인 것이 나오는 일이 많다. 예를 들어, 나는 민주주의의 생존 모델을 부의 분배를 둘러싸고 되풀이되는 갈등으로 보면서 연구를 해오고 있었다(Przeworski 2005).

나는 소득수준이 높을수록 민주주의의 생존 확률이 높아진다는 것을 보여 주려고 노력 중이었다. 연구 과정에서, 나는 가난한 나라들의 경우 민주주의 체제일 때 많은 소득을 재분배할 수 없다는 사실을 발견했다. 놀라운 발견이었다. 이는 내가 생각하지도 기대하지도 못했던 것이었다.

모델화는 뜻밖의 결과를 만들어 낸다. 그러나 대부분은 원래 생각했던 것이 앞뒤가 맞지 않다는 것을 깨닫게 되는 정도다. 벤하비브Jess Benhabib와 함께 1년 이상, 경제성장과 정치적 책임성 간의 관계에 관한 모델을 연구했는데, 모델이 잘 맞지 않았다. 논증 하나를 조작해 놓고 보니 다른 것들과 맞지 않는다는 것을 발견한 것이다. 현재는 우리가 그것을 바로잡았다고 생각하지만, 그 과정에서 '약탈 국가'predatory state에 대해 발표된 많은 모델들이 그야말로 비논리적이라는 것을 발견했다.

**이론화에 형식적 도구를 사용할 뿐 아니라, 경제학자의 연구를 종종 활용하기도 한다. 언제부터 경제학을 읽기 시작했나?**

1972년부터다. 나는 마르크스주의 국가론을 강의하고 있었는데, 당시에는 이 주제가 폭발적인 관심을 끌고 있었다. 1969년에서 1970년 사이 밀리밴드(Miliband 1969; 1970)와 풀란차스(Poulantzas 1969) 사이에 논쟁이 진행되었으며, 이와 관련해 매년 새로운 문헌이 등장했다. 나는 마르크스주의 경제학이 말이 안 되기 때문에 마르크스주의 국가론 또한 말이 안 된다는 결론에 도달했다. 이 시기에 마르크스 경제학에 대한 비판과 더불어, 자본주의사회의 이윤율이 감소한다는 마르크스의 주장이 잘못임을 보여 주는 몇 가지 정리theorems가 나왔다. 엘스터와 뢰머John Roemer 그리고 나는 마르크스주의 국가론의 기저에 있는 경제학 모델이 잘못된 것이라는 결론을 내렸다.[28]

그때 나는 이를 악물고 신고전파 경제학을 배우기로 결심했다. 이때, 나와 같은 결론에 도달한 월러스틴이 내 강의를 듣는 학생이었던 것이 많은 도움이 되었다. 그는 경제학과로 가서 대학원 과정을 마쳤다. 그는 내게 신고전파 경제학의 기초를 가르쳐 주었다. 그때부터 나는 경제학자들의 글을 점점 많이 읽었다. 요즘은 많은 경제학자들이 정치학을 공부하기 때문에 나는 정치학자들의 글보다 경제학자들의 글을 더 많이 읽고 있다. 최근에 내가 출간한 정치경제학 교재의 주요 논지는 경제학을 모르고서는 정치경제학을 할 수 없다는 것이다(Przeworski 2003).

## 통계와 데이터

**당신의 연구에서 통계는 어떤 역할을 하나?**

모든 연구는 통계로 마무리된다. 나는 역사를 충분히 공부하고, 몇몇 가정으로부터 논리적으로 도출된, 일단 설득력이 있어 보이는 가설들을 만든 이후에야 통계를 살펴본다. 가설이 참인지 거짓인지 알아보기 위해 통계를 참조하는 것이다. 그렇다고 내가 나의 통계적 관찰 결과들을 아무런 내용도 없는 "데이터상의 점들"로만 간주하는 것은 아니라는 점을 강조하고 싶다. 우리는 『민주주의와 발전』에서 130개나 되는 국가들을 연구했지만(Przeworski et al. 2000), 지금도 나는 이 나라들 가운데 1백여 개

---

28 셰보르스키의 마르크스주의 국가론에 대한 평가는 Przeworski(1990) 참조.

국에 대해서는 그 나라의 역사를 30분은 넘게 이야기할 수 있다. 나는 누구나 통계를 이용하기 전에 그곳의 역사를 알아야 한다고 생각한다.

**경제학자나 정치학자들이 누군가가 만들어 놓은 인터넷상의 데이터 세트를 다운로드받아 사용하는 경향이 있는 데 반해, 당신은 특이하게도 대부분의 데이터 세트를 스스로 만든다. 데이터 세트에 대한 당신만의 기준은 무엇인가?**

경제학자들은 대체로 자신들이 사용하는 데이터, 특히 정치 관련 데이터에 부주의한 편이다. 나는 데이터에 관한 한 결벽주의자다. 첫째, 나는 데이터가 그 자체로 이론적인, 때로는 이데올로기적인 의미를 수반한다고 생각한다. 민주주의와 발전에 관한 책에서 사용한, 정치체제에 대한 데이터를 보면, 먼저 우리는 민주주의가 의미하는 것은 무엇이고, 민주주의가 의미하지 않는 것은 무엇인지를 매우 분명하게 정의했다. 그리고 난 후에야 데이터를 수집하기 시작했다. 우리는 방법론에 대해서도 세밀하게 논의했다.[29]

둘째, 우리가 생산하는 데이터는 관찰에 근거해 다른 사람 또한 재생산할 수 있어야 한다. 나와 같은 정보를 가지고 있고, 내가 데이터를 생산한 규칙을 알고 있다면 같은 결론에 도달할 수 있어야 한다. 결과가 관찰과 규칙을 통해 재생산될 수 있어야 한다.

이것이 데이터 세트에 대한 내 기준이다. 일반적으로 사용되는 몇몇 데이터 세트들은 이런 기준들에 부합하지 못한다. 이것이 내가 프리덤 하우

---

[29] Alvarez et al.(1996)과 Przeworski et al.(2000, 1장) 참조.

스에 대해 갖고 있는 불만이다. 그리고 나는 거기에 이데올로기적으로 숨은 뜻이 있다고도 생각한다. 정치체 데이터 세트Polity data set를 비판하는 것도 마찬가지 이유에서다.[30] 마지막으로, 데이터 수집은 매우 골치 아픈 일이다. 그래서 모든 종류의 논리적 일관성을 점검할 필요가 있다. 데이터 세트 자체가 논리적 일관성을 검토할 수 있도록 구성되어 있는 경우도 많다. 예를 들어 '정당별 득표'와 '총 투표수'가 있을 때 간단히 정당별 득표를 더해 총 투표수가 되는지로 데이터를 점검해 볼 수 있다. 놀랍게도 가끔 계산이 맞지 않는 경우가 있다.

**1960년대 사회과학 분야에서 데이터의 생산에 대한 관심이 급증했었다. 그 후 관심이 점점 줄어들다가 최근에 와서 다시 데이터 수집에 대한 관심이 늘어나고 있다. 이런 순환을 어떻게 설명해야 하나?**

정확한 말이다. 1960년대 중반에서 1970년대 초까지 집합 자료를 수집하는 것이 유행이었고, 그동안 관심을 끌지 못하던 그런 경향이 요즘 다시 새롭게 유행하고 있다. 이유는 잘 모르겠다. 1960년대 중반은 요인분석[인자분석][31]의 시대였고, 모든 것에 대해 지표가 있었다. 그런데 이것이

---

30 정치체 프로젝트는 매년 전 세계 모든 국가의 체제와 권력의 특징에 관한 데이터를 제공한다. 데이터는 www.systemicpeace.org/polity/polity4.htm에서 볼 수 있다.

31 • 요인분석factor analysis
알지 못하는 특성을 규명하기 위해 문항이나 변인들 간의 상호 관계를 분석해 상관이 높은 문항이나 변인들을 묶어서 몇 개의 요인으로 규명하고 그 요인의 의미를 부여하는 통계 방법이다. 이를 통해 요인에 포함되지 않거나 포함되더라도 중요도가 낮은 변수들은 제거된다. 관련된 변수들이 묶여 요인을 이루지만 상호 독립적인 특성을 가지게 되어 변수들의 특성을 알 수 있다.

그다지 유용하지 못하자 점차 사그라졌다. 아마도 이 때문에 요인분석과 함께 데이터에 대한 관심이 점점 줄어들었을 것이다. 1980년대부터 성장 경제학자들 사이에 많이 사용된 펜 월드 테이블[32]의 등장이 중요한 사건이었을 것이다. 펜 테이블은 어쨌든 경제 데이터를 제공했다. 나는 이 데이터로 인해, 민주주의와 발전 문제를 다시 다룰 수 있겠다고 생각하게 되었다.

## 서사와 사례

**『민주주의와 발전』(Przeworski et al. 2000)과 사회민주주의에 대한 저작(Przeworski 1985a; Przeworski and Sprague 1986)을 비교해 보면 연구에 역사적 서사를 사용하던 경향에서 멀어진 것처럼 보인다.**

그렇게 생각하지 않는다. 사회민주주의를 연구하기 위해서 많은 글과 사회주의 지도자들의 전기를 읽었다. 나는 이들이 세계를 어떻게 보았고, 어떤 선택에 직면해 있었으며, 자신들의 선택이 어떤 결과를 가져오리라 예측했는지를 이해하려 했다. 내가 그들의 입장에 설 수 있다면, 그들을 이해할 수 있을 것이라 생각했다. 그래서 역사에 대해서 많이 읽었다. 내가 아는 한, 내 방법은 대부분 베버적인 의미에서 이해Verstehen의 방법이다.[33] 주인공의 관점에서 선택의 구조를 보려고 했다. 내가 쓴 것에 상

---

32• 펜 월드 테이블 Penn World Table
펜실베이니아 주립대학교의 국제비교센터Center for International Comparisons에서 제공하는 경제 데이터.
33 Verstehen은 독일어로 보통 '해석적 이해'라 번역된다. Weber(1949, 160) 참조.

당 부분 서사적 요소가 들어 있었다.

질문으로 다시 돌아가 보면, 『민주주의와 발전』에서 내가 다루려고 했던 문제를 해결하기 위해서는 통계가 필요하다고 생각했다. 하지만 지금 하고 있는 발전 연구를 위해 다시 독재자들의 전기나 독재자들에 대한 소설을 읽고 있는데, 매우 유용하다. 박정희와 모부토의 입장에서 왜 누구는 발전주의적 지도자가 되고, 누구는 도둑이 되었는지를 알고 싶다.[34] 내 직감에는, 발전주의 독재자들은 자신의 어머니를 사랑했던 사람들이다. 이런 사실에서 분명 뭔가 배울 것도 없고 이를 통계로 검증할 수도 없지만, 소설이나 전기를 읽으면 그 양상이 참 신기하다. 어쨌든 만약 이게 사실이라면 반사실적 가정이 우리가 관찰할 수 없는 중요한 뭔가, 즉 관찰 불가능한 것들에 대한 선택을 수반한다는 점을 주목해야 한다.


**당신은 통상적인 의미의 사례연구는 하지 않는다. 하지만 폴란드에 대해서는 다양한 글을 출간했다. 당신의 사고에서 폴란드는 어떤 역할을 하는가?**


폴란드는 내가 잘 알고 있는 나라이므로 추상적 아이디어를 시험해 보는 사례로 사용한다. 추상적으로 생각하는 것은 내게 쉽지 않은 일이다. 그래서 추상적 아이디어를 사례에 적용해 보는 것을 좋아한다. 폴란드는 이런 목적으로 자주 사용하는 사례다. 또한 폴란드에서 자유노조 운동이 생겨나고 이어서 쿠데타가 발생했을 당시에, 정치적 개입의 일환으로 폴란드에 대한 글을 쓰기도 했다. 그렇지 않은 지금은 폴란드 사례가

---

34 박정희 대통령은 1961년에서 1979년까지 재임한 한국의 독재자이고, 모부토Mobuto Sese Seko는 1965년에서 1997년까지 집권한 자이르의 독재자다.

특별한 역할을 하지 않는다. 최근에는 폴란드보다 남미를 더 자주 간다.

**관심 있는 나라에 대해 어떻게 알아 가는가?**

해외에서 열리는 학술회의에 참석할 경우, 보통 공항으로 마중 나오는 친구들이 있다. 나는 열심히 무슨 일이 일어나고 있는지 물어본다. 그러면 일어나고 있는 모든 일을 이야기해 준다. 그리고 나서 아르헨티나, 케냐, 폴란드 또는 중국에 대한 논문을 발표하는 자리에 가서 사흘 내내 앉아 있으면 업데이트가 된다. 학술회의는 이런 식으로 배워 가는 데 아주 좋은 방법이다. 누구든 사흘 동안 뭔가를 주입받으면 많이 배우게 될 것이다. 나는 이런 식으로 여러 곳을 돌아다니고 사람들과 이야기하면서 배워 나간다.

**주의 깊게 살펴보거나 정기적으로 주시하는 나라가 있나?**

특정 지역에 초점을 맞추지 않는 내 방식대로 비교정치를 하려면, 최소한 몇몇 나라에 대해서는 그곳의 복잡한 현실을 뒤처지지 않고 이해해야 한다. 내 개인사와 관련된 다양한 이유로 아르헨티나와 브라질·멕시코·스페인·프랑스·폴란드·한국·케냐를 지속적으로 관찰하고 있다. 이 나라들을 적어도 2년에 한 번은 방문하며, 때에 따라 더 자주 가기도 한다. 또한 관련 글들을 체계적으로 읽는다. 그리고 그 나라에 본인이나 다른 사람이 쓴 글을 보내 주는 제자들이 있다. 해외에 나갈 때 공식적으로 사람들을 인터뷰하지는 않지만 정부 관료를 포함해서 여러 사람과 이야기를 나눈다. 민주주의 이행에 대한 윌슨센터의 프로젝트에 참여했던 동료나 제자들 가운데 일부가 정부에 참여하고 있는데, 그런 사람들과 이야기를 한다. 우리는 저녁 식사를 하면서 만난다. 이런 방식으로 그 나라들을 추적하고 있다. 하지만 이것은 그 나라들을 추적하는 것뿐이지 체계적 연구와는 다른 것이다.

**외국어를 상당히 잘하는 것 같다.**

폴란드어는 모국어다. 프랑스어와 스페인어는 유창하게 읽고 쓸 수 있다. 그리고 다른 로맨스어 계통이나 슬라브어 계통의 언어를 구사하고, 다양한 언어로 된 소설을 읽는다. 최근에는 포르투갈어로 된 소설을 다 읽었다.

## 비학술적 글쓰기

**학문과 상관없는 좀 더 폭넓은 독자를 대상으로 쓴 글도 있다. 더 많은 독자들이 읽기를 원할 때 의식적으로 글을 쉽게 쓰려고 노력하는가?**

항상 쉽게 쓰려고 노력한다. 나는 아주 가끔 소수의 독자를 위해 전문적인 글을 쓴다. 그리고 분명한 확신이 들면, 많은 독자를 위해 좀 덜 전문적인 글을 쓴다. 때로는 정치적 개입을 목적으로 글을 쓰기도 한다. 신자유주의의 오류에 관한 논문을 『민주주의 저널』*Journal of Democracy*에 기고해 열렬한 반응을 얻기도 했고(Przeworski 1992), 『보스턴 리뷰』에 민주주의와 경제에 관한 글도 썼다(Przeworski 1996). 민주주의가 왜 지속되는가에 대해 『민주주의 저널』에 기고했으며(Przeworski et al. 1996), 그 외에 공저로 발간한 『지속 가능한 민주주의』*Sustainable Democracy*(Przeworski et al. 1995)는 어느 책보다도 정치적 개입을 의도한 것이다. 초기에 폴란드에 대해 썼던 글들도 정치적 의도를 가진 것이었다. 비록 내가 미미한 존재이고 능력이 없다 할지라도, 나는 스스로를 공적 생활에 참여하는 사람이라고 생각한다.

초기에 잠시 펜실베이니아 대학과 워싱턴 대학에 있었다. 그 후 시카고 대학에서 20년 이상을 보냈고, 현재 뉴욕 대학에서 강의하고 있다. 그곳에서 어떤 동료들과 가장 친하게 지냈나?

　　　　워싱턴 대학에서 스프라그John Sprague에게 아주 많은 것들을 배웠다. 동학 모델을 비롯해 많은 것들을 그에게서 배웠다. 시카고 대학에서는 슈미터와 아주 가까웠다. 우리는 항상 기본적인 것에 대해 의견이 달랐다. 우리가 둘 다 회의에 참석하면 언제나 다른 참석자들이 몹시 고생이었다. 하지만 슈미터와 나는 많은 이야기를 나누었고, 친구였다. 그는 1982년에 시카고를 떠났다.

그리고 나서 시카고 대학에서 좀처럼 보기 힘든 일이 발생했다. 개인적 친구이자 지적 대화 상대였던 일군의 사람들이 한데 모이게 된 것이다. 이 모임은 '윤리·합리성·사회 센터'Center for Ethics, Rationality, and Society라는 연구소도 가지고 있었다. 여기서 '윤리'는 하딘Russell Hardin, '합리성'은 엘스터, 그리고 '사회'는 내가 담당했다. 그 외에 홈스Stephan Holmes와 마넹, 파스퀴노 Pasquale Pasquino 등이 이 모임에 들어왔다. 이 모임의 구성원 대부분이 현재는 뉴욕에 있다. 우리는 아직도 가을이 되면 매주 월요일 페레존John Ferejohn의 주관으로 모임을 갖는다. 두 시간 정도 이야기를 나눈 후 저녁 식사를 한다. 이 모임이 진짜 내 지적 생활의 중심이다. 오랫동안 만나 왔기 때문에 아마도 어느 정도 지겨울 때도 됐지만, 여전히 재미있고 자극이 된다. 나는 다른 사람들보다도 철학자들과 소통을 더 많이 하긴 하지만, 벤하비브 같이 뉴욕 대학에 있는 경제학자 친구들에게서도 많이 배운다. 같은 학과의 벡Nathaniel Beck과도 이야기를 나누는데, 그는 내가 통계 결과를 발표할 때 항상 잘못된 점을 지적해 준다.

**그런 시카고 대학에서의 보기 드문 한때는 그 모임 구성원 대부분이 뉴욕 시로 자리를 옮기면서 끝이 났다. 이런 대이동이 일어난 이유는 무엇인가?**

우리가 밀려난 것은 아니다. 모두들 순전히 개인적인 이유로 떠났다. 하딘이 먼저 옮기고, 엘스터와 내가 뒤를 이었다. 엘스터는 개인적 이유로 뉴욕으로 이사하고 싶어 했다. 나도 마찬가지였다. 내 아내는 파리에 있는 OECD를 다녔기 때문에 나는 14년 동안 시카고와 파리를 오가야 했다. 하지만 아내가 뉴욕에 있는 유엔에 일자리를 구하면서, 우리가 한 도시에 살 수 있는 기회가 생겼다. 엘스터와 내가 이곳에 자리를 잡으면서 홈스와 마넹, 파스키노도 따라왔다. 그들이 옮긴 것은 우리와 함께하기 위해서이기도 했고, 뉴욕이라는 도시에 매력을 느꼈기 때문이기도 했다. 어쨌든 시카고에 문제가 있어서 떠난 것은 아니다.

모두가 시카고를 떠나는 것에 아쉬움을 느꼈을 것이다. 그곳을 정말 소중히 여겼기 때문이다. 좋은 시절이었다. 진짜 자유롭게 생각하고 그것을 추구할 수 있는 곳이었다. 누구나 학장 사무실로 가서 "이보게, 내가 이 프로젝트를 5년째 해오고 있는데, 몸도 좀 아프고 마음도 지쳤네. 거의 끝마쳐 가기는 하는데, 좀 쉬어야겠어"라고 말할 수 있었다. 그러면 학장은 그냥 "휴가 사유서나 세 장 정도로 적어서 주게"라고 했다. 그러면 쉴 수 있었다. 대학 당국에서는 기꺼이 지적인 목표를 돈보다 앞세웠다. 시카고 대학은 독특한 기관이었다. 누구나 그곳을 경험해 본다면 홀딱 반해서는 낭만적인 감정을 가질 만한 그런 곳이었다.

**분석 마르크스주의자들 그룹에도 열심히 참여한 것으로 알고 있다. 이 그룹이 다루는 기본 의제는 무엇인가?**

현대 사회과학의 방법을 통해 마르크스주의를 철저히 검토해 보려 했다. 다른 이론에 적용하는 것과 같은 추론과 증거의 기준을 적용했을 때, 마르크스주의가 얼마나 그리고 그것의 어떤 부분이 견뎌 낼 수 있는지를 살펴보자는 생각이었다. 알튀세르적 마르크스주의는 그 이론의 타당성을 평가하는 자신만의 내재적 방법과 방법론을 갖고 있었다.[35] 우리는 그 방식을 거부하며 "마르크스주의도 다른 이론과 같은 방식으로 평가해 봐야 한다. 그것이 논리 정연한지 아닌지, 참인지 거짓인지 말이다"라고 주장했다. 나는 분석 마르크스주의 그룹에 1979년인가 1980년인가에 들어갔다 — 내 기억으론 이 그룹이 활동을 시작한 두 번째 해였던 것 같다. 엘스터와 함께 나는 1990년대 중반 이 그룹을 떠날 때까지 참여했다. 즐거운 모임이었고 또 많은 것을 배웠다. 그러나 우리가 지적 프로그램을 완수했다고 생각했기 때문에 이 그룹을 그만두었다. 우리는 중요한 연구 성과물을 지속적으로 출판했는데, 뢰머의 『분석 마르크스주의』*Analytical Marxism*(Roemer 1986a)와 엘스터의 『마르크스 이해하기』*Making Sense of Marx*(1985), 나의 『자본주의와 사회민주주의』, 코언Gerald A. Cohen의 『칼 마르크스의 역사 이론에 대한 변론』*Karl Marx's Theory of History : A Defense*(Cohen 1978), 뢰머의 『착취와 계급의 일반 이론』*A General Theory of the Exploitation and Class*(Roemer 1982)이 그것이다. 우리는 결국 마르크스주의에 남아 있는 것이 그리 많지 않으며, 배울 것도 그

---

35 알튀세르적 마르크스주의는, 프랑스의 이론가 알튀세르의 연구에서 비롯된, 구조주의적 마르크스주의 이론 가운데 하나다. 고전적 문헌으로는 Althusser(1968)와 Althusser and Balibar(1969)가 있다. 개관은 Benton(1984) 참조.

렇게 많지 않다는 것을 깨달았다. 그래서 나는 주로 지적인 이유에서 분석 마르크스주의 그룹을 떠나게 되었다.

**미국 대학에 재직하는 동안 폴란드 출신 망명자들과는 어떻게 지냈나?**

어린 시절 친구들하고만 연락을 하고 지냈는데, 지금은 대부분이 다른 나라에 살고 있다. 나는 폴란드 문화가 편하다고 생각해 본 적이 없다. 폴란드 문화는 매우 민족주의적이고, 철저한 가톨릭에, 아주 편협하다. 나는 가톨릭교도로 키워지긴 했지만 아주 어린 나이부터 가톨릭과 폴란드 민족주의에 반감을 가지고 있었다.

**폴란드 출신의 학자들은 대체로 마르크스주의를 포기하거나 때로는 극단적 반 마르크스주의자가 되는데, 당신은 그런 경로를 따르지 않은 것이 좀 의아하다. 대신 당신은 일종의 서구 마르크스주의자가 되었다. 왜 마르크스주의를 거부하지 않았나?**

먼저 서구 마르크스주의자들에 대해 이야기해 보자. 1978년 스웨덴의 웁살라Uppsala에서 국제사회학회International Soziological Association, ISA의 세계 회의가 열렸다. 발전을 주제로 한 대규모 원탁회의에서 나는 "자본주의: 제국주의의 최후의 단계"라는 제목의 논문을 발표했는데, 이것은 제국주의가 자본주의의 최후 단계라는 레닌의 유명한 주장(Lenin 1939)을 완전히 뒤집는 것이었다. 나는 카우츠키를 지지하면서, 제국주의는 자본주의가 다른 나라를 침투하는 방법 가운데 하나일 뿐이라고 주장했다. 이 침투가 성공하면 자본주의는 스스로를 재생산하게 되고, 따라서 제국주의는 더이상 필요 없게 되는 것이다. 토론자였던 러시아인 참석자가 완전히 흥분해서 이렇게 말했다. "블라디미르 일리치 레닌이 '제국주의는 자본주의의 최후 단계'라고 했다. [그런데] 저 사람은 '자본주의가 제국주의의 최후 단계'라고 말하고 있다." 그러고는 러시아어로 "당신이 감히 그렇게 말할 수는 없어!"라고 했다. 그러자 장내가 술렁이기 시작했다. 마르크스주의자인 한 폴란드인 친구가 그를 데려가서 내 말이 무슨 뜻인지를 설명해 주었다. 결국, 그 러시아인은 나를 '저들의 마르크스주의자'라고 결론지었다. 그러니까 서구 마르크스주의자라는 것이었다.

내게 이런 상황은 그렇게 드문 일이 아니었다. 나는 공산주의가 마르크스주의의 완성이라고 절대 생각하지 않았다. 나는 공산주의를, 노동계급을 배신한 관료주의 체제라고 보았다. 나는 결코 공산주의에 공감해 본 적이 없었다. 난 공산주의를 반대하는 마르크스주의자였다. 앞에서도 이야기했다시피, 나는 1960년대 중반 폴란드에서, 노동자를 억압하는 공산당을 비판하는 연구 집단에 참여했다가 고초를 겪은 바 있다. 반대로, 1990년대 초에 나는 신자유주의 경제정책이 신고전파 경제학의 적용이 아니라는 사실을 깨달았다. 즉, 신고전파 경제학은 신자유주의를 뒷받침[지지]하지 않는다는 것이다. 이처럼 나는 그 기원[원전]으로 되돌아가, 이데올로기를 이론과 구별하고자 했다. 그래서 나는 반공주의자인 동시에 마르크스주의자였다.

**당신은 공동 저작이 많다. 그들과 공동 연구를 하려 했던 이유에 대해 말해 달라.**

나는 천성이 공동 연구자라 함께 연구한 사람이 꽤 많다. 펜실베이니아에 있을 때는 동료였던 튜니와 공동 작업을 했고, 워싱턴 대학에 있을 때는 스프라그와 공동 작업을 했다. 우리는 칠레에서 온 오랜 친구인 코르테스Fernando Cortés와 함께 책을 쓰기도 했다(Cortés, Przeworski and Sprague

1974). 스프라그는 날 미치게 만들었다. 내가 아는 한 그는 학문적 훈련을 가장 못 받은 사람이었고 나는 훈련을 가장 많이 받은 사람이었지만, 그럼에도 스프라그에게는 배울 것이 많았다. 그래서 우리는 두 번째 책을 함께 썼다(Przeworski and Sprague 1986). 브레세르 페레이라와 마라발과도 책을 같이 썼다(Bresser Pereira, Maravall, and Przeworski 1993). 두 사람 모두 자국에서 장관을 지냈으며, 나는 이들에게서, 정책의 관점에서 생각하는 방법을 배웠다. 요즘엔 뉴욕 대학의 경제학자인 벤하비브와 논문을 쓰고 있다. 그에게서는 경제성장에 대해 배우고 있다. 무엇보다도, 내 공동 연구자들은 대부분 대학원 제자들이었다. 나는 가르치면서 많은 것을 배운다. 내 인생에서 주요 대화 상대는 대학원 제자들이다. 난 항상, 내 강의를 듣고 내가 관심 있는 분야와 비슷한 분야나, 내가 진행하고 있는 프로젝트에 관심 있는 학생들과 함께 협력하면서 일종의 자연과학 실험실을 운영했다. 그들 가운데 일부는 졸업 이후에도 공동 연구를 지속했다. 『민주주의와 발전』을 위해 제자였던 앨버레즈Michael Alvarez과 셰이부브José Antônio Cheibub, 리몽기와 함께 작업했던 것은 개인적으로나 지적으로 큰 즐거움이었다.

공동 연구자는 당신을 바로잡아 줄 수 있다. 동시에 같은 생각을 하는 것, 그 이상이다. 예컨대, 월러스틴과 연구를 진행할 때, 내가 뭔가 이야기를 하면, 그는 특유의 부드러운 미소를 지으며, "그 말이 사실이라고 확신하십니까?"라고 말한다. 그러면 금방 내가 말이 안 되는 이야기를 하고 있다는 것을 깨닫게 된다. 공동 연구자는 과도한 열정을 조절하는 데도 도움이 된다. 이는 특히 형식적 연구를 할 때 매우 중요하다. 누구나 산술적 실수를 범한다. 사람들에게 칠판에 쓰게 할 필요가 있다. 그래야 그것이 참인지 거짓인지 다른 사람들이 검토할 수 있다. 그렇지 않으면 결국 실수를 하게 된다. 형식적 연구들 가운데 공동 연구가 많은 것은 이 때문이다. 혼자 하기엔 너무 힘든 일이다. 마지막으로 공동 연구는 작업량이 한 사람이 다루기에는 너무 많을 때 유용하다. 만약 데이터를 수집한다면 혼자 하기란 거의 불가능하다. 시간이 너무 많이 든다. 요즘도 나는 대학원생 네 명과 함께 엄청난 양의 데이터 수집 작업을 하고 있다. 대체로 나는 공동 작업을 좋아한다.


**공동 연구 작업은 어떻게 시작하나?**

보통 누군가와 이야기를 나누면서 그들이 같은 주제에 대한 아이디어를 가지고 있는지, 또는 독창적인 것을 이야기하는지를 생각한다. 그리고 누군가(보통은 내가 말한다) "같이 연구해 보지 않겠나?"라며 공동 연구를 제안한다. 『민주주의와 발전』으로 출판된 프로젝트의 경우, 강의실에서 "나는 이 주제를 연구하려고 한다. 참여하고 싶은 사람이 있으면 참여하라"라고 말했다. 기본적으로 공동 연구자로는 개인적으로 함께 어울릴 수 있으면서, 똑똑하고 성실하고, 학문적으로 잘 훈련된 사람을 찾아야 한다. 함께 작업하는 사람이 학문적으로 훈련되지 않고, 제 역할을 잘하지 못한다면, 누구든 미쳐 버릴 것이다.


**공동 연구를 할 때, 실제 글을 쓰는 과정은 어떻게 이루어지는가?**

어떤 경우든, 누군가 초고를 작성하고, 모두 그것에 대해 이야기를 나눈다. 누군가 다시 글을 쓰고, 또 다른 사람들과 주고받기를 반복한다. 어떤 때는 누군가가 한 부분을 쓰고 다른 사람이 다른 부분을 써서 합친 후, 또 누군가가 이것을 고쳐 쓴다. 그리고 일반적으로 여러 번 고쳐 쓰는 작업을 거친다. 『민주주의와 발전』은 내가 초안과 최종 원고를 작성했다. 주된 이유는 그것이 책이었기 때문이다. 우리는 각자가 각 장의 초안을 따로 써낼 경우 문체가 고르지 못할 수 있다는 점을 염려해 그렇게 했다.

**많은 대학원생들을 가르쳤는데, 대학원생을 가르치는 자신만의 방법이 있나?**

첫째, 나는 학생들을 확실히 '훈련'시킨다. 대학원생들은 체계적 프로그램을 따라야 한다고 생각한다. 학생들이 나와 공부하고 싶다고 이야기하면, 나는 무엇을 하고 싶은지를 묻는다. 그리고 알고 있는 것이 무엇인지 묻고는 "그것을 하려면 이러이러한 것들을 배워야 한다"라고 말해준다. 요즘 일반적으로 학생들은 어느 정도의 철학과 어느 정도의 경제학, 그리고 꽤 많은 통계학을 배워야 한다. 그래서 내 학생들은 다른 사람으로부터 체계적으로 훈련을 받는다.

게다가 나는 항상 개론 과목들을 가르쳐 왔다. 나는 여러 해 동안 '마르크스주의 국가론'을 강의했다. 이 과목은 나중에 '국가론'으로 발전하고, 다시 '정치경제학'으로 발전했다. 이 과목에 대한 교재(Przeworski 2003)를 출판한 뒤로 강의는 더 이상 하지 않았다. 이미 책으로 쓴 내용을 강의할 필요가 없다고 생각하기 때문이다. 어쨌든 학생들은 일반적으로 이런 개론 과목을 수강해야 한다. 나는 상급 과정을 강의하면서 내가 연구하고 있는 것이나, 학생들이 배워야 하지만 다른 곳에서 배울 수 없는 방법론적인 내용을 가르친다. 예를 들면, 최근 "비교 연구의 통계적 방법론"이라는 과목을 강의하면서 표본 선택 편향에 초점을 맞췄다.

나는 '사실'을 가르치지는 않는다. 학생들 스스로 역사를 읽으면서 사실을 터득해야 한다고 생각하기 때문이다. 하지만 나는 외국에서 온 대학원생에게 미국 정치 과목을 반드시 수강하도록 한다. 그리고 특별히 고집을 부리거나 열성적인 경우가 아니라면 오랫동안 자국에 대해 쓰지 못하도록 한다.

이 기술들을 다 배우고 나면, 학생들은 연구 프로젝트를 만들게 된다. 나는 학생들을 꽤 엄하게 지도하는 편이다. 그리고 박사과정 세미나를 운영한다. 내가 오래전에 깨달았던 것 가운데 하나는, 미국 대학원생은 지도교수나 동료들과 가장 활발하게 교류해야 할 때 홀로 남겨진다는 것이다. 미국에서 대학원생은 수업 과정을 이수하고, 논문 계획서 심사 과정을 마치고, 재정 조달을 하면 끝이 난다. 그러고 나서 다른 사람들과 이야기를 하고, 그들의 이야기를 듣고, 박사 논문을 쓰는 데 필요한 새로운 기술을 배워야 할 바로 그때 혼자가 된다. 그래서 나는 어떤 형태로든 상급 과정의 학생들과 교류를 유지한다. 나는 늘 그들에게 세미나에 참석하고, 다른 사람과 이야기하고, 자신의 연구를 발표하도록 권한다.

이것이 내가 대학원생을 교육하는 기본적인 방식이다. 나는 오랫동안 이렇게 해왔고, 어떻게 해야 하는지 잘 안다고 생각한다. 누구보다도 박사학위논문을 많이 지도했는데, 거의 50편에 육박한다. 나는 학부 수업을 싫어하는데, 학생들에게 동기부여도 해야 하고(이들에게는 평생 배우는 일보다 더 좋아하는 관심사가 있다), 그들에게 배울 수 있는 것도 많지 않기 때문이다. 그러나 대학원생을 가르치는 것은 매우 즐겁다.


**요즘 정치에 대해 대학원생들이 갖는 관심의 수준에 대해 어떻게 생각하나?**


베트남전 기간에 대학원에 들어온 이들은 미국 문화혁명 세대로, 살면서 참 많은 일을 겪었다. 그들은 정치·문화·사회에 대한 관심이 대단했다. 그들은 대체로 과거에 정치 조직화와 같은 뭔가 다른 일을 한 경험이 있었고, 보통은 실패로 보이는 자신들의 경험을 되돌아보기 위해 학교로 돌아왔다. 이들은 대개 가르친다는 게 불가능했다. 왜냐하면 '실증주의'를 불신했고 엄격한 방법론에 적대적이었기 때문이다. 중남미 출신 학생들의 특징은 미국을 제국주의 국가로 생각하고, 뭔가 배울 것이 있다고 보지 않았다는 점이다. 하지만 정치에 대한 관심만은 대단했다. 그들은 세상을 바꾸고 싶어서 정치학을 공부했다.

요즘 상황은 다르다. 이 애들은 — 지금 대학원생은 애들이다 — 전반적으로 유난히도 평화롭고, 풍요로우며, 갈등이 없는 시대에 성장했다. 이 학생들은 똑똑하고 교육을 잘 받았으며, 배우는 데 열심이다. 하지만 이들은 열정이나 관심이 없다. 이것은 비단 미국만의 문제는 아니다. 내게는 보아치치Bogaziçi나 빌켄트Bilkent 같은 터키의 명문 사립대학, 디텔라Di Tella나 산안드레스San Andrés 같은 아르헨티나의 사립 명문 대학 출신 학생들도 있는데, 이들도 아이오와에서 온 의사의 딸과 별반 다르지 않다. 이 애들은 가르쳐 주는 것이나 기술이라면 뭐든 쉽게 흡수하지만 막상 질문을 던져야 하는 순간이 되면, 질문을 못한다. 그들은 세상을 바꾸는 건 고사하고 세상에 대해 뭔가 이야기하는 것보다는, 전문가가 되고 싶어 하며, 그저 논문이나 책을 쓰는 것이 자기 일이라고 생각한다.

**오늘날 대학원생에게 더 큰 열정을 품게 하려면 어떻게 해야 할까?**

자각을 하게 할 만한 경험이 있는지 잘 모르겠다. 나는 어떤 식으로든 비교정치를 공부하는 미국인이라면, 설령 모델을 만들거나 통계분석을 하는 식의 공부라 해도, 어디든 외국에 가서 그곳의 일상을 직접 경험해 봐야 한다고 생각한다. 하지만 그것으로 충분한지는 모르겠다.

## 발견과 지식의 축적

당신이 젊은 교수였던 30년 전의 비교정치 분야와 현재의 비교정치 분야를 보았을 때 우
리가 새로 알게 된 핵심적인 것은 무엇인가?

대답을 하기 전에 한 가지 짚고 넘어갈 것이 있다. 최근 비교정
치학에서 몇몇 최고의 연구는 경제학자들에 의해 이루어졌기 때문에, 이
들을 포함해서 답하겠다. 애서모글루Daron Acemoglou와 로빈슨James Robinson,
벤하비브, 페르손Torsten Persson, 타벨리니Guido Tabellini 등이 비교정치 분야에
뛰어난 업적을 남겼다. 이 경제학자들은 정치학에 대해 충분히 알지는 못
했지만, 중요한 질문을 던지고 해답을 찾았다. 나는 이들을 포함시킨다면,
엄청난 지식의 축적이 있었다고 생각한다.

우리는 무엇을 알게 되었는가? 일찍이 뒤베르제(Duverger 1954)와 레이
(Rae 1967)의 중요한 책이 출간된 이래 우리는 선거제도의 결과에 대해 많
은 것을 알게 되었다. 콕스의 책『투표를 의미 있게 만들기』Making Votes Count
(Cox 1997)도 최근 성과물로 꼽을 수 있다. 우리는 선거제도가 사회 균열과
상호작용해 어떻게 정당을 만드는지, 선거제도가 표의 분포에 어떤 영향을
미치는지 등을 알게 되었다. 또한 우리는 연정 구성과 내각 구성에 대해 많
은 것을 알게 되었다. 이 문제에 대해서는 형식적 문헌도 있고 경험적 문헌
도 있다. 또 입법 과정에 대해서도 더 많이 이해하게 되었다. 지난 몇 년 사

이에 인종 갈등과 인종 평화에 대해서도 빠른 속도로 많은 지식이 축적되었다. 인류 역사에서 대부분의 기간 동안 인종 집단들이 평화롭게 함께 살았다는 것을 알게 되었으며, 아마도 이런 발견을 설명할 메커니즘을 이해하기 시작할 것이다. 마지막으로 우리는 체제 이행 과정에 대해서도 훨씬 많이 이해하고 있다. 이야기할 수 있는 것은 이것들 말고도 더 많다.

좀 더 넓게 봐서, 우리가 진보했다는 증거 가운데 하나는 학생이 어떤 화제를 제기할 때, 내가 "이것을 읽고, 저것을 읽어라. 이것과 저것에 대해 이야기하는 문헌은 여기에 있다"라고 말해 줄 수 있다는 것이다. 다양한 주제에 대해, 결론은 다르더라도 많은 문헌이 존재한다는 것이다.


**의미 있는 진전이 이루어지지 못한 주제라면 뭐가 있을까?**


우리는 아직도 왜, 언제 총을 가진 사람들이 총이 없는 사람들에게 복종하는지, 즉 민군 통제의 결정 요인에 대해 잘 모르고 있다. 또한 우리는 정당에 대해 잘 이해하지 못하고 있다. 아주 중요한 주제임에도 불구하고 등한시하고 있다. 정당이 왜 생겨나고, 이들을 함께하게 만드는 메커니즘은 무엇인지, 그리고 정당 규율은 어떻게 유지되는지 등에 대해 아직 잘 모르고 있다. 우리는 권위주의 체제에 대해서는 많이 알고 있지만 독재 체제의 구조에 대해서는 거의 모른다. 가장 중요하게는, 많은 글들이 발표되고 있음에도, 민주주의가 가난 및 불평등과 어떻게 병존할 수 있는지에 대해 아직 잘 모르고 있다.

자구화에 대해서도 마찬가지다. 최근에 이에 대한 논문을 쓰면서(Przeworski and Meseguer 2002) 관련 문헌을 읽어 봤지만 매우 불만족스러웠다. 특히 지구화의 정치적 결과에 대해 잘 모르고 있다. 부분적으로 문제는 이 분야에 일종의 방법론적 돌파구가 필요하다는 점 같다. 현재 사용되고 있는 방법으로는 불충분하다. 연구 결과도 전혀 다르고, 대부분은 특정 국가의 관찰 값들이 서로 독립적이라고 가정하는 통계적 방법에 기초하고 있다. 그래서 통계적 결과를 믿기가 어렵다. 이것은 아주 중대한 문제다. 어쨌든, 어느 정도 다르게 생각하기 시작해야 하고, 이 문제를 연구하는 데 적합한 방법에 좀 더 많은 관심을 기울여야 한다.

일반적으로, 데이터에 대한 접근성 문제 때문에 우리는 덜 발전된 국가들보다 OECD 국가에 대해 더 잘 알고 있다. 하지만 그 격차는 급속히 줄어들고 있다.


**비교정치에서 연구를 방해하는 다른 방법론적 문제가 있다면?**


앞의 답에 대해 좀 더 자세히 말하자면, 상호 의존적인 세계에서 무엇인가를 연구한다는 것이야말로 아직도 해결되지 못한 방법론적 문제다. 우리는 아직 그 답을 모른다. 예컨대, 양면 게임[36]이라는 개념이 있다(Putnam 1988; Evans, Jacobson, and Putnam 1993). 우리는 그런 모델들을 어떻게 측정할 수 있는가? 국가들이 상호 의존적이라면 국가들 내부의 갈등에 대한 가설들을 어떻게 검증할 수 있겠나? 매우 어려운 일이다. 나는 세계화는 방법론적으로 큰 미해결 주제라고 생각한다.


36 • 양면 게임two-level game
국가 간의 협상은 양국 대표 간의 대외 협상과 국회의 비준 및 시민 단체(혹은 국민)의 동의를 받는 과정인 대내 협상으로 구성되어 있다. 이 개념에 의하면 대외 협상에서 자국의 이익에 근접한 협상 결과를 도출할 수 있는 협상력은 자국의 대내 협상 과정에서 만들어지는 의회 또는 여론이 수용할 수 있는 협상안의 크기, 즉 윈-셋Win-set의 크기에 달려 있다. 이 윈-셋의 크기는 대내 제약이 강할수록 줄어드는데, 여기서 대내 제약이 강해진다는 것은 그만큼 대외 협상에서 자국의 이익을 반영할 수 있는 협상력이 강화됨을 의미한다.

또 다른 중요한 방법론적 문제로는, 어떻게 역사적으로 연구할 것인가 와 역사를 어떻게 연구할 것인가에 대한 것이다. 신제도주의는 제도가 중 요하다는 주장과, 제도가 내생적이라는 주장을 동시에 하고 있다는 점에 서 잠재적 모순을 안고 있다. 만약 제도가 내생적이라면 제도의 효과와, 제도가 작동하는 환경의 효과를 가려낼 필요가 있다. 비교정치학에서 가 장 중요한 방법론적 문제는 표본 선택 편향이다. 우리는 이 문제를 다룰 방법이 있기는 하지만, 각각의 방법들이 서로 다른 가정을 기초로 하고 있 으며, 종종 서로 다른 결론을 도출한다. 제도가 미치는 영향에 대한 통계 연구들의 경우가 대개 그런데, 이는 역사를 연구할 때 특히 더 두드러진 다. 모든 것이 경로 의존적이라면 제도의 영향에 대해 말하는 것은 의미가 없다. 제도의 영향에 대해 알아보기 위해서는 같은 역사적 조건에서 다른 제도가 존재했을 수도 있다는 가정을 가지고 반사실적 가정에 입각해 역 사에 대해 좀 더 체계적으로 생각해 볼 필요가 있다.

**당신은 복합적인 문제를 엄밀한 방식으로 다룰 때의 방법론적 어려움을 강조하고 있다. 이런 문제에서 진전이 없었던 또 다른 이유는 그저 비교정치학자들이 애초에 정치에 대한 크고 흥미로운 질문을 제기하지 못했기 때문이 아닐까?**

우리가 제기하고 있지 않는 질문은 무엇일까? 분명, 우리는 "우 리가 진짜 알고 있는 것을 모두 합치면 무엇이 되는지"의 문제는 제기하지 않고 있다. 또 우리가 가진 방법론을 가지고 연구할 수 있는 몇 가지 문제 에 대해서도 질문을 제기하지 못하고 있다. 정치에 대한 재계의 영향력을 규정하는 것은 무엇인가? 사람들을 정치적으로 무력하다고 느끼게 만드는 우리의 민주주의 제도에는 도대체 무슨 문제가 있는 것인가? 왜 이 제도들 이 고통과 불평등을 지속시키는 걸까?

폴란드에는, "숲이 불타고 있는데 장미 때문에 눈물을 흘릴 때가 아니다"라는 말이 있다. 아르헨티나·프랑스·폴란드·미국 사람들과 이야기하면서 나는 그들의 숲이 붉타고 있다는 이야기를 들었다. 선진국이든 저개발국이든, 전 세계 사람들이 민주주의 제도의 작동에 많은 불만을 가지고 있다. 사람들은 정치인들이 부자나 기업의 이익만 대변한다고 생각한다. 그들은 심각한 불평등이 끊임없이 지속되고 있는데, 민주주의 제도가 이를 줄이는 데 무능력해 보이는 이유를 이해하지 못한다. 그들은 정당이 자신들의 가치나 이익을 전달하는 장치로서 제 기능을 하지 못한다고 생각한다. 그들은 중요한 결정이 국제기구처럼 누구의 통제도 받지 않는 제도에 의해 만들어진다고 생각한다.

이런 문제를 우리가 지속적으로 제기하지 않으면, 다양한 이데올로기적 선동가들이 대답할 위험이 있다. 아르헨티나를 방문했을 때 나는 전체적인 정치적 논의가 '시장'을 조물주로 신봉하는 신자유주의자와, '인민'을 조물주로 신봉하는 네오-포퓰리스트로 양분되어 벌어지는 데 충격을 받았다.

미국에서 학계의 전반적인 보상 구조는 학자들로 하여금 지적으로나 정치적으로나 위험을 회피하도록 만들고 있다. 대학원생과 조교수들은 자신들의 지적 야심을 두세 개의 학술지에 실릴 수 있는 논문으로 포장해야 하며, 정치적 입장처럼 보일 만한 것은 그 어떤 것도 드러내지 않아야 한다는 것을 배워 가고 있다. 이런 전문가주의는 협소하게 정식화된 질문에 대한 지식을 발전시키기는 한다. 하지만 우리에게는 우리의 지식을 학계 밖으로 전파할 토론의 장이 없다. 사실 우리끼리조차도 정치에 대해 이야기하지 않는다. "오늘날의 미국 혹은 민주주의, 무엇이 문제인가?", "어떻게 하면 좀 더 나은 세상을 만들 수 있는가?"와 같은 문제에 대한 글이 전문 학술지 — 일반적으로 이야기하는 소위 '전문' 말이다 — 에 실리지 않은 지 수십 년이 지났다. 내가 보기에, 『미국정치학회보』가 폐간되기만 해도 우리는 더 많은 이야기를 나눌 수 있을 것이다.

## 합리적 선택이론

**대학원생 교육에 관한 생각을 들어 보면, 게임이론을 비교정치학의 표준적인 도구로 받아들이는 듯하다.**

내가 학생들에게 게임이론 강의를 듣도록 하는 이유는 그것이 매우 중요하며, 누구나 다룰 수 있는 도구라는 것이 핵심이지 모든 환경에 게임이론을 적용하라는 것은 아니다. 내 학생 중에, 대장정에 참가했고 나중에는 중국 공산당의 저명인사가 된 아버지를 둔 중국인 친구가 있었다. 그 학생은 사례에 정통한 지식과, 그전에는 누구도 접근할 수 없었던 토착 자료들을 기반으로 중국 혁명에 대해 박사 학위논문을 썼다. 그는 막대한 분량의 역사적 사실을 파헤쳤다. 하지만 그는 게임이론 모델도 사용했다. 자리를 잡기 위해 그는 미국에 있는 여러 대학에서 인터뷰를 했는데, 한 곳에서는 게임이론을 사용하지 않았다면 임용될 수 있었을 거라는 이야기를 들었다. 물론 여러 해 전의 일이고 요즘에는 그런 식의 편견은 없어졌다. 최근 2년간 비교정치 분야의 임용 공고를 보면 지원자들에게 넓은 범위의 비교에 대한 관심뿐만 아니라 방법론적 훈련도 요구하고 있다. 늦은 감은 있지만, 이것이 요즘 경향이다.

**하지만 합리적 선택과 게임이론에 비판적인 글(Przeworski 1985b)을 쓰고 있는데?**

때론 게임이론이 유용한 도구이지만, 어떤 경우에는 그렇지 못하다. 두 가지 측면에서 게임이론에 대해 회의적이다.

첫째, 사람들이 가끔 전략적으로 행동하지 않는다고 생각한다. 나는 '합리적으로'라는 말을 사용하지 않으려고 한다. 협애하고 매우 까다로운 개념이기 때문이다. 사람들이 항상 결과주의자인 것은 아니다. 사람들이 늘 미래의 일을 생각하고 자신의 행동이 어떤 결과를 낳을지를 살피면서 행동하는 것은 아니라는 뜻이다. 꽤 많은 사람들이 확고한 신념을 가지고 있고, 그 신념에 반하는 일은 하지 않으려 한다. 사람들은 결과에 상관없이 무엇인가를 하는 것에 열광한다. 민주주의 이행을 연구하는 동안 우리는 권위주의 체제 내의 다양한 전략 유형을 '강경파', '개혁파' 등으로 구분하려 애쓰고 있었는데, 이때 카르도수가 "어리석은 사람들tontos도 잊지 말게"라고 말했다. 좀 더 일반적으로 말해, 게임이론은 선호preference에서 출발하지만 우리는 선호가 무엇인지 알지 못한다. 내 생각에, 행위의 동기를 행위자들의 특정 계급에 귀속시킬 수 있는 그럴 듯한 이유가 있어야만 게임이론은 작동한다. 예를 들어, '소비자'와 관련해서 동기를 이야기하는 것은 가능하다. 소비와 여가를 극대화하고 싶어 하는 존재가 소비자이기 때문이다. '지주와 농민', '노조와 기업' 또한 마찬가지다. 그러나 '개인'이나 '유권자'에 대해서는 그렇게 할 수 없다. 그들은 저마다 너무나 다른 동기를 가지고 있어서 단순한 가정으로는 그들을 모두 특징지을 수 없다. 간단히 말해, 게임이론은 좋은 사회학과 함께할 때 작동한다. 즉, 상호 의존적인 어떤 구조에서 행위자가 차지하는 위치로부터 그의 동기를 합리적으로 추론해 낼 수 있을 때 작동한다.

둘째, 게임이론은 수많은 균형 상태equilibria를 만들어 내며, 결과적으로 훌륭한 역사 이론을 제공해 주기에는 빈약하다. 동적 게임 모델은 보통 그때그때 균형을 선택하는 식이다. 그래서 게임이론은 어떤 때는 작동하고 어떤 때는 작동하지 않는다.

## 분석적 서사론과 비교 역사 연구

베이츠 등(Bates et al. 1998)이 제안한 것처럼, 게임이론을 비교정치학에 도입하려는 시도 중 하나로 분석적 서사론이 있다. 엘스터는 『미국정치학회보』에 이 책에 대한 비판적 서평을 실었는데(Elster 2000), 당신도 엘스터와 같은 입장인가?

『분석적 서사론』*Analytical Narratives*[37]은 저자들이 생각하는 것만큼 그렇게 혁신적인 것은 아니라고 생각한다. 하지만 사례연구가 기존 이론에 정통해야 하고, 이론적으로 유익해야 한다는 이 프로젝트의 핵심 의도에는 공감한다. 내가 사례연구를 반대하는 것은 전혀 아니다. 폴란드나 아르헨티나 연구에서 많은 것을 배울 수 있다고 생각한다. 하지만 내가 알고 싶은 것은 특정 사례연구에 유의미한 일반적 가설이 무엇인가 라는 것이다.

두 가지만 더 지적하고 싶다. 첫째, 서사가 반드시 게임이론의 형태를 취할 필요는 없다. 둘째, 사례연구를 할 때는 그 사례가 다른 사례들의 광범위한 맥락에서 어떤 위치를 차지하는지 알아야 한다. 그래서 나는 이렇게 말한다. "사례연구를 하기 전에 회귀분석을 해봐라. 그러고 나서는 선위에 있는 사례들을 먼저 살펴봐라. 그런 후에 가외치들outliers을 봐라. 왜냐하면 이 가외치는 특수한 조건을 이해하는 데 도움이 되기 때문이다." 대표적 예가 있다. 오도넬의 "아르헨티나 국가와 동맹들"State and Alliances in Argentina(O'Donnell 1978)은 뛰어난 논문이다. 나는 늘 학생들에게 아르헨티나 연구로 이 책을 제시한다. 아르헨티나는 독특한 사례다. 실제 나도 그런 결과를 얻었지만(Przeworski et al. 2000, 99-101), 전 세계를 대상으로 다

---

[37]• 자세한 내용은 이 책의 베이츠와의 인터뷰(<인터뷰 12>)와 136-137쪽 각주 20 참조.

양한 종류의 회귀분석을 해보면, 아르헨티나는 늘 표준 편차를 벗어나는 곳에 위치하는 것을 발견할 수 있다. 아르헨티나는 세계에서 체제 변동이 가장 많이 일어난 나라다. 또한 상대적으로 부유할 때 민주주의가 붕괴했다. 민주주의가 붕괴한 사례들 가운데 가장 부유했던 나라의 경우를 살펴보면, 1976년 아르헨티나, 1966년 아르헨티나, 그리고 1962년 아르헨티나다. 1900년에 아르헨티나는 세계 10대 선진국 중 하나였으나, 지금은 침체되어 있다. 아르헨티나는 세계에서 가장 기이한 나라다. 이게 다 무슨 뜻일까? 아르헨티나의 사례로 이론화를 하면 보편성을 얻지 못한다는 뜻이다. 정치적 서사에 대한 첫째 원칙으로, 좀 더 넓은 맥락에 사례를 위치시켜 보라고 하는 것은 이 때문이다.

내가 보기에, 『분석적 서사론』을 엘스터가 비판한 이유는 잘못된 것 같다. 엘스터는 모든 비판을 같은 비중으로 제시한다. 이런 식이다. "열한 가지 문제가 있다. 첫째, 3쪽에 오류가 있다. 둘째, 모든 것들이 제대로 정식화되어 있지 않다. 셋째……" 이처럼 그는 긴 목록을 읊는다. 나는 역사적인 문제에 대해 그가 제기한 많은 부분이 옳다고 생각한다. 『분석적 서사론』의 저자들은 역사를 제대로 끌어와 적용하지 못했다. 하지만 엘스터가 이들 연구의 의도를 문제 삼았다고는 생각하지 않는다.

**무어의 『독재와 민주주의의 사회적 기원』(Moore 1966)의 영향을 받은 비교 역사 분석도 사례와 역사에 초점을 맞추는 비교정치학 접근법 가운데 하나다. 이 책에 대해서는 어떻게 생각하는가?**

배링턴 무어의 책을 읽으면서 고민이 되는 지점은, 시간적으로 격차가 큰 행위들 간의 인과관계의 의미에 대한 것이다. 무어의 책에는 3세기 전의 원인과 50년 전의 결과가 들어 있다. 그 사이에 무슨 일들이 있었는가? 『독재와 민주주의의 사회적 기원』에서는 납득할 만한 설명을 얻지 못했다. 그 책은 훌륭한 책이다. 광범위하고 박식하다. 그러나 그 책의 인과 구조 분석은 이해할 수가 없다. 좀 더 일반적으로 말해서 거시 비교 역사 사회학을 이해하지 못하겠다. 뢰머가 『분석 마르크스주의』의 서론에서 밝힌 것처럼, 우리는 거시적 수준에서 규칙성을 발견하고자 하지만, 설명은 미시적 수준에서 이루어져야 한다. 누군가는 거시적 상태를 초래하는 그 무엇인가를 다루어야 한다. 거시 비교 역사 사회학은 이런 인과 기제를 제공하는 데 실패하고 있다.

그리고 이 책은 정보를 얻는 데 별로 유용하지 못하다고 생각한다. 데이터를 수집하면서 알게 된 것 중 하나는 좋은 정치사가 부족하다는 것이다. 이런 측면에서 거시적 역사 사회학이 정보 차원에서는 그리 유용하지 못하다는 것을 알게 되었다. 분석의 많은 부분이 불가사의한 행위자들의 수준에서 일어난다. 거시 역사서들은 일시, 이름, 장소를 거의 밝히지 않는다. 이들이 분석하는 농민이나 지주, 부르주아지 같은 집단적 행위자들은 날짜도 장소도 없는 역사를 활보하고 다닌다. 사실 기술의factographic 관점에서 이 저작들은 충분한 정보를 담고 있지 않다고 생각한다.


**미국과 미국 밖에서의 방법론적 표준과 비교정치학**

**지난 10년간 방법론 이슈가 비교정치학 내에서 많은 관심을 받고 있다. 이런 변화를 어떻게 설명해야 하나?**

나는 이런 경향을 합리적 선택으로 설명한다. 방법론적 지향이 강한 미국 정치 연구자들이 다른 정치학 분과의 학자들에게 방법론적 표준을 강화하도록 압력을 가하기 시작했다고 생각한다. 대부분의 대학은 지역연구자들에게 비교정치학 분야의 방법론적 발전을 강요하고 있다. 미국 정치 연구자는 그들이 연구하는 나라에서 태어나고 자랐기 때문에 다른 사회의 언어·역사·문화를 배울 필요가 없다. 그래서 그들은 이론과 방법을 배우는 데 더 많은 시간을 투자할 수 있다. 반면 비교정치학자들은 보통 이 두 가지를 모두 배워야 하는 난처한 상황에 있다. 예컨대, 터키어와 터키 역사를 알아야 할 뿐만 아니라, 미국 정치 연구자들이 배우는 이론과 방법도 알아야 하는 것이다. 하지만 비교정치학자들, 적어도 지역연구자들은 거의 그렇게 하지 못한다. 어떻게 보면, 미국 정치 연구자들이 반발을 일으킨 것은 정치학과가 이중적 기준을 갖고 있었기 때문이라고 생각한다.

시카고 대학에서 한 소련 연구자에 대해 교수 정년 보장 여부를 심사하고 있었는데, 그의 연구는 매우 훌륭했다. 그는 2년 동안 공산당 지역 세포 회의에 정기적으로 참석해 내부 상황을 관찰했다. 이 연구는 민족지적으로 매우 인상적인 것이었다. 하지만 이 연구는 문제 제기도 방법도 결론도 없는 순수한 민족지였다. 정년 보장을 논의하면서 우리가 편지로 문의한 사람들 가운데 하나는 경제학자로, 역시 소련 전공자였다. 그의 답장에는 이렇게 적혀 있었다. "여기서 문제는 당신들이 하나의 표준을 원하는가 아니면 두 개의 표준을 원하는가이다. 우리 경제학자들은 이런 종류의 민족지적 연구를 포기했고, 하나의 표준만을 가지고 있다. 하지만 당신들은 두 가지 표준을 갖고 싶어 할 수도 있는 것 같다." 그는 우리에게 어느 한쪽을 강요하지 않았다. 단지 "현재 당신들의 결정은 이런 것이다"라고 말하고 있었다. 이 사례는 미국 정치학과에서 어떤 일이 일어나고 있는지를 잘 보여 준다고 생각한다. 기본적으로, 미국 정치 연구자들은 "하나의 표준을 원한다"라고 말하고 있다.

**이런 일이 비교정치학에 도움이 될 것이라 보는가?**

매우 도움이 될 것이다. 나는 우리가 그 문제에 제도적으로 대처해 왔다고 생각하지 않는다. 왜냐하면 하나의 표준을 갖는다는 것은, 비교정치학자들이 미국만 연구하는 미국인 연구자들보다 두 배는 열심히 해야 한다는 것을 의미하기 때문이다. 변화는 불가피하고 유익하지만 많은 비용이 들게 마련이다.

**비교정치학의 미래를 생각할 때, 이런 불균형은 무엇을 의미하는가?**

과거에도 그랬지만, 미국에서 공부한 외국인이 중요한 역할을 하게 되리라는 것이다. 미국 비교정치학의 역사를 돌이켜 보면 저명한 비교정치학자들 가운데 다수가 외국인이거나 외국 출신이었음을 알 수 있다. 도이치·오도넬·빈더Leonard Binder·린츠·졸버그Aristide Zolberg 등 수도 없이 많다.

**미국 출신 학자들이 비교정치학에 기여한 바는 있나?**

지역연구 분야의 내 동료들 대부분을 놀라게 하거나 심기를 불편하게 할 이야기를 해야겠다. 나는 외국 연구에 대해 강한 반감을 가지고 있다. 폴란드에서 살 때, 외국인들, 대부분은 미국인들이 폴란드에 와서 폴란드를 연구하는 것을 여러 번 봤다. 그때 내가 보기에 그들은 자신들이 하고 있는 일에 대해 아무 생각이 없는 듯했다. 미국의 이데올로기적 이슈에 맞게 연구의 틀을 만들었다. 그래서 그들은 폴란드 사람이나 폴란드 사회과학자가 기초적인 것이라고 생각하는 문제는 다루지 않으면서 미국 이데올로기에 맞는 환상만을 수출하고 있었다.

나는 비교정치학을, 미국인들이 외국으로 나가서 다른 나라를 연구하는 분야라고 보는 미국적 개념을 극단적으로 경계한다. 비교정치학이라는 것이 참 희한하다. 미국인이 미국을 연구하면 미국 정치를 연구하는 것이고, 미국인이 브라질을 연구하면 비교정치를 연구하는 것이다. 그렇다면 "브라질 사람이 브라질을 연구하면 어떻게 되는 것인가?"라고 자문해 본다. 그렇다고 미국인이 특정 국가에 대한 좋은 연구를 내놓는 것은 불가능하다는 뜻은 아니다. 가끔은 연구 대상 국가에 중요한 공헌을 하는 경우도 있다. 슈미터의 브라질 코포라티즘 연구(Schmitter 1971)나 스테판의 브라질 군부 연구(Stepan 1971)는 브라질 사람들도 자기 나라를 이해하는 데 중요한 공헌을 했다고 평가하는 책들이다. 하지만 이런 종류의 연구는 꽤 드물다.

오래전부터 그렇긴 했지만, 특히 요즘 미국에서 공부한 외국인들은 미국인들보다 자국 연구를 훨씬 더 잘한다. 나는 아르헨티나와 한국, 중국, 브라질 출신의 제자들이 있는데 그들은 어떤 기준으로 봐도 일류 사회과학자들이다. 그들은 자국으로 돌아가서 어떤 외국인이 그 나라에 대해 할 수 있었던 것보다도 더 뛰어난 연구를 했다. 세계에 대한 연구를 미국이 독점해야 할 이유는 없다. 물론 미국인들이 생산해 낸 지식이 다른 나라 사람들에게 필요하지 않다는 뜻은 아니다. 하지만 때로는, 비교정치학 연구를 하나의 큰 기획으로 생각할 필요가 있다. 즉, 공동 작업을 하고, 의견을 교환하며, 자신의 나라에서 공부하고 있는 사람들에게 유용한 지적 자원을 제공하는 기획 말이다.

**당신은 오랫동안 왕성하게 활동해 왔지만, 아직도 새로운 영역에 도전하고, 새로운 것을 배우고 있다. 그렇게 할 수 있는 비결은 무엇인가?**

어느 정도 그것은 고통을 참는 문제다. 오늘날 우리 같은 늙은이들에게는 특히 그렇다. 많은 젊은 친구들이 우리가 모르는 것들을 알고 있으며, 사용해야 하지만 사용법을 모르는 수많은 기법들이 널려 있다. 이런 기술을 여전히 배울 수 있는지, 아니면 능력을 넘어서는 것인지도 확실하지 않다. 그래서 누구든 새로운 일에 뛰어들면 고통을 느낀다. 그러나 확실히 나는 내가 하는 일을 좋아한다. 다른 일에 대해 잘 모르기도 하고 말이다. 그저 연구하는 것을 좋아하는 것 같다. 나는 뚜렷한 정치적 의견을 가지고 있으며, 많은 연구가 이 의견에 따라 이루어졌다. 나는 내 자신이 정치적 논쟁에 참여한다고 생각하며, 참여의 질이 중요하다고 믿는다. 이는 분명 내가 연구를 계속할 수 있도록 동기를 부여한다.

**앞으로의 연구 계획은 무엇인가?**

내겐 중기적 계획만 있다. 앞으로 연구할 큰 주제는 민주주의, 발전, 소득분배 등 오랫동안 연구해 왔던 것들이다.

현재 두 개의 프로젝트에 참여하고 있는데, 아직 그것들이 어떻게 연관되어 있는지 분명하지가 않다. 민주주의를 창설자들의 입장에서 연구하고 싶다. 각 나라에서 민주주의는 분명 '창설자'들이 의도하고 기대했던 대로 실현되지 않았다. 내 질문은 "왜 그런가?"이다. 원래의 기획 자체가 실현될 수 없는 것이었나? 아니면 우연히 그렇게 된 것인가? 언제나처럼 내겐 정치적 동기가 있다. 왜 민주주의가 더 많은 경제적 평등과 더 효율적인 정치적 참여, 그리고 질서와 자유 간의 더 나은 균형을 이루지 못했는지를 알고 싶다. 민주주의의 이 같은 결점은 내재적인 것이며 돌이킬 수 없는 것인가? 민주주의의 한계는 무엇인가? 민주주의 체제에서 최대한 이룰 수 있는 평등과 효율적 참여, 그리고 자유는 어느 정도인가?

두 번째 프로젝트는 역사적 데이터를 수집하는 일이다. 최근의 사태를 이해하려면, 내가 혹은 우리가 알고 있는 것보다 멀리 역사를 거슬러 올라가야 한다. 예컨대, 이미 이야기한 바와 같이 1950년 이후 정치체제의 안정성은 그 체제의 전체 역사에 달려 있다는 점이 드러나고 있다. 그리고 정치제도가 발전에 미친 영향을 연구한다면, 수백 년을 건너뛴다거나, 제도가 변하지 않았다고 가정할 수는 없다. 그래서 좀 더 장기적인 관점에서 본, 정치제도와 경제 발전의 관계로 돌아가려 한다.


**이제 막 시작하는 젊은 대학원생들에게 조언을 한다면?**


쉽지 않은 문제다. 왜냐하면 예전에 내가 우려했던 것들이 현실이 되고 있기 때문이다. 우리의 제도적 구조가 낳은 균형 문화equilibrium culture와 인센티브 체계는, 사고를 좁게 하고, 위험을 감수하지 않거나 정치적으로 논쟁적인 것은 언급하지 않도록 만들고 있다. 보상은 '전문가주의'professionalism에 따라 주어진다. 많은 학생들이 정치학과 대학원에 들어오는 이유는 표면적으로는 정치학에 관심이 있어서겠지만, 대학에 자리 잡으면 안정적인 소득과 풍족한 생활이 가능하리라 기대하기 때문이다. 나는 "넓게 생각하고," "위험을 감수하라"라고 말해 주고 싶지만 이미 좋은 대학에서 안정된 자리에 있는 내가 하는 이 조언은 공허하게 들릴 것이다. 그래서 조언은 하지 않겠다. 선택지에 대한 이야기는 이미 했고, 그 결정은 각자에게 달려 있다.

# 시장과 정치, 그리고 선택

로버트 베이츠는 비아프리카 출신의 아프리카 연구자로 경제정책의 정치적 기원을 해명하고, 발전에 대한 문화주의적 설명에 도전함으로써 비교정치학과 발전 정치경제학에 많은 공헌을 했다. 그는 경제학에서 사용하는 이론과 도구, 특히 합리적 선택이론과 연역적 추리를 비교정치학에 선구적으로 도입했다.

베이츠는 초기 저작 두 권에서 잠비아 사례에 초점을 맞추었다. 『노동조합, 정당, 정치발전』*Union, Parties, and Political Development*(1971)에서는 정부의 산업 훈련 정책 실패를 연구했으며, 『산업화에 대한 농촌의 대응』*Rural Responses to Industrialization*(1976) 에서는 신고전주의 경제학에서 차용한 방법론적 개인주의, 합리성, 선택 등의 개념을 이용해 농민의 정치적·경제적 전략을 분석했다. 그는 유물론적 시각을 통해 당시 아프리카의 발전을 설명하는 지배적 관점이었던 문화주의적 설명을 반박했다.

베이츠가 쓴 책 가운데 가장 널리 읽힌 『열대 아프리카의 시장과 국가』*Markets and States in Tropical Africa*(1981)는 그를 발전 연구 분야에서 손꼽히는 연구자로 자리매김하게 했다. 그는 농업에 부정적인, 따라서 발전에도 부정적인 정책을 선호하는 도시 동맹 세력들에 의해 아프리카 정부들이 포획되어 있다고 주장했다. 결과적으로, 농촌 시장에 대한 경제적으로 비합리적인 정부의 개입은 사실 정치적으로는 합리적인 것이었다. 그는 개발도상국 정부가 어떻게 농업 시장을 왜곡해 정치적 이익을 취하는가를 보여 줌으로써, 왜 개발도상국 정부가 자국 시민을 피폐하게 만드는 비효율적 정책을 선택하는가에 대해 설명했다.

『시장의 기적을 넘어』*Beyond the Miracle of the Market*(1989)에서 베이츠는 경제 발전을 설명하기 위해 정치제도와 시장 세력에 대한 이중 초점을 도입했다. 신제도주의 경제학에 의거해, 그는 제도가 시장의 실패를 보완할 수 있으며, 어떤 경제적 요구가 정치적으로 효과적인지를 결정하는 데 도움을 줄 수 있다고 주장했다. 그는 케냐 농촌의 소유권과 가격 정책, 농민 급진주의에 초점을 맞춰, 여타 아프리카 국가와 달리 케냐에서 어떻게 농촌 경제가 성공적으로 육성될 수 있었는가를 설명했다. 그런 면에서 이 책은 어떤 조건에서 정치제도가 경제적으로 긍정적인 결과를 가져올 수 있는가를 조명했다.

1980년대에는 『아프리카 농촌의 정치경제에 관한 에세이』*Essays on the Political Economy of Rural Africa*(1983)와 편저 『발전의 정치경제학을 향해』*Toward a Political Economy of Development*(1988)를 비롯해 자신의 합리적 선택 접근법에 대한 강력한 주장을 발표했다.

베이츠는 세계 커피 무역을 정치경제학적으로 분석한 『개방경제의 정치』*Open-Economy Politics*(1997a)를 저술하면서 연구 영역을 아프리카 외부로 확장했다. 이 책은 국제커피기구 International Coffee Organization, ICO에 대한 연구를 통해 국내 정치와 국제 정치경제의 접점을 탐구했다. 또한 형식적·연역적 모델과 브라질·콜롬비아의 풍부한 질적 사례연구를 조합해 베이츠와 공동 연구자들이 『분석적 서사론』(1998)에서 창안한 '분석적 서사' 접근법의 전형을 보여 주었다.

최근 베이츠의 연구 주제는 폭력의 기원에 대한 것으로, 연구 결과로는 『번영과 폭력』 *Prosperity and Violence*(2001) 외 많은 논문들이 있다.

1942년 뉴욕 브루클린에서 태어난 베이츠는 1964년에 하버포드 대학Haverford College을 졸업했으며, 1969년에 매사추세츠 공과대학Massachusetts Institute of Technology, MIT에서 정치학 박사 학위를 받았다. 캘리포니아 공과대학(1969~84), 듀크 대학(1985~93), 하버드 대학 (1993~현재) 등에서 강의했다. 미국정치학회 비교정치 분과 분과장(1995~97)과 미국정치학회 부회장(1989~90)을 역임했고, 1991년 미국예술과학아카데미 회원으로 선출되었다.

2002년 3월 2일,
코네티컷 주 우드스톡에서,
스나이더가 인터뷰했다.

**어떻게 정치와 정치학에 관심을 갖게 되었나?**

우리 가족은 정치에 정말 관심이 많았다. 어머니는 열렬한 엘리너 루스벨트 자유주의자였고, 시골 의사였던 아버지는 매사에 자기 견해가 뚜렷하신 분이었다. 저녁 식탁에 앉아서 우리는 가족적인 대화를 나누기보다는 정치 현안에 대해 전투에 가까운 토론을 벌였는데, 무시무시할 정도였다. 이런 성장 환경이 정치에 관심을 갖게 된 이유 중 하나일 것이다. 또 정치에 대해 많이 알게 되면, 가족들 사이의 전투에 참여해 정말 중요하고 의미 있는 문제로 주제를 전환할 수 있으리라 생각했다. 예컨대, 우리는 서로를 정말 사랑하는가와 같은 주제 말이다! 하지만 이건 과도한 심리적 해석일 것이다. 어쨌든 내 어린 시절은 엘리너 루스벨트, 민권, 야구, 정치로 뒤섞여 있었다.

**왜 민권 문제에 관심이 있었는가?**

어느 정도는, 내가 노예 폐지론자의 후손이라는 것, 브루클린 다저스[1958년 이후 LA 다저스]와 재키 로빈슨¹의 팬이었던 것, 그리고 민권운동이 옳은 일이라고 생각했기 때문이다. 부모님, 특히 어머니는 도덕주의적이고 진보적인 입장을 엄격히 견지하셨다. 어머니와는 논쟁할 필요가 없었다. 어머니와 나 사이에는 이견이 거의 없었다. 그러니 논쟁할 이유가 뭐가 있겠는가?

**어린 시절에 아프리카에 관심이 있었나?**

나는 코네티컷 시골에서 좋은 음식도 많이 먹고, 야구도 실컷 하면서 자랐다. 하지만 부모님은 내 교육에 대해 걱정하셨는데, 말하자면 내가 아직 그 시골을 '뜨지' 않고 있었기 때문이다. 그래서 동네 고등학교에서 인근에 있는 사립학교인 폼프렛 스쿨Pomfret School로 나를 전학시키셨다. 학교에 적응하기 쉽도록 나는 기숙사에 들어갔다. 학교 측은 학생들이 응석받이에 편협하고, 다른 세상에는 관심이 없다고 생각했는데, 이는 모두 사실이기도 했다. 2학년 말이던 1959년, 학교 측은 학생들의 지평을 넓혀 줄 여름 프로그램의 일환으로 우리를 미시시피로 데려 갔다. 우리가 방문한 대학은 투펠로Tupelo라는 곳에 있었는데, 몇 년 후 프리덤 라이더²들이 지나간 곳이기도 하다. 우리가 그곳을 방문했던 여름 무렵에, 쿠 클럭스 클랜Ku Klux Klan과 종교적 우파와 밀접한 관련을 맺고 있던 백인시민위원회 White Citizens' Councils가 미시시피 정계를 접수하려 하고 있었다. 이 위원회는 인종 통합과 혼합을 반대하는 반 흑인 지역 조직이었다. 그래서 우리가 머

---

1 • 재키 로빈슨Jackie Robinson(1919~72)
브루클린 다저스에서 뛰었던 최초의 흑인 메이저리그 야구 선수로 프로 스포츠에서 인종 통합의 상징적 인물이다.

2 • 프리덤 라이드Freedom Ride
버스와 승강장 등에서의 인종 분리는 1960년 대법원 판결로 철폐되었지만 미국 남부 지역에서는 주법과 지방 조례 등을 통해 여전히 인종 분리가 이루어지고 있었다. 프리덤 라이드는 이에 항의하기 위해 조직된 비폭력 저항운동으로 인종 분리에 대항해 흑인과 백인이 함께 남부 지역을 버스로 여행했다.

물고 있던 당시에는 긴장감이 감돌고 있었다. 3~4주간 미시시피에 있다가, 나머지 여름은 케냐와 남아프리카공화국, 가나에서 아프리카 여행을 하면서 보냈다. 이때 아프리카에 푹 빠져들게 되었다.


**아프리카에 대한 인상은 어땠나?**


아프리카에 간 것이 내 생애 가장 중요한 일이었다는 생각이 들었다. 가능한 한 자주 아프리카에 갈 수 있는 일을 하고 싶어졌다.


**아프리카에 대한 관심이 야구보다 컸나?**


그렇다. 게다가 야구에 그렇게 소질이 있었던 것도 아니다.


**코네티컷에서 미시시피, 아프리카로 이어지는 고등학교 수학여행은 상당히 이례적인 일이다. 특히 1950년에는 더욱 그러했다. 누가 이 프로그램을 만들었나?**


폼프렛 학교 당국에서 만들었다. 학생들은 조금도 진보적이지 않았지만, 당시 학교 당국은 상당히 진보적이었다. 나를 그 여행에 데려간 사람은 후에 몇몇 흑인 대학의 운영자를 지내기도 했다. 그는 매우 리버럴했지만, 미국에서 권력이 어디에 있는지에 대한 현실적 감각을 가지고 있었다. 권력은 바로 부유한 가문에 있었다. 그래서 그는 이들 가문의 아이들을 통해 그 주변을 바꾸려고 했다. 그해 여름 프로그램은, 내 급우였던 애덤 호크쉴드[3]의 아버지 해럴드 호크쉴드가 경비를 지원했다. 해럴드는 볼리비아와 아프리카에 광산을 가지고 있었으며, 1950년대의 맥락에서는 상당히 리버럴한 사람이었다. 그는 폼프렛 학교 당국이 내건 목표에 크게 공감하고 있었다. 하지만 애덤은 아버지가 절대 리버럴하다고 생각하지 않았다. 그는 늘 아버지를 거대 자본가라고 생각했으며, 사실이 그랬다.

**하버포드 대학에서 학사 학위를 받았다. 전공은 무엇이었나?**

나는 영문학을 공부하려고 했으나, 알면 알수록 그 분야에서는 '형식'이 너무 중요해 내 취향에는 맞지 않았다. 논쟁이 벌어지면 대개 입심 좋고, 허튼소리 잘하고, 글 잘 쓰는 사람이 이기곤 했다. 하지만 그것이 옳고 그름과 관련되어 있다는 생각은 들지 않았다. 나는 추론하고, 결론을 이끌어 내고, 진리라 말할 수 있는 무엇인가를 이야기하고 싶었다. 영문학에서는 그런 것이 없었기에 문학 공부에 대한 불만이 점점 쌓여 갔다. 문학은 형식이 너무 많았고, 내용은 너무 적었다.

다른 전공을 이리저리 둘러보다가 글리크먼Harvey Glickman이라는 훌륭한 교수를 알게 되었다. 하버포드는 최초로 아프리카 연구 기금을 배정받은 대학 가운데 하나였다. 이 기금은 링컨 대학Lincoln College과의 공동 프로젝트를 위한 것이었다. 글리크먼은 이 프로젝트의 책임자였으며, 2학년이었던 나는 연구 조교가 되었다. 그는 영국과 미국의 정치학자들이 쓴 모든 아프

---

3 애덤 호크쉴드Adam Hochschild는 벨기에령 콩고의 식민지 고무 무역의 처참한 현실에 관한 베스트셀러 책(Hochschild 1998)을 쓰기도 했다[그의 아버지 해럴드 호크쉴드Harold Hochschild는 유대인 광산 재벌로 아프리카에서 미국 동부 애팔래치아 산맥에 걸쳐 국제적인 광산 신디케이트를 구축해 막대한 부를 모았고 이후 애팔래치아 산맥 북쪽에 있는 애디론댁 지역 전체를 개인 돈으로 공원화했다].

리카 연구 문헌에 대한 논평을 쓰고 있었다. 나도 그 모든 자료들을 읽고 노트를 작성해야 했다. 이 경험이 정말 많은 공부가 되었고, 계속해서 아프리카를 연구하게 만든 가장 중요한 요인이었다. 전공으로는 정치학을 선택했고, 부전공으로 경제학을 했다. 하버포드의 경제학과는 아주 훌륭했기 때문이다.

**경제학 공부를 많이 했나?**

두 가지를 알 수 있을 만큼은 배웠다. 첫째, 내가 경제학을 매우 좋아한다는 것과, 둘째, 새뮤얼슨의 『경제 분석의 기초』*Foundations of Economic Analysis*(Samuelson 1947)를 읽고, 나 같이 수학적 재능이 부족한 사람은 이 분야에서 두각을 나타내기 어렵겠다는 생각을 했다.

**학부 시절, 새뮤얼슨의 『경제 분석의 기초』 외에 영향을 받은 책이 있나?**

하버포드에는 훌륭한 과학철학 과정이 있었고, 햄펠의 저작(Hempel 1965)과 과학적 탐구의 논리에 관한 존 스튜어트 밀의 책(Mill 1874)에서 큰 영향을 받았다. 그 책은 나한테 정말 잘 맞았다.

**1964년 하버포드를 졸업하고 바로 대학원에 진학했나?**

그렇다. 하지만 4학년으로 올라가던 1963년 여름은 각별했다. 국무부에서 인턴십을 할 수 있었던 것이다. 이 인턴십은 로버트 케네디가

운영한 프로그램의 일부였는데, 기본적으로 우리가 원한다면 무엇이든 참여할 수 있었다. 우리 인턴 20명은 방첩 활동과 쿠바 미사일에 관한 일을 담당했다. 그해 여름에 베트남 승려들이 분신을 했고, 우리 인턴들은 온통 거기에 관심이 쏠려 있었다. 나는 유엔 주재 미국 대사인 아들라이 스티븐슨Adlai Stevenson과 콩고 관련 일을 담당했다. 그 당시 미국은 유엔이 콩고 내에서 벌이는 활동을 비난하고 있었다. 이 인턴십 프로그램에서 아내와 정치학자 거비치Peter Gourevitch, 나중에 사우스다코타 주 연방 상원의원이 된 프레슬러Larry Pressler, 역사학자 도리스 컨스 [굿윈]Doris Kearns [Goodwin] 등 흥미로운 학생들을 만났다. 멋진 그룹이었다. 콩고에 열중했던 그 경험 덕분에 나는 아프리카에 계속 관심을 갖게 되었다.

**워싱턴에서 흥미로운 경험을 하고 난 후, 왜 정책 입안자가 되겠다는 목표를 가지지 않았나?**

　　　　그 프로그램에 참여했던 인턴 가운데 국무부에 취직해야겠다고 생각한 사람은 없었다.

**참 신기한 일이다. 인턴십 프로그램은 로버트 케네디의 의도와 정반대의 효과를 가져왔다.**

　　　　정말 그랬다. 인턴십을 하면서 학생들은 국무부에서 머리를 쓰거나, 무엇인가를 분석할 시간은 없다는 것을 알게 되었다. 결국 여권에 도장을 찍거나, 관료제 안에서 일하면서 관료 놀이를 하는 신세가 될 것이었다.

국무부 인턴십을 마칠 무렵, 앞으로의 전망에서 공무원은 고려의 대상이 되지 못했다는 것인데, 이때 학계로 갈 생각을 했던 것인가?

무조건 학계로 갈 작정이었다. 무엇보다 학계에서 일자리를 잡으면, 아프리카로 갈 수 있는 비용을 마련할 수 있었다. 얼마나 멋진가! 그때 나는 누군가 길거리에서 비행기 표를 팔고 있었다면, 당장에라도 표를 사서 아프리카로 가고 싶은 심정이었다. 또 나는 머리 쓰는 것을 좋아하고, 학문을 좋아했다. 그리고 학교가 편했다. 다른 것을 해보고 싶다는 생각은 해보지 않았다. 오직 학자가 되는 길로 나갔다.

## 매사추세츠 공과대학에서의 대학원 공부

**1964년 가을 매사추세츠 공과대학MIT 정치학과 대학원에 진학했다. 왜 MIT를 택했나?**

사회과학으로서 정치학을 가르치는 학교에 가고 싶었다. 그래서 하버드 대학 대신 MIT를 택했다. 하지만 MIT도 생각했던 만큼 사회과학적이지 않아 실망했다. MIT는 방법론적으로 엄밀하다고 정평이 나있었기 때문에 과학적이고 엄밀할 것이라고 생각했다. 두세 명의 교수는 엄밀한 방식으로 사고했지만, 전체적으로 MIT 프로그램도 영문과만큼이나 허튼소리를 했다.

**어느 교수가 엄밀한 방식으로 연구했는가?**

이딜 드 솔라 풀[4]이 매우 사려 깊고 명석했다. 그의 연구가 방법론 중심은 아니었지만, 그의 접근법은 매우 엄밀했다. 풀은 커뮤니케이션 분야를 담당했는데, MIT에서는 필수과목이었다. 내가 막 입학했을 때만 해도 MIT에는 아직 정치학과가 없었다. '사회과학' 혹은 다른 이름으로 학위를 받아야 했다. MIT 정치학 프로그램은 모두 커뮤니케이션 분야를 중심으로 구성되어 있었는데, 그렇게 좋은 생각이었던 것 같지는 않다.

**MIT의 정치학 프로그램이 커뮤니케이션 분야를 중심으로 구성되어 있었던 것은 왜일까?**

MIT의 정치학 프로그램을 만든 사람들은 라스웰의 저서(Lasswell and Lerner 1965)나 라자스펠트, 베럴슨, 맥피의 선거 연구(Lazarsfeld, Berelson, and Gaudet 1944; Berelson, Lazarsfeld, and McPhee 1954)에 많은 영향을 받았다. 이 연구들은 실제로 설득과 커뮤니케이션을 다루고 있었다. 라자스펠트와 베럴슨이 투표 연구를 했던 것은 연구 기금을 지원받을

---

4* 이딜 드 솔라 풀Ithiel de Sola Pool(1917~84)
커뮤니케이션과 기술적 변화의 중요성을 다룬 선구적 학자 가운데 하나로, 통신 및 정보 기술에 대한 혁신적인 연구로 유명하다. 제2차 세계대전 기간 동안에는, 스승인 라스웰, 라이츠 등과 나치 및 공산주의 프로파간다에 대한 연구 프로젝트에 참여했으며, MIT에 새로 설립된 국제연구센터Center for International Studies, CIS에 참여, 커뮤니케이션 기술이 전 세계 정치에 미치는 영향에 대한 연구 프로그램을 주도했다. 초기에는 민주주의와 전체주의 국가 지도자들의 연설에 대한 분석을 기반으로 민주주의의 수사학적 상징들에 대한 연구로 명성을 쌓았으며, 이후에도 커뮤니케이션과 정치 문화에 대한 연구를 심화시켜 나갔다. 커뮤니케이션에 대한 양적 분석에도 관심을 가져 정치 행태 연구를 위한 수학적 모델을 발전시키는 데도 일조했다. MIT 정치학과의 초대 학과장으로 MIT 정치학과를 성장시킨 주역이기도 했다.

수 있었기 때문이었고, 실제로는 마케팅 연구에 관심이 있었다. 풀 교수는 한편으로는 라스웰을, 다른 한편으로는 컬럼비아 대학 사회학과의 라자스 펠트를 섞어 놓은 듯한 인상이었다.

**MIT 시절에 풀 외에도 대니얼 러너Daniel Lerner라는 또 다른 거물이 있었다. 그와도 교류했나?**

러너는 상당히 어려운 사람이었다. 그는 아주 좋은 사람이 될 수도 있었고, 매우 심술궂은 사람이 될 수도 있었다. 그에게 어떻게 하느냐에 따라 달랐다. 그는 처음엔 내게 상당히 인색했다. 그래서 처음에는 그를 멀리했지만, 나중에 내게 잘해 주면서 결국엔 서로 잘 지내게 되었다.

**멘토가 있었나?**

일부러 멘토를 갖지 않으려 했다. 정말이지 생각만 해도 불편했다. 나는 아프리카로 가서 내 할 일을 하고, 거의 끝날 무렵 두꺼운 박사학위논문을 사람들 책상 위에 던져 놓았다.

**MIT 시절이 그리 따뜻하고 정겨운 경험은 아니었던 것처럼 들린다.**

정말 그랬다. 내가 하버포드라는 아주 작은 대학 출신이라는 것을 염두에 둬야 한다. MIT에는 인문대학[학부 중심 교양 대학[liberal arts college에서 온 학생이 거의 없었다. 정치학 프로그램 학생 중 많은 수가 국제개발처United States Agency for International Development, USAID나 육군·공군에서 일하던 사람들이었다. 학문을 하고자 하는 사람들이 아니었다.

처음 MIT에 갔을 때, 소위 [250미터에 닭하는] '무한 회랑'infinite corridor이라 불리는 곳을 걷다가 어떤 사람이 착암기로 뭔가를 고치고 있는 것을 보았다. MIT는 공장 같았다. 학생 공동체의 느낌 같은 것은 없었는데, 대학원생에게는 더욱 그랬다. 그래서 MIT는 따뜻하고 정겨운 곳은 아니었다. 적대적이지는 않았지만, 그렇다고 공동체나 멘토를 찾을 수 있는 곳도 아니었다.

**멘토는 없었어도 교수들 가운데 당신에게 영향을 끼친 사람이 있지 않았나?**

내게 가장 많은 영향을 미쳤고, 내가 가장 가깝게 생각했던 사람은 와이너[5]이다. 와이너는 올바른 질문을 제기하고, 논의를 따라가는 능력이 있었다. 그는 수학에 능숙하지 못한 것 때문에 불편해하지도 않았고, 방법론에 매몰되지도 않았다. 누군가 질문과 방법 그리고 답을 제시하면,

---

5* 마이런 와이너Myron Weiner(1931~99)

미국 정치학자로 인도, 남아시아, 이주 문제, 민족 분쟁, 아동노동, 민주화, 개발도상국 연구로 유명하다. 그가 1991년에 쓴 『인도의 아동과 국가』The Child and the State in India: Child Labor and Education Policy in Comparative Perspective는 인도에서 아동노동을 종식시킬 방법에 대한 논쟁에 큰 영향을 미쳤다. 그의 책이 나오기 전까지 많은 이들은 인도와 같은 국가는 너무 가난해서 아동노동이나 빈자의 교육에 대한 접근권 등에 대해서 그다지 많은 일을 할 수 없을 것이라고 생각했다. 부모들은 가족을 부양하기 위해 일하는 아이를 필요로 하기 때문에 수입 증가만이 이를 변화시킬 수 있으리라는 것이었다. 와이너는 역사적 자료와 다른 국가 사례를 통해 이와 같은 인과관계를 역전시켰는데, 교육의 기회를 확장시키는 개혁들이 수입의 증가를 낳는다는 것이 그의 논지였다. 민주화가 오히려 민족 갈등을 악화시킨다든지, 좋은 의도를 가진 아동노동 정책이나 적극적 차별 철폐 정책 같은 것이 그릇된 효과를 낳는다는 등의 관점은 그를 많은 논쟁의 중심에 서게 했다. 헌팅턴·루시안 파이와 함께 하버드-MIT 간 정치발전에 관한 공동 세미나Harvard-MIT Joint Seminar on Political Development, JOSPOD를 공동 창립하고 운영하기도 했다. 비판자들은 그를 근대화학파나 베트남전 기간 동안의 미국 정책에 관여한 학자로 평가하기도 한다.

그는 질문과 답이 적절한지를 평가해 줄 수 있었다. 그는 냉철하고 매우 날카로운 정신을 가지고 있었다. 그가 작업하는 것을 보면 즐거웠다.

**루시안 파이[6]도 MIT에 있었다. 그와도 교류를 했나?**

파이는 너그럽고 따뜻하며 다정했지만, 나는 따뜻하고 다정한 것 이상을 원했다. 아주 너그러운 사람이기는 했지만, 나는 그와 같은 방식의 연구를 할 수는 없었다. 너무나 독특했기 때문이다. 파이의 연구는 라스웰의 전통에 속하지만, 라스웰의 커뮤니케이션이나 상징 쪽보다는 인성 이론personality theory에 좀 더 많이 기댔다. 그것은 파이가 잘할 수 있는 일이지만, 그런 식으로 연구할 수 있는 사람은 세상에 많지 않을 것이다. 나는 특히 그렇다. 그래서 그리 가깝게 지내지 않았다.

---

6 • 루시안 파이Lucian Pye(1921~2008)
중국 출신 정치학자로, 정치 문화와 정치심리학 분야에서 가장 중요한 현대 이론가로 평가받고 있다. 예일 대학에서 알몬드와 (프로이트 밑에서 배운) 라스웰 등을 만나 수학하면서 당시의 표준적인 '현실주의적' 접근을 따르기보다는 국제관계의 심리학적·사회학적·인류학적 요소들을 공부했다. 비교정치적 관점에서 아시아를 연구하면서 1950, 60년대 제3세계 국가들의 정치발전과 근대화에 대한 이론들을 발전시켰다. 그는 주로 국가 간의 정치적 차이를 설명하는 데 있어서 문화적 차이에 초점을 맞추었으며, 발전을 설명하는 데 있어서 경제학보다는 심리학이 더 중요하다고 생각했다. 그는 자신의 이런 심리학적 접근법을 마오쩌둥의 전기를 쓰면서 발전시켰는데, 여기서 그는 마오쩌둥의 반체제적인 태도가 "소아기적 전능"을 되찾기 위한 욕망에서 비롯된다고 주장했다.

**MIT는 정치발전 분야에 파이, 와이너, 러너 같은 기념비적 인물들이 있었다.**

　　　내가 MIT를 선택한 이유 가운데 하나가 바로 그것이다. 방법론과 함께 내가 배우고자 했던 것이 정치발전론이다. MIT의 정치발전 그룹은 분석해 볼 만큼 재미있는 대상이며, 나는 "코민테른에 맞선 케임브리지"Cambridge against the COMINTERN라고 하는 강의에서 이에 대해 가르치고 있다. 정치발전이라는 하위 연구 분야는 한편으로는 제3세계 자본주의에 대한 공산주의의 위협에 맞서 생겨난 것이다. MIT의 국제연구센터The Center for International Studies는 밀리컨Max Millikan이 설립했는데, 제3세계가 나세르Gamal Abdel Nasser나 수카르노Achmed Sukarno, 마오쩌둥毛澤東의 경로를 밟지 않도록 하기 위해서였다. 그래서 1960년대 MIT는 그런 분위기가 남아 있었다. 1960년대 정치발전을 연구했던 학자들이 제3세계를 미시적으로 연구했다고 말하기는 어렵다. 현미경이 아니라 망원경으로 보는 경향이 있었기 때문이다. 하지만 MIT는 발전 연구 분야에서 핵심 기관이었다.


**와이너 그리고 특히 러너와 파이는 문화적 요인을 강조했다. 반면에 당신은 물질적 요인을 강조한다. 당신이 물질적인 것에 중점을 둔 것은 MIT의 정통에 대한 반발이었나?**

　　　학생과 스승 사이의 관계에서 흔히 일어나는 일을 반발이라고 표현하는 것이 옳은지는 잘 모르겠다. 문화주의자가 되지 않은 이유는 내가 현지 조사를 했기 때문이다. 현지 조사는 헛소리에 대한 특효약이다. 현지 조사를 하게 되면 현실에서 연구 문제를 잡아내게 된다. 자신과 관련 없는 세계에 대해 연구실에 앉아 글을 쓰면, 파이나 러너 같은 연구를 하게 된다. 러너는 데이터 세트와 설문 조사 자료를 가지고 연구했고, 파이는 사람들의 전기를 읽고 해석했다. 두 경우 모두 미시적 환경의 구체적

현실에 뿌리 내리고 있지 않다. 나한테는 미시적 환경이 훨씬 편하다.


**MIT에서 어떤 방법론적 훈련을 받았나?**


음악가이기도 한 레러Thomas Lehrer는 아주 우수한 통계학자였으며 훌륭한 선생이었다. 그는 MIT와 웰즐리Wellesley를 포함한 보스턴 전 지역에서 학생들을 가르쳤다. 내가 아프리카 현지 조사를 마치고 막 MIT로 돌아왔을 때, 앨커Hayward Alker가 MIT로 부임해 왔다. 논문을 쓰는 동안 가능한 한 자주 앨커의 수업에 들어가 양적 방법을 따라잡으려고 노력했다. 하지만 나는 훈련을 잘 받은 편이 못 되었고, 그 사실을 충분히 자각하고 있었다.


**당신이 학생이던 1960년대에는 비교정치와 비교정치사회학 분야에서 립셋의 『정치적 인간』**(Lipset 1960), **무어의 『독재와 민주주의의 사회적 기원』**(Moore 1966), **헌팅턴의 『정치발전론』**(Huntington 1968) **같은 중요한 책들이 출간되었다. 그 책들이 당신에게 영향을 미쳤나?**


헌팅턴의 책은 내게 상당히 큰 영향을 미쳤다. 정말 대단한 책으로 깊이가 있었다. 헌팅턴은 제도와 그것이 어떻게 작동하는가에 대한 직관을 가지고 있었다. 집정관주의praetorianism에 관한 그의 연구는 아주 훌륭했고, 녹색혁명에 관한 글은 농민반란에 관한 나의 연구보다 앞선 것이다. 『정치발전론』은 지금 다시 읽어 봐도 가치가 있다. 베트남전 당시에 나는 헌팅턴을 전범쯤으로 생각했었다.[7] 그러나 나중에 우간다에서 연구할 때, 나는 좋은 삶을 가능하게 하는 필수 전제로서 정치 질서가 얼마나 중요한지 알게 되었다. 질서 없이는 미래도 없다. 그리고 미래가 없다면 우리가 바라고 필요로 하는 많은 것들이 불가능해진다. 이 사실을 직접 채득한 사람들로부터 현장에서 배우기 전까지 나는 이를 전혀 알지 못했다. 이것이 바로 내가 『정치발전론』에 서술된 헌팅턴의 기본 주장을 지지하게 된 이유다.

**립셋의 『정치적 인간』에 많은 영향을 받았나?**

립셋은 너무 상투적이었다. 그는 제시한 질문이나 문제를 제대로 다루지 않았다. 『정치적 인간』에서 립셋은 문제를 단순하게 해결해 버린 것 같았다. 반대로 헌팅턴의 『정치발전론』은 진정으로 중요한 문제를 제기하고, 많은 생각할 거리를 제공해 주는 것 같았다. 읽을 때마다 어느 부분은 처음 읽는 듯한 느낌이 들었다. 이 책은 읽을 때마다 새로운 생각을 갖게 해준다. 아직도 유효한 책이다.

나는 누군가의 연구를 해설하고, 그 입장을 지적 전통에 따라 정의할 때의 립셋은 좋아한다. 립셋이 쓴, 오스트로고르스키Moisei Ostrogorski(Lipset 1964)와 미헬스Robert Michels(Lipset 1962)의 저작 해설 부분이 바로 그런 예라고 할 수 있다. 이런 종류의 그의 작업에서 나는 매번 많은 것을 배운다.

**지적 성장기에 영향을 미친 또 다른 책이 있다면?**

내가 가장 좋아하는 책 가운데 하나가 뒤르켕의 『자살론』*Suicide*

---

7 헌팅턴은 베트남전 기간 동안 국무부 고문으로 일했다.

(Durkheim 1951)이다. 이 책은 문제 지향적 사고와 방법론의 상호작용을 보여 주는 좋은 예다. 그 책은 오로지 방법론만을 위한 책이 아니라, 매우 흥미로운 질문을 해결하기 위해 방법론을 잘 활용한 책이다. 그런 의미에서 라자스펠트의 연구도 좋아한다.

**박사 학위논문에 대해 이야기해 보자. 주제가 무엇이었나?**

내 박사 논문은 잠비아의 코퍼벨트Copperbelt[중앙아프리카 잠비아와 콩고민주공화국에 걸친 구리 광산 지대]에 초점을 맞추고 있으며, 잠비아 집권당인 통일민족독립당United National Independence Party, UNIP과 광산 노조의 관계를 연구했다. 잠비아에 가본 적이 있고, 호크쉴드가와의 인연도 있어 그곳을 연구 지역으로 택했다. 하지만 나는 호크쉴드가의 경쟁사인 앵글로아메리칸 사가 소유한 광산에서 연구를 하게 됐는데, 이는 결과적으로 훌륭한 선택이었다. 그들은 내 연구를 잘 이해했고, 기록에 접근할 수 있도록 배려해 주었다. 아내 마거릿과 나는 자동차로 끌고 다닐 수 있는 이동 주택을 광산촌 근처에 주차해 두고 그곳에서 생활했다. 그리고 그곳 노동자들과 친구처럼 지내면서 안면을 넓혔다. 우리는 그들을 방문해 인터뷰하면서 그들 공동체의 일부가 되었다. 지금도 나는 물루웨Muluwe 여사나 무혼고 Muhongo 같은 분들을 내 논문의 공저자라고 생각하며, 애정과 감사의 마음을 간직하고 있다. 일생일대의 경험이었다.

우리는 정말 많은 것을 배웠다! 우리가 도착하기 몇 달 전, 그 마을에 인종 폭동이 일어났음에도 불구하고 마을 사람들은 우리의 피부색보다는 우리 그 자체를 봐주었고, 우리를 자기들 집에서 지내게 해주었다. 우리는 정치적 조직화의 기저에 존재하는 잔혹성을 볼 수 있었다. 우리와 친구가 되었던 그 청년들 ─ 그러니까 청년 동맹의 회원들 ─ 이 마을 사람들에게 위협적인 존재였던 것이다.

잠비아는 그 당시가 황금기였다. 광산도 잘되었고, 미래에 대해 낙관적이었으며 긍지가 있었다. 그때를 회상할 때면 향수를 느끼며, 가슴이 아파오기도 한다.


## 박사 학위논문을 쓰면서 무엇을 얻었나?

괜찮은 박사 학위논문을 썼고, 여기서 독립기 코퍼벨트의 정치에 대한 가장 훌륭한 역사서 가운데 하나로 남을 책(Bates 1971)이 나왔다. 하지만 이 책은 당시 이 분야에서 지배적이었던 근대화 이론의 영향을 너무 많이 받았고, 노동 연구의 본질적 토대라 할 수 있는 마르크스주의에 충분히 기반하지 못했다. 이런 부분은 매우 후회스럽다. 이 책은 정당과 노동조합 조직을 살펴보고, 정부가 산업 훈련 정책과 임금 억제 정책을 실행하지 못한 것을 설명하려 했다. 조직 분석은 훌륭했지만 전제가 완전히 잘못되어 있었다. 특히 와이너의 논평이 생각난다. 그는 자신이 표시해 둔 부분을 넘겨보면서 솔직 담백하게, 상식적인 방식으로 내게 이렇게 말했다. "이보게, 내가 보기엔 정부가 소통에 실패한 것 같지는 않네. 노동자들이 동의하지 않은 것일 뿐이지." 이 말을 들었을 때, 내가 얼마나 순진했는지 깨달으면서 귀밑까지 빨개졌다. 당시에는 잘 알아차리지 못했지만, 그 지적은 내게 매우 큰 영향을 미쳤다.


## MIT의 다른 대학원생들과는 잘 지냈나?

3년에 걸친 잠비아 현지 조사와 영국에서의 사회인류학 공부를 마치고 1968년에 MIT로 돌아왔을 때, MIT는 많이 변해 있었다. 나처럼 학계에서 일자리를 얻으려고 준비 중인 사람들이 많았다. 정치학 프로그램은 학과로 승격되었고, 독자적 예산을 수립할 수 있게 되었다. 또한 정치학과는 우아하고 독립적인 건물까지 갖게 되었다. 그리고 교수가 되고 싶어 하는, 인문대학 출신 학생들이 많았고, 그들이 정치학과의 주류를 형성했다. 학생들의 분위기도 많이 변했고, 내가 편하게 생각하는 사람들도 많이 있었는데, 대표적인 인물이 피터 랭Peter Lange이다. 현지 조사에서 돌아온 뒤에는 MIT가 나한테 좀 더 잘 맞는 곳이라는 생각도 들었고, 그곳 사람들과 어울려 대화하는 것이 좋았다.

학생들의 급진주의는 내가 아프리카에서 돌아왔을 무렵 이미 만연해 있었다. 나는 박사 논문을 쓰는 동안 하버드에서 살았는데, 아내가 하버드 대학원에 재학 중이었고, 그곳 기숙사가 MIT보다 좋았기 때문이다. 이때 하버드의 메모리얼 홀에서 열리곤 했던 민주사회를 위한 학생 모임Students for a Democratic Society, SDS에 참석하기도 했다. 당시에는 여기저기에서 캠퍼스 정치가 진행되고 있었고, MIT 학생 가운데 몇몇은 여기에 깊이 관여하고 있었다. 뭐랄까 진정성 같은 것이 느껴졌고, 이런 공동체의 일원이 된다는 것이 내가 처음 MIT에 도착했을 때 소외감을 느끼게 했던, 공장 같은 분위기보다는 훨씬 좋았다.

**1960년대의 격동이 당신에게 어떤 영향을 미쳤나? 당신도 정치 활동에 참여했나?**

격동의 시기 대부분 동안 나는 대학원생이었고, 그저 살아남으려고 애를 썼다. 나는 공부만 파고드는 멍청이였다. 많은 동료들이 베트남전 반대 투쟁과 민권운동을 하고 있을 때, 나는 잠비아에서 연구를 하고 있었다. 마틴 루서 킹이 총에 맞고 도시가 연기로 자욱해져 있을 때, 아내와 나는 아프리카에 있었다. 로버트 케네디가 총에 맞았을 무렵에는 미국으로 돌아오는 중이었다. 이 모든 것들로 인해 미국이 매우 낯설고 위험해 보였다.

**아프리카에 머무는 동안 미국에서 일어나고 있던 사건에 대해 알고 있었나?**

모를 수가 없었다. 아내와 나는 아프리카 밀림 속에 있었지만, 그곳 사람들에게는 라디오가 있었다. 그들은 BBC나 미국의 소리Voice of America 방송을 듣고는 우리에게 아침 뉴스에 대해 질문했다. 그곳 사람들은 우리 가족이 관련이 있는지, 그 이슈에 대해 어느 편에 서있는지, 구체적으로 어떻게 생각하는지 궁금해했다. 아프리카 농촌에서도 사람들은 우리 세계에서 어떤 일이 벌어지고 있는지 알 수 있었다.

**만약 그 시기에 아프리카에 있지 않았다면, 적극적으로 정치적 역할을 했을까?**

솔직히 잘 모르겠다. 아마도 프리덤 라이드 같은 민권운동에 참여했을 것 같다. 베트남 문제에 대해서는 복잡한 감정이 들었다. 분명 징병 대상이었을 텐데, 그냥 베트남으로 갔을지, 아니면 이 나라를 벗어날 다른 방법을 찾았을지는 잘 모르겠다. 당시에 어린아이가 있었기 때문에 무작정 대들 문제는 아니었다. 아이와 아내를 벌이도 없는 상태에서 남겨두고 떠나기는 어려웠을 것 같다.

## 맨체스터 대학의 사회인류학

박사 학위 과정을 마칠 때쯤, 사회인류학에서 맨체스터학파로 유명한 영국 맨체스터 대학에서 6개월을 보냈다. 그곳으로 간 이유는 무엇인가?

포드 재단의 연구 기금을 받고 있었고, 그 기금의 일부는 학제간 교육을 지원하고 있었다. 나는 잠비아에서 현지 조사를 하고 있었는데, 맨체스터 인류학과의 현지 조사 지역도 잠비아였다. 인류학을 배우고 싶었을 때, 맨체스터를 선택한 것은 자연스러운 일이었다.

왜 인류학을 배우고 싶었나?

포드 재단 측이 인류학을 배우도록 권유했고, 나도 인류학에 상당히 관심이 많았다. 방법론적 세련됨이라는 측면에서 영국의 사회인류학은 미국에서 가르치던 문화인류학과는 상당한 차이가 있었다. 1960년대 맨체스터의 인류학자들은 사회 연결망social network을 이해하기 위해 게임이론을 공부하고 행렬대수行列代數를 적용하고 있었다.[8] 맨체스터학파의 사회인류학은 친족 관계의 유형학을 다루는 경우에는 형식적인 경향이 강했지

8 * 인류학의 맨체스터학파
1949년 맥스 글럭먼에 의해 설립된 맨체스터 대학의 사회인류학과는 인류학자와 사회과학자들 사이에는 맨체스터학파로 알려져 있다. 작은 규모의 사회나 조직들에서의 갈등과 조화의 문제와 개인과 사회구조 사이의 긴장 등이 주요 연구 주제였으며, 통계적 방법을 사용하는 데 개방적이었다. 이들은 특히 기존의 구조주의적 인류학과는 달리 초점을 '개인'에 두어 사회 연결망 분석, 게임이론, 일상생활의 전략을 개념화하는 등의 작업에 관심이 많았다.

만, 미첼Clyde Mitchell과 캐퍼러Bruce Kapferer 같은 맨체스터학파 학자들은 친족 관계를 전략으로 보았다. 이들은 사람들이 의무를 지우고 기대를 형성하려는 목적으로 타인과 유대를 형성함으로써 친족 관계를 자신들의 이익에 맞게 조작한다고 보았다. 이런 관점에 따르면 사람들은 규범 안에 갇혀 있는 것이 아니라, 오히려 목적을 달성하기 위해 적극적으로 규범을 이용하고 있는 것이었다. 규범이란 역동적이고 조작되기 쉬운 것이었다. 그리고 내가 현지 조사를 하면서 목격했던 것도 바로 그런 것이었다.

**규범을 좀 더 정태적이고 형식적으로 이해하는 주류 사회인류학과 달리, 맨체스터학파가 규범을 그런 방식으로 이해한 이유는 무엇인가? 맨체스터의 인류학자들이 현지 조사를 더 많이 했나?**

내 생각엔, 그것이 답인 것 같다. 맨체스터를 떠나 시카고 대학으로 옮겨 간 빅터 터너Victor Turner의 경우를 보자. 터너는 잠비아의 서북부에 있는 은뎀부Ndembu에서 현지 조사를 했다. 그곳을 떠날 무렵부터 그는 현지 조사를 그만두고, 시카고 대학의 학생들과 동료들로부터 인기를 얻기 위한 방편으로 상징과 점술 연구에 몰두했다. 현실 세계의 소리를 듣는 대신, 학계의 소리를 듣기 시작한 것이다.

**맨체스터학파의 창시자이자 리더인 맥스 글럭먼Max Gluckman과는 친하게 지냈나?**

그렇지 않다. 그가 위압감을 주었기 때문이다. 글럭먼은 목소리가 큰 사람이라서 나는 눈에 띄지 않게 조용히 있었다. 세미나에 참석해서도 그의 이야기를 들었지만, 나는 사람들 속에 숨었고 그는 나를 보지 못했을 것이다. 내가 함께 연구했던 사람은 신사적이고 친절한 클라이드 미첼이었다. 미첼은 인류학자라기보다는 사회학자에 가까웠다. 그는 측정과 데이터 조정 작업에서 시작해 설문 조사 연구로 옮겨 갔다. 미첼도 어떤 마을을 대상으로 현지 조사를 했는데, 글럭먼이 원했기 때문이었다. 미첼은 결국 맨체스터를 떠나 옥스퍼드로 갔다. 많은 사람들이 그가 기대에 미치지 못한다고 실망스러워 했지만, 나는 그의 연구가 명쾌하고 훌륭했다고 생각한다. 나는 미첼에게서 정말 많이 배웠고, 잠비아 광산을 연구한 캐퍼러한테서도 그랬다.

**맨체스터의 연구자들이 잠비아와 그렇게 밀접하게 연관되어 있는 이유는 무엇인가?**

첫째, 글럭먼 자신이 남아프리카 유대인이었다. 그는 남아프리카에서 공산주의자, 유대인, 인류학자, 백인으로서 — 즉, 어디에도 소속되지 않은 계층으로서 — 산다는 것이 어떤 의미인지에 대해 많은 글을 쓰고 있다. 또한 광산 회사에서 연구 기금을 제공했다. 기업들은 아프리카에서 산업 노동 세력과 현대사회의 형성이라는, 자신들이 대면해야 할 상황을 이해할 필요가 있다고 생각했다. 그것이 글럭먼 같은 젊은 연구자들에게 기회를 제공했다. 맨체스터 인류학과가 잠비아에 현지 조사 장소를 두고 있었던 것은, 미첼이나 콜슨Elizabeth Colson 같은 재능 있는 인류학자들을 끌어들일 수 있는 값진 자산이었다.

**전반적으로, 맨체스터에서의 경험은 어땠는가?**

굉장한 경험이었다. 논쟁과 생각의 치열함이 너무 맘에 들었다.

예를 들어 중세 시대 맨체스터 외곽 마을에 관한 책(Homans 1941)을 쓴 하버드의 사회학자 조지 호먼스가 글럭먼과 논쟁을 벌이고 있었다. 얼마나 대단하던지! 또 한 번은 세미나에 앉아 있는데, 뒷줄에 있던 어떤 사람이 신의 존재를 입증하는 눈부신 논변을 쏟아 놓는 거다. 그 사람이 바로 윌크스Ivor Wilks라는 아프리카 연구자였다. 맨체스터에서는 역사가든 심리학자든 인류학자든 정치학자든 누구나 논쟁에 참여해 자기 아이디어를 제시할 수 있었다. 어떤 아이디어든 장점은 수용된다. 아이디어가 좋으면 사람들이 그것에 대해 떠들어 댈 것이고, 그렇지 않으면 버려지는 거다. 얼마나 멋진가.

**맨체스터는 MIT의 무한 회랑과는 정반대였던 것 같다.**

MIT는 차갑고 조용했다. 그렇다고 맨체스터가 따뜻하고 포근한 것은 아니었다. 그보다는 열정적이었다고 할 수 있다. 술도 엄청 마시고 담배도 많이 피고 그러면서 활기가 넘쳤다. 맨체스터는 극도로 민주적인 곳이기도 했다. 모두가 포기한 글럭먼을 제외하고는, 누구에게도 복종은 없었다. 사람들은 글럭먼이 학과장이라 두려워했다. 유럽적 의미에서 그 학과는 글럭먼의 소유였다. 그럼에도, 그곳의 전체적인 분위기는 반항적이고 논쟁적이며 재미가 있었다. 마치 다양한 정체성을 가진 선수들로 구성된 오클랜드 레이더스Oakland Raiders[미식축구 팀] 같았다. 경기 외적인 부분은 중요하지 않고, 오직 경기장 안에서 하는 일만이 중요한 것이다. 맨체스터에서는 똑똑하고 진지하며 일을 잘하기만 하면 귀족이나 상류층일 필요가 없었다.

**그런 활기찬 지적 환경을 만들어 낸 비결은 무엇일까?**

　　　　매우 어려운 질문인데, 나도 그것이 항상 궁금했다. 맨체스터 이외에 그런 지적 환경을 경험했던 곳은 내가 1970년대 교수로 있었던 캘리포니아 공과대학[칼텍]California Institute of Technology이 유일하다. 듀크 대학에서도 4~5년 동안 이런 환경을 만들었다. 하지만 칼텍과 듀크 대학에서는 이런 지적 치열함이 지속되지 못했다. 달아오르기는 했는데 활활 타오르지는 못했다.

　　비즈니스 세계라면 치열한 환경을 만들어 내기가 상대적으로 더 수월할지도 모른다. 좋던 나쁘던 엔론Enlon 사가 그런 환경이었다.[9] 요즘 경제학자 내시John Nash에 관한 『뷰티풀 마인드』A Beautiful Mind(Nasar 1999)라는 책을 읽고 있는데, 프린스턴 대학에서도 잠시나마 그런 치열함이 있었다. 학계에서 이런 환경을 유지하는 것은 상당히 어려운 일이다. 왜냐하면 몇몇 사람들은 내보내야 하기 때문이다. 정년 보장이 이를 가로막고 있다. 비유하자면 정년 보장은 종신 결혼과 같은 것인데, 결혼 생활이 젊을 때나 격정적이지 늙어서는 그렇지 않다. 그럼에도 불구하고 나는 치열한 지적 환경을 만드는 방법은 있다고 생각한다. 한 가지 방법은, 2년이 지나면 연구 지원금을 반환하도록 [그리고 다시 이 지원금을 따내기 위해 서로 경쟁하도록] 하는 것이다. 요즘에는 연구 지원금이 몇몇 사람들에게 너무나도 오랫동안 안정적으로 지원되는 경우가 많다. 학계에서 치열한 경쟁이 사라지면 연구

---

9● 엔론 사의 기업 문화에 대한 연구들에 따르면, 1997년 제프 스킬링이 리처드 킨더를 밀어내고 회장이 되면서 엔론은 지극히 경쟁적인 기업 체계를 갖게 된다. 그는 동료평가위원회를 통해 전 사원을 등급화하고 이에 입각해 보너스를 지급할 뿐만 아니라 반년에 한 번씩 5등급에 해당하는 10~20퍼센트의 사원들을 해고하는 제도를 마련해 경쟁이 최우선시되는 기업 문화를 조성했다(마이클 셔머, 『진화 경제학』, 387~393쪽 참조).

지원금은 공동의 자산이 되지 못한다. 내가 생각하는 모델에 가까운 사례가 시카고 대학이다. 시카고 대학의 각 세미나들은 재원을 조달하기 위해 2~3년에 한 번씩 경쟁을 해야 한다. 기력이 다하면 그 세미나도 없어지는 것이다. 이와는 대조적으로, 하버드 대학의 JOSPOD — 하버드-MIT 간 정치발전에 관한 공동 세미나Harvard-MIT Joint Seminar on Political Development — 는 40년이 지난 지금도 지속되고 있다!

## 산업화에 대한 농촌의 대응

당신의 박사 학위논문과 첫 저서는 잠비아의 코퍼벨트에 있는 도시 공동체의 광산 노동자에 관한 것이다(Bates 1971). 하지만 두 번째 책 『산업화에 대한 농촌의 대응』(Bates 1976)과 함께 시작된 후속 연구는 아프리카의 농촌 지역에 대한 것이었다. 왜 초점을 도시 산업 지대에서 농촌으로 옮겼나?

　　　내가 농촌문제를 다루려고 했던 것은 아프리카의 대부분이 농촌이기 때문이다. 첫 책을 마무리한 후 내가 아프리카의 한 부분만 들여다봤다는 것을 깨닫게 되었다. '미개간지'의 삶도 알고 싶었다. 또한 나는 자이르[10]와 국경을 접하고 있는 잠비아의 루아풀라Luapula 지역 사람들 때문에 농촌 지역에 관심이 있었다. 박사 학위논문을 쓰기 위해 현지 조사를 했던 도시지역에서는 루아풀라에서 온 이주민들이 폭력과 위협의 주범이었다. 도시의 청년 단체, 폭력배, 정치적 과격분자들은 모두 루아풀라 사람들로 구성되어 있었다. 당시 나는 이들이 어디서 온 것인지, 그리고 그들이 왜 그토록 폭력적인지 알고 싶었지만, 결국 밝혀내지는 못했었다.

10 자이르는 현재 콩고민주공화국으로 알려져 있다.

나는 이주 연구를 위해 국립보건원National Institutes of Health, NIH이 제공하는 연구 기금으로 이 프로젝트에 필요한 재원을 조달했으며, 그 결과물이 바로 두 번째 책이다. '대지의 자식들'[농민]son of the soil 연구와 인도에서의 이주 문제에 관한 연구(Weiner 1978)로 국립보건원으로부터 재정 지원을 받고 있던 와이너가 내게 이런 기회가 있다는 것을 알려 주었다. 연구소는 내가 랜드로버[지프차의 일종]도 사고, 미개간지에 갈 수 있을 만큼 충분한 재정을 지원해 주었다. 그래서 현지 조사를 시작할 수 있었다.

프로젝트는 농촌-도시 이주 연구로 초점이 모아졌고, 이주 문제가 이 책에서 중요한 부분을 차지했다. 하지만 연구의 조각을 맞춰 갈수록, 이주 문제가 전부가 아님을 알게 되었다. 농촌 사람들은 도시로 이주할 뿐만 아니라, 도시에서 농촌으로 돈을 이동시키는 정치적 전략을 수행하고 있었다. 선거 동원이나 인종 집단 형성, 분리주의 운동을 통해 농촌으로부터 가해지는 압력은 정부로 하여금 농촌 지역에 재정을 지출하게 하기 위한 것이었다. 농촌 거주민들과 정치인들은 이 게임에 매우 능숙했다. 이들은 천성이 형편없는 사람들인 것으로 취급받았지만, 자신들이 얻을 수 있는 모든 것을 얻어 냈다. 농촌의 정치인들은 매우 영리하고 상황 판단이 빨랐다.

**잠비아의 루아풀라 지역에 대해 연구하면서 카숨파Kasumpa 마을에 초점을 맞추기로 한 이유는 무엇인가?**

어딘가에 다다르게 되기까지는 우연이 중요한 역할을 하는데, 카숨파 마을을 연구하게 된 것도 그랬다. 하지만 카숨파 마을이 흥미로웠던 것은 주민들이 잠비아 독립 투쟁 때 자신들이 무엇을 했는지 전부 이야기해 주었기 때문이다.[11] 그들은 케냐의 마우마우 운동[12]에 대한 이야기를 듣고, 자신들도 마우마우[무장 투쟁 조직]를 만드는 게 좋겠다고 생각했다.

그들은 동물 가죽을 뒤집어썼는데, 사람처럼 보이지 않게 해 다른 사람들이 자신들을 피해 달아나도록 하기 위해서였다. 주민들은 영국군과 로디지아군을 그 지역에 묶어 두기 위해 그들이 벌일 수 있는 온갖 소동을 일으켰고, 이는 몇 주 동안 지속되면서 성공했다. 다른 마을에 있었다면 나는 이런 이야기를 들을 수 없었을 것이다.

영국이 철수할 무렵 잠비아에서 연구를 하고 있던 데이비드 멀퍼드David Mulford라는 대학원생이 있었다. 영국이 비밀문서들을 소각할 때 그 문서들은 모두 그의 책상을 거쳐 갔는데, 그는 문서 내용을 기록해 두었다. 멀퍼드(훗날 그는 런던에 큰 은행을 열었고, 부시 정부에서 재무부 차관을 지냈다)는 당시 영국의 비밀문서를 기록했던 노트를 침대 밑에 숨겼다. 나는 잠비아에서 프로젝트를 수행할 때마다 가장 먼저 멀퍼드를 찾아갔고, 그의 서류 상자를 검토해 내가 연구하고 있는 지역에 대해 영국의 정보기관이 어떻게 적어 놓았는지를 알 수 있었다. 나는 카숨파에 관한 파일 더미를 찾아냈고, 주민들의 이야기가 사실이라는 것을 확인했다. 주민들이 이야기를 지어낸 것이 아니었다. 나는 그 지역 주민들이 어떻게 행동했는지, 그리고 이런 일부 지역에서 일어난 정치의 국가적 중요성을 멀퍼드 노트를 통해 독립적으로 검증할 수 있었다. 그 당시 내가 출간한 책은 한 권뿐이었고, 그래서 나는 카숨파로부터의 이주에 대한 연구를 책으로 출판하기로 했다.

---

11 잠비아는 북부 로디지아Northern Rhodesia로 불리던 지역으로 1964년, 영국으로부터 독립했다.

12• 마우마우 운동Mau-Mau Movement
1950년대 영국의 케냐 지배에 항거해 키쿠유족Kikuyu이 주도한 무장투쟁으로 영국군에 의해 진압됨으로써 군사적으로는 실패했지만, 케냐 독립을 촉진하는 데 기여했고 다른 아프리카 국가의 반식민주의 투쟁에 영향을 미쳤다.

『산업화에 대한 농촌의 대응』이 출판될 무렵, 스콧(Scott 1976)과 팝킨(Popkin 1979)도 농민에 관한 책을 출간했다. 그 책들에 비해 당신의 책은 큰 반향을 불러일으키지 못했다. 왜 그랬나?

　　　　루아풀라에 대한 책은 스콧의 『농민의 도덕 경제』와 같은 해에 같은 출판사에서 발간되었다. 1970년대 중반 비교정치학은 종속이론과 종속이론에 대한 마르크스주의적 비판에 초점을 맞추고 있었다. 내 책은 그에 대해 어떤 언급도 하지 않고 있었기 때문에 당시 이론과는 거리가 있었다. 이것이 바로 내 책이 크게 관심을 끌지 못했던 이유 중 하나다. 사실 이 책은 스콧에게는 그렇지 못했지만, 팝킨에게는 확실히 큰 영향을 미쳤다. 스콧은 이 책을 읽지 않은 것 같다.

**왜 종속이론처럼 당시 지배적이었던 이론을 다루지 않았나?**

　　　　가장 큰 이유는 당시 내가 칼텍에서 강의하고 있었기 때문인데, 내 동료들이나 학생들 모두 비교정치학 분야가 어떻게 돌아가고 있는지 별로 관심이 없었다. 칼텍에서 비교정치학은 그다지 매력적인 연구 분야가 아니었는데, 왜냐하면 그것이 급진주의와 마르크스주의의 온상으로 보였기 때문이었다. 일반적으로 당시 대부분의 정치학자들이 비교정치 분야를 폄하하고 있었다.

## 아프리카의 시장과 국가

세 번째 책이자 가장 잘 알려진 책인 『열대 아프리카의 시장과 국가』(이하 『시장과 국가』)(Bates 1981)는 아프리카 농업정책을 둘러싼 정치를 다루고 있다. 이 책의 중심 질문은 어떻게 나오게 되었으며, 책을 쓰기 위해 어떤 준비를 했나?

『시장과 국가』는 칼텍의 인류학자이며 친구인 스쿠더Thayer Scudder 와의 대화를 통해 만들어졌다. 우리는 둘 다 립턴의 도시 편중[13]에 관한 책 (Lipton 1977)을 읽고 있었는데, 그는 책상 건너편에서 나를 보며 이렇게 말했다. "우리는 아프리카의 도시 편중에 대해 뭘 알고 있는 걸까?" 이 질문이 계속해서 내 머릿속을 맴돌았고, 어느새 나는 그 문제로 돌아가 있었다. 또한 학자로서의 경력을 쌓아 나가기에 잠비아는 너무 협소했기 때문에, 잠비아를 넘어서는 책을 쓸 필요가 있었다. 애초에 생각했던 책은 나중에 『아프리카 농촌의 정치경제에 관한 에세이』(Bates 1983)로 출판되었는데, 나는 이 책의 마지막 장으로, 독립 이후 아프리카의 정치경제에 초점을 맞춘 글을 써야 했다.

캘리포니아 대학 로스앤젤레스 캠퍼스UCLA의 로프치Michael Lofchie는 당시 농업 정치를 연구하고 있었다. 회상해 보면 그때는 1970년대 초반이었고, 대규모 식량 부족 사태가 있었다. 그와 나는 저명한 학자들을 UCLA로 불

---

13* 도시 편중urban bias

마이클 립턴Michael Lipton에 의하면, 도시 편중이란 도시와 농촌 간의 자원 배분에서 효용성과 형평의 기준에 맞지 않게 도시를 우선시하는 정책의 일방적 편중을 말한다. 립턴은 제3세계 발전 전략의 핵심적인 문제는 도농 간의 이해 대립임을 강조하면서 오늘날 빈곤 국가에서 가장 중요한 계급적 갈등은 농촌 계급(소농, 농업 노동자, 수공업자 및 소규모 농업 생산과 직결된 사람들)과 도시 계급(도시 근로자, 정부 관리, 전문가 및 대농장 경영자) 간의 갈등으로 나타난다고 주장했다.

러 이 주제에 대해 논의하는 강의를 기획했다. 참가한 학자들에게 논문을 의뢰할 수 있도록 로프치가 재원을 조달했고, 우리는 함께 아프리카 농업에 관한 훌륭한 책을 발간했다(Bates and Lofchie 1980). 또 이 학자들은 탄자니아와 가나, 케냐 등의 중요 정책 센터와 나를 연결시켜 주었고, 나는 이 주제에 관한 자료를 수집하면서 그해 여름을 보냈다. 글을 쓰기 시작했을 무렵, 나는 한 장의 긴 논문이라기보다는 짧은 책을 쓰고 있다는 것을 깨달았다. 저절로 그렇게 되었다.

내가 책을 쓸 수 있겠다는 생각이 들게 된 것은 세계은행의 엘리엇 버그Elliot Berg를 방문하고 나서였다. 버그는 협소한 경제학적 관점을 가지고 있기는 했지만, 젊은 학자들에게는 매우 관대했다. 학계에서 막 자리를 잡을 무렵에 그는 노동조합에 관심을 갖고 있었는데, 잠비아 광산 노동자 연구를 하고 있던 나를 찾아온 적이 있었다. 그는 그 뒤로도 계속 아프리카를 연구했고, 세계은행은 1970년대 아프리카 발전의 위기가 심각해지고 있음을 감지하고 버그에게 아프리카에 대한 정책 평가를 의뢰했다. 내가 그를 찾아갔을 때 그는 연구를 위해 은행에서 임대해 준 건물에서 일하고 있었다. 우리는 서로의 연구 노트를 비교해 보고, 둘 다 같은 결론에 도달했음을 알 수 있었다. 우리는 같은 코끼리를 보고 있었던 것이다.

버그의 보고서(Berg 1981)는 지금도 발전 연구의 고전으로 남아 있다. 또한 이 보고서는 정책 개혁에 대한 압력을 촉발했으며, 이 압력은 1980년대 채무 위기 이후에 구조 조정이 이루어지면서 극에 달했다.[14] 내 책은, 왜 정부는 버그 보고서가 비판하고 있는 방향의 정책을 채택하는지를 설명해 주고 있었기 때문에, 버그의 보고서와는 상보적이었다.

---

14 **구조 조정**이란 경제에 대한 국가의 간섭을 줄이는 정책 개혁을 지칭한다.

앞의 책 두 권과는 달리, 『시장과 국가』는 분량이 작고, 사실에 대한 서술도 적다. 스타일이 바뀐 이유는 무엇인가?

책을 짧게 쓴 이유 가운데 하나는 전에 발간한 책이 너무 길어서다. 책이 안 팔린다고 불평했더니, 편집자가 내게 "많이 팔려면, 더 짧게 써라"라는 충고를 해주었다. 그래서 짧게 썼고, 효과가 있었다. 게다가 이 책을 출판한 캘리포니아 대학 출판사로부터 많은 도움을 받았다. 팝킨이 이 시리즈의 편집자였는데, 그는 효과적으로 자료를 제시하는 방법에 대해 탁월한 감각을 가지고 있었다. 그는 내 책이 좀 더 명료하고 정확해질 수 있도록 충고해 주었다. 내 주장의 논리를 앞으로 보내고, 데이터는 주장을 뒷받침할 수 있도록 정리하라는 것이었다. 또한 출판사는 내 글쓰기 방식이 갖는 결점을 보완해 줄 능력 있는 교열자를 고용했고, 덕분에 많은 도움을 받았다.

『시장과 국가』에 대한 호평을 어떻게 생각하는가? 20년이 넘도록 널리 읽히는 이유는 무엇일까?

정말 잘 모르겠다. 짧고 명쾌해서 도움이 되는 것 같기도 하다. 학생들이 실제로 책을 읽고 반응을 보일 수 있는 좋은 기회가 될 수 있었기 때문이다. 꽤 괜찮은 책인 것 같기는 하다. 하지만 나는 『아프리카 농촌의 정치경제에 관한 에세이』가 더 좋은 책이라고 생각한다. 이 책의 마지막 장에서 『시장과 국가』를 되돌아보면서 사실에 좀 더 가까워진 것 같다 (Bates 1983, 107-133). 그리고 앞부분에도 괜찮은 부분들이 좀 있는데, 부분 게임 완전 균형을 예측해 본 1장과 매우 중요한 경제사를 다루고 있는 부분들이 그것이다.[15] 또한 더글러스 노스Douglass North가 내게 관심을 갖게 된 것이 바로 이 책 덕분인데, 그 시점이 매우 중요했다. 노스는 관대하고 열정적인 사람인데, 마침 내가 한참 의기소침해지고 있을 무렵에 내 연구를 지지해 주었다 — 칼텍에서 사회과학은 주변부였으며, 사회과학에서도 비교정치학은 주변부였고, 아프리카 연구는 그런 비교정치의 주변부에 있었다. 노스가 내 연구에 관심을 가져 준 것이 큰 위안이 되었다.

## 정치제도와 경제성장

『시장과 국가』에 대한 비판 가운데 하나는 인간의 행동에서 정치제도의 역할을 과소평가한다는 것이었다. 다음 저서인 『시장의 기적을 넘어』(Bates 1989)에서는 케냐가 1960~70년대 고도성장을 이룬 배경을 설명하기 위해 정치제도에 초점을 맞추고 있다. 게다가 어떤 관찰자는 1989년 책을 "성숙한, 비교 제도적 베이츠"라고 표현하기도 했다(Evans 1995, 35). 왜 제도에 더 초점을 두기로 했나? 『시장과 국가』에 대한 비판 때문인가?

　　　『시장의 기적을 넘어』에서 정치제도에 관심을 둔 이유 가운데 하나는, 레이건-대처주의 집단이 국가는 사회적 비용을 증가시키기 때문에 나쁘다고 주장하기 위해 『시장과 국가』를 인용하는 데 화가 났기 때문이다. 나는 그런 입장이 아니었기 때문에 그런 식으로 덧칠되고 싶지 않았다. 정치제도와 구조가 경제적으로 긍정적인 효과를 만들어 낼 수 있다는 것을 보여 주고 싶었다. 그 외에도 당시 코스(Coase 1960)와 노스(North and Thomas 1973;

---

15 **부분 게임 완전 균형**subgame perfection은 게임이론에서 사용되는 경제학 용어로 행위자들의 전략이 원래 게임의 모든 부분 게임에서 내시 균형을 이루는 균형 상태를 가리킨다.

North 1981)의 영향을 받아 산업 조직들에 대한 연구가 많이 이루어지고 있었기 때문이기도 하다. 그 주제에 집중하고 싶었고 재미도 있었다.

제도가 경제적 성과에 미치는 영향을 연구하다가 내가 부딪힌 난제는 이런 것이었다(아직도 이 난제를 어떻게 풀어야 할지 모르겠다). 한편으로 제도는 생명력이 짧아 보였다. 특히 아프리카의 경우가 그랬다. 하지만 다른 한편으로 제도는 일단 만들어지면 벗어날 수 없는 제약이 된다. 제도는 종속변수로도 작동하고, 독립변수로도 작동하는 것이다. 나는 제도를 내생적인 것으로 보고 싶지만, 그렇게 하면 제도가 사람들에게 제약을 부과하지 못한다고 말하게 되는 위험을 감수해야 한다. 아직 이 문제를 어떻게 다루어야 할지에 대한 확신은 없다. 그래서 제도에 대한 생각을 중단했다.

**'제도가 중요한 문제다'라는 것과 '제도는 내생적이다'라는, 서로 갈등하는 전제 사이의 긴장을 어떻게 해결할지에 대해 잠정적으로 생각하고 있는 게 있나?**

답은 제도가 비용을 고정시킴으로써 어떻게 기득권을 만들어 내는가와 관계가 있다. 제도가 존재하면 사람들은 그 제도에 맞게 투자 계획을 제시한다. 이들은 제도가 달라져 자신들의 투자가 잘못되기를 원하지 않는다. 그래서 그들은 기존 제도가 유지되기를 바라는 기득권 집단의 구성원이 된다. 부분적인 설명이기는 하지만, 경로 의존성을 다룬 이 책이 말하고 있는 바가 바로 이것이다.[16] 나는 특히 피터 홀Peter Hall 같은 동료 학자들이 진행하고 있는, 새로운 복지국가에 관한 연구(Hall and Soskice 2001)

---

16 넓게 보면 경로 의존성은 이전의 사건이 이어지는 사건을 제약한다는 개념이다(David 1985; Arthur 1994; Pierson 2000).

를 살펴보려고 한다. 그들은 똑똑한 사람들이고, 내가 본 짧은 글들도 상당히 훌륭했기 때문에 좋은 내용이 있으리라 생각한다.

**경로 의존성이라는 개념에 대해 어떻게 생각하는가?**

그것은 역사에 대해 이야기하는 방식이자 사회과학에 대해 이야기하고 있는 것처럼 들리게 만드는 방식이다. 경로 의존성에 대해서는, 그저 수많은 속임수[겉치레]에 불과한 것으로 보는 이도 있고, 역사가 왜 중요한지를 보여 준다고 생각하는 사람도 있다. 많은 합리적 선택 모델들이 그렇듯이, 균형점이 여러 개인 경우에는 경로 의존성도 여러 개가 된다. 그렇게 되면 문제는, 과연 내가 중요한 균형점을 검토하고 있는가라는 것, 그리고 다른 경로와는 반대되는 어떤 한 경로를 따라가게 되는 메커니즘을 알수 있느냐가 된다. 경로 의존성을 들먹이는 연구는 아주 연약한 사회과학이되기 쉽다. 하지만 제대로 하기만 한다면 매우 흥미로운 것이 될 수 있다.

## 커피의 정치경제

**다음 저서 『개방경제의 정치』(Bates 1997a)에서 당신은 전 세계 커피 무역에 대해 분석했다. 어떻게 이 주제에 관심을 갖게 되었으며, 책으로 쓸 결심을 했나?**

[우간다의 독재자] 이디 아민Idi Amin(1971~79년 집권)의 몰락을 따라가며 우간다에서 연구를 진행하다가 국제 커피 무역 연구로 돌아섰다. 당시 우간다에서 벌어진 폭력 사태를 목격하면서 큰 충격을 받았다. 나는 국

제개발처와 버클리 대학 간의 계약에 따라, 수출용 곡물, 커피, 면화와 관련된 우간다의 제도 개혁을 돕는 일을 맡게 되었다. 당시 칼텍의 대학원생이자 경매에 관한 논문을 쓰고 있던 로버트 한Robert Hahn을 데려갔다.[17] 우리는 우간다 동료들과 협력 관계를 돈독히 하게 되면서 그들이 아민 정권의 붕괴로 인해 상당히 고무되어 있긴 하지만, 정권을 전복한 군인들에 의해 계속해서 폭력이 자행되는 상황 때문에 상당히 곤란을 겪고 있다는 사실을 알게 되었다.

이후 세계은행은 내게 후속 연구팀에 참여해 로버트 한과 내가 제안했던 권고안을 이행시켜 달라고 요청해 왔다. 그렇게 해서 나는 함께 일했던 사람들을 다시 만나게 되었는데, 그들이 너무 변해 있어서 큰 충격을 받았다. 낙관적인 태도는 절망으로 바뀌어 있었고, 그들을 싸움으로 내몰고 있는 혼돈 속에서 살아남기 위해 매일매일 허우적거리느라 진이 빠져 있었고, 경제적 손실도 이만저만이 아니었다.

**『개방경제의 정치』는 아프리카가 아니라 중남미, 특히 브라질과 콜롬비아에 관심을 두고 있다는 점에서 이전의 책들과는 차이가 있다. 초점이 달라진 이유가 있는가?**

두 번째 우간다를 떠나올 때 나는 완전히 지쳐 있었다. 『시장의 기적을 넘어』에서는 케냐 커피 지대의 기근 문제를 연구했었고, 우간다에서는 총알을 피해 가며 내가 좋아하는 사람들이 몰락하는 과정을 지켜보면서 연구를 해야 했다. 나는 아프리카를 벗어나고 싶었다. 그래서 거대 경제

---

17 로버트 한은 나중에 거래 가능한 공해 배출 허가 시스템을 고안했으며, 이는 의회와 환경보호국에 의해 입법화되었다.

세력이 발원한 곳으로 거슬러 올라가 커피 시장을 추적해 보기로 했다. 그게 바로 중남미였다. 마약 전쟁이 절정일 무렵에 콜롬비아에서 현지 연구를 할 수 있었다는 점에서 그 결정은 뜻밖의 행운이었다. 내가 콜롬비아에 도착한 해에, 선두를 달리고 있던 대통령 후보가 폭탄 테러로 사망했다. 나는 폭력이 아프리카의 문제가 아니라 발전의 문제라는 것을 알게 되었다. 그것이 바로 내가 아프리카 연구를 다시 할 수 있게 된 이유이며, 현재 폭력을 연구하는 이유다 — 이제는 이런 작업을 하는 게 감정적으로 가능해졌다.

**『개방경제의 정치』의 주요 공헌은 무엇인가?**

그 책은 몇 가지 측면에서 성공적이었다. 나는 콜롬비아 커피 산업을 운영하는 전국커피생산자연합Federacion Nacional de Cafeteros 자료에 접근할 수 있었던 최초의 연구자 그룹에 속했다. 정말이지, 자료에 접근할 수 있게 되자 나는 이 기회를 최대한 활용하기 위해 프로젝트의 성격을 바꾸고, 애초에 계획했던 것보다 오랫동안 콜롬비아에 머물렀다. 이 책은 콜롬비아 경제사, 특히 1930년대에 대한 매우 진지한 연구이다. 또한 브라질의 경제사 연구에도 기여했는데, 제1공화국에 대한, 타당하고 중요하며 의미 있는 해석을 종합하고 있다.

그 책은 국제기구가 미치는 영향을 최초로 모델화하고 측정했다. 나는 국제커피기구International Coffee Organization, ICO에 대해 충분히 이해하게 되었고, 우간다처럼 커피 수출에 의존하는 회원국의 외화 수익에 이 기구의 규칙이 어떤 영향을 미치는지를 계산할 수 있었다. 국제커피기구에 미국 대표단으로 참가할 기회를 얻어 런던에 몇 주간 머물면서 이 기구가 어떻게 작동하는지를 관찰했다. 즉, 의결권이 거래되고, 수출 할당량이 조정되는 것 등등을 볼 수 있었다. 사실은 우간다에 도움이 되도록 로부스타 커피robusta coffee의 할당량을 조정하는 데 내가 약간의 기여를 할 수도 있었는데, 기분이 꽤 괜찮았다. 그리고 이 기구의 대표들을 잘 알게 되었는데, 그들 중 몇몇, 특히 브라질과 콜롬비아 대표는 상당히 인상적이었다.

『개방경제의 정치』가 국제정치경제에 정치를 복귀시킨 점도 중요하다고 생각한다. 최근 [신고전파 경제학자들의] 무역 이론이 원용되면서 제도가 제거되고, 이로 인해 국제시장에 대한 조정 과정에서 정치가 빠지게 되었다. 나는 이 점이 잘못이라고 생각했다. 국가들은 [개방경제 체제하의 여러 가지 변화들에 대해] 서로 다른 방식으로 조정을 한다. 나는 이를 보여 주었고, 지구화 분야의 후속 연구들도 이를 입증하고 있다. 정치에 초점을 맞추지 않으면, 조정의 비용과 이익이 어떻게 분배되는지, 국제적 쇼크나 원자재 등의 일차상품 가격이 등락할 때, 왜 누구는 이익을 보고, 누구는 손해를 보는지 알 수 없다. 요소 가격 곡선 정리[18]에 초점을 맞추는 이들의 주장이 장기적으로는 맞는 말일지도 모르지만, 그럴 경우 선거나 정권교체, 정치 위기 같은 단기적 사안들을 놓치게 된다. 도대체 정치학자들 가운데 누가 그 같은 중요한 사안들을 무시할 수 있단 말인가?

마지막으로 비교정치 분야에서 새로운 영역을 개척했다고 생각한다. 이 책의 결론은 『분석적 서사론』에서 더 온전하게 발전시키게 될 내용을 미리 보여 준다. 또한 형식적 규칙에 따른 비교 — 예를 들어, 대통령제냐

---

18 • 요소 가격 곡선 정리factor price frontier theorems
데이비드 리카도의 비교우위설과 헥셔-올린Heckscher‐Ohlin의 정리를 더욱 확장시켜 개방경제하의 자유무역이 생산요소들의 한계 생산성과 상품 가격에 어떤 영향을 미치는가를 설명하기 위해서 스톨퍼Wolfgang Stolper와 새뮤얼슨Paul Samuelson이 만들어 낸 곡선이다. 이들은 수확 불변의 기술과 완전경쟁, 그리고 생산요소와 생산품 수가 일치한다는 근본적인 가정을 전제할 때, 특정한 상품 가격의 상승은 그 상품의 생산에 주로 사용된 생산요소인 자본이나 노동의 가격 또는 이 생산요소들에 대한 상대적 보상 이윤이나 임금을 높인다는 공리를 제시했다.

내각제냐 — 에서 전략적 특징에 따른 비교 — 피벗 권력power to pivot[19]이냐 의제 설정 권력이냐 — 로 전환하도록 촉구했다(Bates et al. 1998). 이 분야에서는 로저 마이어슨Roger Myerson이나 디어마이어Daniel Diermeier 같은 사람들이 내가 할 수 있는 것보다 더 많은 발전을 이뤄 냈다. 나는 비교정치가 형식 이론과 더 밀접하게 결합되기만 한다면, 이런 것들이 우리에게 많은 도움이 될 것이라 생각한다.

어쨌든, 이 책은 내가 기대했던 만큼 영향을 미치지는 못한 것 같다. 나는 문제들을 깊이 파보고 확실히 해결하는 것을 정말 좋아한다. 하지만 『개방경제의 정치』의 경우 실사 자료들이 분석적 주장을 압도한 듯하다. 그래서인지 이 책은 사회과학 책으로서보다 커피에 관한 책으로 읽히고 있다.


## 분석적 서사론

1990년대 중반, 『분석적 서사론』(Bates et al. 1998)이라는 성과로 이어졌던 공동 연구 프로젝트에 참여해 형식적 모델, 특히 게임이론과 역사적 사례연구의 결합을 목표로 하는 새로운 의제를 제시했다.[20] 이 공동 연구는 어떻게 시작되었나?


19• 피벗
회전축의 중심을 일컫는 말로, 특정한 이익집단 혹은 정치 행위자가 의제 설정 과정이나 정책 결정 과정에서 논의가 자신을 중심으로 선회하도록 할 수 있는 능력을 말한다.

20• 분석적 서사analytical narratives
연역적 모델링을 강조하는 합리적 선택이론과 귀납적인 사례연구를 강조하는 비교연구 방법의 방법론적 종합을 목표로, 인과관계에 대한 연역적 모델링을 통해 복잡한 역사 과정을 분석하려는 시도이다. 이를 통해 베이츠 등은 수학적 모델링에 기초한 이론화 작업에 치중했던 초기 합리적 선택이론의 몰역사적 성격과, 사례에 대한 밀도 있는 묘사를 제시하지만 다양한 정보의 나열 이상이 되기 어려운 사례 분석의 한계를 극복

『개방경제의 정치』의 집필을 마무리할 시간이 필요해서 행태과 학고등연구소에 지원했다. 전에도 이 연구소에서 근무한 적이 있었는데, 연구소에 다시 들어가려면 연구 그룹으로 신청을 해야 했다. 우리 중 몇몇 — 레비Magaret Levi와 로젠탈Jean-Laurent Rosenthal, 호프만Philip Hoffman, 와인개스트Barry Weingast, 그리프Avner Greif — 은 정치경제 분야 그리고 경제사와 발전경제학이 교차하는 지점에서 연구를 하고 싶어 했다. 그래서 함께 지원했다. 결국 호프만만 빠졌고, 나머지는 아침에는 각자가 개인 연구를 하고, 오후에는 함께 만나 토론과 논쟁을 벌였다. 기본적으로, 우리는 우리의 사고가 어떻게 작동하고 있는지, 그리고 어떻게 작동해야 하는지, 다시 말해 우리에게 공통적인 분석 습관의 강점과 한계를 규명하려 했다. 우리는 만나서 논증하고, 토론하고, 논증하고, 또다시 만나기를 반복했다. 그해를 포함해 그렇게 3년을 계속했다. 독자들은 그때 당시에, 그리고 앞으로도 계속될 논쟁의 상황이 어떠했고, 남은 과제가 무엇인지를 『분석적 서사론』에서 확인할 수 있다. 이 책을 집필하는 일은 우리 모두에게 대단히 어려운 작업이었다.

**연구 그룹 내에서 벌어졌던 논쟁을 정리하는 것 말고, 『분석적 서사론』을 집필한 또 다른 목적은 무엇인가?**

하려 했다. 국내에서는 분석적 기술 방법, 분석적 설명 방법, 서사 분석 등으로 일컬어지고 있다. 이에 대해서는, 구현우·이정애, "합리적 선택이론의 새로운 지평", 『한국사회와 행정연구』, 19권 제4호, 2009; 안재흥, "수와 이야기", 『한국정치학회보』, 39집 3호, 2005; 김성배·이윤미, "공유재 관리의 정부 실패", 『사회과학논총』, 제13집, 2010 참조.

『분석적 서사론』의 숨겨진 의도는 사례연구를 다시 정당화하는 것이었다. 사례 선택은 연구 설계의 매우 중요한 부분이다. 하지만 킹·커헤인·버바의 『사회조사 설계』*Designing Social Inquiry*(King, Keohane, and Verba 1994)가 가르쳐 주는 표준적인 방법론과 달리, 우리 대부분은 우리가 사례를 선택한 것이 아니라 사례가 우리를 선택한다.

**사례가 우리를 선택한다? 무슨 뜻인가?**

내 경우, 항상 아프리카를 연구할 것이라는 뜻이다. 마찬가지로 『분석적 서사론』의 공동 연구자 로젠탈은 앞으로도 프랑스혁명을 연구할 것이다. 그가 애초에 역사 연구자가 된 이유가 바로 그것이었다. 그는 프랑스혁명을 연구하고 싶어 했다. 흥미를 느끼는 사례에 초점을 맞추고자 하기 때문에 우리를 사회과학자로 인정할 수 없다는 건 잘못된 것이다. 외국어 훈련이 필요한 질적 연구와 사례 중심 연구는 비용이 많이 들기 때문에, 문제는 비효율성과 편향의 문제에 빠지지 않고, 사례로부터 가치 있는 정보를 어떻게 찾아낼 것인가가 된다. 하지만 나는 단지 사례 선택을 올바로 해야 한다는 이유로 관심도 없는 것을 연구해야 한다고 생각하지 않는다. 슬프게도, 내 제자들은 학위논문의 연구 설계를 KKV[21] 기준에 맞추어야 한다고 생각한다. 나는 그 학생들에게 "정말 3개 국어를 배우고, 4개국을 세밀하게 연구할 생각인가?"라고 묻는다.

물론 일단 사례로부터 인과적 추론을 시작했다면, 어떤 오류가 있는지

---

[21] KKV는 King, Keohane, and Verba(1994)를 지칭한다.

를 알아보기 위해 그 추론을 검증할 필요가 있다. 나는 가설을 검증하기 위해 KKV가 제시한 사고 과정을 따를 필요가 있다고 생각한다. 하지만 단지 추론을 하기 위해 사례 선택부터 하고 싶지는 않다. 그래서 『분석적 서사론』은 기본적으로, 다른 지역에서도 효력을 잃지 않으면서 체계적으로 검증 가능한 사례로부터 통찰을 얻어 냄으로써 사례에서 사회과학으로 옮겨 가려는 시도다.

**『분석적 서사론』에 대한 반응을 어떻게 생각하는가? 당신이 기대했던 영향을 미쳤다고 보는가?**

　　『분석적 서사론』이 어떻게 받아들여졌는지를 내가 판단하기란 어려운 일이다. 엘스터가 『미국정치학회보』에 실었던 비평(Elster 2000)은 부정적 비평을 위해 쓴 것이고, 다른 자리에서도 이미 제기했던 주장이라 크게 신경 쓰지 않는다. 엘스터는 완벽을 추구하기 때문에, 다른 사람들의 연구를 많이 흡수하지 못한다. 내게 더 중요한 것은 사례연구로 돌아감으로써 대규모 사례연구의 한계 — 내생성의 문제와 인과 메커니즘을 파악할 수 없는 문제 — 를 벗어나고자 한 경제학자들과 정치학자들의 반응이다. 그 책은 이에 대한 답을 제시하고 있다. '번갈아 가며 합창하는 식'antiphonal의 연구를 고무하는 데 영향을 준 것도 좋았다. '합창단'의 한쪽이 어떤 주제나 해석을 제기하면, 다른 한쪽이 이와 맞지 않는 경험적 자료를 던져 주고, 그리고 나면 처음 해석을 제기했던 그쪽이 다시 모험을 시작하는 식이었다. 수정 과정이 연구 과정에 통합되는 것이다. 마지막으로, 나는 『분석적 서사론』이 형식 이론에 대한 일반의 사고방식에 영향을 미친 것 같아 좋았다. 우리는 형식 이론을 경험적인 도구나 추론의 도구로 생각하자고 주장했다. 즉, 연역이 아니라 귀납과 관련시켜 보자는 말이다. 나는 그것이 이해의 시작이라고 생각한다.

그러나 크게 봤을 때 프로젝트는 아직 초기 단계에 있다. 나는 아직 논리적으로 강력하고 경험적으로 검증 가능한 설명에 접근하는 방법으로, 이론과 관찰 사이를 정말로 왔다갔다 하는 — 표본 안에 있다가 표본 밖으로 나갔다 하는 — 연구를 보지 못했다. 몇몇 선배 학자들이 그렇게 해본 적은 있는 것 같지만 아직 젊은 연구자들 가운데 그런 사람은 없었다. 보통 가장 훌륭한 척도를 제공해 주는 것은 젊은 학자들 아닌가.


## 최근 연구

**최근에는 어떤 연구를 하고 있나?**

요즘 연구하고 있는 것 중에 하나는 "아프리카 더미"African Dummy 다(Nkurunziza and Bates 2003).[22] 이 말은 (왜 어떤 나라들은 부유한 반면, 나머지 나라들은 가난한지를 설명하는) 통계적 등식이 설명하지 못하는 변수의 상당 부분을 차지하는 아프리카 국가들에서 나타나는 경향을 가리킨다. 내가 시도 중인 것은 경제성장 과정에 대한 새로운 이해를 통해 아프리카 국가들을 회귀선상으로 복귀시키는 것이다.

---

[22] 이 연구는 통계분석에서 흔히 사용되는 더미 변수dummy variables에 대한 것이다.

**아프리카 사례를 설명할 수 있는 요인은 무엇인가?**

　　　　정치적 책임성이나 정부가 유권자로부터 승인을 받아야 할 필요 때문에 [아프리카 국가들이] 제약을 받는지의 여부 같은 것이다. 선거제도의 경쟁성 그리고 정치 폭력도 경제성장에 큰 영향을 미치는 것으로 밝혀졌다. 불안정과 폭력에 직면하게 되면, 자본은 떠난다. 자본 탈출로 인해 아프리카 국가들은 경제성장의 동력을 잃게 된다. 아프리카 연구는 성장 과정에서 정치와 정치제도가 하는 역할을 더 잘 이해할 수 있게 해줌으로써 사회과학에 기여할 수 있다. 아프리카가 이 연구를 하기에 좋은 이유는 통계를 적용하기에 국가 수가 너무 적지도 않고, 가외치가 나타날 만큼 많지도 않은 적절한 수준이기 때문이다.

　　내 연구 프로젝트는 26년간 46개국을 분석해서, 경제적 성취와 정치제도, 정치 폭력, 이 세 가지의 관계를 살펴보는 것이다. 내 연구의 많은 부분이 계량경제학적인 것인데, 이는 부분적으로 이전 연구들이 계량경제학적 연구를 하지 않았기 때문이기도 하다.

**이번 프로젝트에서는 현지 조사를 하지 않는 것 같다. 설계가 매우 거시적인 듯하다.**

　　　　그렇다. 마을에서 현지 조사를 하기에는 내가 너무 늙었다. 젊었을 때는 마을에 들어가 현지 조사를 하고, 그곳에서 보고 들은 것에서 정보를 수집했다. 그렇지만 현지 조사에서 얻을 수 있는 감각을 유지하기 위해 곧 아프리카로 가려 한다. 이번 여름에도 케냐의 정책연구소를 방문할 것이고, 우간다에도 한 달간 머물 예정이다. 나는 계속 접촉을 유지하려 한다.

**아프리카에서 무엇을 할 예정인가? 인터뷰를 할 예정인가?**

인터뷰는 그렇게 많이 하지 않을 것이다. 내 프로젝트를 가져갈 것이다. 또 집드라이브Zip-Drive와 메모할 노트를 가져갈 것이다. 사람들이 무슨 연구를 하는지도 살피고, 연구 협력 관계를 구축하려 한다. 하버드와 아프리카 연구소 사이에 협력 관계를 만들어, 그쪽 사람들이 하버드로 올 수 있게 하고, 우리 학생들이 아프리카로 갈 수 있도록 만들 예정이다. 그리고 거기에서 무슨 일이 벌어지고 있는지 이야기를 들어 볼 작정이다. 예를 들어 케냐 선거에서 무슨 일이 일어났는지 알아볼 것이다.

**아프리카 더미 외에 현재 진행 중인 다른 프로젝트가 있나?**

무엇이 국가를 재정적으로 지속 가능하게 만드는지를 이해하기 위해 공공 재정을 살펴보려고 한다. 왜 어떤 국가들은 끊임없이 특혜를 제공하면서 군벌을 매수하고, 경쟁 파벌을 해산시키는 데 성공하는 반면, 다른 나라들은 그렇지 못한가? 왜 어떤 나라는 군대가 자기 본연의 업무에 충실하도록 하고 자위할 수 있었던 반면, 자이르 같은 나라들은 처참히 무너졌나? 이런 것들이 개발도상국에 대해 연구 가능한 중요한 문제들이다.

또 폭력에 관해서도 연구하고 있다. 합리적 선택이론은 사람들이 왜 싸우는가를 설명하는 데 어려움을 겪고 있다. 대부분의 모델들이 사람들은 협상하고 해결책을 찾으며, 따라서 가치의 파괴를 회피한다고 이야기하고 있다. 또한 정치학에서 합리적 선택이론은 제도 연구에 가장 많이 적용되어 왔다. 하지만 전투 중에는 제도적 제약들이 구속력이 없다. 이로 인해 폭력 연구는 이 분야에서 연구해 볼 거리가 많은 주제이다. 우간다에서 내가 목격했던 것을 이해하려고 이 문제를 살펴보기 시작했다. 그 이후 슬프게도 이 주제는 아프리카에서 가장 중요한 주제가 되었고, 이후 9·11 테러가 발생하고 나서는 전 세계적으로 중요해졌다. 이 문제를 파악하기 위해 먼저 그리프와 이야기를 나누었다. 이스라엘 군인으로 레바논에서 복무했던 그는, AK-47 소총을 든 열 살짜리 아이들을 본다는 것이 어떤 것인지를 알고 있었다. 그리프와 나는『분석적 서사론』을 같이 연구하면서 국가 없는 사회와 국가 있는 사회의 모델을 만들기 시작했다. 그 논문을 완성하는 데 10년 정도 걸렸고, 2002년에야 출판했다(Bates, Greif, and Singh 2002). 우간다에서 돌아온 후 나는 중세사에 대해 읽기 시작했다. 나는 역사학자들이 연구해 온, 가족과 친족, 농업 사회의 공동체 정치가 어떻게 정치 질서를 형성했는가에 대해 알고 싶었다. 이런 두 가지 맥락이 『번영과 폭력』(Bates 2001)과『시장과 국가』에 포함되어 있다.

마지막으로 아프리카의 갈등에 대해 연구하고 있다. 페리Karen Feree와 스미타 싱Smita Singh, 험프리스Macartan Humphreys, 나우니할 싱Naunihal Singh, 힌드맨Matthew Hindman 그리고 다른 대학원생들과 1970~95년의 46개 아프리카 국가의 정치 변동과 갈등에 관한 데이터 세트를 구축했다. 아프리카에 대해 읽어 봐야 할 것들을 마저 읽고, 이 데이터 세트를 완성해 분석한 후에는 폭력의 기원과 특징에 대해 많은 것을 이야기할 수 있으리라 생각한다(Bates 2005). 이 프로젝트는 정치가 경제성장에 미치는 영향에 대한 논문들을 시리즈로 발간하는 형태가 될 것이다. 책은 나이로비 소재 아프리카 경제연구컨소시엄Africa Economic Research Consortium이 조직한, 20세기 후반 아프리카의 성장에 대한 네 권짜리 시리즈 중 분석 부분으로 출판될 것이다. 27개 아프리카 연구팀이 이 프로젝트에 참여해, 내게는 아프리카 연구로 돌아가는 최선의 길을 제공해 주었다.

## 과학

**스스로 과학자라고 생각하는가?**

글쎄, 아니다. 나는 MIT와 칼텍에 있으면서, 우리 세대에서 가장 위대한 물리학자들과 지질학자들을 비롯한 진짜 과학자들을 봤다. 그런데 그들과 나는 달랐다. 나는 문제가 있으면, 그 답을 찾고 싶어 한다. 답이 있다면, 가정을 결론과 연결시키는 형식적 증명으로 모델을 만들 수 있어야 한다. 나는 또한 내 결론이 옳은지 경험적으로 검증해 보고 싶어 한다. 이렇게 따라가다 보면 행복하고 나 스스로 과학자라는 생각이 든다. 하지만 이런 일은 내 평생에 두세 번밖에 없었다.

또 나는 과학자가 무엇인지 잘 모르겠다. 예컨대, 물리학자들 역시 서로 간에 의견이 갈리고, 각기 다른 조류와 다양한 크기의 집단으로 나뉘어 있다. 이 점에서 물리학을 준거로 사회과학 연구를 정당화하는 것은 무지의 소치다. 우리가 과학자인지 아닌지 논쟁하는 대신에 그냥 우리 일을 하는 것이 낫다.

**여전히 물리학자와 사회과학자 사이에 명백한 차이가 있다고 보는 것 같다. 둘의 차이는 무엇인가?**

물리학자는 검증을 진정으로 신봉한다. 내가 합리적 선택이론과 게임이론을 다루는 동료 정치학자들에 대해 화가 나는 부분이 바로 이 점이다. 그들은 이론 그 자체만을 좋아한다. 그리고 자신들의 이론을 검증하는 것은 다른 누군가의 문제라고 생각한다. 이처럼 그들은 노동 분업을 신봉한다. 하지만 점심시간에 칼텍에서는 파인만[23] 같은 사람들이 어슬렁거리다가 자신들의 아이디어에 대해 이야기하기 시작한다. 그들은 항상 아이디어를 어떻게 검증할 것인가를 고심한다. 우리가 알고 있는 것이 무엇인가? 실험은 어떻게 하는 것이 좋을까? 어떻게 현상을 적절하게 관찰하고 측정할 수 있는 장치를 찾을 것인가? 이런 종류의 논의는 사회과학에서 많이 제기되지 않는다.

**왜 그럴까?**

사회과학에서 이론을 연구하는 이들은 대부분 검증에 관심이 없다. 그들은 이론 그 자체에만 관심이 있다. 이는 곧 우리의 이론이 그렇게 좋지 못하다는 것이다.

**혹자는 사회의 복잡성과 변덕스러움 때문에 사회과학자들이 물리학자들보다 규칙성을 발견하고 일반화하는 데 더 많은 제약에 직면한다고 주장한다. 이런 견해에 대해 어떻게 생각하는가?**

23 • 리처드 파인만Richard Feynman(1918~88)
미국의 물리학자로 양자전기역학의 재규격화에 대한 연구로 노벨 물리학상을 수상했다.

사회와 정치는 다루기 힘들고, 복잡한 괴물이다. 요령은 다룰 수 있는 문제를 정의함으로써 그것을 조각조각 분리해 내는 방법을 찾는 데 있다. 이런 방법을 사용한다면, 연구할 의미가 없는 큰 그림으로부터 아직 분리되지 않은 관찰 결과들과 데이터들을 통제할 수 있게 될 것이다. 피오리나Morris Fiorina는 사회과학에서 일반화가 얼마나 가능한지, 그리고 이를 기대할 수 있는지에 대해 언급한 바 있다. 그는 우리가 "할 수 있는 한 되도록 많은 것을" 찾아내야 한다고 했다. 이 말은 우리가 일반적 수준에서 연구를 해야 한다는 뜻이 아니다. 이는 최대한 통제된 관찰을 하되, 가능한 한 그 규모를 늘려 가야 한다는 의미이다.

그럼에도 나는 사회과학자들이 강력한 일반화를 많이 성취했다고는 생각하지 않는다. 행태주의 혁명은 그런 의미에서 웃긴 일이다. 참이라고 검증된 명제가 457개나 들어 있는 책을 만들어 냈다. 그래서 무엇이 일반적이란 말인가? 내게 일반적인 것은 게임이론의 귀납적 측면이다. 사람들이 참여하고 있는 게임을 이해할 수 있고, 그들이 보는 관점에서 세상을 보고, 그들의 결정 방식을 안다면, 우리는 그 상황에 대해 더 깊이 이해할 수 있다. 비협력적 게임이론[24]과 역진 귀납법[25]은 이런 것을 이해하기 위한 도구에 지나지 않는다.

---

24 • 비협력적 게임이론non cooperative game theory
협력적 게임이 게임을 하기 이전의 게임에 참여하는 선수들이 완전히 구속력 있는 협약을 맺고 하는 게임을 가리키는 데 반해, 비협력적 게임은 서로가 사전에 어떤 구속력 있는 협약 없이, 선수들이 주어진 전략 집합 하에서 자신의 효용을 극대화하기 위해 합리적으로 최선의 전략을 찾으려는 형태의 게임을 말한다.

25 • 역진 귀납법backward induction
동적 게임에서 맨 나중에 행동하는 경기자의 선택을 먼저 고려해 거꾸로 올라가면서 선행자의 행동을 분석하는 것을 말한다.

**형식적 모델과 합리적 선택이론**

**당신의 연구에서 방법론적 도구는 어떤 역할을 하는가?**

　　방법 그 자체를 위한 방법론에 대해서는 별 흥미가 없다. 내가 진짜 흥미로워하는 것은 질문들과 거기에 답하기 위해 노력하는 과정이다. 그런 식으로 노력하다 보면 내가 스스로 내 해답의 질을 평가할 수 있다. 물론, 질문과 연구 문제에 사용된 방법론에는 관심이 있다. 하지만 방법론자는 되고 싶지 않고, 방법론을 가르치고 싶지도 않다. 한 분야로서의 방법론에 대해서는 그다지 흥미를 느끼지 못하는 편이다. 만약 수학자이거나 수학적인 성향이 있는 사람이라면 방법론이 흥미로울 수 있다. 하지만 내게 흥미로운 것은 질문에 답하는 것이다.

**당신이 한 지난 20년간의 연구를 살펴보면, 형식 이론을 점점 더 많이 사용하고 있다. 연구에서 형식화를 어떻게 사용하는지 이야기해 달라.**

　　형식화는 제시한 답의 논리적 타당성을 검증하고, 결론이 전제로부터 나온 것인지를 알 수 있게 해준다. 내 연구에서 좋은 예를 들어보면, 나는 리엔과 함께 의회의 기원에 관한 논문을 작성했다(Bates and Lien 1985). 이 논문은 내가 진짜 좋아하는 논문이며, 재미있으면서 훌륭한 모델을 제시했다. 우리는 세원을 찾는 정부와 자신이 선호하는 정책에 대한 대가로 세금을 내려는 시민 간의 타협의 산물로 민주주의가 생겨났다고 주장했다. 이 주장이 성립되려면 경제학자들이 가분성separability이라 부르는 효용 함수의 성립 조건이 존재해야 하고, 분석 모델도 선형 모델이 되어야 했다. [그러나 나는 가분성에 대해 생각하면 할수록 맘에 들지 않았다. 왜냐하면 그것은 공공재에 대한 행위자들의 선호가 개인 소득이 변동함에도 불구하고 변화하지 않는다는 것을 전제해야 하기 때문이다. 우리는 이것이 사실이 아니라는 것을 잘 알고 있다. 그런데 의회 제도의 기원에 관한 우리의 주장이 가능하기 위해서는 선호 체계의 불변성이라는 이 같은 가정이 필수 불가결한 것이라는 게 너무나 명확해졌다. 만약 우리의 주장을 형식적으로 모델화하지 않았다면 나는 결코 이 점을 깨닫지 못했을 것이다. 비록 그 논문에서 이 가정의 한계를 명확히 드러내지는 않았지만, 나는 우리의 논지가 성립하기 위해서는 가분성 조건이 필요하다는 것을 알게 된 후로는 더 이상 우리의 논증을 참이라고 생각하지 않게 되었다.

**당신의 주장 자체는 어디에서 비롯된 것인가?**

내 주장은 의회의 기원을 이해하려는 노력에서 비롯된 것이다. 그리고 그것은 아주 훌륭한 주장이었다. 하지만 주장이 참이 되기 위해서 가분성의 조건이 충족되어야 한다면, 주장이 잘못된 것이라고 생각한다. 아마 내가 그것을 형식적으로 모델화해 보지 않았다면 그 주장이 참이라고 생각했을 것이다. 그런 면에서 형식화라는 것은 자신의 주장과 논리를 체크해 보는 방법이 될 수 있다. 그렇게 해보지 않는다면 그런 수준에 도달할 수 없을 것이다.

**하지만 형식화 자체에서 주장이 나오지는 않는다.**

그렇다. 절대 그럴 수 없다.

**그러면 주장은 어디에서 비롯된 것인가?**

음. 잘 모르겠다. 그런 게 스콧과 내 제자였던 아그라왈<sub>Arun Agrawal</sub>에게 답답한 부분이다. 그들은 예일 대학에서 연구 문제가 어디에서 비롯되는가를 다루는 방법론 강의를 함께 가르치고 있다. 나는 스콧에게 이렇게 말했다. "내가 가르쳐서 학생들이 당신만큼 창조적인 사람이 될 수 있다면, 나도 그 강의를 하겠다." 하지만 나는 창조성이란 가르쳐서 되는 게 아니라고 생각한다. 주장과 아이디어는 일종의 알 수 없는 어떤 힘에서 나오는 것이지 방법론에서 나오는 것이 아니다.

형식적 모델을 다루면서 새로운 정보를 끌어낼 수는 있다. 모델에 정태적 비교 이론<sub>comparative statics</sub>을 적용해 보는 것은 아이디어를 경험적으로 검증하는 데 도움이 된다. 이 요인을 움직이면, 다른 요인도 움직여야 한다. 모델의 구성 요소를 바꿔 보고, 계수들이 올바른 기호와 구조를 가지고 있는지 살펴보기 위해 회귀분석을 돌려 봄으로써 실제로 검증이 가능하다.

물론 지금 이야기하는 것은 이상적인 형태의 연구이다. 내 연구를 포함해 비교정치학에서 대부분의 연구들은 아이디어를 찾고 검증하는 데 있어서 훨씬 덜 형식적이며, 종종 적절한 비교와 예시를 찾는 것으로 이루어지기도 한다. 이는 상당히 직감적인 것이다. 내 연구 중에 체계적으로 아이디어에서 비교 정태적 검증으로 진행한 방식에 가장 가까운 것은 아마도 커피에 관한 『개방경제의 정치』(Bates 1997a)일 것이다. 그 책에서 나는 1930년대의 콜롬비아와 1950년대, 1970년대 콜롬비아를 비교했다. 통시적 비교연구였기 때문에 나는 정당 경쟁의 구성 요소를 포함시키거나 배제할 수 있었고, 다른 수많은 요인들은 상수로 둔 채로, 어떤 한 요인을 변화시켜 봤을 때 다른 요인들이 내 예상대로 변화하는지 살펴봄으로써 여러 가지를 검증해 볼 수 있었다.

**의회에 관한 리엔과의 공동 논문 외에 형식화가 연구를 강화해 준 예가 있는가?**

　　형식화를 이용한 것은 아니지만 형식적 논증의 영향을 받은 것이 있다. 내가 형식적 논증에서 가장 좋아하는 측면은 단순성이다. 형식적 논증은 매우 복잡한 문제에서 간단명료한 핵심을 찾을 수 있도록 도와준다. 이렇게 해서 문제의 내적 구조를 파악하게 되면, 책을 발전시켜 나가는 과정에서 이렇게도 생각해 볼 수 있고 저렇게도 생각해 볼 수 있는 기초가 마련된다. 예를 들어 『산업화에 대한 농촌의 대응』(Bates 1976)의 핵심은 정착해서 싸우면서 환금작물을 기르거나, 아니면 도시로 이주해야 하는 미개간지 거주자들이었다. 『시장과 국가』(Bates 1981)의 핵심은 한 시장에서 재화를 구매해 다른 시장에서 그것을 팔고, 제3의 시장에서 재료와 소비재를 구매하는 농민이었다. 『개방경제의 정치』(Bates 1997a)의 핵심은 다른 종류의 커피 사이의 상대가격 구조였다. 만약 한 종류의 커피 가격이 상승하면, 소비자들은 이를 다른 것으로 대체하려 할 것이다. 이는 경제 행위자들이 커피 시장을 성공적으로 운영하기 위해서는, 커피 무역 전체를 조직화하는 것이 필요하도록 만들었다. 이런 단순한 핵심적 이야기는 형식화되지 않기 때문에, 이것을 나는 '형식화'라 부르진 않는다. 하지만 문제의 핵심에서 단순한 구조를 찾는 것은 형식적 연구를 읽으면서 얻어 낸 사고의 습관이다.

**형식화를 포함하든지, 포함하지 않든지 간에 이런 방식으로 핵심을 찾아내는 다른 학자의 연구 사례는 뭐가 있나?**

　　콜슨의 『전통과 계약』*Tradition and Contact*(1974)이 그런 경우에 상당히 가깝다. 그녀는 1970년대 자신이 재직 중이던 버클리 대학의 위기에 대한 반작용으로 그 책을 썼다. 콜슨은 당시 미국 학생들이 지배적으로 가지고 있던 비자본주의 사회와 비시구 사회에 대한 지배적 사고를 탈신비화하고자 했다. 콜슨의 주장은 그런 사회들에서의 상호작용이 사실 상당히 계약적이지, 결코 공동체주의적이지 않다는 것이었다. 하버드 대학의 동료 엘리자베스 페리도 『상하이는 파업 중』*Shanghai on Strike*(Perry 1993)에서 깔끔하고 명료하게 자신의 이야기를 구조화하는 감각을 보여 주었다. 그녀는 직업 공동체 내의 관계가 어떻게 노동계급의 형성을 방해하는지에 대해 살펴보면서, 이것이 상하이 공산당 정부에 제기하는 문제를 탐색했다. 그녀의 책을 읽을 때 항상 자신이 어디쯤 읽고 있는지를 알 수 있는 것은, 여담을 하다가도 길을 잃지 않고 본래의 주제로 쉽게 되돌아 갈 수 있도록 잘 구조화되어 있기 때문이다.

문제의 핵심에서 단순한 구조를 찾아내는 데 거의 근접했던 또 다른 인물은 『농민의 도덕 경제』에서 농민의 의사 결정에 초점을 맞춘 스콧이다 (Scott 1976). 비록 그 스스로는 문제의 핵심에 도달하는 것을 탐탁해 하지 않았기에, 늘 핵심에서 재빨리 벗어나곤 했지만 말이다. 그럼에도 여전히 그의 책은 내가 이야기하고 있는 그런 종류의 태도를 가지고 있다. 내가 읽은 책 중에 적당한 양의 형식화를 포함하고 있는 최고의 책들 가운데 하나는 콕스의 『투표를 의미 있게 만들기』(Cox 1997)이다. 이 책은 18세기나 19세기 논문처럼 읽히는 단호하면서도 탁월한 책이다. 훌륭한 형식적 핵심을 포함하고 있는 또 다른 연구들로는 크레비엘(Krehbiel 1991)과 셉슬(Shepsle 1978)의 미국 의회와 위원회 제도의 역할에 관한 연구를 들 수 있다. 이 문헌은 형식적 주장에 의해 정의되고 있지만 현실 정치적 생명력도 가지고 있다.

**게임이론이 당신이 선호하는 형식적 모델을 만드는 도구가 될 수 있을 것 같다. 게임이론**

의 유익한 측면은 무엇인가?

　　　　　내가 게임이론을 좋아하는 이유는 극단적으로 자율적인 개인이
라는 가정에서 벗어날 수 있게 해주기 때문이다. 개인은 상호 의존적이다.
그래서 좋건 싫건 그들의 운명은 서로 연결되어 있다. 게임이론은 인간의
삶에서 사회적 부분을 볼 수 있도록 도와준다. 또한 게임이론이 시간 감각
과 연속성에 대한 감각을 갖게 해주기 때문에 좋아한다. 나는 게임이론적
장치가 세상을 자연스럽게 생각할 수 있는 방식이라 생각한다. 그 외에 내
게 합리적 선택이론의 중요성을 가르친 사람은 내 연구 대상이었던 사람들
이라는 점을 추가하고 싶다. 이 놀라운 루아풀라 주민들은 가능한 한 많은
것을 얻기 위해 체계를 가지고 게임을 하고 있었고, 그런 게임에 정말 능숙
했다. 그들은 결코 러너와 다른 문화 이론가들이 예상했던 방식으로 행동
하지 않았다.


**진화 게임이론**(Maynard-Smith 1982; Weibull 1955; Young 1998)[26]**에 끌린 적이 있나?**


26 • 진화 게임이론evolutionary game theory
1970년대부터 진화 생물학 분야에서 동물의 행동을 분석하는 데 게임이론이 사용되기 시작하면서 발전하기
시작했으며, 그 효시는 존 메이너드-스미스의 『진화와 게임이론』Evolution and the Theory of Games (1982)을 들 수
있다. 생물학 분야의 이런 흐름은 다시 사회과학 분야의 게임이론가들을 자극했는데, 1984년, 액설로드에 의
해 "협조적 행위의 진화"가 발표되면서 사회과학 분야에도 진화 게임이론을 이용해 개인들 간의 상호작용 및
사회적 제도의 발현 등을 규명하려는 노력이 진행되기 시작했다.
기본적으로 게임이론의 균형 선택 과정에 진화론적 아이디어를 응용한 것이라 할 수 있는데, 중심이 되는
개념은 돌연변이와 자연선택이다. 자연선택 개념에 따르면 주어진 환경에서 환경에 적합한 유전적 속성을
갖고 있는 개체는 그렇지 못한 개체들에 비해 생존 가능성이 높거나 더 많은 자손을 낳게 될 것이며, 따라서
세대가 지남에 따라 환경에 적합한 유전적 속성이 환경에 적합하지 않은 유전적 속성보다 더 빨리 집단 내
에서 퍼져 나가게 될 것이다. 사회과학에서 이는 더 높은 보수를 얻는 전략이 다른 행위자들에게 더 높은 확

그 이론을 좀 더 살펴봤어야 했다. 진화 게임이론은 생물학에서 그 방식이 검증되고, 유용성이 입증되었다는 점에서 호소력이 있다. 하지만 정치에도 진화 메커니즘이 작동하고 있다는 확신은 없다. 내가 전쟁이나 정치에서 자기 재생산에 실패한 패배자들을 그리 많이 보지 못했기 때문이 아닌가 싶다. 일반적으로 패배자들은 잠시 기다렸다가 정치투쟁을 계속한다. 원칙적으로 진화 게임이론을 좋아하고 관심도 있지만, 실제로 내가 원하는 만큼 충분히 이 이론을 활용할 수 있을지는 잘 모르겠다.

**최근 들어 경제학 분야에서 크게 성장한 분야는 사람들이 어떻게 행동하는가에 대한 가설을 사회심리학적 실험을 이용해 확정하는 실험 경제학이다.[27] 이 연구에 관심을 가져 본 적이 있는가?**

거기에 대해서는 정말 잘 모른다. 내가 칼텍을 떠날 당시에 막 유행하기 시작했고, 지금은 칼텍의 많은 경제학자들이 하고 있다. 하버드 대학도 이 분야를 전공한 로스Alvin Roth를 임용했다. 실험 연구가 경제학에 많은 영향을 미칠 것이라는 생각이 든다. 그리고 아마도 정치학에도 큰 영향을 미칠 것이다. 실험은 사람들이 효용 이론의 예상대로 행동하지 않는다는 것을 보여 주는데, 이는 우리의 많은 모델들이 틀렸다는 것을 의미한다. 정치학과에는 나 같은 사람들이 아주 많다. 합리적 선택이론만 열심히 파고드는 사람들 말이다. 그런 사람들은 실험 경제학에 좀 더 관심을 가져야 한다.

---

룰로 모방됨으로써 집단 내에서 더 빠른 속도로 확산된다는 주장으로 이어진다.

27 카네먼Daniel Kahneman과 스미스Vernon Smith는 경험 경제학적 분석에서 연구실 실험을 이용한 연구로 2002년 노벨경제학상 수상했다.

당신은 지금 막 요즘 정치학에서 많이 사용되는 합리적 선택이론의 토대가 실험 경제학의 최근 발전으로 흔들릴 수 있다는 이야기를 했다. 9·11 테러 공격과 같은 현실 세계의 사건들이 도구적 합리성에 기반을 둔 정치 이론에 도전하고 있는 것으로 보일 수도 있다. 합리적 선택이론이 선택보다는 열정과 감정에 의해 이루어지는 정치적 행위와 조화를 이룰 수 있나?

만약 내가 합리성과 열정이나 감정이 서로 대립한다고 생각했다면, 합리적 선택이론가가 되기는 어려웠을 것이다. 질문은 "열정이 얼마나 중요한가?"가 아니라 "열정은 어떤 차이를 만들며, 열정에 따라 행동한다고 느끼는 사람이 어떻게 행동하는가?"이다. 나는 내가 하는 일에 열정을 느끼고, 사람들은 그들이 하는 일에 열정을 느끼면서 그 일을 한다. 열정이 우리를 치열하게 만들기는 해도 비합리적으로 만들지는 않는다. 물론 합리적 선택이론이 작동하지 않는 상황이 있다. 왜 소방관들이 무너지는 건물 속으로 뛰어드는가? 나는 그런 행동은 설명할 수 없다. 그들에게 신의 가호가 있기를 빌 뿐이다. 내가 할 수 있는 것은 다른 사람처럼 그저 경의를 표하는 것뿐이다. 지적 게임이 끝났음을 인정하고, 그것을 존중하면서 다른 주제로 넘어가야 할 때가 있기 마련이다. 사람들이 자신이 목격한 것을 입증해 내는 창조적 순간들이 있는데, 그런 순간들이 바로 전환점이다.

**가까이서든 멀리서든 현지 조사에서 그런 전환점을 목격한 적이 있나?**

내 현지 조사에서 그런 전환점은 없었다. 하지만 내가 이해할 수 없는 일이 있기는 했다. 사람들은 잠비아의 반식민지 해방운동 과정에서 일어난 일에 대해 이야기해 주었는데, 거기에는 영적 세계와 신비주의, 땅 위에 내려앉은 안개, 괴물 등에 대한 이야기도 있었다. 첫째, 내가 거기에 없었기 때문에 그 주장이 참인지 아닌지를 확인할 방법이 없었다. 둘째, 이 주장이 사실로 밝혀졌다고 해도 무슨 일이 일어났는가에 대한 실마리를 찾지 못했을 것이다. 나는 그냥 그 이야기를 받아 적었고, 생각보다 주술에 대해 더 많이 이해할 수 있게 되었다. 하지만 그 이야기를 토대로 무엇을 할 수 있을지에 대한 답은 찾지 못했다.

**그런 이야기로 되돌아가 볼 생각은 해보지 않았나?**

좋은 이야깃거리이긴 하지만 그것을 어떻게 활용할 수 있을지는 잘 모르겠다. 어떻든 내가 본 것에서 이미 많은 것을 얻었다. 그래서 그 이야기로 돌아가고 싶다는 확신이 없다. 재미는 있겠지만 내게는 이미 잘 정리되어 있는 큰 문제들이 있어서 그것들을 제대로 다룬 후에나 건드려 볼 수 있을 것이다. 사람들이 가지고 있는 창조적 순간은 중요하다. 하지만 결국 내가 항상 찾고자 했던 것은 특이한 요인들이 아니라 규칙성이다.

## 현지 조사

**현지 조사는 당신 연구에서 중심적 역할을 하고 있다. 현지 조사에서 무엇을 얻어 내는가?**

내가 자료를 날조하는 것이 아니라는 것을 확인하기 위해서는 현지 조사가 필요하다. 많은 동료들은 세상을 컴퓨터 모니터를 통해 읽는다. 그들은 케임브리지에 앉아서 아시아를 이해할 수 있다고 생각하며, 그들이 현지에 있지 않아서 놓치는 것이 얼마나 많은지를 잘 모른다.

### 현지 조사를 위해 어떤 외국어를 배웠나?

현지 조사를 하기 위해서는 외국어를 배워야 한다. 내게는 정말 힘든 일이었지만 나는 성실하게 노력했다. 다른 사람들과 마찬가지로 중·고등학교에서 불어와 독일어를 배웠고, 불어와 독일어 박사 학위 자격시험을 통과했다. 불행하게도 불문과 교수들은 언어를 배우려면 [처음부터 배우고자 하는 그 언어만 사용하도록 하는] 벌리츠Berlitz식 과정을 밟아야 한다고 생각했다. 그러니까 몰리에르Moliere와 비용Villon, 라신Racine에 대해 가르치고, 일주일에 1,500단어짜리 작문을 시켰던 것이다. 내 둔한 머리와 혀, 그리고 이런 배경으로 인해 내가 툴루즈 대학University of Toulouse 교수임에도 불구하고, 여전히 불어로는 말을 잘 못한다! 독일어는 꽤 하는 편이다.

아프리카에서 연구하기 위해 몇 번 스와힐리어를 배웠지만, 곧 잊어버렸다. 내가 가장 깊이 배운 외국어는 벰바어Bemba다. 이 언어는 복잡하고, 힘이 있으며, 미묘하면서도 매력적인 언어로 잠비아에서 사용된다. 내가 잠비아에 가면, 가끔 내가 알고 있는지도 몰랐던 단어와 표현을 쓰고 있는 나를 발견한다. 벰바어는 확실히 내 머리 깊숙이 자리 잡고 있다. 중남미 연구를 위해 스페인어와 포르투갈어도 배웠다. 두 언어 모두 읽을 수 있고, 1차 자료와 2차 문헌을 완전히 이해할 수 있다. 하지만 소설을 읽는 데는 어려움이 있다. 콜롬비아에 오랫동안 있었기 때문에 스페인어도 능숙하다. 나중에 연습할 기회가 없어서 좀 덜 유창해지기는 했다. 포르투갈어도 비슷한 수준으로 발전시켰으면 좋았겠다고 생각한다. 나는 포르투갈어가 내는 소리와 음악이 너무 좋아서 포르투갈어를 쓰는 나라에서 더 오래 있고 싶었다. 하지만 브라질에 그다지 오래 머물지 못했던 것이 못내 아쉽다.

**합리적 선택이론을 하려면 현지 조사를 해야만 한다고 주장한 바 있다. 이 문제에 대해 이**

**야기해 달라.**

　　　합리적 선택이론의 모델들은 매우 단순해서 좀 더 다양하고 복
잡한 세계에 대입해 보기 전까지는 아무런 의미가 없다. 사람들은 열정과
가치, 기대, 관계, 역사, 그리고 다른 사람에게는 없는 정보에 대한 접근권
을 가지고 있다. 이런 변수들에 대한 정보를 가지기 전까지는 많은 이야기
를 할 수 없으며, 합리적 선택이론은 이런 것들에 대한 정보를 제공해 주지
않는다. 이런 정보는 모델이 적용되는 맥락 속에서 얻을 수 있다. 예를 들
어 보자. 내가 많이 사용하는 균형 개념은 부분 게임 완전 균형이다. 부분
게임 완전 균형은, 균형 경로에 있는 것은 그 경로를 벗어날 경우 일어나리
라고 예상되는 것에 의해 결정된다는 것을 의미한다. 문제는, 그 이론에서
사람들은 결코 균형 경로를 벗어나지 않는다는 것이며, 따라서 그런 역사
는 결코 일어나지 않을 것이기 때문에 실제로 그런 행동을 관찰할 수는 없
다는 것이다. 사람들이 왜 경로를 벗어나지 않는가에 대해 이해하려면, 경
로를 벗어났을 때 일어날 일에 대한 사람들의 신념을 찾아내야 한다. 이 말
은 곧 사람들과 인터뷰를 통해, 예를 들어 그들의 어머니가 나쁜 여자에 대
해 무슨 이야기를 해주었는지, 그리고 신화에서는 자기 마을의 반대편에
위치한 마을 어딘가에 가게 되면 무슨 일이 생긴다고 이야기하는지를 들어
보고 알아내야 한다는 것이다. 예를 든 것들은 모두 균형 경로를 이탈할 때
생기는 일에 대한 신념이며, 합리적 선택 모델만을 따를 때는 결코 찾을 수
없는 것들이다. 콜슨의 『전통과 계약』(Colson 1974)은 이에 관한 좋은 예를
보여 준다. 그녀는 루소적인 행복이 넘치는 마을 풍경에 대해 이야기한다.
여성들은 이웃 아이에게도 젖을 주고, 음식을 공유하며, 남자들은 서로 맥
주를 대접하는 모습 말이다. 하지만 그녀가 발견한 것은, 이런 평화롭고 친
절한 행동이 사실은 현실에 대한 홉스적 믿음에 의해 만들어진다는 것이
다. 마을 사람들은 이웃이 어쩌면 최악의 적이 될 수 있으며, 착하게 굴지

않으면 자신을 죽일 것이라고 믿고 있었다. 현지 조사자만이 이런 선한 행동의 기저에 있는 믿음을 볼 수 있다.

**경력이 쌓여 가면서, 직업적으로나 개인적으로 더 많은 책임을 져야 하고, 이는 장기간의 현장 여행을 어렵게 한다. 짧은 기간, 말하자면 2주 정도 일정으로 성공적인 현지 조사를 할 수 있나?**

나는 2주 정도로는 마을 하나에 대한 연구도 할 수 없으며, 그렇게 하려고 하지도 않을 것이다. 2주 정도라면 지역 법조 사회나 정치사회, 경제사회에서 작성된 문건들을 살펴보고 사람들을 만나 볼 수는 있을 것이다. 하지만 이런 것은 진짜 조사와는 다르다. 나는 사람들 속에 섞여 들어가 직접 부딪혀 보면서 연구하는 사람soaker and poker이다. 전혀 안 하는 것보다는 나은 경우를 제외하고는, 현지 조사를 2주 동안 하지는 않을 것이다.

**대부분의 사회과학 대학원 과정에서 현지 조사를 형식적으로 요구하지는 않는다. 그리고 연구 기금을 받을 수 있는 기회는 제한되어 있고, 빨리 논문을 끝내야 한다는 압박감에 시달리는 대학원생이 현지 조사를 한다는 것은 사실상 불가능할 수도 있다. 정치학에서 현지 조사를 하는 사람이 줄어드는 현실에 대한 우려는 없나?**

하버드 대학은 지역연구 센터가 강하고 재원이 많기 때문에 문제될 것이 없다. 현지로 갈 수 있는 기회는 수없이 많다. 학위를 빨리 받는 것을 선호하는 경제학에서조차 현지 조사를 강조하고 있다. 응용 및 노동 경제학에서는 항상 수많은 현지 조사를 하고 있다. 발전 연구에서 거시 경제학의 중요성이 커진 것처럼, 경제학자들은 학생들이 현지 조사를 많이 하기를 바란다.


## 지역 전문가


**스스로를 아프리카 연구자Africanist라 생각하는가?**


나는 스스로를 아프리카를 연구하는 정치경제학자로 규정한
다.[28] 내가 연구하는 영역이 아프리카이기는 하지만 진짜 아프리카 연구자
들이 많이 있고, 그들은 나보다 아프리카에 대해 훨씬 많이 알고 있다. 칼
텍에서 근무할 때는 종종 인근의 캘리포니아 대학 로스앤젤레스 캠퍼스
UCLA로 건너가서 아프리카 연구자들과 시간을 보내곤 했다. 이 사람들은 내
가 감도 못 잡고 있는 일들을, 예를 들어 알제리의 대통령이 누구인지, 탄
자니아 부통령이 누구인지를 알고 있었다. 나는 보통 언론을 꼼꼼히 보면
서 아프리카에서 일어나는 일들을 따라잡으려고 노력하고 있기는 하지만,
스스로 아프리카에 관한 지식의 권위자가 되어야겠다는 생각을 한 적은 없
다. 나는 브라질과 콜롬비아에 관한 책 『개방경제의 정치』(Bates 1997a)를
쓰느라 1980, 90년대에 10여 년간 아프리카를 멀리했었다. 그로 인해 민
주화 시기 전체와 아프리카 국가의 붕괴에 대한 연구가 끊겨 버렸다. 요즘
아프리카 민주화 운동에 대한 연구를 따라잡기 위해 내 나름의 방식으로
책을 읽고 있는 중이다.


[28] 베이츠의 아프리카 정치경제학 연구에 대한 리뷰와 비판 그리고 베이츠의 반론은 Stein and Wilson
(1993) 참조.

**비교분석**

당신 연구에서 비교연구는 어떤 역할을 하는가? 아이디어를 만들어 내고 검증하기 위해 사례 간 비교를 이용하는가?

이상하게도 나는 비교정치를 하고 있지만, 비교는 거의 사용하지 않는다. 소규모 비교 사례연구가 타당하다고 생각해 본 적이 한 번도 없다. 비교 사례연구를 하면, 연구 대상이 되는 변수 외에도, 다른 요인이 수없이 많아 결과적으로 생략된 변수의 문제에 봉착하게 된다. 그래서 나는 항상 소규모 사례의 비교정치 연구는 새빨간 거짓말이라 생각했다. 난 한 단위 내의 통시적 변이 분석을 더 선호한다. 동일한 사례에서 일어나는 시간의 흐름에 따른 변화를 살펴보면, 상수가 무엇인지 알 수 있고, 이는 생략된 변수의 문제를 제거해 준다. 이것이 유행에는 뒤떨어진, 좀 특이한 것이라는 것을 알고 있지만 나는 항상 소규모 사례를 다루는 비교정치보다는 사례에 대한 역사적 분석에 더 끌리는 편이다.

하지만 당신도 연구에 사례 간 비교를 사용했다. 예를 들면 『시장과 국가』의 결론 부분에서 케냐, 코트디부아르와 가나, 잠비아를 비교하고 있다. 또 『개방경제의 정치』에서 콜롬비아와 브라질을 비교하고 있다.

그렇다. 『시장과 국가』(Bates 1981)의 마지막 장에서 비교를 사용했다. 하지만 주로 정형화된 사실을 이용한 방법을 사용한 것일 뿐, 비교는 아니다. 그 책에서는 전체 아프리카를 동질적인 공간으로 보고 있다. 나는 농산물 가격이 왜곡되는 방식에 관한 일련의 사실들에 대해 동의하면서, 어떻게 이 사실들을 설명할 수 있을까를 묻고 있다. 하지만 예를 들어

농산물 가격의 왜곡 수준이 사례별로 어떻게 다른가를 살펴지는 않았다.

콜롬비아와 브라질에 관한 『개방경제의 정치』(Bates 1997a)가 신중하게 통제된 비교 방법을 사용했던 유일한 연구였다. 수많은 역사가 있고, 불확실한 문제들이 많아서 상당히 어려웠다. 올바른 비교란 무엇인가를 알기는 매우 힘들다. 1950년 콜롬비아와 1950년 브라질을 비교하는 것이 옳은 일일까? 아니면 과두제 민주주의였던 1889~1930년 브라질과 1910~49년 콜롬비아를 비교하는 것이 옳을까? 나는 여느 비교정치학자들이 하는 방식대로 콜롬비아와 브라질을 분석했다. 즉, 먼저 콜롬비아를 살펴보면서 커피 부문의 공공 정책이 형성된 방식이 그 나라의 정당 체계와 연결되어 있다는 것을 알게 되었다. 그리고 브라질을 살펴보았는데, 브라질의 커피 정책을 설명하기 위해서는 정당 체계가 아니라 연방제에 초점을 맞추어야 했다. 콜롬비아에 대한 장과 브라질에 관한 장을 각각 한 장씩 쓰고 나서는, "여기서 비교란 무엇인가?"라고 자문해 보았다. 비교는, 피벗 능력을 결정함으로써 어떤 이익집단의 힘을 증가시키거나, 거꾸로 억제하는, 그럼으로써 정권을 성립시키거나 붕괴하게 만드는 정치제도에 따라 이루어졌다. 뚜렷이 구분되는 제도 — 즉, 콜롬비아의 정당 체계와 브라질의 연방제 — 가 두 사례를 비교할 수 있도록 만들어 준 공통 요소였다. 결과적으로 내가 깨달은 바는, 비교연구에서 가장 유용한 개념들은 제도적 사실이 아니라 전략적 기회에 기반을 두고 있다는 것이었다. 그래서 비교정치가 아마도 제도적 기술에서 벗어나, 어떻게 서로 다른 제도들이 전략적 기회를 형성하는가(예를 들어 제도가 어떻게 정치 행위자의 피벗 능력에 영향을 미치는지)에 대한 분석적 정식화로 나아가게 될 것이라는 결론을 내렸다.

**공동 연구**

당신 연구에서 공동 연구는 어떤 역할을 했나?

　　　　나는 학생이나 동료, 아프리카 친구들과의 공동 연구를 좋아한다. 공동 연구는 재미있다. 공동 연구는 최상의 시간이 될 수도, 최악의 시간이 될 수도 있다. 나도 공동 연구자와 문제가 있었고, 공동 연구자도 나와 문제가 있었다. 말하자면 우리 모두는 아주 바쁘기도 하고, 공동 연구는 동시에 주도권 다툼이 될 수도 있다. 하지만 나는 공동 연구에서 많은 것을 배우고 있고, 이를 즐기고 있다. 학자가 된다는 것은 외로운 삶이고, 공동 연구는 이런 외로움에 대처하는 좋은 방법이다. 또한 학생들과 함께 연구하는 것을 좋아한다. 어색할 수도 있겠지만, 나는 이제 그런대로 이름이 알려져 있기 때문에, 공동 저자인 제자가 단지 들러리로 여겨지지 않고 인용될 수 있도록 저자 목록 맨 뒤에 내 이름을 올리려고 노력한다. 공동 연구를 하는 제자들이 내게 배우는 것만큼 나도 그들에게 배운다.

**농촌 연구**

당신의 첫 번째 책을 제외한 대부분의 책이 농촌문제에 초점을 두고 있다. 뭔가 열정 같은 것을 느끼는 분야가 농촌 연구인 것인가?

　　　　아니다. 산업화 이전 사회에 낭만적인 일체감을 갖고 있는 스콧 같은 이들의 그것과는 다르다. 내가 농업 연구에서 정말 좋았던 것은 그것을 가지고 뭐든 할 수 있다는 점이었다. 인류학자가 될 수도, 역사학자가 될 수도 있었고, 현지 조사를 할 수도, 모델을 만들 수도 있었다. 게다가 농촌 연구는 비교연구에 적합했다. 러시아 농민은 미국의 개척자들과 다른 삶을 살았고, 이런 차이는 근대사회가 어디에서 비롯되었는가와 같은 문제를 사고하는 방식을 제공해 준다. 농업 부문에 초점을 맞추는 것은 내가 정치경제학과 발전 분야에서 관심을 갖고 있는 많은 이슈들의 틀을 잡을 수 있도록 해주는 훌륭한 방법이다.

## 연구 자금

**연구 자금 지원이 당신의 연구 활동에 어떤 영향을 미쳤나?**

무엇보다도 재정을 지원받지 못했다면 학위 과정을 마치지 못했을 것이다. 아프리카는 가난한 땅이지만 그곳에서 연구하려면 돈이 많이 든다. 그래서 지역연구에 대한 포드 재단의 재정 지원은 내게 매우 중요했다. 한편으로는 아프리카 연구가 비용이 많이 들었기 때문에 국립과학재단National Science Foundation, NSF의 재정 지원을 받을 수 있을 정도로 경쟁력을 갖추기 위해 학과 일에 최선의 노력을 다했다. 국립과학재단의 지원은 연구 기간 내내 아주 큰 도움이 되었다.

**아프리카 연구에서나 전반적으로나 지난 수년간 연구 자금의 이용 가능성에 어떤 흐름 같은 것이 있었나?**

그 비슷한 게 있었다. 9·11 이전까지 지배적인 태도는, 미국은 냉전에서 승리했으니 이제 지역연구에 투자하기보다는 국내로 관심을 돌려야 한다는 것이었다. 다행스럽게도 이런 흐름에는 변화가 있을 것이다. 또 국립과학재단의 지원을 비롯한 재정 지원에 제한이 생겨서 지금은 재원 조달이 좀 더 빠듯해졌다.

## 학문 외적 참여

**당신의 경력을 보면, 세계은행 같은 곳에 컨설팅을 해주는 일도 많이 했다. 이런 활동은 당신의 연구와 어떤 관계가 있나? 컨설팅이 새로운 시각이나 아이디어, 연구할 문제를 얻는 원천이 되나?**

그렇다고도 할 수 있다. 『산업화에 대한 농촌의 대응』(Bates 1976)을 위한 현지 조사를 마친 후에는 어린 딸이 있었기 때문에 아프리카에 장기간 머무르는 일은 없도록 하려고 했다. 그래서 컨설팅 일을 하면서 단기간 동안 아프리카를 방문했고, 이를 통해 얻은 많은 자료들을 활용해 그 책을 마무리했다. 하지만 이런 연구 방식은, 미국인들과 단체로 여행을 하고, 비슷한 사람들을 만나고, 막후에서 일어나는 일들을 볼 수 없다는 점에서 최선의 방법은 아니다. 그 나라 사람들과의 작업보다는 외국인들과 팀 작업에 많은 시간을 허비하게 되는 것이다. 하지만 컨설팅을 통해서 아프리카에 대해 많은 정보를 얻었고, 내가 접했던 것들과 배운 것들을 가지고 프로젝트도 만들 수도 있었다. 예를 들어 『개방경제의 정치』(Bates 1997a)에서는 케냐와 우간다의 커피 산지에서 진행한 컨설팅 과정에서 얻은 자료를 활용할 수 있었다. 대체로 컨설팅은 차선책이긴 하지만 감각을 잃지 않게 해준다. 컨설팅 기회조차 없었다면, 수년간 아프리카에 갈 엄두조차 내지 못했을 것이다.


**좀 더 넓게 보면, 당신의 연구가 규범적 의제에 의해 추동된다고도 할 수 있나?**


　　내가 많은 관심을 쏟고 있는 규범적인 부분은 크게 두 가지이다. 첫째, 미국 대학 내에서 그리고 미국 젊은이들의 의식 내에서 아프리카의 경험을 주류로 만들고 싶다(Bates, Mudimbe, and O'Barr 1993). 아프리카는 이국적인 어떤 것으로 취급되는 경향이 있다. 하지만 아프리카는 우리 삶과 세계의 일부이지, '타자'로 간주되어서는 안 된다. 당신이 아프리카에 태어났을 수도 있다. 그리고 아프리카에 살았다면, 당신도 지금 아프리카 사람들과 마찬가지로 행동했을 것이다. 그것이 그 상황에서는 유일하게 합리적인 방식이기 때문이다. 내가 현지 조사에서 누군가를 내 강의실로 데려온다 해도, 10분 내에 완전히 적응할 수 있다는 것을 알아주면 좋겠다. 그 사람들도 다른 사람들만큼 능력을 갖추고 있기 때문이다. 내가 많은 관심을 가지고 있고 변했으면 하고 바라고 있는 두 번째 부분은, 물질적인 부가 중요하지 않다고 보는 관념이다. 이런 생각은 정말 완전히 헛소리다. 내가 알고 있는 아프리카 학생들만 해도, 그들에게 돈만 있었어도 하버드 대학에 들어와 여기 학생들만큼 잘해 낼 수 있었을 것이다. 여기 하버드 애들과 아프리카에서 나와 함께 연구했던 애들 사이의 유일한 차이는 돈이다. 여기 애들한테는 돈이 있고, 거기 애들한테는 돈이 없다.


**인생에서 물질적 측면이 중요하지 않다고 이야기하는 사람들이 있나?**


　　돈을 가진 사람들, 특히 중산층 백인 아이들이 그렇다. 삶의 물질적 측면이 단지 서구적 콤플렉스에 불과하다는 믿음은 정말 나를 화나게 한다. 가난이란 게 뭔지 모르는 사람들이나 가난의 고통을 느껴 보지 못한 사람들만이 그런 헛소리를 믿는다. 내가 바라는 것은, 가난한 사람들이 좀 더 풍족해지는 것, 가난을 퇴치하는 것이다. 아프리카를 어떻게 하면 발전시킬 수 있을지, 어떻게 하면 부유하게 만들 수 있을지는 잘 모르겠다. 하지만 아프리카 사람들이 너무나 가난한 상태에 놓여 있다는 게 가슴이 아프다. 내가 소로스 같이 돈을 벌 수 있었다면, 소로스가 되었을 테지만 나는 그런 데는 소질이 없다. 내가 가장 잘하는 일은 가르치고 글을 쓰는 일이며, 그것이 내가 뭔가를 바꾸는 방식이다. 칼텍, 듀크, 하버드로 학교를 옮긴 것도 아프리카에 대해 더 많이 가르치고 아프리카 학생들을 더 많이 가르치기 위해서였다.

**미국 대학들에서 아프리카에 대한 인식을 고무하려는 당신의 활동이 정치학자로서의 분과 학문적 의제와 충돌한 적은 없었나?**

그런 적은 없다. 미국에서 아프리카를 중요하게 만드는 유일한 방법은 자기 분과 학문에서 능력을 인정받는 것이기 때문이다. 아무도 아프리카가 중요하다고 생각하지 않는다. 백인 남성이 지배하는 미국 대학, 중상층 계급에서 자리를 잡는 유일한 방법은, 그들로 하여금 당신을 고용한 것이 정말 잘한 일이라는 생각이 들게 만드는 것뿐이다.

## 캘리포니아 공과대학

**박사 학위를 받고 난 이후 첫 직장은 캘리포니아 공과대학[칼텍]이었다. 1969년부터 칼텍에서 강의를 시작했는데, 어떻게 칼텍에 가게 되었나?**

내가 칼텍에서 강의를 시작할 당시 그곳에는 정치학자가 하나도 없었다. 나는 인문 및 사회과학부에 임용되었다. 스쿠더라고 잠비아에서 만나 절친한 친구가 된 칼텍 출신의 인류학자가 있었는데, 그가 지원해 보라고 해서 지원한 것이었다. 잠비아에 있을 때 어느 날 밤, 머물고 있던 대학의 숙소로 돌아왔는데, 욕조에서 비명 소리가 들리더니 쾅하고 부딪치는 소리가 났다. 그 소란을 피운 녀석은 3주 동안 현장에 있다 왔다며 맥주가 간절하다고 했다. 나는 욕조 안으로 맥주 한 병을 건네주었고, 그때 거기서 튀어나온 사람이 바로 스쿠더였다. 그와 엘리자베스 콜슨은 1957년부터, 잠비아 그웸베Gwembe 골짜기에 있는 통가족Tonga을 연구하고 있었다. 그들은 1990년대 말까지 2년마다 한 번씩 그곳을 방문해 이 집단을 추적했다. 이 연구는 인류학 연구 역사상 한 그룹에 대해 이루어진 장기간의 추적 연구 중에서 가장 훌륭한 연구 가운데 하나로 평가받고 있다. 스쿠더는 칼텍의 교수였고, "우리 대학에서 막 사회과학 프로그램을 시작하려고 하는데, 학위논문이 끝났으니 한번 지원해 봐라"라는 이야기를 해주었다. 사실 나는 2순위 후보였는데, 학교가 임용하고 싶어 했던 1순위 후보는 쿠바에 관한 훌륭한 책(Allison 1971)을 막 완성했던 그레이엄 앨리슨이었다. 앨리슨은 하버드에 남기로 결정했고, 대학은 차선책을 택해야 했다. 시원할 만한 다른 대학이 없었던 나는 학교 전체에서 내가 유일한 정치학자인 대학으로 가는 것마저도 무척 행복했다. 어쨌든 선배의 지도를 받는 것을 좋아하지 않았기 때문에 나는 좋았다. 멋진 일이었다!

대학은 놀Roger Noll, 데이비스Lance Davis, 플롯Charles Plott이 포함된 한 무리의 경제학자들을 함께 임용했다. 경제학자들은 모든 것에 대해 주도권을 행사했는데, 아마 그럴 수밖에 없었을 것이다. 그때 우리는 정치학과를 만들기 시작했다. 우선은 페레존을 임용했다. 다음 임용은 내가 현지 조사를 하느라 학교를 떠나 있을 때 이루어졌는데, 로체스터 대학 출신의 모리스 피오리나가 바로 그였다. 그래서 칼텍에 돌아와서야 나는 새 후배 교수가 생겼다는 것을 알았다. 세 명으로 당분간 유지하다가 밀러Gary Miller와 케인Bruce Cain을 같은 해에 임용했다. 그리고 나중에 리버스Douglas Rivers가 임용되었다.

**칼텍 학부에는 공식적으로 정치학과가 없었다고 이야기했다. 대학원 교과과정은 어땠나?**

정치학은 사회과학부에 속해 있었고 학생들은 졸업 시험으로 미국 정치와 게임이론, 그리고 미시경제학과 계량경제학 시험을 봐야 했다. 거시경제학은 가르치지 않았는데, 그건 경제학자들이 거시경제학은 말이 안 되는 학문이라고 생각하고 있었기 때문이었다. 그래서 정치학 교과과정은 미시경제학과 게임이론, 사회적 선택, 그리고 미국 정치로 구성되어 있었다.

**비교정치 분야의 과목은 없었나? 당신은 뭘 담당했나?**

그들은 비교정치에 대해서는 들어 본 적도 없었다. 나는 항상 미국 정치를 가르쳤다.

**어려움이 많았겠다.**

그랬다. 하지만 좋았다. 많이 배웠다.

**아프리카와 개발도상국에 대한 본인의 연구를 가르치고 싶어서 근질근질하지 않았나?**

그랬다. 내 글 몇 편을 가져와 가르치기는 했지만 많지는 않았다. 이런 일은 어디서나 늘상 있는 일이다. 정치학자가 경영 대학원에서 강의하게 되면 본인 것이 아니라 경영을 가르쳐야 한다. 연구하는 분야와 가르치는 분야는 다를 수 있다. 나는 칼텍 강의를 내가 배우는 기회로 활용했다. 수업이 아주 소규모여서 자기 시간도 많이 가질 수 있었다. 또 공동 강의가 가능했기 때문에 다른 분야의 아주 똑똑한 사람들과 함께 작업할 수 있었다. 하지만 결국에는 누구든 자기 분야를 가르치고, 자기 연구에 흥미를 가지고 있고 자기 연구를 함께할 수 있는 제자들을 양성하고 싶어 하기 마련이다. 그랬다면 정말 좋았겠지만 칼텍에서는 그런 기회를 얻지 못했다.

**당신이 경험한 학교들 가운데 칼텍은 지적인 치열함에 있어서 맨체스터학파에 버금가는 환경이었다고 앞에서 이야기했다. 무엇이 칼텍을 그렇게 흥미진진한 곳으로 만들었나?**

칼텍에서 경제학과 정치학의 혼합이 마침내 이루어지고 있는 듯한 느낌이었다. 그것은 게임이론과 사회적 선택이론의 조합이었다. 경제학자들은 정치학에 관심이 있었고, 정치학자들은 경제학자들한테 기꺼이 배우고자 했다. 우리 정치학과 교수들은 전원이 수학과 1학년 과정에 참여해 학부 수학 교과과정의 필수과목들을 처음부터 끝까지 수강했다. 상당히 통섭적인 분위기였다. 역사학과 인류학과의 교류도 있었지만, 이는 부차적으로 이루어졌다. 진짜 인기 있었던 부분은 형식적 경제학 이론과 정치학의 혼합이었다.

1960년대 말과 1970년대 초에 라이커William Riker가 이끌던 로체스터 학파 출신들은 카네기-멜론 대학과 세인트루이스의 워싱턴 대학에 자리를 잡았다. 1970년대 로체스터 학파가 칼텍을 강타하면서[29] 도약을 시작해 신세대 학생 대부분을 양성했다. 배리 와인개스트가 첫 주자였고, 콕스와 뱅크스Jeffrey Banks, 캘버트Randall Calvert가 그 뒤를 이었다.

**당신은 이런 학생들 교육에 어떤 역할을 했는가?**

그들과 함께 작업을 진행하긴 했지만, 내가 그들에게 스승으로서 조언을 해주기에는 형식적 훈련이 부족했기 때문에 주로 들러리 역할이었다. 교수진에 있는 젊은 경제학 이론가들이 이들의 형식적 훈련을 담당했다.

---

[29] 로체스터 학파에 대해서는 Amadae and Bueno de Mesquita(1999) 참조.[로체스터 학파는 로체스터 대학 정치학과에서 일어난 공공선택이론을 연구하는 움직임 가운데 하나로 행태주의 혁명에 결정적 역할을 했다. 윌리엄 라이커와 케네스 셉슬, 케네스 애로가 대표적이다.]

**그러면 칼텍 대학원생들은 당신한테서 무엇을 배웠나?**

학생들은 자기 연구를 나한테 설명해야 했다. 와이너가 형식 이론가들에게 했던 것과 같은 역할을 내가 담당했다. 나는 형식 이론을 배워가면서 학생들에게 보다 넓은 정치학 세계와 소통하는 방법을 가르쳤다. 그들이 일자리를 찾아야 하는 곳은 바로 그곳이었다. 학생들이 칼텍에서 교육받고, 정치학계와 연계하는 방법을 배워서 살아남을 수 있다면, 우리는 성공이었다. 이것을 해내지 못한다면 우리 모두가 결국 형편없는 곳에서 주변적인 일자리를 얻는 것으로 끝나고 말 것이었다.

경제학자 놀은 대학원생과 신뢰를 가지고, "여러분은 베이츠와 함께 연구해야 하며, 그가 말하려는 것이 무엇인지 이해해야 한다"고 말했다. 칼텍 학생들은, 세상에는 똑똑한 사람들도 많고 자신들의 방식과는 다른 방식으로 진행되는 훌륭한 연구들도 많다는 것을 배워야 했다. 학생들은 자신들이 하는 것만이 가치 있는 연구라고 생각하는 경향이 있었다. 학생들은 매우 오만했다. 그리고 만약 학생들이 오만한데다 무지하게까지 보인다면, 일자리를 얻지 못하게 될 것이었다. 나는 직업 세계에 들어가기전 단계에서 일종의 사회화를 시켜 주었다. 로체스터에서 같은 과에 있는 페노Richard Fenno와 라이커를 생각해 봐라.[30] 페노에 비해 턱없이 부족하지만, 나는 칼텍 미시경제학자들과의 관계에서 페노와 같은 역할을 수행하고 있었다. 예를 들면 와인개스트에게 "규범norm이라는 말을 들으면, 제약

---

30 ● 라이커가 실증적 정치학에 초점을 맞춘 반면, 페노는 로체스터 대학 정치학과를 의회 연구의 중심지로 만드는 데 초점을 맞추었다. 페노의 정치학 연구 방법은 "빨아들이기와 파고들기"Soak and Poke로 특징지어지는데, 이는 데이터 세트나 합리적 선택이론에 의존하기보다는, 실제 정치 무대에서 일어나는 정치 행위자들의 움직임에 대한 경험적 관찰을 수행하는 것을 특징으로 한다.

constraint을 생각해 봐라"라고 이야기한 적이 있다. 이는 그가 당시 합리적 선택 연구에서 지배적이었던 제약된 조건하에서의 극대화constrained maximization 라는 연구들을 미국 의회에 대한 사회학적 문헌의 맥락에서 어떻게 사용할 것인가를 알아내는 데 많은 도움을 주었다. 마치 하늘에서 뭔가가 떨어진 것처럼 순식간에 와인개스트는 초기에 행태주의자들이 분석했던 정치 구조와 제도를 모델화의 대상으로 보기 시작했다. 이런 것이 라이커가 페노와 함께 학생들을 훈련시키면서 견지했던 통찰이다. 칼텍에서 이런 일이 잘 진행되었다면, 그것이 내가 한 역할이다.


**칼텍 학생들에게 정확히 무엇을 가르쳤나?**


행태론적 정치학과 사회심리학적 접근법, 정치사회학, 정치심리학 등과 같은 분야가 어디서 연원한 것인지를 가르쳐 주었다.


**당신이 가르쳤던 행태주의 저작들에 대한 인상은 어땠나? 이런 종류의 연구들에 감탄했었나? 어떻든 간에 그런 연구들은 당시 당신이 주위에서 접했던 경제학 이론과 상당한 차이가 있지 않았나.**


몇몇 행태론자들은 상당히 똑똑하다는 생각이 들었다. 미시적 연구일수록 더 흥미로웠다. 호먼스의 『인간 집단』The Human Group(Homans 1950)은 굉장한 책이다. 머튼의 연구도 대단하다. 스투퍼 등이 쓴 『미군』 American Soldier(Stouffer et al. 1949)은 내가 본 최고의 연구 중 하나다. 라자스 펠트와 베럴슨, 맥피의 연구도 대단하다(Lazarsfeld, Berelson, and Goudet 1944; Berelson, Lazarsfeld, and McPhee 1954; Katz and Lazarsfeld 1955). 나

는 여전히 이 연구들을 수업에서 가르치고 있다.


**그 연구들의 어떤 부분에 감탄했나?**


그 연구들은 연구자가 어떤 사고방식을 가져야 하는지를 보여
준다. 이런 학자들은 해결하려는 문제가 하나 있으면, 그것을 끝까지 추적
한다. 1940년대에 라자스펠트와 베럴슨이 시작한 투표 행위에 관한 연구
전통은 사회과학에서 가장 위대한 누적 연구 프로그램 가운데 하나다. 그
들은 연구를 심화시켜 나가면서 점점 더 정확성을 높여 갔다. 그들의 작업
은 1940년대에 이리 카운티Erie County 연구(Lazarsfeld, Berelson, and Gaudet
1944)와 더불어 시작되었는데, 사실 이 연구는 아무런 결과도 얻지 못한 실
패한 프로젝트에 불과했다. 그들은 선거운동과 미디어가 유권자에 미치는
영향을 연구하려 했으나, 유권자들이 이미 마음을 결정해 버린 상태였기
때문에 아무런 영향도 발견할 수 없었다. 그러고 나서 그들은 패널 조사[31]
와 투표 결정이 이루어지는 방식의 측정 문제로 이동한다. 이후 그들은 커
뮤니케이션의 흐름을 추적하기 위해 계량사회학적 기술을 이용하는 데까
지 나아간다. 선거 선택electoral choice만을 관찰한 미시간 대학의 미국 유권자
학파[32]와는 대조적으로 컬럼비아 대학의 라자스펠트와 그 동료들은 선거


[31] • 패널 조사panel survey
조사 대상자를 매년 바꿔 가며 실시하는 일반 통계 조사와는 달리 일정 기간마다 동일한 조사 대상(즉, 패널)
에 대해 동일한 질문을 반복적으로 실시해 시간적·사회적 변화에 따른 태도나 행동 또는 습관의 변동 상황
을 추적 조사하는 방법을 가리킨다. 1968년 미국 미시간 대학의 조사연구소Survey Research Center가 처음
시작했다.

[32] 캠벨 외, 『미국 유권자』The American Voter(Campbell et al. 1960) 참조.

운동이 투표 결정에 어떻게 영향을 미치는지, 선거운동을 거치면서 선거 선택이 어떻게 가공되는지 등에 대해 연구했다. 연구가 마무리될 무렵 라자스펠트는 사람들이 왜 투표하는가에 대해 거의 완전한 이해에 도달해 있었다. 나는 그 연구 프로그램이 아주 흥미롭다고 생각했고, 칼텍의 내 제자들 중 일부는 여기에서 큰 영향을 받았다. 행태주의 연구는 요즘 칼텍에서 훨씬 더 유력한 연구가 되었을 것이다. 왜냐하면 경제학이 점점 더 행태주의화되어 가면서 '사회심리학적' 실험을 많이 하고 있기 때문이다.


**칼텍에서 교수 생활을 시작한 것에 부정적인 측면은 없었나?**


칼텍은 대세를 따라 의무적으로 해야만 하는 것이 거의 없는 곳이었는데, 이것은 장점이자 위험 요소였다. 상황을 끝까지 관전하면서 먼지가 가라앉을 때까지 기다렸다가 자신이 그것에 대해 어떻게 생각했었는지를 알 수 있다는 점에서는 장점이 있다. 의미 있는 문제 또는 최소한 다른 사람이 의미 있다고 생각하는 문제를 찾는 능력을 잃어버릴 수도 있다는 점에서는 위험하다.

하지만 나를 정말 괴롭혔던 문제는 칼텍을 떠나 형식에 구애받는 일이었다. 칼텍에는 정치학과 없이, 사회과학부만 있었다. 생물학·화학부에 물리학자가 있을 수 있는 것과 마찬가지로, 역사학자와 함께 연구하는 사회과학자도 있을 수 있었다. 나는 구조가 없다는 것, 그래서 내가 줄 게 있는 분야면 어느 분야든 돌아다닐 수 있다는 게 너무 좋았다. 앞에서 이야기했듯이 나는 작은 인문대학을 다니며, 경제학, 정치학, 문학을 전공했다.


**칼텍에 있을 때, 당신은 비교정치의 주류에서 벗어나 있었다. 당시 그 분야의 시류에 뒤떨**

어지지 않기 위한 노력을 했었나?

어느 순간, 당시 그 분야에서 지배적이었던 마르크스주의적 연구들을 따라잡기로 결심했다. 그래서 『뉴 레프트 리뷰』를 통독하고, 페리 앤더슨의 저작(Anderson 1974a; 1974b)을 살펴보았다. 그의 연구는 좀 지루해서 주로 비평을 읽는 것으로 감을 잡으려 했다. 그리고 배링턴 무어를 읽었다. 『독재와 민주주의의 사회적 기원』(Moore 1966)에서 몇 가지 아주 훌륭한 점을 발견했다. 하지만 내 연구 분야가 아니어서 그냥 검토만 했다. 그 책은 내겐 너무 거시적이었다. 무어의 연구 설계는 적어도 개념적으로는 괜찮았지만, 통제된 방법으로 사례 분석을 수행하지 않았다. 내가 필요한 것은 서사와 이야기, 그리고 선택을 하는 개인들이다. 나는 제도와 실제로 살아 움직이는 것들이 필요하다. 내가 그것을 만져 볼 수 있어야만 하는 것이다. 크고 폭넓은 구조적 주장은 필요 없다. 나는 선택을 하는 사람들의 관점에서 문제를 바라볼 수 있도록 해주는 이야기를 원한다. 무어의 책에서 구조에 대한 감각은 얻었지만, 선택에 대한 감각은 얻지 못했다.

## 듀크 대학과 하버드 대학

**16년간 칼텍에 있다가 1985년, 듀크 대학으로 옮겼다. 듀크 대학은 어땠나?**

듀크 대학은 아주 훌륭했다. 학과는 이미 아주 훌륭한 상태였고 지적으로 막강한 구성을 갖추고 있었다. 학과장 콘버그Allan Kornberg와 현재 듀크 대학 학장으로 있는 피터 랭, 키셸트Herbert Kitschelt 같은 비교정치학자들과 길레스피Michael Gillespie, 그랜트Ruth Grant, 스프라겐스Thomas Spragens 같은 규범 이론가들이 경험적이고 분석적인 엄밀함을 추구하는 움직임을 수용했다. 많은 학과에서 이런 일부 분과 학문들이 그와 같은 변화를 막았지만 우리는 해냈다. 우리는 훌륭한 사람들을 많이 고용했고, 각 분야 일류 대학들에 자리를 잡은 최고의 대학원생들을 배출했다.

내가 듀크 대학으로 옮긴 것은 내 아내가 그 대학 부학장 자리를 제안받았기 때문이다. 학장이었던 그리피스Philip Griffiths는 한창 교수진을 쇄신하고 있는 중이었고, 아내는 그 흐름 속에 뛰어들어 학장의 목적을 지속 가능하게 바꿀 수 있는 방법을 찾았다. 그리피스가 대학을 떠나자, 아내도 한발 물러서야 했다. 우리가 다른 곳으로 옮겨 가야 할 시기였다.

듀크 대학을 떠나기는 아쉬웠다. 나는 아주 명석한 학부생들과 훌륭한 대학원생들, 그리고 이후에도 계속해서 향상된 소규모의 헌신적인 교수진을 정말 좋아했다. 또 얄궂은 일은, 우리가 떠날 때 내가 좋아하고 존경하던 로버트 커헤인Robert Keohane과 그의 부인 내널 커헤인Nannerl Keohane이 하버드 대학에서 듀크 대학으로 온 것이었다. 그리고 올드리치John Aldrich와 멍거 Michael Munger, 그리고 다수의 젊은 일류 학자들이 왔다. 듀크 대학 정치학과는 참 훌륭하다.


**1993년 듀크 대학을 떠나 왜 하필 하버드 대학을 선택했나?**


경력과 개인적 문제를 동시에 고려했다. 현실적으로 우리가 마지막으로 옮길 수 있는 기회라는 것을 알고 있었고, 고향으로 느낄 수 있는 곳에서 끝내고 싶었다. 그래서 아내와 나는 우리가 함께 살기 시작한 보스턴으로 돌아왔다. 그리고 수많은 정치적 논쟁을 들으며 자란 코네티컷의 집을 다시 살려 냈다. 지금은 그곳을 우리 가족이 함께 모이는 장소로 사용하고 있는데, 형과 동생들 가족을 모아 함께 먹고 떠드는 장소로 쓰곤 한다. 멋진 인생을 살 수 있었던 것에 대해 스스로 행운이라 생각하고 있다.

## 하버드 대학은 어떠했나?

하버드 대학이 수월한 곳은 아니었지만, 지금은 내가 중요하다고 생각하는 방향으로 가고 있는 듯하다. 경험적이고 형식적인 연구에 대한 지원이 많이 늘어났다. 나는 하버드에 아프리카 연구를 도입해 내 발자취를 남기고 싶었고, 그렇게 되었는데, 이는 나 때문이 아니라 하버드 총장인 서머스Larry Summers와 사회사학자 아젬퐁Emmanuel Akyeampong 덕택이었다. 하지만 내가 하버드 대학에서 가장 좋아하는 점은 학부와 대학원의 우수한 학생들이다. "내" 대학원 제자들이 학자로서나 인간적으로나 배우고 성장해 가는 것을 지켜보고 있노라면 참 뿌듯하다. 제자들은 대학원에서 내가 그들만 했을 때는 꿈도 꾸지 못했던 것들을 잘 배워 나가고 있다. 정말 뛰어난 애들이다.

## 합리적 선택이론 혁명

당신은 1980년대와 1990년대에, 합리적 선택이론과 경제학에서 사용되던 형식적 방법론, 그리고 아프리카 연구를 비교정치 영역으로 가져온 운동을 주도했다.[33] 비교정치 분

---

33 예를 들어 Bates(1988; 1997b) 참조.

야에서의 합리적 선택 혁명에 대해 어떻게 회고하는가? 의식적으로 이런 전환에서 중심적 역할을 담당하려 했던 것인가?

그렇지 않다. 나는 내가 학계에서 주변부에 있다는 것을 알고 있었고, 학계에 있는 것만으로도 행복했다. 그러니까 나는 그저 아프리카 연구자였다. 주류가 되려고 아프리카 연구자가 되는 사람은 없다. 칼텍 같은 곳으로 간다는 것은 주류가 아니라는 것이다. 책을 출판하고, 연구를 지속하는 것만으로도 좋았다. 내가 하고 있던 일을 하는 것만으로도 행복했다.

1990년대 당신과 합리적 선택이론이 비교정치의 주류가 된 것을 어떻게 설명할 수 있나?

우연히 나한테 일어난 일이다. 그냥 그렇게 되었다.

상황이 그렇게 되었다는 것, 그러니까 당신이 주변부에서 중심으로 가게 되었다는 것은 언제 깨달았나?

사람들이 내가 선택이론의 관점에서 농민의 의사 결정을 연구해 왔다는 것을 알고 있었기 때문에, 팝킨-스콧 논쟁이 있던 1980년대 초반에 상황이 재미있게 되었다.[34] 농민의 행동에 관한 팝킨-스콧 논쟁으로 나는 나한테 익숙하고, 내가 연구해 온 개념으로 비교정치 분야에서 중요한 문제를 논할 수 있는 기회를 얻었다. 이 논쟁은 잠시간 지속되었으며,

---

34 윤리적 농민과 합리적 농민에 관한 팝킨-스콧 논쟁은 1980년대 큰 관심을 끌었다(Scott 1976; Popkin 1979). 스콧의 인터뷰(2권 <인터뷰 9>) 참조.

합리적 선택이론이 널리 알려지는 계기가 되었다.


**하지만 대부분의 정치학자들의 관점에서 농민은 여전히 주변적 행위자였다. 어떻게 합리
적 선택이론이 정치가들의 행태를 연구하는 방법으로 널리 받아들여지는 단계로 비약할
수 있었나?**


　　　전 세계적으로 일어난 두 가지 상황이 합리적 선택이론을 미국
정치학의 주류로 만드는 데 일조했다. 첫째, 전 지구적 경제 자유화의 물
결은 사회주의 경제조차도 시장경제로 바꿔 놓았다. 둘째, 정치학에서는
지구화보다 더 중요한 사건인 전 세계적 민주화가 발생했다. 그 결과 비교
정치학자들은 미국 연구자들이 30년간 연구해 온 것을 갑자기 배워야 했
다. 나는 운 좋게도 칼텍에서 상당 기간 동안 미국 정치를 강의해 본 적이
있어서 익숙했다. 덕분에 나는 미국 정치 분야에서 이루어진 작업을 이해
하고 싶어 하는 비교정치 전공생들이 늘어나는 상황에서 이들에게 원하는
것을 제공해 줄 수 있었다.


## 미국정치학회 비교정치 분과

**1995~97년에 미국정치학회 비교정치 분과장을 역임했다. 1989년 분과 창립 이래 분과
의 발전상에 대해 어떻게 평가하는가?[35]**


　　　이 분과를 설립한 랭과 다른 학자들은 이 분과를 모험적이고 논
쟁적인 것으로 만들려고 했지, 합의적인 것으로 만들려 한 게 아니었다.

비교정치 분과는 초기 몇몇 분과장들의 지도 아래 성장했다. 내가 비교정치를 좋아했던 것은, 사람들이 좋은 비교정치학이란 무엇인지, 나쁜 비교정치학은 어떤 것인지, 그리고 왜 그런지에 대해 치열하게 논쟁을 벌이는 곳이었기 때문이다. 비교정치 분야는 떠들썩했다. 그러다가 몇몇 무명의 인물들이 이제는 평화와 질서를 회복해야겠다는 결정을 내렸다. 그 결과 모든 논쟁은 끝이 나고, 아무도 서로 싸우지 않게 되었다. 아이디어들을 가지고, 끝까지 밀고 나가 보고, 논쟁하는 것은, 배우고 성장하는 좋은 방법이기 때문에 이렇게 변해 버린 것은 매우 슬픈 일이다. 2년 반 전 비교정치 분과가 무력해진 이후로 좀 지루해졌다.

**지역연구의 현황과 관련해 당신이 쓴 분과 회보의 분과장 서한(Bates 1996)은 많은 논쟁을 불러일으켰다.[36] 당신은 현지 조사와 형식 이론 사이의 밀접한 연관, 좀 더 일반적으로 말해서 지역연구와 정치학과 사이의 밀접한 연관을 주장했다. 하지만 몇몇 사람들은 당신이 정치학에서 지역연구를 말살하려 하는 것이라고 보았다. 이런 논쟁에 대해 어떻게 평가하나?**

빌어먹을 누명을 쓴 것이다. 이전의 다른 분과장들 서한을 읽어 본 적이 있나? 전임자였던, 레이틴과 로고프스키Ronald Rogowski에 비하면 나는 양반이었다. 예를 들어 레이틴은 비교정치학 분과 전체를 역사학과로 옮기고, 형식적인 이론적 연구만 정치학과에 남겨 놓자는 제안을 했었다.

35 베이츠의 미국정치학회 비교정치 분과 전후임 분과장의 관점은 콜리어와 레이틴의 인터뷰(<인터뷰 13>, <인터뷰 14>) 참조.
36 Bates(1997c; 1997d)도 참조.

**왜 당신이 악역을 맡게 되었나?**


　　모르겠다. 아마도 내가 세 번째로 그 주제를 언급해서이기도 할 것이고, 몇 가지 이유로 그것이 큰 호응을 얻었기 때문에 그랬을 것이다. 내가 하고자 했던 것은 지역연구와 형식적 연구 사이에 경쟁을 부추기려던 것이 아니라 서로 간의 보완성을 찾는 것이었다. 하지면 경쟁과 관련된 부분만 잘려서 인용되고, 퍼져 나갔다.


**이 논쟁에 개입한 것을 후회하나?**


　　아니다. 아쉬운 부분은 『고등교육연보』*Chronicle of Higher Education*가 그 논쟁을 다룬 방식이다(Shea 1997). 나는 『연보』 기자와 이 문제에 관해 결판을 냈다. 그 기자는 본인이 쓰고 싶은 이야기가 있었고, 형식 이론을 하지 않고 지역연구를 한다는 이유로 승진이나 정년 보장이 거부되었다고 생각되는 사례를 찾아내기 위해 하버드를 비롯한 여러 대학 정치학과를 인터뷰하고 다녔다. 그는 마침내 미시간 대학에서 한 건을 찾아냈다. 하지만 그녀의 경우 성차별, 나이 차별 등등 이것저것이 다 문제였다. 따라서 그 사례가 지역연구와 형식 이론 간의 대립의 문제와 관련되어 있다는 것은 명확하지 않았다. 그는 기사를 게재하면서 지역연구와 형식 이론 간의 관계에 대한 논쟁적인 자료들은 전부 1면에 실었다. 종합, 상호 보완, 그리고 조화를 향해 나아가야 한다는 내 글의 요점들은 두 번째 면으로 묻혀 버렸다. 이후 미국정치학회 연례 회의에서 그 기자를 만났을 때, 당신이 내 글을 정말 엉망으로 만들어 놨다고 말해 주었다.

당신의 서한 이후 지난 5년간 정치학 내에서 지역연구의 발전상에 대해 어떻게 생각하는 가? 지역연구를 하는 사람들이 이제는 좀 더 넓게 정치학과 연관을 맺고 있는가?

하버드 대학 정치학과의 지역연구자들은 훌륭하게 잘해 내고 있다. 나는 중요한 것을 모르는 애송이들과 함께 연구하고 싶지는 않다. 이는 현지 조사를 해야 하며, 그 시대와 장소에 대해 정말로 잘 알고 있어야 한다는 뜻이다. 중국이나 러시아, 아프리카와 같이 어느 한 지역에서 평생을 연구하면서 보낸 사람들한테서 그런 지식을 얻을 수 있을 것이다. 하지만 하버드에서 지역연구를 하는 내 동료들은 자기 제자들이 좋은 자리를 얻고, 그 분야에서 성공할 수 있도록 훈련시키는 것에 대해서도 매우 신경을 쓰고 있다. 그래서 제자들을 게리 킹이나 케네스 셉슬 같은 사람들과 함께 연구하도록 하고 있다. 하버드에서 이는 매우 건전한 균형을 이루고 있다. 다른 곳이 어떤지는 모르겠다.

2000년에 일어난, 정치학계의 개혁을 요구한 페레스트로이카 운동에 대해 어떻게 생각하나?[37]

---

37 2000년 "미스터 페레스트로이카"가 미국정치학회보와 미국정치학회, 정치학계 일반의 개혁을 요구하는 익명의 성명을 배포했다. 미스터 페레스트로이카는 학계를 이끄는 많은 사람들이 미국정치학회보 논문을 읽지도 제출하지도 않고 있고, 미국정치학회보 편집위원회는 전임자에 의해 비민주적으로 선출되며, 정치학회보는 정치에 대한 중요하면서도 실질적인 문제보다 기술적 방법론에 집중하고 있다고 우려의 목소리를 높였다. 이 학자의 문제 제기는 많은 정치학자들의 공감을 얻었고, 토론과 논쟁을 촉발시켰다. 페레스트로이카 운동에 대해서는 Eakin(2000)과 Monroe(2005), 그리고 이 운동의 지도적 인물인 스콧의 인터뷰(2권 <인터뷰 9>) 참조.

그 일이 있던 해에 휴가 중이었다. 그 운동은 이메일을 통해 이뤄졌는데, 나는 인터넷을 이용하지 못하고 있었기 때문에 메일을 보지 못했다. 그래서 많은 부분을 놓쳤다. 일부는 어리석은 소리였고, 일부는 잘못된 정보에 근거하고 있었다. 불만의 원인 가운데 하나는 미국정치학회 운영진을 뽑는 선거 방식에 있었다. 하지만 미국정치학회의 [운영 위원] 지명위원회가 제시했던 후보자 명부에 맞서 제시했던 유일한 요구 사항은 회원들의 충분한 서명뿐이었다. 나는 그 운동을 내부 파괴자의 음모로 보지는 않는다. 그 당시에 자리에 없었던 것을 매우 다행이라고 생각한다. 그 자리에 있었으면, 그 모든 일에 무지 열 받아 했을 것이다.

## 학생

**대학원생들 교육은 어떻게 하나?**

무엇보다도 학생들은 현지 조사를 해야 한다. 나는 현지 조사를 하지 않는 사람과는 함께 연구하지 않는다. 또한 학생들에게 그들이 시도 중인 것을 설명해 보라고 시키곤 한다. 그리고 나서 그들이 막힌 지점을 설명하라고 한다. 예상대로 되지 않아서 자신의 연구 프로그램이 무너질지도 모른다고 생각되는 그 지점 말이다. 나는 바로 그 지점이 출발점으로 삼기 좋은 흥미로운 지점이라 생각한다. 실패의 순간들은 보통 매우 의미심장한 순간이기 때문이다. 왜 예상대로 되지 않았을까? 원래 아이디어에서 어떤 것이 잘못된 것일까? 예상치 못한 변수가 있었나? 문제가 틀렸나? 무엇을 놓쳤나? 이 명백한 실패에서 무엇을 배울 수 있나? 어떻게 수정할 것인가? 생각하는 방식을 조금 뒤바꿔 보거나, 문제를 약간만 전환해 보면 학생들이 막힌 부분에서 빠져나오도록 도와 줄 수 있다.

나는 지난주 샌디에이고에서 대학원생 몇몇과 식사를 했다. 그중에 한 여학생이 논문이 완전히 실패로 돌아갔다며 실의에 빠져 있었다. 팔레스타인인들이 막 뭔가를 마친 터라 할 수 없게 되어 버린 설문 조사가 하나 있었는데, 그녀는 이 때문에 연구 설계 전체가 실패했다고 생각하고 있었다. 나는 잠시 동안 그녀의 이야기를 듣다가 "내 생각에는 네 논문이 여기서 끝은 아닌 것 같네. 여전히 연구해 볼 만한 변수가 있는지 살펴보자"고 이야기해 주었다. 설문 조사를 못한다고 연구를 못하는 것은 아니기 때문이다. 그녀는 여전히 문제를 풀 수 있었다.

**우수한 학생들의 특징은 무엇인가?**

학생마다 아주 다양하다. 중요한 것은 열정이다. 자기가 하는 연구에 진짜 관심을 가지고 있다면, 잘해 낼 수 있을 것이다. 하지만 연구를 본인에게 이익이 되게 해야지, 연구가 본인에게 손해를 끼치도록 해서는 안 된다. 때로 학생들은 한 가지 쟁점이나 문제에 너무 과도하게 신경을 쓴 나머지, 학자로서의 길을 그런 문제를 해결하는 것과는 동떨어진 일로 보기도 한다. 하지만 학자가 될 경우 자신들이 관심을 갖고 있는 문제를 효율적으로 전달할 수 있는 목소리나 지위를 부여받게 될 것이라는 점을 학생들이 알고 있다면, 열정은 매우 강력한 힘이 될 수 있을 것이다.

내가 거의 항상 학생들에게 과제로 내주는 책이 바로 매코널의 『사적 권력과 미국의 민주주의』*Private Power and American Democracy*(McConnell 1966)이다. 도덕적 전망을 가진 논쟁적인 책인데, 매코널은 공적 영역의 사유화와 그러한 권력이 공적 목적을 사적 이익으로 전환하는 데 사용되는 방식에 분개하고 있다. 이 책은 독자가 왜 그 문제에 관심을 가져야 하는지, 왜 분노해야 하는지를 보여 주면서, 문제를 추적하는 기쁨을 저자와 함께 느껴 보라고 이야기하는 그런 책이다. 매코널은 자신이 무엇에 대해 이야기하고 있는지를 잘 알고 있었는데, 이는 그가 자신이 연구하는 다양한 주요 정책 영역에서 일어나는 정치에 대해 현실적인 지식을 갖고 있었기 때문이다. 이 책은 문제를 아주 잘 특징화하고 있을 뿐만 아니라 우리가 왜 그 문제에 관심을 가져야 하는지를 잘 보여 준다. 이런 것이 바로 합리적 선택이론을 하는 정치학자들을 정치학으로 끌어들이는 효율적인 방식이다.

**당신이 정치학자로 지낸 30년을 돌아보았을 때, 비교정치학이 성취한 것은 무엇인가? 우리가 알게 된 것은 무엇인가?**

우리는 선거와 선거운동에 대해 아주 잘 알고 있다. 우리의 예측 능력은 대단하지 못하지만, 유권자가 누구를 지지할지를 어떻게 결정하는지, 정치가들이 선거운동 방식을 어떻게 결정하는지에 대해 아주 잘 알고 있다. 확실히 이주는 전 세계적으로 공통된 현상인 것 같다. 어디서든지 큰 어려움 없이 이주를 설명할 수 있을 것이라 생각한다. 국가 붕괴 현상에 대해서도 그런 정도의 수준에 다다를 수 있기를 바란다.

**왜 우리는 국가 붕괴보다 선거와 이주를 더 잘 이해하게 된 것인가?**

그 이유 중 하나는 선거와 이주에 대한 연구가 훨씬 더 많이 이루어졌기 때문이다. 정치학자들은 적어도 1940년대부터 투표에 대해 체계적으로 연구해 왔다. 이주 결정 요인에 대한 연구도 전 세계적으로 꽤 훌륭한 연구들이 이루어졌다. 하지만 1950년 이래 국가 붕괴 사례는 81개국 정도뿐이다. 데이터가 그다지 많지는 않은 것이다.

물리학에서와 같은 발견의 목록을 찾는다면 사회과학에서 우리가 가진 것은 그렇게 많지 않다. 비교정치에서 우리가 가지고 있는 규칙은 국가가 부유해질수록, 중산층이 증가해서 민주국가가 될 가능성이 높아진다는 아리스토텔레스-립셋 가설(Lipset 1959) 정도밖에 없다. 립셋은 1950년대에 이 가설을 제시했고, 그리고 1960년대 민주주의 붕괴의 광풍을 거친 후, 브라질과 아르헨티나를 규칙에 맞는 사례에서 제외해야 했다. 그리고 1970년대와 1980년대 민주화의 제3의 물결을 거치면서 이 두 나라가 회귀선상으로 귀환했다. 이는 현재 충분히 강력한 규칙이며, 우리가 갖고 있는 몇 안 되는 규칙 중에 하나다. 캘리포니아 대학 샌디에이고 캠퍼스UCSD의 콕스와 다른 학자들이 제기한 선거제도와 제도의 다양성에 대한 연구에서도 앞으로 누적된 결과가 나올 것이다.

**당신은 지역연구자들을 비롯한 학자들이 정치학이라는 좀 더 폭넓은 분야에 기여할 수 있도록 지속적으로 정진해야 한다고 주장해 왔다(Bates 1996). 당신 말대로 지역연구자는 "자신의 지역연구가 좀 더 폭넓은 분과 학문에 기여하는 바가 무엇인가?"라는 질문에 답할 준비가 되어 있어야 한다. 그렇다면 당신이 초점을 맞추고 있는 아프리카 연구는 정치학에 어떤 기여를 했는가?**

아프리카 연구가 기여한 바 가운데 가장 중요한 것 중 하나는 정부와 사회에 대한 인류학적 이해와 관련되어 있다. 이는 부분적으로 아시아 지역은 사람은 많고 땅은 부족한 데 반해, 아프리카는 땅은 풍부하고 사람은 부족하다는 사실에 기인한다. 사람이 희소하면 그 사람들에 대한 권리를 형성하는 것이 중요한 목표가 된다. 아프리카에 대한 밀도 높은 인류학적 접근이 이루어지는 것도 바로 이런 이유에서다. 희소한 요소가 사람이기 때문에 희소한 요소의 이익을 추출하기 위해 갖가지 복잡한 관계들이 형성되는 것이다.

아프리카 연구의 정치학에 대한 공헌이라 한다면, 좋은 삶의 정치적 전제, 즉 정치 질서 없이는 할 수 있는 것이 거의 없다는 점을 아주 선명하게 드러낸 것을 들 수 있다. 그 외에 아프리카 연구는 정치와 경제성장의 관계에 대한 이해를 도왔다. 성장 연구에서 두 개의 가외치가 바로 아시아와 아프리카다. 지난 40년간 아시아 국가들은 경제 발전을 이룬 데 비해, 아프리카 국가들은 저발전 상태에 머물러 있는 이유를 설명해 주는 것은 통치의 질이라 생각한다.

## 연구의 한계

**비교정치학의 현황에 대해서는 전체적으로 어떻게 평가하나?**

이 분야는 확실히 재미없어졌다. 예를 들어 시장경제의 형성 및 경제적 자유화와 무역 개방의 국내적 영향에 대한 연구는 그 성과가 갈수록 감소하고 있는 상황이다. 많은 학생들이 그 주제에 대해 관심을 갖고 있지만, 남아 있는 연구 주제가 뭔지 잘 모르겠다. 민주화에 대한 연구도 마찬가지다. 모든 문제가 해결되었기 때문이 아니라 지금까지 이루어진 연구에 대해서도 여전히 제대로 이해하지 못하고 있기 때문이다. 지금 우리에게 필요한 것은, 이 두 분야에서 우리가 알고 있는 것을 찬찬히 살펴보고 정리해 줄 패널이나 리뷰 논문이다. 냉전의 종식과 공산권의 붕괴, 그리고 재정 위기가 정치학에 가져다준 충격은 이미 다 소진되었고, 비교정치학에서 새로운 절박감이 어디서 나타날 것인지는 잘 모르겠다.

**경제적 자유화와 민주화보다 유망한 연구 영역이 있나?**

　　　　폭력과 국가 실패의 문제는 살펴볼 필요가 있다. 또한 1990년대 등장한 신생 민주주의국가들에서 2~3차 선거가 치러지고 있기 때문에, 민주주의 제도와 제도의 다양성에 관한 연구가 새로운 연구 조류를 만들어 낼 수 있을 것이다. 이 분야가 변이와 충분한 사례 수, 그리고 이론의 삼박자를 갖춘 연구 영역이다. 따라서 이 분야가 신생 개척지가 될 수 있을 것이다.

　개척해 볼 만한 또 다른 분야로는 문화, 특히 합리적 선택이론과 문화의 융합 분야를 들 수 있다. 왜냐하면 사람들이 문화를 조작해 그것을 정치적 목적을 위해 이용하고 있기 때문이다. 우리는 이에 대해 아직 제대로 이해하고 있지 못한 것 같다. 상징과 수사, 여러 가지 주장들, 직유와 은유, 그리고 역사적 암시 등을 가지고 어떻게 사람들을 동원하는 것인가? 우리는 사람들이 그렇게 한다는 것은 알고 있지만, 그것이 어떻게 작동하는지는 모르고 있다. 지식인들이 왜 강력한 영향력을 발휘하고 있는지에 대해서도 잘 모른다. 정치를 이해하기 위해서는 논쟁과 주장, 은유의 역할과 관련된 갖가지 문제들을 파악해야 한다.

　셉슬과 나는 "경제학자들이 몰려오고 있다"라는 강의를 함께했다. 우리는 페르손·타벨리니(Persson and Tabellini 2000)와 그로스먼·헬프먼(Grossman and Helpman 2001)의 정치경제학에 대한 신간을 가르쳤다. 우리는 정치학자들이 경제학자들로부터 배워야 할 것과 경제학자들이 정치학자들로부터 배워야 할 것들에 관한 리뷰 논문을 쓰려고 계획 중이다. 경제학자들이 알아야 하는데도 전혀 파악하고 있지 못한 것 가운데 하나가 논쟁과 주장의 역할이다. 다른 한편으로, 우리 정치학자들도 이를 제대로 다루지 못하고 있다. 우리는 특정 유형의 커뮤니케이션이 중요하다는 것은 알고 있지만, 그런 통찰을 가지고도 아무것도 하지 않고 있다. 우리는 담론과 언어, 은유와 상징주의를 제대로 이해하고 있어야만 한다. 해석과 커뮤니케이션의 정치는 매우 중요한 문제다(Bates, Figueiredo, and Weingast 1998).


당신이 지금 이런 주제들에 끌리고 있다는 점은 흥미로운 일이다. 앞에서 이야기했듯이 1960년대 당신이 대학원생이던 시절, MIT 프로그램의 중점 연구 분야가 문화와 커뮤니케이션 아니었나.

　　지금 우리가 문화를 적절한 방식으로 연구할 필요가 있다는 것 말고 다른 이유는 없다. 지금 우리가 해야 할 일은 문화에 대한 이론을 만들고 검증해 보는 것이다.

**비교정치를 전공하는 대학원생들에게 해주고 싶은 조언은?**

대학원에서 자신이 도움을 받을 수 있는 것들을 기회로 활용하면 된다. 외국어가 힘들다면, 외국어를 배우면 되고, 수학이 힘들다면, 수학 관련 수업을 최대한 많이 들어라. 나는 항상 추천 도서 목록만 있으면 내 스스로 필요한 부분을 읽고 이해할 수 있을 것이라고 생각했지만, 통계와 같은 경우 다른 사람의 도움이 없었다면 이해할 수 없었을 것이다. 또 조언해 주고 싶은 것 중 하나는, 현지 조사를 하고 돌아와서는 꼭 그것을 가지고 다른 사람들과 이야기를 나눠 보라는 것이다. 현지 조사 이후 다른 사람들과의 토론을 거치는 것이 중요하다. 예를 들어, 수많은 학생들이 중앙아시아에 있다가 워싱턴으로 와서 논문을 끝마치는데, 다른 사람들과 논의하는 과정도 거치지 않고, 그냥 메일로 논문을 보내고 마는 경우가 있다. 이건 정말로 큰 손실이다. 마지막으로 학우들과 친하게 지내라고 이야기하고 싶다. 남은 인생의 좋은 친구가 될 것이다.

David Collier

# 결정적 국면과 개념, 그리고 방법

데이비드 콜리어는 라틴아메리카의 권위주의·민주주의·코포라티즘에 대한 면밀한 개념화 작업을 통해 비교정치학 연구에 기여했다. 방법론 분야에서도 질적 방법론과 양적 방법론의 관계에 대한 새로운 시각을 제공했을 뿐만 아니라, 개념 분석에 관한 영향력 있는 저작들을 선도적으로 출간했다.

초기 저작에서 정치체제·코포라티즘·사회정책에 대한 국가 간 양적 연구를 수행했고, 페루에서의 체제 변화와 무단 점유 정착민에 대한 공공 정책 사이의 연관 고리도 탐색했는데, 이는 『무단 점유자와 과두제 집권자』*Squatters and Oligarchs* (1976)로 출간되었다. 콜리어가 편집한 『라틴아메리카의 새로운 권위주의』*The New Authoritarianism in Latin America*(1979)는 정치체제에 대한 연구 문헌 가운데서도 이정표가 되는 연구인데, 이 책에서 콜리어를 비롯한 공동 연구자들은 1960년대와 1970년대 라틴아메리카에서 권위주의가 발흥한 현상에 대한 대안적 설명을 탐색했다.

콜리어의 저작 가운데 루스 베린스 콜리어와 공저한 『정치적 장의 형성』*Shaping the Political Arena*(1991)은 10여 년에 걸친 연구의 성과로, 라틴아메리카에 관한 포괄적인 저작이다. 라틴아메리카 정치에 대한 가장 야심차고 체계적인 연구인 이 책은 50여 년에 걸쳐 8개국의 사례를 면밀히 분석하고 있다. 『정치적 장의 형성』은, 민주주의에 맞서 발생한 군사 쿠데타와 같은, 대조적인 체제 [변동의] 결과를 노동이 어떻게 일국적인 정치제도에 포섭되었는지라는 역사적 유산으로서 설명하고자 시도했다. 라틴아메리카 정치 연구에 대한 근본적으로 기여 외에도, 이 책은 비교정치학의 다양한 분야에도 커다란 영향을 끼쳤다. '결정적 국면'이라는 이론적 틀은, 역사 제도주의 문헌에서 가장 체계적이면서도 정교한 모델로 간주된다. 더욱이 이 책에서 사용된 사례에 기반을 둔 세심한 비교분석은 엄격한 방법론에 입각한 질적 연구의 전형으로 간주되기도 한다.

콜리어의 또 다른 연구 관심사는 방법론이다. 방법론 연구에서 그는 개념 정립[개념형성]과 측정의 문제를 다루면서, 민주주의·권위주의·코포라티즘에 대한 비교적이고, 주로 질적인 연구 문헌에서 사용된 절차들을 강조하고 있다. 또한 질적 연구자들이 사용하는 광범위한 도구들에 대해서도 논하고, 질적 연구와 양적 연구 모두에 적용되는 개념 정립 절차를 비롯해 측정의 타당성을 평가하기 위한 절차를 검토하며, 부분적으로 통계적 관점에 입각해 질적·양적 방법론의 공통점과 차이점을 검토한다. 이 같은 주제는 헨리 브래디와 공동 편집한 『사회조사 다시 생각하기』Rethinking Social Inquiry(2004)에 잘 나타난다.

콜리어는 1942년 시카고에서 태어났다. 1965년 하버드 대학에서 학사 학위를 받고, 1971년 시카고 대학에서 정치학 박사 학위를 받은 후 인디애나 대학 블루밍턴 캠퍼스(1970~78)와 캘리포니아 대학 버클리 캠퍼스(1978~현재)에서 학생들을 가르쳐 왔다. 1997~99년 미국정치학회 비교정치 분과 분과장, 2001~02년 미국정치학회 부회장을 역임했고, 2002~03년에는 미국정치학회 질적방법론 분과 초대 분과장을 역임했다. 2004년에는 미국예술과학아카데미 회원으로 선출되었다.

2003년 7월 8일,
캘리포니아 주 버클리에서,
뭉크가 인터뷰했다.

**시카고에서 자랐고 부모 모두 학계에 있었다. 유년 시절의 경험이 훗날 당신의 학술 작업
에 어떤 영향을 끼쳤나?**

그때나 지금이나, 시카고 대학 공동체에서 자란다는 것은 세계
에서 가장 활기찬 사회과학 공동체의 한복판에 있다는 것을 말한다. 그때
가 1940~50년대였는데, 바로 아래 골목이나 옆 모퉁이에 당대의 사회과
학 분야 저명인사들이 꽤 많이 살았다. 나는 인류학자 집안 출신으로, 부
모님 모두 다른 곳에 직장을 두고 있긴 했지만, 시카고 대학 인류학과와
관계를 맺고 있었다. 로버트 레드필드Robert Redfield나 프레더릭 러셀 에건
Frederick Russell Eggan과는 가족끼리 잘 알고 지냈는데, 그 덕에 훗날 멕시코 마
을을 다룬 레드필드의 고전적인 연구(Redfield 1930)나 에건의 미국인류학
회 회장 연설(Eggan 1954)을 쉽게 이해할 수 있었다. 특히 에건은 그 연설
에서 인류학의 "통제된 비교 방법"[1]을 탐색했는데, 수년 후에는 내가 그런

---

1 * 통제된 비교controlled comparison
지역을 비교하는 방법에는 예시적 비교와 전 세계적 비교, 그리고 통제된 비교가 있다. 전 세계적 비교global
comparison는 정확히 말하면 전 세계적 표본 비교로, 전 세계 사회를 대상으로 표본을 추출해 비교하는 방법
이다. 문화적 특징들 간의 통계적 상관관계를 찾는 것이 그 목적이다. 통제된 비교는 예시적 비교와 전 세계
적 비교의 중간에 해당한다. 비교의 대상을 한 지역 내로 한정함으로써 변수의 범위를 제한하는 비교법이다.
좁은 의미에서 지역 비교라고 하면 일반적으로 통제된 비교를 가리킨다.

방법론적 의제를 핵심 관심사로 삼게 되었으니 신기한 일이다.

시카고 대학 '부속학교'[실험 학교]Laboratory School를 다닐 때, 같은 반 친구 중에 스티븐 스티글러Stephen Stigler가 있었다. 저명한 경제학자[조지 스티글러 George Stigler]의 아들인 그는 나중에 유명한 통계학자가 되었고, 권위 있는 저서가 된 『통계학의 역사』History of Statistics를 쓰기도 했다. 마이클 로스차일 드Michael Rothchild와는 유치원 시절부터 알고 지냈다. 나중에 그는 불확실한 상황에서 이루어지는 의사 결정을 주제로 하는 혁신적인 작업을 수행했는데, 노벨경제학상을 받은 조지프 스티글리츠Joseph Stiglitz와 논문을 함께 쓰기도 했다. 게다가 "경제학은 여러 행복 가운데 돈으로 살 수 있는 행복에 관한 것"과 같은 재담도 남겼는데, 이는 몇 년이 지나도록 회자되곤 했다.

### 최초의 정치적 기억은?

1950년대는 확실히 정치적으로 복잡한 시기였다. 매카시 시기이기도 한 1950년대 초, 부모님의 동료와 친구들은 반국가적이라는 혐의를 받으며 온갖 비난에 시달렸다. 그분들이 직장을 잃지 않고, 기밀문서에 대한 접근권도 계속 유지할 수 있도록 아버지가 몇 차례 증언을 섰던 기억이 난다. 집안끼리 알고 지내던 사람 중에 (아버지의 제자였던) 존 머러John Murra가 있었는데, 그는 스페인 내전 때 [자원병 여단으로 참전해 프랑코와 스페인 민족주의자에 맞서 스페인 공화주의자 편에서 싸운] 에이브러햄 링컨 여단Abraham Lincoln Brigade에 있었고, 나중에는 저명한 안데스 민족지학자가 되었다. 그 뒤 머러는 "수직 군도"vertical archipelago라는 창의적인 개념을 내놓았는데, 이는 [가파른 지형의 다양한 고도에서 경작이 이루어지는 안데스 지역의 경작 체계를 일컫는 개념이다. 독창적인 개념 정립의 한 사례라고 생각한다.

우리 집안에서 부모님 세대인 분들은 누구나 뉴딜에 적극적으로 개입했다. 어느 정도는 할아버지인 존 콜리어 1세John Collier Sr.가 주도했기 때문이기도 하다. 할아버지는 1910년대 초에 미국의 사회 개혁과 사회정의를 주창하는 운동에 참여했고, 그 뒤 프랭클린 루스벨트 고문단의 일원이 되었다. 그러나 1950년대에는 무미건조했던 아이젠하워Dwight David Eisenhower 시기[1953~61년]에 대한 불만으로 '아들라이 스티븐슨[1952년과 1956년 민주당 대선 후보였다]을 지지하는 민주당원' 정도에 그쳤다.

**정치학과 비교정치학에 관심을 갖게 된 계기는?**

1959년 가을부터 하버드에서 학부 생활을 시작했는데, 당시는 정치학에 쉽게 관심을 가질 만한 시기였다. 학내에서는 존 F. 케네디를 대통령 후보로 만들려는 움직임이 탄력을 받아 가고 있었고, 하버드 교수 가운데 상당수가 케네디의 선거운동에 개입하고 있었다. 그때 하버드에는 정치적 흥분과 정치적 가능성에 대한 느낌이 전염병처럼 번져 있었다. 끔찍하고 비극적이었던 순간 역시 생생하게 기억이 난다. 쿠바 미사일 위기가 절정으로 치닫고 있던 당시 나는 하버드 광장을 걷고 있었고, 케네디가 암살당했다는 소식을 위드너 도서관Widner library에서 들었던 것도 정확히 기억난다. [케네디 대통령을 암살한] 오즈월드Lee Harvey Oswald가 살해되고 난 뒤 벌어졌던 일들 역시 생생하다.

시와 글을 쓰는 데 흥미를 느껴 1년 정도 영문학을 전공하다가 정치학으로 전공을 바꾸었다. 새뮤얼 비어Samuel Beer의 강의였던 '사회 연구 2'에서 막스 베버를 알게 되었고, H. 스튜어트 휴스H. Stuart Hughes의 유럽 지성사 강의를 들으며 19세기와 20세기 유럽의 사상적 흐름에 빠져들었다. 그러나 무엇보다도 립셋의 『정치적 인간』(Lipset 1960)을 처음 접하며, 정치와 정치적 변화에 대한 갖가지 독특한 가정과, 노련한 비교를 통해 다룰 수 있는 거대하고 매력적인 질문을 발견했다. 숨이 막힐 정도로 훌륭한 책이었다. 립셋의 책을 읽던 학기에 통계학 수업도 처음 수강했는데, 『정치적 인산』이 아주 통계적인 책은 아니었지만, 통계 수업에서 배운 추론에 대한 생각들이 립셋 책의 분석력과 결합되면서 내 시야가 크게 넓어졌다. 의심할 여지없이 내가 방법론에 관심을 갖게 되는 데 있어 매우 중요한 초기 경험이었다.

하버드 시절에 또 기억나는 것은 헌팅턴의 정치발전 강의였다. 내가 수강한 학기에 헌팅턴의 "정치적 발전과 정치적 쇠퇴"Political Development and Political Decay(Huntington 1965)가 『세계 정치』에 실렸는데, 정말이지 눈을 떼기 어려울 정도로 흥미로운 논문이었다. 이 논문이 좀 더 발전해 『정치발전론』(Huntington 1968)으로 출판되기도 했다. 당시 헌팅턴의 강의는 무척 흥미진진했다. 그는 제3세계 전문가는 아니었지만, 흥미로운 주장과 가설들을 찾아내는 데 일가견이 있었다. "제국에서 국가로"From Empire to Nation라는 이름으로 개설된, 루퍼트 에머슨Rupert Emerson의 강의도 정치적 변화를 이해하는 데 유용했다. 에머슨은 이 강의에서 능수능란한 솜씨로 아시아와 아프리카의 탈식민화를 개관했다(Emerson 1960). 여기에 주요 객원 강사로 참여한 아리스티드 졸버그도 생각난다. 졸버그는 나중에 시카고 대학에서 내 아내인 루스 베린스 콜리어Ruth Berins Collier의 논문 주심을 맡았는데, 여전히 오랜 친구이자 동료이다. 사회학 쪽으로는 조지 호먼스의 사회구조에 대한 발상에 매료되었다. 그의 책 『13세기 영국의 촌사람들』English Villagers of the Thirteen Century(Homans 1941)은 수 세기 전에 존재했던 사회상을 보여 주는 고문서 자료들에서 사회구조에 대한 흥미로운 발상들을 끌어냈다. 호먼스는 '해군 사관'quarter deck 같은 말투로 인해 유명한 강사이기도 했다. 그 밖에 탤컷 파슨스Talcott Parsons의 정치사회학 강의도 들었다.

**1965년에 시카고 대학 정치학과 대학원에 입학했는데, 시카고를 택한 이유는?**

시카고 대학 정치학과에서는 주기적으로 상당수의 교수가 빠져 나갔다. 그리고 그때마다 학과가 재편되는 흥미진진한 시기가 있었다. 내가 들어갔을 때가 마침 학과가 한창 재편되는 시기라고 들었는데, 과연 그랬다. 주잔느 루돌프Susanne Rudolph와 로이드 루돌프Lloyd Rudolph, 졸버그가 시카고에 합류한 직후였고, 2년 전에 왔던 레너드 빈더는 비교정치학 그룹을 새롭게 강화하려던 참이었다. 코넬 대학을 막 떠나온 로위는 "권력의 장"arena of power에 대한 자신의 새로운 저작(Lowi 1964)에서 나온 생생한 발상들을 가지고 있었고, 대학원생을 멘토링하는 데 타고난 소질이 있었다. 그때는 멘토링이 표준적인 관행으로 자리 잡기 훨씬 전이었고, 우리는 그 말을 어떤 표준 용어로는 들어본 적도 없었다. [학부 시절 하버드에서 접한] 파슨스의 강의를 기반으로 데이비드 이스턴David Easton의 수업도 들었는데, 이때 정치·사회의 세부 사항들에서 시작해 이를 넘어선 좀 더 포괄적인 분석으로 나아가는 방법을 배울 수 있었다. 정치학과 외부에서는 클리퍼드 거츠Clifford Geertz와 에드워드 실스Edward Shils 같은 교수들이 속한 '신생국위원회'Committee on New Nations가 시카고를 무대로 활발히 활동하면서 제3세계 신생 민족국가의 급증에 의해 제기되기 시작한 거대한 사회과학 의제들을 탐구하던 때이기도 했다.

해럴드 라스웰의 친한 동료이자 공동 연구자인 네이선 라이츠Nathan Leites는 2년 전에 시카고에 와서 강력한 영향력을 행사하고 있었다. 라이츠의 정규 수업을 수강한 적은 없지만 그의 훌륭한 세미나에 앉아 있는 것만으로도 섬세하고 간결한 논증에 대해 많은 것을 배울 수 있었다. 라이츠는 정치학에서 가장 치명적인 (그리고 그의 말에 따르면 불행히도 흔하게 발생하는) 논증은 '시시한' 논증이라고 말했다. 학생들은 세미나에서 자신의 아이디어를 발표할 때마다 라이츠가 이런 식으로 논평하지는 않을까 두려워했다. 라이츠가 우려하는 바는 지금도 매우 유의미하다고 생각한다. 정치학에서 화려한 기법을 활용해 내놓는 분석들 가운데 어떤 것들은 때론 시시한 것일 수 있다.

이런 교수진과 함께할 수 있었다는 것 외에, 시카고 대학의 여론조사센터National Opinion Research Center, NORC에 있는 정신건강연구소National Institutes of Mental Health, NIMH의 사회조사연수생이 된 것도 운이 좋았다.[2] 양적 분석과 설문 조사에 대한 이 훈련 프로그램은, 오늘날의 기준에서 보면 다소 평범해 보이는 방법론적 훈련을 제공했다. IBM 카드[컴퓨터가 인식할 수 있도록, 구멍을 뚫어 정보를 담은 종이 카드가 담긴 긴 상자들을 나르고, IBM 카드를 가산 정렬기에 돌려 보고, (믿기 어려울 정도의 끈기를 발휘해) 지금 생각하면 구형 먼로 계산기Monroe Calculators처럼 보이던 것을 가지고 상관관계를 계산하며, 심지어 요인분석이 어떻게 가능한지를 알아보는 훈련을 받는 데에 엄청난 시간을 들였다. 시카고 시절 막바지에는, 스탠퍼드에 있던 노먼 나이Norman Nie와 그의 SPSS[3] 팀 전체가 시카고로 왔다. 그래서 밤이 되면 IBM 카드 상자들을 학교의 컴퓨터 센터에 힘들게 옮겨 놓고, 아침에는 출력된 결과물을 가져오면서 다시 상자들을 가져다 놓는 일에 집중하게 되었다. 돌이켜 보면 끔찍하게 느리디느린 작업이었다.

이런 문제로 골치를 썩이기도 했지만, 그래도 이 프로그램을 통해 (당시 기준으로 봤을 때) 상당한 수준의 방법론적 훈련을 받을 수 있어서 지적 지평을 한 번 더 넓혔다. 게다가 프로그램 수준이 (지금보다) 떨어졌다는 특징 덕분에 얻은 것도 있었다. 이를테면 좋은 비교 연구에 필요한 직관을

---

[2] 당시 정신건강연구소는 사회과학 분야 종사자들에게 기본적인 훈련을 광범위하게 제공했다.
[3] 사회과학 통계 패키지Statistical Package for the Social Science의 약자로, 사회과학자에게는 최초의 사용자 친화적인 컴퓨터 기반 통계 소프트웨어라 할 수 있다.

얻었고, 교차 분석표를 생생하게 제시하는 방법을 익혔으며, 라자스펠트 정교화 모델Lazarsfeld elaboration model[4] ── 내가 보기에 오늘날의 방법론 수업에서 지나치게 주목받지 못하는 해석 가운데 하나다 ── 로 다중 요인 관계를 이해하는 방법 등을 터득했다. 이후 방법론을 다룬 일련의 후속 작업을 발전시키는 데 이곳에서 얻은 경험이 유용했다.

**라틴아메리카에 대해서는 어떻게 관심을 갖게 되었나?**

말했듯이 집안에 인류학자가 많았는데, 이들은 페루·에콰도르·멕시코를 비롯해 더 넓게는 아메리카 대륙에 대한 저서를 남기기도 했다. 아버지와 할아버지, 두 삼촌에 사촌들까지 모두 라틴아메리카를 연구했다. 라틴아메리카를 여행하면서 그 나라를 알아 가고, 그곳에 대해 공부하면서 라틴아메리카 학자들과도 가까운 동료로 지내는 것들이 일종의 집안 전통인 셈이다. 아버지는 인류학자이자 고고학자였는데, 고고학적 발굴차 내가 아주 어렸을 때와 10대 때 두 차례 온 가족이 라틴아메리카에 간 적이 있다. 이 여행 덕에 라틴아메리카에 대한 기억과 인상이 선명하게 남았고, 내심으로는 나중에 그 지역을 연구할 수도 있겠다고 생각했다. 그러나 시카고 대학원에 진학하고 보니 정치학과에 라틴아메리카 전공자가 없었다. 역사가인 허버트 클라인Herbert Klein의 수업을 청강하기는 했지만, 라틴

---

4 비실험적인 연구에서 인과적 분석을 증진하기 위한 방법의 하나로 고안된 것으로, 일련의 데이터 분석 절차와 통제 변수를 연속적으로 도입해 봄으로써 이중 변인 관계로부터 좀 더 큰 모델을 구축하는 인과적 추론으로 구성되어 있다. 즉, 이 정교화 공식은, 관찰된 두 현상(과 변수) 사이의 관계에 제3의 변수를 도입해 그 관계를 설명하는 것을 원칙으로 한다. Kendall and Lazarsfeld(1950)와 Lazarsfeld(1955) 참조.

아메리카를 다룬 논문을 쓰기에는 부족하다고 생각했다.

그렇게 2년을 공부하고 나니 버클리에 있던 필립 슈미터가 부임해 왔다. 그는 이미 대학원 시절부터 에른스트 하스와 함께 여러 저작을 남겼고(Haas and Schmitter 1964; Schmitter and Haas 1964), 그 때문에 많은 이들이 경외감을 갖고 그를 대했다(나중에 내가 버클리로 옮기고 나서 우리 부부는 하스와 절친한 동료이자 친구로 지냈다). 슈미터가 연구한 지역이 바로 내가 연구하고자 했던 곳이었다. 솔직히 말해, 슈미터의 분석 스타일은 출중했고, 라틴아메리카 관련 문제를 구성하는 능력 또한 숨이 멎을 정도로 빼어났기에, 그를 본받아 라틴아메리카를 연구하겠다는 결심을 굳혔다. 슈미터는 시카고에서 시작한 첫 학기에 라틴아메리카에 대한 일반 과정을 가르쳤다. 이익집단 정치의 비다원주의 유형에 대한 아이디어를 소개하는 강의도 있었는데, 이는 나중에 코포라티즘에 대한 슈미터의 저작 ― 그리고 내 저작 ― 의 핵심이 되었다. 게다가 이는 슈미터와 마찬가지로 '아르헨티나 수수께끼'를 풀고자 시도한 오도넬의 유명한 저작(O'Donnell 1973)보다 6년이나 앞선 것이었다 ― 물론 슈미터와 오도넬은, 주제는 유사했지만 서로 관련을 맺지 않은 채 각자의 연구를 수행했다. 아르헨티나 수수께끼란 높은 수준의 사회경제적 발전을 달성한 나라가 (사람들의 예상과는 전혀 다르게) 체제 위기의 양상을 띠는 것을 말한다. 슈미터가 시카고에 와서 처음 했던 이 강의에는 나와 루스 베런스, 지금은 독보적인 라틴아메리카 연구자가 되어 듀크 대학에서 교편을 잡고 있는 카렌 레머Karen Remmer, 슈미터가 가장 먼저 시카고로 데려온 뛰어난 브라질 학생이었던 알렉산드르 바로스Alexandre Barros 등이 참여했다.

그다음 봄 학기에는 슈미터가 비교 연구 방법론 강의를 했는데, 이는 내가 그 이후 방법론적 연구에 지속적인 관심을 기울이게 된 동기 가운데 하나였다. 슈미터는 하스가 매우 효과적으로 사용한 유형학적 방법이나 랠프 레츨라프Ralph Retzlaff가 해보려던 국가 간 양적 연구와 같은 (1960년대 버클리에서 들끓던) 비교 방법론에 대한 지적 열풍에서 많은 영향을 받았다. 그 당시 레즐라프에게서 자극을 받은 슈미터는 라틴아메리카에 대한 양적·비교학적 연구의 가능성을 탐색했다. 그 학기에 나는 루스와 시간을 보내고 3월에는 결혼식도 치르면서 공부를 제대로 하지는 못했지만, 어쨌든 이 수업에서 방법론에 대한 발상을 많이 얻을 수 있었다.


**시카고 대학원 시절에 읽은 책 가운데 핵심적인 것은?**


그 무렵 시카고 대학 연구자들이 썼고, 내게 무척 중요했던 책에 반영된 분석 방식을 언급하는 것으로 간단히 대답해 보겠다. 그 당시는 슈미터가 브라질에 대해 쓴 책(Schmitter 1971)의 초고를 학자들이 읽고 있을 때였다. 라틴아메리카 학자들뿐만 아니라 미국 정치를 연구하는 학자들도 그 원고를 보며 상당한 흥분에 빠졌다. 학자들은 그 글이 이익집단 정치를 바라보는 새롭고 중요한 관점 — 비다원주의적 관점 — 을 제시했다고 평가했다. 슈미터 외에도, 미국 정치를 연구하던 시카고 교수 세 사람 모두 이 주제에 관심이 있었다. 그 가운데 한 명이 로위였고 다른 한 명이 그랜트 매코널이었다. 당시 매코널은 『사적 권력과 미국의 민주주의』*Private Power and American Democracy*(McConnell 1966)라는 책을 마무리하고 있었다. 매코널이 중점을 둔 연구 주제는, 이익집단이 그것이 위치해 있는 좀 더 넓은 정치권력 체계에 의해 어떻게 형성되는지에 대한 것이었다. 이와 같은 정치권력 체계는 고도로 비경쟁적인 이익집단 정치 체계를 낳을 수 있는데, 이런 이익집단 정치에서는 그 구성원들을 대표하는 집단의 역할이 무엇인지 모호해지며, 이와 마찬가지로 그 집단의 구성원이 누구인지조차 불분명해진다. 이런 [이익]집단 정치의 형태는, 이익집단 상호 간에는 물론 이익집단과 국가 간에도 광범위하고 경쟁적인 상호작용이 존재한다는 기존 이미지와 상당히 달랐다. 로위·매코널·슈미터의 작업과 더불어 (노동 정치를 다룬) 그린스톤의 책(Greenstone 1969)이 출간되면서, 시카고에서 특색 있는 비다원주의 분석 학파가 발전하리라는 기대가 커졌다. 하지만 얼마 지나지 않아 매코널이 산타크루즈[캘리포니아 대학 산타크루즈 캠퍼스로 떠나고 로위가 코넬로 돌아가면서 작업의 결실이 한데 모이지는 못했다.

그렇지만 이 같은 연구 흐름은 논쟁의 분위기에 영향을 미쳤다. 이후에 라틴아메리카 코포라티즘 연구 분야에서 이런 주제들이 극명하게 두드러졌다. 이런 논의를 바탕으로, 코포라티즘을 비경쟁적인 [이익]집단 정치 체계로 정의할 수 있었다. 매코널의 틀에서는 사적 권력 체계였고, 국가 코포라티즘에 대한 일련의 작업(Schmitter 1974; Schmitter 1977)을 선보인 슈미터에 따르면 국가권력 체계였는데, 어쨌든 이 체계가 집단 간 경쟁을 제약한다는 것이었다. 이런 맥락에서 조직화된 집단은, (사적이든 공적이든) 좀 더 큰 권력 체계와 집단의 '구성원'이라고 추정되는 사람들 사이에서 매개 역할을 하는 데 불과하기에 단지 부분적으로만 구성원들을 '대표'하는 기능을 가질 뿐이다. 이와 같은 일련의 작업, 특히 매코널과 슈미터의 작업 덕분에 권위주의 체제의 다양한 종류뿐 아니라 이익 정치의 다양한 양상에 대해 좀 더 큰 틀에서 생각해 볼 수 있었다.


**매카시 시기부터 베트남전쟁 시기까지 미국의 국내 정세는 당신에게 어떤 영향을 미쳤나?**


매카시 시기에 대해서는 앞서 언급한 바 있다. 격동의 1960년대 말에는 현지 조사를 하느라 시카고를 떠나 있었다. [4월에는 마틴 루서 킹 목사가, 6월에는 로버트 케네디가 암살당했던] 1968년 여름, [전쟁을 지지하는 당권파와 반전·평화를 주장하는 진보파로 나뉘에] 민주당 전당대회가 떠들썩하게 열렸을 때도 시카고에 없었고, 시카고 대학에서 베트남과 캄보디아 문제를 둘러싼 시위가 최고조에 달했을 때도 나는 그 자리에 없었다. 그래서 1968~69년에 대학에 있던 다른 이들에 비해서는 당시 미국 분위기의 영향을 덜 받은 편이다.

하지만 나는 라틴아메리카에서 이런 사건들을 지켜보고 있었는데, 이는 부분적으로 1968년 이후 페루 군사정권에 대한 미국 정부의 강한 반감과 관련되어 있었다. 이런 강한 반감은 미국의 "히켄루퍼 수정법"Hickenlooper Amendment에 의해 촉발되었는데, 이 법은 미국의 해외 자산을 몰수한 국가에 미 정부가 강력히 대응할 것을 규정하고 있었다. 그러나 페루에서 연구 중이던 상당수 미국인 학자들이 보인 반응은 좀 더 광범위한 실망감을 반영한 것이기도 했다. 미국 정부가 1960년대 정치적으로 교착상태에 빠진 페루의 근본 문제들을 해결하고자 했던 군사정권에 긍정적인 반응을 보이지 않았기 때문이었다. 페루에 있던 상당수의 미국인 연구자들이 미국 정부의 정책에 대해 거의 공감하지 못하던 시기였다.

**박사 학위논문을 보면, 처음에는 페루 의회를 연구할 생각이었던 듯하다.**

공공 정책의 유형에 따라 상이한 정치적 관계가 형성된다는, 로위의 권력의 장 아이디어(Lowi 1964)에 자극을 받았다. 또 나는 덩컨 맥레이Duncan McRae와 함께 일하고 있었는데, 맥레이는 의회 내 호명 기록 투표[5]에 대한 양적 분석을 했던 최초의 학자 가운데 한 명이었다. 라틴아메리카

---

5• 호명 기록 투표roll call voting
공개투표의 일종으로 이름을 호명하면 찬성, 반대, 기권 의사를 구두로 표시해야 하며, 그 결과는 기록으로 남게 된다.

에 관심을 기울이던 나는, 공공 정책에 따라 서로 다른 권력관계가 형성된다는 로위의 아이디어와, 입법 활동을 분석하는 데 맥레이가 사용한 수단을 결합해 페루 의회에 적용해 볼 수 있겠다고 생각했다. 앞서 말했듯이, 1960년대 중반 페루에는 흥미로운 정치적 교착상태가 펼쳐졌다. 아메리카인민혁명동맹Alianza Popular Revolucionaria Americana, APRA은 입법기관을 통제하고 있었고, 특히 벨라운데Fernando Belaúnde Terry 대통령이 개혁 프로그램을 시행하는 것을 막고 있었다. 새로운 경험적 틀로 입법기관을 연구하면 생산적인 결과물을 낼 수 있을 것 같았다.

하지만 내가 페루에 도착한 때가, 1968년 10월 벨라스코Juan Velasco Alvarado 군부 쿠데타[6]가 발생하고 나서 고작 며칠 뒤였다는 것이 문제였다. 군사정부는 의회 문서고를 폐쇄했고, (내가 흥미롭게 여긴) 정치적 교착상태도 군사력을 동원해 해소했다. 결과적으로 극적인 체제 변화의 맥락에서 입법기관을 연구한다는 생각은 비현실적인 일이 되었고 별다른 의미를 찾기도 어려워졌다. 결국 논문 주제를 바꾸었다.

**현장에서 갑작스럽게 논문 주제를 다시 생각해야 하는 상황은 대학원생에게 악몽과도 같다. 어떻게 새로운 주제를 골랐나?**

무엇보다도 내 연구는 터프츠 대학에서 운영하는 라틴아메리카 대학원 장학 프로그램Latin American Teaching Fellowship의 지원을 받고 있었다. 이 장학금이 15개월 동안 페루에 머물 수 있는 비용을 지원해 주었기 때문에

---

6 1960년대와 1970년대 남미 여러 곳에서 우파 군사정권이 집권했던 것과는 대조적으로, 후안 벨라스코 알바라도 장군이 이끈 쿠데타는 좌파 군사정권이 들어서게 했다는 점에서 주목할 만하다.

내 주제를 조정할 시간이 있었다. 또 그러려면 페루에 있는 동안 수업 하나를 맡아서 해야 했는데, 덕분에 내가 새롭게 연구 초점을 잡는 데 도움을 준 소중한 사람들을 만날 수 있었다. 페루에서 처음 몇 달 동안은 이탈리아 사회학자 조르조 알베르티Giorgio Alberti와 함께 페루연구소Instituto de Estudios Peruanos에서 통계 입문 수업을 했다. 페루연구소는 페루의 사회과학 연구를 주도하는 기관이었는데, 그때 마침 [페루의 수도인] 리마의 무단 점유 정착촌에 대한 연구를 폭넓게 진행하고 있어서 나도 그쪽으로 관심이 갔다. 다른 일련의 상황도 무단 점유 정착촌에 대한 관심을 부추겼다. 처음 머문 호텔에서 무단 점유 정착민과 관련된 국제 원조 기구에서 활동하던 하버드 대학원생 동료를 만났다. 리마 시절 초창기에 아내와 나는 그 친구를 따라 몇 번인가 무단 점유 정착촌을 가보기도 했다.

막 미국으로 돌아가게 된 어느 대학원생이 무단 점유 정착촌에 대한 주요 논문을 주고 떠난 것도 행운이었다. 이 논문들은 무단 점유 정착촌에 대한 기존의 확고한 이미지, 즉 땅을 무단적으로 점유하고 있는 이들로 구성된 공동체는 위태로운 주거 환경을 지키기 위해 종종 경찰을 비롯해 당국의 다른 기관에 맞서 용감하게 싸운다는 이미지에서 벗어나지 않았다. 불법적인 행태라고 규정되는 이 정착촌은 리마 주변부에서 특히 눈에 띄었는데, 당시에 그 수는 (전체 리마 인구의 4분의 1에 가까운) 150만 명에 이르렀다.

조사 과정 초기에 한 페루 친구가 던진 질문에서 영감을 얻어 내 연구의 아이디어를 좀 더 구체화했다. 그는 (정착촌의 존재가 사유재산 체계를 침해한다고 여겨지던 상황에서) 정착촌들이 어떻게 그렇게까지 형성될 수 있었는지를 물었다. 사유재산 체계는 1968년 군부 쿠데타가 발생하기 전까지만 해도 페루 과두 정부 권력의 중대한 기반이었고 수도 주변에 만연해 있던, 사유재산에 대한 침해[정착촌]는 이를 위협하는 것으로 여겨졌다. 나는 학위논문과 후속 저작(Collier 1976)에서 이 수수께끼를 다루었다.

본격적으로 연구를 시작하면서 (무단 점유자들이 때때로 경찰 등에 맞서 싸우기는 하지만) 정부와 정당, 심지어 땅주인들까지 여러 형태로 개입해 정착촌 형성을 부추기고 있다는 여러 단서를 발견했다. 보면 볼수록 그 정착촌들은 정착촌 형성을 강력하게 뒷받침하는 정치적·경제적 체계에 배태되어 있다는 것이 분명해졌다. 그래서 나는 무단 점유 정착촌 형성을 둘러싼 정치에 큰 흥미가 생겼다.

나아가 무단 점유 정착촌 형성에 대한 이 같은 뒷받침은 빈민에게서 정치적 지지를 구축하고, 관련된 사회정책을 시행하며, 무단 점유 정착촌 거주자들이 정치적으로 급진화되는 것을 막기 위한 더욱 폭넓은 선택과 연결되어 있는 것으로 보였다. 그러므로 무단 점유 정착촌을 둘러싼 정치는 국가와 빈민 사이의 정치적 관계의 발달, 동원과 통제의 유형, 포퓰리즘은 물론 그 밖에도 라틴아메리카 분야에서 널리 통용될 만한 다양한 주제를 분석할 수 있는 창이 되었다. 그래서 나는 논문에서 무단 점유 정착촌들과 엘리트들 — 그들 중 일부는 실제로 페루 과두 정부의 구성원이었다 — 사이에서 진행되는 게임에 초점을 맞췄다. 후속 저작의 제목이 『무단 점유자와 과두제 집권자』가 된 것도 그래서였다.

**리마의 무단 점유 정착촌 형성의 역사를 어떻게 재구성했나?**

가장 귀중한 데이터의 출처는 무단 점유 정착촌 형성 과정을 재구성하기 위해 직접 수행한 설문 조사였다. 시카고 대학 여론조사센터에서 받았던 훈련과 그 연구소의 "영구적 공동체 표본"[7]에 대한 지식을 바탕

---

7• 영구적 공동체 표본Permanent Community Sample
5만 명 이상의 인구를 가진 200개 미국 도시들로 이루어진 확률 표본 내에서 공동체 비교 연구를 위해 구성

으로, 나는 설문 조사를 통해 (시민들과의 인터뷰 자료뿐 아니라) 여러 제도적 행위자들에 대한 자료까지 산출할 수 있음을 알고 있었다. 이를 반영해, 85개 공동체에 대한 설문 조사를 했다. 설문 조사에는 고도로 구조화되었으면서도 개방형 질문을 포함시켰고, (공동체의 초기 지도자들에게) 초점을 맞춰 각 정착촌이 형성되는 과정에서 실제로 일어난 에피소드도 수집했다. 내가 직접 상당량의 인터뷰를 맡았다. 페루연구소에서 알게 된 동료들이 숙련된 면접 조사원을 구할 수 있도록 도와주었는데, 이 조사원들이 (내 세심한 지도를 받으면서) 추가된 정착촌을 설문 조사했다.

두 번째 주요 자료원은 페루 신문 『라 프렌사』*La Prensa*에서 관리한 문서고였다. 이곳에는 신문 스크랩을 포함해, 무단 점유 정착촌에 대한 광범위한 정보가 담긴 온갖 자료가 망라되어 있었다. 전산화된 데이터베이스 천지인 오늘날에는, 이런 종류의 인쇄된 자료로 가득한 문서고를 상상하기도 힘들 것이다. 대학원 동료 리자 노스Liisa North가 이 문서고에 들어갈 수 있도록 해주었는데 언제까지나 고마움을 잊지 못할 것이다. 문서고에는 무단 점유 정착촌과 그 형성 과정에 대한 문건과 신문 스크랩이 수백 개 있었는데, 연구하면서 하나같이 무척 귀중하게 쓰인 자료였다. 면접 자료와 문서고의 자료에 더해 정부 주택공사나 그 밖에 다른 곳에서 얻은 각양각색의 자료를 결합해 무단 점유 정착촌의 형성사를 재구성하고자 했다.

그 결과 무단 점유 정착촌 형성을 촉진한 이면에는 놀라울 정도로 다양한 범위의 경제적·정치적 목적이 있다는 것이 드러났다. 대통령과 정당은 정치적 지지를 얻기 위해 직접적으로 개입했고, 경제 엘리트는 정계에 입문하고자 여러 관련 계획을 발의했으며, 도시의 토지 소유자들은 자신의

된 데이터 기록과 데이터 수집 장치.

토지를 값비싼 부동산으로 개발하기 위해 도심의 슬럼을 없애고자 노력 중이었다. 심지어 이 토지 소유자들은 무단 점유자들의 토지 침탈을 위한 조직화를 도와줄 사람까지 고용했다. 그래야만 도심의 값비싼 토지를 비울 수 있었던 것이다.

따라서 친구가 던진 ["정착촌들이 어떻게 그렇게까지 형성될 수 있었는지"에 대한 흥미로운 질문에 답한다면, 정착촌 형성 과정은 복잡한 정치적·경제적 관계의 연계망에 의해 촉진되었다고 할 수 있을 것이다.


**페루에서 현지 조사를 하는 동안 동료들과 긍정적인 영향을 주고받은 것 같다.**


그렇다. 리마의 동료들을 떠올려 보면, 페루연구소에서 알게 된 이들 가운데 두 명과 각별한 사이였다. 페루의 선도적인 정치사회학자인 훌리오 코틀레르Julio Cotler와 알베르티와는 절친한 동료이자 친구가 되었다. 페루의 사회학자 시네시오 로페스Sinesio Lopez 역시 훌륭한 친구이자 공동 연구자였다. 무단 점유 정착촌에 대해 오랫동안 꽤 많은 관심을 가졌던 그는 내가 연구 방향을 설정하는 데에 엄청난 도움을 주었다.

미국 출신 박사과정 학생들도 만났다. 제인 재큇Jane Jaquette은 공공 정책의 형성을 둘러싼 정치에 대해 연구하고 있었고, 노스는 아메리카인민혁명동맹 영향권 내에 있는 전국의 모든 지역을 돌아다니며 그 지도자들을 면접 조사했으며, 에드워드 엡스타인Edward Epstein도 아메리카인민혁명동맹에 대해 연구하고 있었다. 1960년대 페루의 안데스 지역을 휩쓴 농민운동에 대해 연구하던 하워드 핸들먼Howard Handelman은 한창 그와 관련된 면접 조사를 수행하고 있었다. 에이브러햄 로웬탈Abraham Lowenthal은, 리마에 있는 포드 재단 사무실에서 일하고 있었는데, 늘 그래 왔듯이 그때도 연구에 대해 통찰력 있는 조언과 논평을 아끼지 않았다. 이 모든 학자들이 수십 년에 걸쳐 라틴아메리카 정치 연구에 중요한 기여를 했다. 마지막으로 이후 리마를 방문할 때마다 앨프리드 스테판과 폭넓게 교류했고, 연구 생활 내내 스테판은 내게 친구이자 멘토였다.

**페루에서 연구를 진척시키는 동안 논문위원회와도 계속 연락을 주고받았나?**

내가 미국에 돌아간 적이 없었던 데다가, 당시는 연구 계획에 관해 조언을 구하는 이메일 하나 보내기도 어려운 시절이었다. 장거리 전화비도 믿을 수 없을 정도로 비싸 보였다. 위원회에 편지를 써서 연구 초점을 달리했다는 소식을 전했고, 위원회로부터 그 변동을 원칙적으로 승인한다는 답장을 받았다. 페루 시절 막바지에는, 아르헨티나에 와있던 슈미터를 찾아가 새로 바뀐 논문 주제에 대해 의견을 나누었다.

논문 제안서에 대한 정규 필수 구술시험을 시카고 대학이 어떻게 처리했는지 들어 보면 꽤 재미있을 것이다. 시카고로 돌아온 지 얼마 되지 않아 아리스티드 졸버그의 집에서 열린 교수들의 연회에 초대받았다. 이미 현장 연구까지 마쳤을 때였는데, 환영회 도중에 슈미터, 졸버그, 아이라 카츠넬슨Ira Katznelson이 갑자기 나를 옆방으로 데려가더니 내 논문 제안서에 대한 구술시험을 소급 시행하는 것이었다. 내가 뭘 말할 수 있었겠나? 적어도 난 시험 전에 걱정으로 밤을 지새울 기회도 없었던 거다!

**무단 점유자 정착촌에 대한 연구 외에, 페루 벨라스코 정부의 첫 15개월을 관찰하면서 무엇을 배울 수 있었나?**

그때는 페루 정치사에서도 매우 극적이고 흥미로운 시기였다.

논문에 필요한 연구를 했던 것은 물론, 당시 페루에 체류하면서 (체제와 체제 변화에 대한) 내 장기적 연구 관심을 형성할 수 있었다. 이 최초의 몇 년 동안, 군사정권은 민족주의와 포퓰리즘에 입각해 정책을 폈다. 비교학적 관점에서 볼 때도 몹시 흥미로운 일이다. 당시 아르헨티나와 브라질에서도 권위주의 군사정권이 권력을 잡고 있었지만 이 정부들은 [페루에서와 달리] 국제주의적이고 해외 자본 친화적인 발전 모델을 따랐기 때문이다.

페루에서 군부는 1960년대의 정치적 교착상태를 깨고, 곳곳에서 감지되는 개혁 요구에 부응하고자 권력을 잡았다. 새로 수립된 정부는, 권력을 잡은 지 단 며칠 만에, 온갖 논쟁과 스캔들의 원천이던 스탠더드오일Standard Oil을 국유화했다. 10월 9일에 일어난 일인데, 우리 부부가 페루에 도착한 날이기도 했다. 공항에서 탄 택시 안에 달린 작은 휴대용 라디오에서는 국유화를 선언하는 말이 반복해서 흘러나왔는데, 누구의 목소리인지 궁금해했던 기억이 난다(알고 보니 벨라스코 대통령의 목소리였다). 몇 달 후에 정부는 북부 해안의 설탕 공장 지구와 페루 곳곳의 대규모 농업 용지를 국유화함으로써 페루 과두 집권의 중요한 고비를 넘기고 전면적인 농업 개혁에 착수했다.

페루 정부는 이와 같은 방식으로 1960년대 중반까지 교착상태에 놓여 있었던 개혁 의제의 두 부분 — 내 원래 연구 계획의 초점이었던 쟁점도 여기에 포함되어 있었다 — 을 빠른 속도로 다루었다. 국가사회동원제도 Sistema Nacional de Movilizacion Social, SINAMOS로 불리는 정교한 대중 동원 체계도 구성되었다. 물론 애초의 계획에 비해 성과는 크게 못 미쳤지만 — 사실 이런 형태의 조직이 실패하는 사례는 비일비재하다 — 대중 동원에 군부가 대놓고 관여하겠다는 발상은 매우 흥미로웠고, 이 또한 동시대의 아르헨티나나 브라질에서 집권한 군사정부와 극명하게 대비되었다. 이 시기 페루에서의 경험은, 일국 정치체제들의 상이한 변화 과정 속에서 등장하는 정책 결정 및 문제 해결 방식에 대한 상반된 접근법에 더욱 관심을 쏟는 계기가 되었다. 1960년대 후반 극적인 정책적 실패가 이어지는 가운데 민주주의 체제가 붕괴했을 뿐만 아니라, 민족주의와 포퓰리즘에 입각한 군부의 계획 역시 몇 년이 채 못 되어 흔들렸다는 사실을 확인한 것이야말로 내가 배운 핵심 가운데 하나이다. 이는 일련의 체제 변화 및 정권 변화를 추동하는 결정적 요인이 종종 정책 실패에 있다는 귀중한 가르침을 주었다. 이런 인식은 내 후속 연구에서도 반복되었다.

## 권위주의 체제와 결정적 국면에 관한 연구

**결국 논문을 책(Collier 1976)으로 냈다. 그 사이에 무슨 일이 있었나?**

책에서는 체제 변화와 무단 점유 정착촌 관련 정책의 진화 사이에 어떤 연관성이 있는지에 더욱 초점을 두었다. 1969년 말에 현지 조사를 마친 후, 6년에 걸쳐 여러 차례 페루로 돌아가 무단 점유 정착촌이 진화해 가는 과정을 추적했다. 미국과 페루 양쪽에서 여러 차례에 걸쳐 이 프로젝트에 대해 발표하면서 더 많은 아이디어를 얻었다. 현장으로 돌아가 생각을 자극할 만한 새로운 정보를 충분히 얻는 것과, 새로운 정보를 얻되 프로젝트 전체를 엎어 버릴 정도에 이르지 않도록 하는 것 사이에서 균형을 잡기란 절대 쉽지 않은데, 나는 그 사이에서 균형을 꽤 잘 잡은 것 같다.

무단 점유 정착촌을 둘러싼 정치와, 좀 더 광범위한 수준의 [정치]변동 사이의 연관성을 살펴보는 과정에서 나는 특정한 시대들에 초점을 맞추었다. 이를테면 반노조적 포퓰리스트 정부가 통치하는 가부장적 권위주의 시대라든가, (지금은 아마도 신자유주의라고 부를 만한) 엘리트 행위자가 무단 점유자들의 자율과 자조를 장려하는 — 이런 접근 방식은 에르난도 드 소토가 『또 다른 길』The Other Path(de Soto 1989)에서 제시했던 것으로, 그의 잘 알려진 신자유주의 정식화보다 몇 년 앞선 것이다 — 시대라든가, 경쟁적 정당정치가 작동한 민주주의 시기에 숱한 정책적 약속이 만연한 시대라든가, 마지막으로 자조와 정치적 통제 모두에 초점을 두는 새로운 조합이 이루어진 (1968년 이후의) 벨라스코 권위주의 정권 시대 등이었다.

이 점에서 내 분석이 논문을 처음 구상했을 때의 주제로 되돌아가고 있는 것으로 보였기에, 구체적인 이야깃거리를 바꿔야겠다고 생각했다. 그래서 공공 정책이 대체되는 양상에 따라 정치적 관계는 어떻게 달리 형성되는지에 관심을 기울이게 되었다. 또한 이 분석이 내가 계속 흥미를 가지게 될 주제, 즉 정치체제와 일련의 체제 변화 양상의 비교라는 주제를 향해 나아가는 첫걸음이라는 것도 이내 깨달았다.

**페루에 대한 첫 번째 프로젝트 이후에 연구 관심사는 어떻게 전개되었나?**

1970년대에는 정치 변동에 대한 질문에 답하기 위한 도구로, 국가 간 양적 연구 방법을 탐색했다. 전 세계적으로 사회보장 프로그램이 도입된 역사적 시점을 분석하는 논문(Collier and Messick 1975)을 이 시기에 썼는데, 내가 가장 자랑스럽게 생각하는 논문 가운데 하나이다. 1975년에 출간된 이 글은, 최근 급증하고 있는 확산 연구[8]보다도 여러 해 앞선 것이

---

8 • 확산 연구diffusion studies
사회복지 정책의 발달이 국가 간의 의사소통이나, 교류, 영향력 등을 통해 이루어진다는 이론에 기반한 연구들을 말한다. 기본적으로 사회복지 정책의 발달 과정을 국제적 모방 과정으로 인식하면서 한 나라가 사회

다. 라틴아메리카 각국의 경제성장 시점과 체제 특성 사이의 연관성을 탐구하는 국가 간 양적 연구 논문을 쓴 적도 있다(Collier 1975). 이 논문은 거센크론(Gerschenkron 1962)으로부터 영감을 좀 받았다.

이 시기에 우리 부부가 처음으로 (노동법에 대한 국가 간 자료를 수집하는 정교한 프로젝트를 지원하고자 제공된) 국립과학재단으로부터 보조금을 받았다는 사실도 특기할 만하다. 이때 아르헨티나의 법률가 릴라 밀루틴Lila Milutín이 크게 도움을 주었다. 노동법이 라틴아메리카의 국가-노동관계에 대한 모든 것을 말해 주지 않는다는 것은 분명했다. 하지만 공식적인 기관 자료만 살펴봐도 중요한 양상이 드러났는데, 나는 이를 바탕으로 코포라티즘에 대한 논문을 제출했다. 이 논문을 통해 국가-노동관계가 진화하는 과정에서 확인할 수 있는 유인 대 제약 사이의 역동적 상호작용을 탐구했는데, 이 글은 『미국정치학회보』에도 실린 바 있다(R. Collier and D. Collier 1979; D. Collier and R. Collier 1977 참조). 이 논문은 이후에 출간한 『정치적 장의 형성』(R. Collier and D. Collier 1991)에 부분적인 기초가 되기도 했다. 비록 『정치적 장의 형성』에서는 양적 비교를 중점적으로 다루었지만, 이 기간의 작업은 우리가 라틴아메리카 정치를 좀 더 폭넓은 비교의 관점에서 볼 수 있게 했을 뿐만 아니라, 중요한 가설을 도출해 후속 저작들에서 탐구하는 데에도 결정적인 영향을 미쳤다.

복지 정책을 시작하게 되는 주요 원인이 선진 복지국가의 경험(위계적 확산)이나 이웃 나라의 경험(공간적 확산)에 있다고 본다.

## 새로운 권위주의

1979년, 널리 읽힌 공저 『라틴아메리카의 새로운 권위주의』(Collier 1979)[이하 『새로운 권위주의』]를 출간했다. 이 책에서 초점을 두고 있는, 오도넬의 『근대화와 관료적 권위주의』 (O'Donnell 1973)는 언제 처음 알게 되었나?

　　　　　오도넬이 체제 변화에 대한 책을 버클리 국제문제연구소Institute for International Studies에서 출간하기 직전이라는 사실을 안 것은 1972년 말이었다.[9] 그 책의 중심 논제는 1960년대 아르헨티나와 브라질에서 등장한 권위주의와 산업 발전의 특정 단계에서 나타난 난점들 사이의 관계이다. 오도넬의 논지가 크게 주목받은 것도 이 부분인데, 그 밖에도 참신한 요소들이 있었다. 이를테면 권위주의의 등장을 설명할 때는 근대 부문의 절대적 크기가 일인당 크기보다 중요하다고 강조한 점이나, 전통적 계급 범주를 넘어서 '사회적 역할들'을 체제 동학에 있어 핵심적인 것으로 살펴보려 했던 점 등이 그것이다. 특히 그는 하나의 사회적 범주로서 기술 관료의 역할과, 전통적 의미에서의 노동계급과 하층 중산계급에 속하는 일군의 중요 집단들 모두를 포괄하는 민중 부문의 역할을 강조했다. (오도넬의 책이 출간되기도 한) 1973년에는 칠레와 우루과이에서 권위주의 쿠데타가 일어났는데, 이는 확실히 많은 학자들이 오도넬의 책에 더욱 관심을 기울이게 한 계기가 되었다. 동시에 이 신규 쿠데타들은 오도넬의 논증 가운데 특정 부분들에 대한 흥미로운 문젯거리를 제기했다.

---

9 『근대화와 관료적 권위주의』에 대한 오도넬의 논의는 2권 〈인터뷰 7〉 참조.

**『새로운 권위주의』는 한 컨퍼런스가 계기가 되어 공동 작업으로 이어졌는데, 이 컨퍼런스에 참여한 학자들은 어떻게 모았나?**

1970년대 초·중반 사회과학연구협의회는, 좀 더 형식을 갖춘 공동 연구 프로젝트를 출범시키려는 목적에서, '라틴아메리카의 국가와 공공 정책'을 연구하는 연구 집단을 지원하고 있었다. 나를 비롯해 앨버트 허시먼Albert Hirschman, 오도넬, 카르도수, 로버트 코프먼Robert Kaufman, 코틀레르 사이에서 오간 의견들이 포함된 이 계획은 한두 해 동안 숱한 시행착오를 겪었다.

1975년 여름, 사회과학연구협의회의 라틴아메리카 담당 직원인 루이스 울프 굿먼Louis Wolf Goodman이 전화해서는 프로젝트를 완전히 재고해 보는 것이 어떨지, 그리고 뭔가 새롭고 좀 더 날카로운 관점을 담아 공동 연구 제안서를 써보는 것은 어떨지 제안했다. 내가 예일에서 무단 점유자 프로젝트에 대한 강연을 하기 1년 전부터 굿먼과 알고 지냈는데, 그는 그때부터 이미 소중한 동료이자 친구였다.

그의 제안에 대해 잠시 생각한 끝에, 새로운 형태를 띤 권위주의의 등장과 관련해 오도넬이 자신의 책에서 전개한 주장에 프로젝트 팀이 초점을 맞추는 편이 생산적이겠다고 판단했다. 오도넬의 논지에 초점을 맞춘다는 것은 매력적이었다. 오도넬의 논지는 극히 광범위한 이슈들을 제기했고, 막대한 중요성을 지닌 결과를 설명하려 들면서도, 동시에 구체적인 주장이 명확하게 기술되어 있고, 매력적인 경쟁적 설명의 가능성까지 기꺼이 시사하는 방식으로 공식화되어 있었기 때문이다. 프로젝트의 틀을 구상하는 데는 로웬탈과 코프먼을 비롯해 특히 벤저민 모스트Benjamin Most와 협의하면서 크게 도움을 받았다. 모스트는 내가 인디애나에서 비종신 교수로 재직할 때 만난 친구로, 재능이 출중한 대학원생이었다. 그는 자신의 연구에서 증분 예산incremental budgeting 개념을 활용해 체제와 공공 정책에서 나타난 불연속적인 변화 유형을 분석할 만큼 통찰력이 뛰어났다.

**프로젝트에 참여한 이들의 면면을 보면 미국 출신은 물론 라틴아메리카 출신도 있는 등 꽤 다양한 부류의 학자가 모였다.[10] 어떻게 이들과 함께하게 되었나?**

참여자 가운데 몇몇은 이전 사회과학연구협의회 연구 그룹에 속했던 이들이었다. 1975년 허시먼이 라틴아메리카 출신 방문자 몇 명을, 내가 있던 프린스턴 고등연구소Institute for Advanced Study in Princeton로 데려오면서 이 같은 교류는 더 강화되었다. 허시먼이 열심히 설득한 덕에, 세라는 전문적인 경제학 지식을 살려 오도넬 논의의 경제적인 측면에서 핵심이 되는 부분을 다루는 글을 맡았다. 경제성장에서의 타이밍과 부문 변화, 그리고 이들이 정치 변동에 미치는 영향에 대해 흥미로운 관점을 제시한 바 있는 커스도 데려왔다.

**편저는 이질적인 논문을 모아 둔 것에 불과한 경우가 많다. 그래서 출간되어도 대개는 학계에 별다른 충격을 주지 않는데 『새로운 권위주의』는 예외였다. 이 책은 큰 영향을 미쳤고, 폭넓은 분야의 저자들이 각자의 아이디어를 갖고 글을 썼음에도 책 자체는 전체적으로 일관적이다. 협력 작업을 통해 이런 책을 만들 수 있었던 비결이 뭔가?**

10 『새로운 권위주의』 집필에 참여한 미국인 저자는 콜리어, 허시먼, 코프먼, 제임스 커스James Kurth이다. 라틴아메리카 출신 저자는 브라질의 카르도수와 주제 세라José Serra, 페루 출신의 코틀레르, 아르헨티나 출신의 오도넬이다.

매우 열심히 일하고, 편집에 건설적으로 개입하며, 그 밖에도 책에 일관성을 부여하기 위한 이런저런 작업을 잘 수행하고자 애썼다. 내가 직접 오도넬의 틀을 요약한 글을 써서 이 책에 포함시켰는데, 사람들이 이 글을 보면서 오도넬의 복잡한 논의를 좀 더 수월하게 이해할 수 있기를 바랐다. 나중에 이 요약문에 좀 더 폭넓은 논의에 대한 내 관점을 개관한 내용까지 추가해『세계 정치』에 실었다(Collier 1978). 용어 해설집도 만들었다. 물론 용례를 완벽하게 표준화하겠다는 이루지 못할 목표를 세웠던 것은 아니었지만, 핵심 용어가 사용되는 방식을 조금이나마 명확하게 해보고 싶어서였다.

오도넬의 책에 확실한 초점을 둔 것 또한 더없이 중요한 요인이었다. 앞서 말했듯 오도넬의 책의 특징은 매우 광범위한 문제를 제기하는 동시에, 이를 매우 특수한 논의로 진전시키는 것이었다. 우리가『새로운 권위주의』를 출판하는 모태가 된 컨퍼런스에 참석한 오도넬이, 저명인사를 포함한 일군의 사람들이 자신의 책에 대해 명확히 초점을 잡고 논쟁하고 있다는 사실을 알고는 깜짝 놀라던 모습이 생생하게 기억난다. 게다가, 그 프로젝트에 대한 나의 구상은 ─ 그리고 분명히 오도넬 책의 구성도 ─ 결과 혹은 종속변수, 즉 새로운 형태의 권위주의의 출현에 초점을 맞추고 있었고, 저자들도 그런 권위주의의 발생과 그것이 가진 다양한 차원들에 대해서 의견을 같이하고 있었다. 이와 같은 공감대를 바탕으로 집필자들은 자신이 설명해야 할 결과에 대해 잘 기술했고, 그 결과 일관성을 갖춘 책이 나올 수 있었다.

## 『정치적 장의 형성』

『새로운 권위주의』이후 당신의 주요 후속 작업은 『정치적 장의 형성』이라고 할 수 있다. 이 책은 20세기 라틴아메리카 8개국(아르헨티나·브라질·칠레·콜롬비아·페루·멕시코·우루과이·베네수엘라)을 대상으로, 다양한 정치체제의 역사적 기원에 초점을 맞춘 폭넓은 비교 연구였다. 당신의 부인인 루스 콜리어와 공동 저술한 이 책을 어떻게 해서 시작하게 되었나? 당신의 이전 작업과 이 책은 어떻게 연결되나?

　　『정치적 장의 형성』은 『새로운 권위주의』에 이어지는 후속편 sequel이 아니라, [전작에 등장하지 않은 앞선 이야기와 기원을 소개하는] '속편'prequel —조너선 하틀린Jonathan Hartlyn이 지적하듯—이라 부를 수 있을 것이다. 따라서 『새로운 권위주의』는 상대적으로 짧은 기간을 대상으로 분석한 데 비해, 후속 작업에서는 역사적으로 훨씬 더 깊이 있게 탐색하고자 했다. 하지만 더 넓게 봤을 때, 『정치적 장의 형성』은 우리 부부가 각자 진전시키던 연구 관심사가 서로 수렴하면서 만들어졌다고 볼 수도 있다.

　　페루에 관한 내 책은 체제 변화에 초점을 두고 있다. 앞서 언급했듯, 페루는 짧은 기간 동안 극과 극을 치닫는 체제 변화를 경험했다. 페루에 대한 책이 발표된 이후에도 『새로운 권위주의』에서 시도했던 체제 비교에 계속 흥미가 갔고, 1960년대와 1970년대 라틴아메리카에서 나타난, 쿠데타 발생 유무와 체제의 산물이 만든 양상을 좀 더 큰 그림으로 설명해보고 싶었다. 그 이전까지의 작업에서 정치체제 비교분석에 집중했다면, 『정치적 장의 형성』에서는 그 결과가 무엇인지를 설명하려고 했다.

　　루스는 핵심적인 독립 변수 몇 개를 제공했다. 루스의 첫 번째 책은 사하라사막 이남 아프리카 26개국이 독립 후에 경험한 체제 변화와 탈식민 정치를 다룬 빼어난 비교 연구였다. 루스는 이 책에서 탈식민 시기에 선거와 정당정치가 도입되면서 나타난 다양한 양상은 그 뒤로 이어지는 변화의 궤적을 어떻게 달라지게 하는지, 특히 독립 이후 시기의 일당 대 군부 체제의 출현과는 어떻게 연관되는지를 분석했다(R. Collier 1982a). 이를 보며 참여·동원·통제의 형태가 다르면 체제 진화의 궤적이 상당히 달라질 수 있다는 가정에 대한 연구도 더 진전시킬 필요가 있겠다고 생각했다. 우리는 1973~74년에 출현한 코포라티즘에 대해 함께 연구하기 시작했는데, 그중 일부는 (동원과 통제, 즉 유인과 제약이라는 대조적인 요인이 조합된) 국가 개입이 라틴아메리카의 노동운동 형성에 미친 영향에 대한 아이디어와도 관련되어 있었다(D. Collier and R. Collier 1977; R. Collier and D. Collier 1979). 결국 이런 아이디어들이 『정치적 장의 형성』의 중심 주제가 되었다.

우리가 연구해 온 사례 가운데 정당정치, 노동운동, 체제 변화에 대한 일국 수준의 연구가 상당히 많았다는 사실이 집필을 결정하는 데 크게 작용했다. 일국 대상의 훌륭한 연구들의 초점은 대개 국가 건설과 개혁, 때때로 (종종 그 나라의 정치사 형성에 중요한 사건이 되는) 대중 동원의 핵심 시기를 확인하는 것으로 수렴된다는 점도 알게 되었다. 아르헨티나에서 페론이 부상하던 시기, 1930년대와 1940년대 브라질의 첫 번째 바르가스Getúlio Vargas 시기, 1930년대 멕시코의 카르데나스Lazaro Cardenas 시대 등이 그 명백한 사례이다. 콜롬비아에 대해 글을 쓰던 학자들은 1930년대가 전환점이라고 주장했고, 많은 전문가들은 1927년부터 1931년에 이르는 이바네스Carlos Ibáñez del Campo 시기가 칠레 정치사의 굴절점이라고 보았다. (우리가 연구했던) 8개국에 대해 학자들이 쓴 국가 연구 논문들을 보면, 이후 우리가 '포섭 시기'incorporation period라고 지칭한 사건들을 각국 역사의 중대한 분수령이라고 강조했다. 포섭 시기란 국가가 사회에서 새로운 역할을 맡고, 조직화된 노동을 합법적 행위자로 인정하며, 매우 다양한 방식으로 이런 역할을 제도화하려는 시기를 말한다. 『정치적 장의 형성』의 첫 번째 각주를 보면 실제로 이런 시기를 분수령으로 다룬 연구들이 나열되어 있다. 이처럼 국가별로 이루어졌던, 핵심적인 이행이라고 짐작되는 것들에 대한 다소 임시방편적인 주장들을 가져와 비교 틀에 맞게 분석해 본다면 흥미로울 것 같았다. 공통된 패턴과 대조적인 패턴들에 초점을 맞추어 서로 다른 출발점과 변화의 궤적을 설명하는 식으로 말이다.

비교 역사 연구에 대한 문헌에서는, 1차 자료와 2차 자료의 활용에 대해 많은 논쟁이 존재한다. 두 가지 모두 중요하지만, 우리 연구에서는 다양한 토대를 지닌 2차 자료를 중점적으로 활용했다. 노동운동, 정당, (20세기의 수십 년에 걸쳐 일어난) 체제 변화 같은 주제들에 대한 라틴아메리카 문헌이 방대한 만큼, 이토록 풍부한 '데이터 세트'를 비교 연구에서 사용하지 않는다면 학문적·지적으로 엄청난 손해라고 생각했기 때문이었다. 그러나 거의 대부분의 연구 대상 국가를 방문해 시간을 보냈으니, 단지 2차 자료만으로 해당 국가를 이해한 것은 아니었다.


**이 책이 집필되던 시기에는 광범위한 비교 역사 작업에 대한 연구자들의 관심이 높았다. 이런 지적 맥락은 당신에게 어떤 영향을 미쳤나?**


버클리로 옮긴 지 얼마 되지 않았을 때 『정치적 장의 형성』을 쓰기 시작했다. 버클리에 있었다는 사실은 내가 복잡한 비교 역사 프로젝트를 수행하는 데 무척 중요했다. 그리고 당시에 갓 출판된, 테다 스카치폴의 『국가와 사회혁명』(Skocpol 1979)은 엄청난 논쟁을 불러일으켰다. 카르도수와 팔레토의 『종속과 발전』*Dependency and Development*(Cardoso and Faletto 1979) — 1969년 리마에 있을 당시에 이미 이 책의 원서인 스페인어 판을 일부 읽기도 했다 — 은 영어로 번역되어 대학원 수업에서 폭넓게 읽히고 있었다. 1960년대에 논쟁이 되었던 것으로 기억하는, 배링턴 무어의 『독재와 민주주의의 사회적 기원』(Moore 1966) 또한 이 같은 지적 환경에서 크게 이목을 끌며 새롭게 부각되었다. 이 모든 것이 비교 역사 연구에 대한 포부를 갖게 하는 데 큰 역할을 했다.


**연구 과정 자체는 어땠나?**


『정치적 장의 형성』에 사용된 비교분석 방법은 사례들에 대해서 점점 더 많은 것들을 알아 감에 따라, 반복적인 방식으로 발전해 나갔다. 우리는 결정적 국면이 무엇을 의미하며, 이를 어떻게 구분할 수 있는지, 그리고 포섭incorporation · 여파aftermath · 유산heritage 시기의 구분은 어떤 의미가 있는지 명확히 하고 싶었다. 용어 해설을 실어 이 책에서 제시한 범주들을 다양한 국가적 맥락과 역사적 시기에 어떻게 적용할 수 있을지를 탐색했다. 게다가 1장에서는 이른바 '결정적 국면 분석틀'이 무엇인지에 대해 잘 정리해 놓았다. 이렇게 해야 정치학 분야에서 우리와 유사한 주제를 다룬 문헌들을 잘 이해할 수 있지 않을까 하고 생각하곤 했다.

포섭 시기에 노동운동을 동원하고 — 또는 동원하거나 — 통제하려는 노력 사이의 변증법적 상호작용, 그리고 우리가 포섭의 여파와 유산이라고 부른 후속 시기에 나타나는 대조적인 동원 및 통제 과정을 놓고 주된 논의가 이루어졌다. 이 같은 국면 — 이후 마호니(Mahoney 2000, 509)는 이를 '반응적인 연쇄'reactive sequences라고 명명했다 — 들을 구분했던 경계는 체제 변화, 정부 붕괴, 정책 실패 등의 사건들이었는데, 이는 내가 페루에서부터 생각했던 것과 유사했다.

이런 연속적인 변화를 통해 연구에서 우리가 얻을 수 있었던 핵심 통찰은, 초기에는 통제하는 데 훨씬 집중하다가 그 이후 동원하는 것으로 대체된 사례가 있는가 하면, 반대로 초기에는 동원을 더욱 강조하다가 나중에는 통제하는 것으로 대체된 사례가 있다는 점이었다. 동원과 통제를 강제하는 힘들은 1960년대와 1970년대 사회적·경제적 위기 시기 및 체제 변화 시기에 결정적인 역할을 했다.

우리는 경쟁적인 설명들을 검토하고, 이를 이용 가능한 증거들과 대질해 보려 노력했다. 결정적 국면에 따라 국가들은 일관되고 확실한 변화의 궤적에 놓인다는 식의 융통성 없는 논의를 전개하고 싶지는 않았다. 오히려 이런 궤적을 비틀어 버리는, 혹은 강화할지도 모르는, 다른 설명들을 고려했다. 또한 국가 관련 논문에서 우리의 분석에 중요한 역사적 사건을 포함하고 있는 경쟁 이론들을 따져 보는 데 주력했다. 1910년대 후반과 1920년대 초반 페루 대통령 레기아Augusto Bernardino Leguía y Salcedo와 노동운동 사이의 관계에 대한 질문, 아르헨티나에서 나타난 포섭 시기의 타이밍에 대한 논쟁, 1964년 브라질의 쿠데타에 대한 대안적 해석 등이 이에 해당된다.

우리가 이렇게 우리와 경쟁하는 해석들을 면밀히 살펴보고, 그 증거들을 세심하게 따져 보려고 노력한 것을 생각하면, 이를 부록에 싣지 않은 게 좀 후회스럽다. 이런 경쟁하는 설명들에 대해 명확히 논의하고, 우리의 분석 목적에 맞춰 이를 어떻게 해결했는지를 보여 주는 부록이 있었다면 비교 역사 전통에서 연구를 하는 많은 이들에게도 유용했을 것이다.

『정치적 장의 형성』을 쓰는 일은 매우 도전적인 기획이었고, 의도했던 것보다 훨씬 더 오랜 시간이 걸렸다. 자그마치 10년 동안 그 책을 썼다. 그 과정에서 제임스 맥과이어James McGuire와 로널드 아처Ronald Archer 같은 버클리의 걸출한 대학원생들에게서 도움을 받았다. 다른 학자들에게 이토록 복잡한 분석을 해보라고 권하는 것은, 저들처럼 덩달아 고생길에 들어서게 될 조교수들을 떠올리면 그다지 좋은 생각이 아닌 것 같다.


**아내 루스 콜리어와는 어떻게 서로 일을 나누었나?**

분업과 관련해, 버클리 동료인 넬슨 폴스비Nelson Polsby의 통찰을 우선 언급할 필요가 있다. 그는 공동 연구를 해보니 공저자들은 각자가 이미 전체 작업의 75퍼센트를 완료한 상태였다고 했다. 우리 부부도 『정치적 장의 형성』을 쓰면서 그랬다.

구체적으로 말하자면, 당시 나는 아르헨티나·콜롬비아·페루·우루과이에 대한 기초 작업을 해놓았고, 루스는 브라질·칠레·멕시코·베네수엘라에 집중했다. 특히 나는 페루에서 박사 논문을 쓰는 동안 아르헨티나를 한 번 방문한 적이 있었는데, 그 뒤로 페루-아르헨티나 쌍에 어느 정도 관심을 갖고 있었다. 둘 사이에는 대조되는 점만큼이나 흥미로운 유사성도 많은 것처럼 보였다. 두 나라 모두 노동자 기반 정당 — 페루에서는 아메리카인민혁명동맹, 아르헨티나에서는 페론주의자들 — 을 금지한 것과 관련해 반복적으로 나타난 딜레마를 겪었고, 수십 년에 걸친 체제 위기도 비슷한 양상을 보였다. 콜롬비아·우루과이도 흥미로운 사례 쌍으로 묶어 비교해 보고 싶었다. 두 국가에서는 전통적인 정당의 역할이 강했고, 노동운동을 합법화·제도화하는 데 정당들이 특정 역할을 담당했다. 초기에 루스는 멕시코와 브라질을 비교하는 데에 관심을 가졌는데, 심지어 프로젝트 초기에 이 비교 연구를 주제로 한 논문을 출판하기도 했다(R. Collier 1982b). 루스는 이를 바탕으로 베네수엘라와 칠레에까지 자신의 관심을 확장시켰다.

**이 책은 라틴아메리카 8개국의 사례를 비교했다. 라틴아메리카의 다른 국가나 라틴아메리카 외의 국가는 고려하지 않았나?**

원래는 볼리비아와 쿠바도 포함하려고 했다. 전부터 이 국가들은 매우 매력적인 노동 포퓰리즘 사례였기 때문이다. 그러나 쓸 수 있는 시간과 기력을 고려했을 때, 앞서 마무리 지은 8개 사례만으로도 충분히 어려운 일이 될 것이 자명했다. 또한 코포라티즘에 대한 국가 간 양적 연구 자료를 구축하려고 애쓰던 초기에, 라틴아메리카 외에 세계 곳곳의 다양한 국가들의 수치를 매겨 보기도 했지만, 이 사례까지 분석에 포함시키는 것은 우리가 할 수 있는 일의 범위를 넘어선다고 판단했다.


**『정치적 장의 형성』에서 논증 부분만을 떼어 내 짧은 논문으로 출판할 수도 있었을 텐데?**

1980년대에 혼자서 혹은 루스와 함께 집필한 컨퍼런스 논문 11편이 이 책의 일부가 되었다. 그러나 우리는 이 컨퍼런스 논문 중 어떤 것도 따로 출판하지 않았는데, 전체 논증을 적절히 포괄하고 있는 글이 없었기 때문이었다. 책을 다 쓰고 난 뒤 사회과학연구협의회 프로젝트에 참여해 달라는 요청을 받았는데, 겸사겸사 책에 대한 요약 장에 도움이 될 만한 생각을 정리하려고 했지만 정작 프로젝트가 실행되지 않았다. 그러나 그런 요약본을 쓰는 일에는 루스가 나보다 대담했고 재능이 있었다. 루스는 1982년에 브라질·멕시코 부분의 초기 버전을 출판한 바 있었고(R. Collier 1982b), 1993년에는 1940년대 라틴아메리카 체제 변화의 내적·외적 요인의 영향을 주제로 한 논문에 『정치적 장의 형성』에서 다룬 논의를 요약해 실었으며(R. Collier 1993), 1992년에 멕시코를 다룬 논문에서는 이 같은 아이디어들을 소개하기도 했다(R. Collier 1992).

결론 장과 마찬가지로 '개관'을 담은 1장에도 전체 논의가 축약되어 있다. 이 책은 1991년 프린스턴 대학 출판부에서 초판이 출간된 이후 2002년 노터데임 대학 출판부에서 재출간되었는데, 여기에는 오도넬이 쓴 정말 멋진 소갯글이 새롭게 추가되었다. 2002년판에 나와 루스는 세 쪽짜리 저자의 말을 실었는데, 여기에서도 논의 내용을 매우 압축적으로 요약했다(R. Collier and D. Collier 2002). 그러나 우리 책에 대한 요약본을 출판하기는 조금 망설여진다.

요약본 출판을 주저하는 이유 가운데 하나는, 이런 유형의 저작에 쓰인 경험적인 자료의 종류 때문이다. 이런 저작들에서 증거는 그 주요 측면에서 서사적인 형태를 띤다 — 적어도 우리는 그런 서사가 밀도 높게 구축되고 분석적으로 초점이 분명한 서사이기를 희망하지만 말이다. 이 점에서 특정 국가들에 대한 주장들을 정리하는 데만도 많은 지면이 필요하다. 우리의 경우, 1910년대부터 1980년대까지의 기간을 포괄했다. 그래서 결국 우리는 대여섯 번의 역사적 국면들을 거쳐 각국이 진화해 온 양상에 초점을 맞춘 서사적 논의에 기반해, 길고 정교한 분석을 제시할 수밖에 없었다. 이 책이 좀 더 짧았다면[11] 논의를 좀 더 이해하기 쉽게 만들 수는 있었을 것이다.

**『정치적 장의 형성』은 어떤 평가를 받았나?**

하나같이 훌륭한 논평들이었다. 이 책을 계기로 많은 학자들이 결정적 국면 분석틀을 받아들여 자신의 연구에 적용하거나, 여러 국가를 다룬 우리의 논의와는 다른 부분들에 대한 연구를 진행시켰다고 본다. 누구라도 바라 마지않을 반응을 접한 셈이다. 앞서 말했듯이, 이 책에서 결정적 국면 분석틀에 대해 기술한 1장을 좋아한 학자들이 많았다. 결정적 국면과 경로 의존성[12]에 대해 명확히 논의했고, 결정적 국면에 대한 다변

---

[11] 『정치적 장의 형성』은 877쪽 분량이다.

[12] 결정적 국면은 어떤 국가 또는 그 이외의 정치적 단위의 역사에서 특유의 유산을 남긴다고 가정되는 결정적인 변화의 시기를 가리킨다. 경로 의존성은 특유의 변화 궤적을 가리키며, 그러한 궤적 내에서 정치적 대안의 범위는 결정적 국면이 발생한 방식에 의해 제한을 받는다.

량 관점을 제시해 경쟁 이론과의 관계를 명료히 설명했다는 점을 높이 평가한 것이 아닐까 싶다. 적잖은 비교분석들이 경쟁 이론에 주의를 기울이지 않았던 데 반해, 나는 이것이야말로 핵심이라고 생각했다. 특히 이 책에 미국정치학회 루버트 상을 수여한 위원회의 한 위원은, 논의가 방법론적으로 세심하게 구성되었다며 칭찬하기도 했다.[13]

물론 좌절도 겪었다. 적지 않은 학자들이 잘 알려진 책의 논의를 몇 개의 구절이나 구호로 단순화해 받아들이는 일이 빈번하게 일어났다. 무어에게는 — 그리고 간접적으로 거센크론에게는 — "부르주아지 없이는 민주주의도 없다"와 같은 말이 그랬을 것이다. 이 말은 무어가 내놓은 엄청난 비교 연구의 파노라마에서도 극히 일부였을 뿐인데도 말이다. 오도넬에게는 아마 '심화 가설'deepening hypothesis[14]이 그런 경우일 텐데, 이 또한 그의 복잡하고 다변적인 논의 가운데 하나에 불과하다. 우리 연구에서는 '노동 포섭 문제'가 그랬다. 이 같은 단순화를 두고 877쪽이나 되는 글을 썼기 때문에 겪는 형벌이라고 치부할지도 모르지만, 무어나 오도넬처럼 분량이 적은 책을 쓴 이들을 봐도 별반 다를 바 없지 않은가.


**개념과 방법에 대한 연구**

『정치적 장의 형성』 이후 개념과 방법론에 대한 논문을 연속으로 출간했다. 방법론에 초

---

13 1993년 미국정치학회 비교정치 분과 조직위원회는 『정치적 장의 형성』을 "비교정치학 부문 최고의 책"으로 선정해 그레고리 루버트Gregory M. Luebbert 상을 수여했다.

14 이는 국가가 생산재와 자본재를 생산하기 시작하는 산업 성장의 국면을 가리킨다.

**점을 두기로 결심한 것은 언제였으며, 그 이유는 무엇이었나?**

　　　　방법론에 관심을 갖게 된 이유는 여러 가지이지만, 학문을 시작했을 때부터 관심이 있었다. 내가 인디애나에서 수행한 작업에는 — 일부는 아내와 함께했다 — 개념 분석과 관련해 중요한 관심사가 포함되었는데, 코포라티즘에 대한 연구와 관료적 권위주의에 대한 연구 모두에서 아직은 산발적인 수준에 있던 주요 개념을 연구할 필요성을 느꼈다. 코포라티즘에 대한 개념적 연구는 양적 연구 프로젝트에서 시작되었지만, 관료적 권위주의를 개념화하려는 노력은 원래 질적 연구와 연관되어 있었다. 개념 정립에 관한 작업을 하면서, 이 작업은 두 전통 모두와 높은 관련성을 지닌다는 사실을 깨달았다.

　　그러나 결정적으로 방법론에 대한 글을 계속 쓰게 된 것은, 아내와 함께 『정치적 장의 형성』을 집필하면서부터였다. 이 책은 방법론적 질문을 많이 제기했다. 포섭 시기를 어떻게 비교 가능하게 할 것인가? 이를 위해서는 (국가별로 시간을 넘나들며) 사건을 개념화해 사례들을 적절히 분류해야 했다. 하지만 분류 작업은 무척 복잡했는데, 포섭 시기들이 서로 다른 방식으로 발생했다는 것이 분석의 요점이었기 때문이다. 그러므로 분석적 범주는 유사점과 차이점을 모두 수용해야 했다. 학계에서는 간혹 병합론자들lumpers과 세분화론자들splitters[15]을 명확히 구분하려는 경향이 있지만, 이 책에서는 중간 지점을 모색했다. 게다가 이런 분석 범주들이 명확히 구분 가능한 것인지 아닌지의 문제도 중요했다. 그렇지 않다면, 우리의 분석 범주는 이념형들로, 우리의 역사적 사례들은 이에 비추어 다양한 등급으

---

15 병합론자는 차이보다는 폭넓은 유사성이 더 중요하다고 강조한다. 반대로 세분화론자는 현상들이 서로 차이를 보이게 되는 과정을 더 강조하는 경향이 있다.

로 나뉘는 것인가? 다시 말해, 우리는 범주적인, 즉 명목적인 측정 지표 수준에서 작업하고 있는 것인가? 아니면 우리의 범주들은 서열적인 것인가? 이린 기술적descriptive 주장들에 대해 충분히 고심하지 않는다면, 설명적 주장들의 기반도 불안정해질 것은 명백했다. 나아가 『정치적 장의 형성』에 있는 요약표의 사례처럼, 제시된 사례의 교차표에서 인과 추론을 얼마나 이끌어 낼 수 있는지, 그리고 알렉산더 조지가 말하는 과정 추적[16](George and McKeown 1985, 35)을 포함해, 사례에 대한 심층적 지식이 얼마나 필요한지와 같은 질문이 제기될 수도 있었다. 나는 요약표가 문제를 설명하는 데 중요한 요인이지만, 설명적 평가의 가장 중요한 자원은 섬세한 사례 내 분석이라는 생각에도 점점 더 끌렸다.[17]

이런 질문들에 대해 고심하면서, 방법론이라는 주제에 주의를 기울이지 않으면 비교 역사 연구의 기반은 취약해지고 만다는 결론에 이르렀다. 덕분에 개념 정립, 비교, 측정 지표의 타당성[18]과 같은 기본적인 문제를 더 탐구하게 된 셈이다.

방법론에 대한 초기 논문을 보면, 1960년대와 1970년대 초의 비교방법론에 대한 폭발적인 관심을 확인할 수 있다. 그러나 그런 글쓰기 전통은

---

16 • 과정 추적process tracing
사례연구에서 독립변수와 종속변수를 연결하는 인과관계 메커니즘을 인식하기 위한 방법으로 풍부한 질적 자료(역사적 기록문서, 인터뷰, 매스미디어 보도, 정부 문서 등)를 가지고 이론이나 관찰된 현상을 토대로 한 귀추법ab-duction을 이용해 선택된 사례가 가지고 있는 이론적 가정과 함의, 그리고 연결 고리 메커니즘을 이해하는 데 중점을 둔다. 종속변수에 대한 독립변수의 원인 효과causal effect에만 중점을 두는 변수 중심의 계량적 연구 방법과는 달리, 복잡한 인과관계의 과정, 순서, 변수 간 상호작용에 대한 풍부한 설명을 제공해 줄 수 있다.

17 사례 내within-case 분석은 사례 간cross-case 분석과 대조되는 것으로, 한 가지 사례를 시간의 흐름에 따라 분석하거나 하위 단위 전반에 대해 분석한다.

18 • 측정 지표[도구]의 타당성measurement validity
측정 지표가 그것이 원래 측정하고자 했던 개념의 의미를 얼마나 정확히 측정했는지를 의미한다.

많이 사그라졌다. 이런 전통을 되살리려는 나의 첫 시도는 "비교방법론 : 변화의 20년"The Comparative Method: Two Decades of Change이라는 논문으로, 이를 통해 부분적으로나마 레이프하르트(Lijphart 1971)가 다룬 사례연구 방법론을 창의적으로 병치하고, 소규모 사례 비교 방법론, 통계적 방법론을 확장하고자 했다. 늘 그랬듯이 나는 이런 방법 사이의 대화가 필요하다고 강력히 주장했다. 뉴욕 시립대학 대학원 센터에서 열린 어느 컨퍼런스에서 이 논문을 처음 발표했을 때가 생생히 기억난다. 이 논문이 책(Collier 1991)으로 엮어서 출판된 계기가 된 것도 그 컨퍼런스였는데,[19] 당시 컨퍼런스에 참석했던 사르토리와 알몬드는 내 발표에 열광했고, 이런 반응에 큰 힘을 얻어서 방법론에 대한 글을 계속 쓸 수 있었다.

**방법론에 대한 당신 작업의 주요 주제는 개념과 개념 정립에 대한 분석이다. 이런 작업을 통해 주로 강조하고 싶은 점은 무엇인가?**

나는 개념 분석의 두 가지 전통을 병치하는 데에 관심을 가졌다. 하나는, 정치학에서는 사르토리와 밀접하게 관련된 방법으로, 학자 개인의 연구에 — 그것이 양적 연구든, 질적 연구든 — 분석적 엄격함을 부여하는 데 유용하다. 이 전통에서는 정의된 개념을 신중하게 활용하는 데 초점을 맞춘다. 이를테면 중첩적인 개념들의 문제나 용어와 의미 사이의 관계에서 나타나는 혼동의 문제를 다루거나, 의미의 요소들(즉, 내포성)과 그 개념에 해당하는 사례의 범위(즉, 외연성) 사이의 결정적 상호작용을 정확

---

[19] 이 논문을 좀 더 풍부하게 발전시킨 글로는 Collier(1993) 참조.

히 서술하거나, 이런 상호작용을 개념들의 위계라는 측면에서 파악하는 등의 작업 — 예컨대, 베버적인 개념의 위계 속에서, 권위는 지배의 종별적 유형 가운데 하나이며, 카리스마는 권위의 종별적 유형 가운데 하나이다 — 을 하는 것이다(Sartori 1970). 특히 나는 이 위계라는 아이디어를 후속 작업에서도 계속해서 중요하게 다루었다.

또 다른 전통은, 개념의 복잡성들 그리고 좀 더 폭넓은 학자 집단들 사이에서 흔히 나타나는 개념의 변용과 관련되어 있다. 이런 접근법은 개념의 사용이 대체로 혼란스럽다는 점 — 그리고 이는 오직 강력한 분석 도구를 통해서만 추적할 수 있는 패턴을 따른다는 점 — 에 대한 인식에 좀 더 집중되어 있다. 다양한 용법들 사이의 의사소통이 주요한 도전 과제가 될 수 있는데, 이런 문제들은 학문의 성장과 지식의 축적에 심각한 장애물이 될 수 있다. 이 문제는 적절한 개념 용례를 제정함으로써 — 쉽지는 않지만 — 잠재적으로 해결할 수 있다. 정치학에서 이런 관점에 입각한 핵심 진술은 갈리(Gallie 1956)의 "본질적으로 경합하는 개념들"[20]이라는 아이디어라고 할 수 있다. 나는 이 전통에 대해서도 다루고자 했고, 사실 지금 갈리의 유산과 관련된 프로젝트에 참여하고 있기도 하다. 개념의 복잡성에 대한 내 생각은 엘리너 로슈Eleanor Rosch가 개척한 이른바 인지언어학계의 버클리 학파로부터 영향을 받았다. 레이코프(Lakoff 1987)는 위계에 반대된다는 의미에서의 '방사적'radial이라는 개념에 대해 쓴 논문을 통해 이 전통을 확장했고, 개념적 위계를 내세운 사르토리와 대비되는 관점을 고무적으로 제시했다. 이 인지언어학파가 개념 사용에는 언제나 혼란이 있기

---

20● 이는 월터 갈리가 1956년에 발표한 논문에서 고안해 낸 용어로, 개념을 사용하는 이들 간에 추상적 개념의 차원에 대해서는 의견의 일치가 존재하지만, 그 개념의 적절한 적용례 또는 적용 기준에 대해서는 '합리적인' 다툼(경합)이 있는 상황을 뜻한다.

마련이라고 주장하는 것은 아니다. 사실 개념은 고도로 표준화된 양식을 일상적으로 따른다. 그러나 이들의 접근법에는 개념의 내재적 구조는 복잡하며, 우리가 개념을 효과적으로 이용하려면 이런 복잡성을 이해해야 한다는 주장이 담겨 있다.

나는 다른 사람들과 공저한 일련의 논문들에서 이 주제들을 밀고 나갔다. 『미국정치학회보』에 실린 "개념 확장에 대한 재고"Conceptual Stretching Revised에서는 이 두 전통의 상호작용을 탐색했다(Collier and Mahon 1993). 처음에는 어떤 개념은 '방사적'이고, 어떤 개념은 그렇지 않다고 보는 것이 맞겠다고 생각했는데, 뒤이은 작업에서는 이런 구분이 그다지 생산적이지 않다는 점을 깨달았다. 그래서 모든 개념이 어느 정도는 방사적 요소를 지니고 있다는 쪽으로 생각이 기울었다. 방사적 개념이라는 아이디어와 밀접히 연관된 좀 더 생산적인 방안의 사례로는, 내가 "형용사 붙은 민주주의"Democracy with Adjectives(Collier and Levitsky 1997)에서 소개한 '약화된 하위 유형'diminished subtypes — '비자유주의적 민주주의' 같은 것 — 이라는 아이디어가 있다. 이런 하위 유형들은 민주주의를 둘러싼 논쟁이라는 좀 더 큰 틀 내에서는 분석적 범주를 유지하지만, (그 틀 안에서 보니) 분석된 사례들은 충분히 민주적이라고 할 수 없었다. 그리고 중요한 것은, 이런 유형과 하위 유형들이, 사르토리식 개념적 위계의 틀 내에서는 서로 관련성이 없고, 부분-전체 관계라 할 수 있는 위계 내에 있는 것처럼 보였다는 점이다.

다른 논문들에서는 개념들을 둘러싼 논쟁과 측정 방법에 대한 선택 사이의 상호작용에 대한 체계적 이해를 제시하면서, 개념 정립의 문제와 측정 지표의 문제 사이의 강한 연관성에 대해 검토해 보려 했다. 그중 한 논문에서는 민주주의 개념을 둘러싼 논쟁과 그 개념을 [민주주의와 비민주주의 같이] 이분법적으로 접근할 것인지 아니면 등급화해 접근할 것인지를 선택하는 문제 사이의 상호작용에 대해 검토했다(Collier and Adcock 1999). 후속 논문에서는 질적 연구와 양적 연구를 모두 다루는 통합적 틀을 제공하려고 했는데, 이를 위해 개념적 논쟁, 측정 지표의 선택, 그리고 [측정 지표의] 타당성에 대한 대안적 개념화 사이의 상호작용을 고찰했고, 여기서 다시 민주주의에 대한 다양한 연구들을 사례로 이용했다(Adcock and Collier 2001).

물론 개념에 대한 이런 작업이 가져다주는 이점은, 실질적인 연구를 개선하는 데 기여한다는 것이다. 상당수의 정치학은 설명적 주장을 평가하는 것과 관련이 있는데, 만약 개념과 측정 방법이 뒤죽박죽이라면 일관된 평가가 불가능하다. 이를테면, 나는 초기에 권위주의와 코포라티즘 같은 핵심 개념들의 분류에 대한 관심을 통해, 학자들이 이런 개념들과 연관된 아이디어들을 설명적 주장으로 발전시킬 수 있는 역량을 증진시킬 수 있도록 하기 위해 노력했다. 마찬가지로 "형용사 붙은 민주주의"Democracy with Adjectives에서도 민주화 문헌들에서 나타나는 개념적 혼란의 문제를 다루었다. 민주주의에 관한 문헌에서 많은 학자들이 개념을 정의하는 데 부주의했는데, 그 결과 그 문헌들은 민주주의의 하위 유형들 — 즉, 형용사 붙은 민주주의 — 을 놀라울 정도로 많이 양산했다. 이와 같은 문제는 민주주의의, 그리고 다양한 종류의 민주주의의, 원인과 결과를 평가하려는 노력을 무용지물로 만들 수 있다. 또한 후속 논문에서는 인과 추론이 가능하기 위해 중요하게 관심을 기울여야만 하는 쟁점들을 다루었다. 예컨대, 개념의 의미를 둘러싼 논쟁에 비추어 측정 지표의 타당성을 확립할 수 있는 틀을 제공해야 할 필요성뿐만 아니라, 특정 개념을 이분법적으로 다룰 것인지 등급화해 다룰 것인지를 둘러싼 선택의 문제 등이 그러하다.

실질적인 성과와 관련해, 내 예전 대학원 제자들은 제도화·소작농·민주주의 개념을 중심으로, 개념적 혼동이 어떻게 인과 추론에 문제를 일으키는지를 자세히 고찰한 개념 분석 논문들도 추가할 수 있다(Levitsky 1998; Kurtz 2000; Elkins 2000). 또한 개념 분석은 요즘 정치학에서 많은 관심을 받고 있는데, 이를테면 로체스터 학파의 제임스 존슨(Johnson 2003)의 작업이 그런 경향을 보여 준다

**2004년에 헨리 브래디와 함께 『사회조사 다시 생각하기』를 출판했다. 이 책의 주요 주장은 무엇인가?**

『사회조사 다시 생각하기』에서 나는 — 이 책은 헨리 브래디Henry Brady, 제이슨 시라이트Jason Seawright와 함께 집필했고 그 밖에 다른 학자들과 협력한 결과도 담고 있다 — 질적 방법과 양적 방법 사이의 관계에 대한 새로운 관점을 제시하고자 했다. 이 생각에 대한 구체적인 내용은 이렇다.

지난 20~30여 년 동안, 소위 '양적 방법론의 주류'라고 하는 접근법 — 회귀분석과 그에 대한 계량경제학적 개선에 기초한 접근법 — 이 정치학의 일부 분야에서 헤게모니를 잡고 있었다. 동시에 질적 방법과 동일시되는 대안적 분석 도구도 그 중요성을 높여 가고 있다. 나는 후자의 발전을 강력히 뒷받침하기 위해 노력했는데, 그러려면 양적·질적 방법론 모두에 대해 면밀하게 관심을 기울여야 했다. 책의 부제로 적었듯이, 정치학적 분석을 위한 **다양한 도구들** — 양적인 것과 질적인 것 — 에 비추었을 때, 도전 과제는 대안적인 접근법들이 **공유할 수 있는** 기준을 발견하는 것이다.

양적·질적 접근법에 대한 공통 기준을 모색하다 보니 '통계 이론'의 독특한 기여를 탐구하게 되었는데, 그 결과 통계 이론을, 증거와 추론을 따져 보는 데 사용되는 광범위한 도구로서 이해할 수 있었다. 전통적인 인식에 따르면 통계 이론은 주류 양적 방법론에 기본적인 근거를 제공한다고 여겨지지만, 사실 몇몇 통계 이론가들은 실험이 아닌 관찰에 의해 수집되는 사회과학적 자료를 기반으로 양적인 인과 추론을 하는 데에 회의적이다. 이 통계 이론가들은, 관찰 자료를 분석할 때 특정 종류의 분석적·방법론적 문제를 해결하는 데는 종종 양적 도구보다 질적 도구가 더 우수할 때가 있다고 생각한다. 이들은 질적 방법론이 어떤 종류의 기여를 하는지는 [양적 방법론과] 다를 수 있지만, 적어도 기여도만큼은 동일하게 중요하다고 믿는다.

우리 책의 핵심 목표는, 양적 조사의 경험적 기반인 '데이터 세트 관찰'

과, 맥락 및 구조에 대한 정보를 제공하는 자료이면서 인과 추론에 독특한 영향을 미치는 '인과 과정 관찰' 사이의 유사성을 도출하는 것이었다. 방법론을 논할 때 '관찰'이라는 개념은 매우 독특하고 특별한 의미를 갖는다.[21] 표준적인 양적 데이터 세트의 기본 특성으로서 관찰이라는 개념을 강조하고, 이 개념을 질적 자료에서 도출한 통찰과 연결 짓고자 했다. 인과 과정 관찰은 사례연구나 알렉산더 조지가 '과정 추적'이라고 명명한 것 ─ 이에 대해서는 앞서『정치적 장의 형성』을 다룰 때 언급했다 ─ 으로부터, 그리고 리처드 페노(Fenno 1977, 884)가 "빨아들이기와 파고들기"soaking and poking라고 명명한 것으로부터 도출할 수 있다.[22]

데이터 세트 관찰과 인과 과정 관찰의 발상을 병치했을 때 또 다른 실마리를 얻을 수 있다. 이를테면 '과다 변인, 과소 사례' 문제(Lijphart 1971)에 관한 초기 논쟁이나, 사회과학 조사에서 추론 능력을 향상시키는 수단인 '관찰 수 늘리기'에 관한 비교적 최근의 논의 같은 문제에 대해서 말이다. 인과 과정 관찰에 초점을 두고 '사례 수', 즉 관찰 수를 늘린다는 발상은 이제 명확히 또 다른 의미, 즉 질적 연구의 영향력을 가리키게 되었다.

---

21 표준적인 '직사각형 데이터 세트'rectangular data set는 열에는 사례를, 행에는 변수를 상응시키는데, 전통적인 용례를 따랐을 때 '관찰'이란 데이터 세트에서 각 사례들의 모든 값을 포함하는 열을 뜻한다.

22 조지의 과정 추적은 인과 구조를 확인하고 시험하기 위한 방법 가운데 하나이다. 페노의 (정보를) 빨아들이기와 (구석으로) 파고들기는 연구 과정이 깊이와 근접성을 갖출 수 있도록 하는 데에 적합한 현지 조사, 관찰, 면접 등에 깊이 의존하는 연구를 가리킨다.

## 『사회조사 다시 생각하기』는 질적 방법론을 옹호한다고 생각하나?

질적 방법론을 옹호하려는 의도에서 이 책을 쓰지는 않았다. 질적·양적 접근법 양자가 갖고 있는 강점과 약점을 탐구하면서, 일련의 대안적인 도구들과의 관계 속에서 '공평한 경쟁의 장을 만들려' 했다고 이해하는 편이 나을 것이다.

첫째, 그리고 가장 근본적으로 우리는 질적 접근과 양적 접근이 서로 [어느 하나를 선택하면 다른 하나를 희생해야 하는] 맞교환 관계에 놓여 있는 문제에 관심을 가졌다. 질적·양적 구분을 분해해 (서로 밀접하게 연결된) 네 가지 차원 ― 측정 수준, 사례 수, 통계적 테스트 사용 여부, 연구의 성격이 얇은[표층] 분석인지 두터운[심층] 분석인지(두터운 분석의 경우 사례에 대한 상세한 지식을 활용한다는 의미) ― 으로 나누었다. 이와 같은 차원들과 관련해, 연구자들은 한 전통이 강해지면 다른 전통이 약해지는 상태의 맞교환에 직면한다. 따라서 측정 수준에 대한 정의상, 좀 더 높은 측정 수준은 사례에 대한 좀 더 많은 정보를 제공할 수 있다. 그러나 사례에 기반을 둔 지식과 범주형 변수를 활용하는 ― 즉, 명목 척도, 그리고 측정 수준이 낮은 ― 실질적으로 풍부한[다양한] 유형학적 방법은 매우 상이한 종류의 통찰을 제공한다. 대규모 사례를 가지고 작업을 할 경우, 이를 통해 얻을 수 있는 이점도 많지만, 대체로 사례 그 자체에 대한 지식을 희생시켜야만 하는 대가를 치러야 된다. 통계적 테스트가 강력한 분석 도구가 되려면, 데이터가 좋아야 하고 그 테스트의 기저를 이루는 복잡한 가정을 충족해야 한다. 그런데 이 두 가지 조건을 모두 성취하기는 어렵다. 얇은 분석은 두 번째 범주, 즉 대규모 사례에 대한 실험을 허용할 수 있는 이점을 가진다. 그러나 정의상, 얇은 분석을 통해 (질적 연구의 큰 이점이기도 한) 깊이 있는 지식을 얻기는 어렵다. 각각의 접근법은 모두 결정적인 강점과 약점을 가지고 있기에, 각각의 전통을 지지하는 이들이 자신이 사용하는 분석의 장점만을 내세우는 것은 적절하지 않아 보인다.

둘째로, 인과 과정 관찰이라는 개념을 도입한 목적은, 부분적으로 질적 분석의 기본적인 연구 절차가 가진 중요성을 더욱 광범위하게 강조하기 위해서였다. 뿐만 아니라 우리는 그렇게 함으로써 질적 방법을 사용하는 연구자들이 더욱 엄격한 틀의 인과 추론 속에 자신들의 접근법을 자리 매김하도록 강제하려 했다. 예컨대, 우리는 두 개의 관찰 유형 사이의 차이를 주의 깊게 설명하려 했으며, 질적 연구자들이 주어진 분석 내에 각 유형의 추가적 관찰을 도입하고, 추가적인 변수들을 도입했을 때 나타나는 분석적 결과에 대해 주의 깊게 생각하도록 권장했다(Collier, Brady, and Seawright 2004, 253, 259).

연구자들은 양적 연구든 질적 연구든, 연구할 때는 겸허한 태도를 보여야 한다. 회귀분석에서 유의미하고 해석 가능한 결과를 얻는 일은 사례연구를 해석하는 일만큼 어려울 수 있다. 양적 방법이, 그 어떤 사례연구보다, 분석의 장점을 특별히 독점하는 것은 아니다. 그러나 다음과 같은 점을 강조해 두고 싶다. 즉, 공정한 경쟁이 여전히 이루어지고 있지 않은, 현재와 같은 정치학의 발전 수준에 비추어 볼 때, 양적 방법론이 지닌 한계에 대한 좀 더 충분한 인식이 필요하다.


**어떻게 보면 『사회조사 다시 생각하기』는 킹·커헤인·버바의 『사회조사 설계』**(King, Keohane, and Verba 1994)**에 대한 비평서라고 할 수 있다. 『사회조사 설계』가 기여한 바와, 두 책 사이의 관계에 대해 간략히 설명해 달라.**


『사회조사 설계』는 양적 방법론의 주류, 즉 바로 앞서 논의한 접근법을 강화하고 정당화하는 데 매우 중요한 역할을 했다. 또한 질적 방법을 사용하는 연구자들 사이에서 완전히 새로운 수준의 방법론 논쟁과 자각을 불러일으켰다. 이는 엄청난 기여이다. 그렇지만 우리는 그 책의 저자들이 질적 연구에 도입하려는 양적 모형에는 많은 문제가 있으며, 게다가 그 모형은 질적 연구가 직면한 수많은 도전 과제들을 해결할 수 있는 만병통치약이 될 수 없다고 생각했다. 예를 들어, 그들이 제기한 '확정적 연구 설계'determinate research design는 오해의 소지가 있거나 부적절한 것으로, 이는 양적 연구에 적용했을 때에도 그렇다. 그것은 우리가 일상적으로 도달할 수 없는 수준의 확실한definite 지식을 의미한다. 우리가 좀 더 선호하는 질문은, 어떤 연구 설계가 '해석 가능한지'의 여부로(Brady and Collier 2004, 292), 이것이 엄격함은 덜하지만 더 유용한 것 같다. 이와 관련해, 나는 분석자들이 자신들의 연구를 명확하게 정의된 집단과 관련해 수행하지 않는다는 점에서, 킹·커헤인·버바가 [실험할 때 피험자 혹은 실험을 위한 특정 대상을 뽑을 때 생기는] 선택 편향에 대해 제시한 조언 가운데 상당수는 통계학자들에게 별다른 의미를 갖지 못할 것이라고 생각한다. 비교 연구에서, 사례들의 상이한 조합은 통상적으로 상이한 결과를 낳는다. 그리고 주어진 결과를 대규모 사례들과의 연관 속에서 평가한다 하더라도, 결과에서 나타나는 차이가, 통상적으로 이해되듯 선택 편향이 아닌, 사례 간의 실질적인 차이를 반영하는지 알 수 있는 방도는 없다.

『사회조사 다시 생각하기』에 대한 통찰력 있는 논평 가운데 하나는 라틴아메리카 연구자가 썼는데, 그는 이 책이 내 전작인 『새로운 권위주의』를 환기시킨다고 말했다. 사실 두 책 모두 고도로 지적이고 학술적인 수준의 논쟁을 일으킨 선행 연구에 비판적으로 개입하고, 그 논쟁에 명확한 구조를 제시하는 방식으로 초점을 벼리며, 선행 연구에 대한 직접적인 주장 이상의 풍부한 함의를 가질 수 있을 만큼 폭 넓은 것이었다. 『새로운 권위주의』의 경우에는 오도넬의 책[『근대화와 관료적 권위주의』]이, 『사회조사 다시 생각하기』의 경우에는 킹·커헤인·버바의 책이, 그와 같은 선행 연구가 되어 주었다. 두 책 모두 많은 이들이 매우 유용하게 느끼는, 전작들에 대한 새로운 요약을 포함하고 있었고, 논쟁의 공통된 틀을 구축하기 위해 용어 해설집을 작성했다는 점에서도 유사하다. 그리고 두 책을 내면서 각 장의 편집에 직극적으로 개입했는데, 그 덕에 책이 일관성을 갖춘 훌륭한 결과물로 나왔다고 믿는다.

내가 이 두 책의 유사성을 강조하는 데에는 특별한 이유가 있다. 일부 연구자들은 학문을 발전시키는 가장 좋은 방법은 대단한 문제를 대담하게 주장하는 것이며, 그래서 논의를 극적으로 급진전하게 만들어야 한다고 믿고 있다. 이런 접근을 그다지 좋아하지 않는다. 나는 공정하고 균형 잡힌 연구, 실제로 분석적으로 중요한 문제를 다루는 연구, (성취한 것이 없으면서도) 뭔가를 성취한 척하지 않는 연구에 동조한다.

**방법론에 대한 당신의 연구는 당신의 실제 관심사와 어떻게 연결되나?**

방법론적 작업은 학자가 관심을 갖는 실질적인 문제로부터 추동되었을 때 가장 유용하다. 그래서 나는 방법론을 다루는 글을 쓸 때, 내가 이전부터 흥미롭게 느낀 주제, 즉 코포라티즘, 체제 변동, 민주주의, 또 (좁게는 체제의 절차적 측면에 대한 논점부터, 넓게는 국가 성격, 법의 지배, 시민권 등에 이르기까지) 민주주의에 대한 개념화에서 최근 나타나고 있는 변화 등과 밀접하게 연계해 쓰고자 했다. 이와 같은 연계는 코포라티즘에 대한 내 논문(Collier 1995)이나, "형용사 붙은 민주주의"(Collier and Levitsky 1997), "민주주의와 이분법"Democracies and Dichotomies(Collier and Adcock 1999), (『미국 정치학회보』에도 수록된) 측정 지표의 타당성을 다룬 논문(Adcock and Collier 2001) 등에서 확인할 수 있다. 방법론적 작업이 실질적인 문제와 동떨어지면 생동감을 상실하게 된다. 방법론자들은 재미있는 연구 과제가 있는 곳에 항상 가까이 있어야 한다. 또한 방법론적 문제와 실질적인 문제를 연결하는 것은 다른 학자들이 방법론에 더 많은 관심을 기울이게 하는 특별한 동기를 부여한다. 예를 들어 『새로운 권위주의』에서 많이 제시한 방법론적 문제가 연구자들의 관심을 끌었는데, 이는 이 책이 실질적 의미에서 설득력을 지녔기 때문이라고 생각한다.

**지금도 참여하고 있는 방법론 프로젝트가 있나?**

나와 브래디는 『사회조사 다시 생각하기』에서 제기된 기본적인 주제들에 지속적으로 많은 관심을 기울이고 있다. 브래디가 계속 연구하고 있는 주요 주제는 인과 추론의 논리적 기반과 이를 명확하게 해줄 통계 이론의 기여에 관한 것이다. 나는 앞서 언급한 바 있는 측정 지표와 개념화에 대한 작업을 계속하고 있다. 나는 여전히 복잡한 개념을 어떻게 다룰 수 있을지, 어떻게 하면 그 복잡성을 인식하면서도 양적 연구와 질적 연구 모두를 경험적 작업(적어도 측정 지표의 타당성에 대한 합리적 주장을 할 수 있는)에 기반을 둘 수 있게 할 것인지에 관심이 있다. 일종의 조작주의[23]로 도망쳐서는 이런 문제들을 해결할 수 없기에, 조작주의보다 더 나은 해결책을 찾기 위해 작업을 계속하고 있다.

이와 밀접하게 연계된 계획의 일환으로, 시라이트와 나는 (서로 실질적으로 소통되거나 제대로 인식되지 않고 있던) 네 가지 측정 전통, 즉 공리적小理的 측정 이론, 실용적 측정 방법, 잠재적 변수들로 설계한 구조 방정식, (우리가 명명한) 사례 분석적 측정 방법을 통합하는 연구를 진행하고 있다. 이런 작

---

[23] 조작주의operationalism는 이론적 용어의 의미가 그것을 측정하기 위해 도입된 지표 속에 있다고 본다.

업을 통해 좀 더 건전한 기반을 바탕으로 비교정치학과 정치학의 개념화 문제와 측정 문제를 다룰 수 있었으면 한다.


## 과학과 가치관

**자신을 과학자라고 생각하나?**

연구 지원금을 두고 경쟁하는 세계에서 과학이란 칭호는 분명히 긍정적인 값을 가지며, 바로 그런 이유 때문에 그 점을 진지하게 받아들여야만 한다. 애리조나 주립 대학의 질적조사방법론 훈련연구소Training Institute on Qualitative Research Methods가, 국립과학재단이 통상적으로 제공하는 장학금보다 더 많은 연구 정착금을 제공하게 된 것은, 연구소로서는 중요한 변화라고 생각한다.[24] 사람들이 과학이라고 간주하는 작업에 상당한 보상이 주어졌는데, 여기서 만들어진 압박은 연구가 더욱더 엄격해져야 한다는 분위기를 확산시켰다. 이는 모두에게 도움이 되는 일이라고 생각한다.

그렇지만, 자연과학 내에서, '과학'은 다양한 실천들로 구성되어 있어, 그와 같은 칭호는 [연구 지원금을 따내는 데] 아마도 도움이 되지 않을 것이다. 정치학에서는 일정한 연구 노선이 엄격성이나 효과성 측면에서 특정 연구 과제에 부응한다고 주장하는 것 — 앞서 논의한, 질적 분석 대 양적 분석의 네 가지 차원과 같은 문제에서처럼 — 이 좀 더 도움이 된다. 그러나 모

---

[24] 이 훈련연구소는 대학원생을 대상으로 매년 질적 방법론 과정을 개설한다. 이 연구소에 대해서는 www.asu.edu/clas/polisci/cqrm/institute.html 참조.

244

든 연구 기획에 지나치게 명확한 칭호를 붙이고, 연구 기획 전체를 과학 — 또는 과학이어야만 한다고 — 이라 주장하는 것은, 연구 지원금을 따내 거나 이를 선전하는 데 도움이 될 수 있을지는 몰라도, 유익한 것은 아니 다. 킹·커헤인·버바가 쓴 책(King, Keohane, and Verba 1994)의 부제는 저 자들이 합심해서 "질적 조사의 과학적 추론"으로 정했다고 한다. 많은 사 람들이 그렇듯 나 또한 그 책이 기여한 바가 크다고는 생각하지만, 그 책 의 엄밀함에 대한 주장은 지속될 수 없다고 본다. 이 정도의 주장을 하면 서 '과학'이라고 내세우는 일은 이제 그만해야 하지 않을까 싶다.

**당신 자신의 연구나 당신이 중요하다고 생각하는 연구에서, 가치관이나 규범적 책무의 역할을 하는 것은 무엇인가?**

비교정치학자들은 일상적으로 규범적 관심 때문에 권위주의, 인권침해, 폭력, 불평등, 빈곤, 법의 지배의 붕괴 등을 연구한다. 이는 전쟁 이나 여타 국제 분쟁이 초래하는 비극을 연구하는 국제관계학자들이나, 미국 선거와 입법부의 대의 체계의 왜곡, 혹은 제한적 민주주의의 왜곡에 초점을 맞추는 미국 정치학자들도 마찬가지이다. 규범적 쟁점들은 우리가 연구하는 주제뿐만 아니라, 우리가 연구하는 데 실패한 — 좀 더 까다로운 — 주제들 속에도 늘 들어 있다. 분석적 의제가 가진 규범적 원천은 모든 정치학 연구에서 근본적이다. 그리고 이런 규범적 관심이, 경험적인 정치 학 전통의 엄격한 분석에서 벗어나는 것으로 여겨져서는 안 된다는 점도 분명하다. 물론 우리는 다양한 쟁점과 문제의 규범적 경중을 둘러싼 논쟁 에 직면할 것이다. 그리고 규범적 의제는 (단지 연구자의 규범적 헌신이 정당하 다는 것을 입증하는 데에 불과한) 뻔한 연구 결과를 초래해서는 안 된다. '가치 중립적인 사회과학'의 요소는 이런 경험적 연구에서 예측하지 못했고, 때로는 달갑지 않기까지 한 발견물, 즉 막스 베버식으로 말하자면 '불편한 사실'(Weber 1946, 147)이 도출되었을 때 발생하곤 한다. 그러나 규범적으로 추동되지 않는 연구가 존재한다고는, 단 한순간도 상상할 수 없다.

## 동료

**1970년부터 1978년까지 인디애나 대학에서 강의했다. 인디애나에서 가장 많은 영향을
받은 동료는 누구인가? 그곳 분위기는 어땠나?**

　　인디애나에 있으면서 실질적이고 방법론적인 연구에 흥미를 가
질 수 있었다. 엘리너 오스트롬Eleanor Ostrom과 빈센트 오스트롬Vincent Ostrom
은 1973년 (이제는 유명해진) 정치학이론 및 정책분석 워크숍Workshop in Political
Theory and Policy Analysis을 설립했고, 디나 진스Dina Zinnes와 존 길레스피John
Gillespie는 국제분쟁에 관한 수학적 모델링에 관여하고 있었다. 또 인디애나
는 지역연구 전통이 탄탄했는데, 서유럽 연구자인 앨프리드 다이어먼트
Alfred Diamant 같은 사람과 우정을 쌓을 수 있어서 고맙게 생각하고 있다. 그
당시 나는 코포라티즘에 관심이 있었는데, 흥미롭게도 다이어먼트가 오스
트리아 코포라티즘에 대한 책을 쓴 바 있었다(Diamant 1960).

　　이 시기에는 — 인디애나는 물론 전국적으로도 — 양적 비교 연구를
통해 정치 변동을 이해하는 연구에 대한 지적 지원이 강했다. 이를테면 인
디애나 정치학과의 로널드 웨버Ronald Weber는 미국 내 주 정치state politics
에 대한 양적 비교 연구를 하고 있었고(Weber and Shaffer 1972), 사회학과
의 필립스 커트라이트Philips Cutright는 발전 문제에 관해 국가 간 양적 연구
를 하고 있었다(Cutright 1963). 이들을 보며 나 또한 그와 같은 비교 연구

에 관심을 갖게 되었다.

**1978년에 버클리로 옮긴 후 지금까지 버클리에 몸담고 있다. 버클리는 어떤가? 그곳에서 만난 동료들이 당신 생각에 미친 영향은 무엇인가?**

버클리에 와서 비교 역사적 작업에 대한 흥미가 커졌다. 버클리 사회학과에 있던 라인하르트 벤딕스는 정치학과로 자리를 옮겼고 1964년 『국가 건설과 시민권』*Nation Building and Citizenship*을 출판했다(Bendix 1964). 이 책은 루스와 내가 쓴 『정치적 장의 형성』에서 무척 중요한 책이었다. 그리고 루스와 내가 버클리로 온 직후 벤딕스가 『국왕이냐 국민이냐』*King or People*를 출판했는데(Bendix 1980), 우리 학과에서 이 책을 읽으며 숱한 토론을 벌였다. 사회학에서는 닐 스멜서Neil Smelser가 오래전부터 역사적 분석에 관심을 기울이고 있었고, 하버드에서 무어와 수학한 적이 있는 빅토리아 본넬Victoria Bonnell 역시 그랬다. 스멜서와 본넬은 교수 세미나를 조직해 역사적 분석 문제를 중점적으로 다루었는데, 나는 이 세미나에서 스카치폴과 마거릿 소머스Margaret Somers가 쓴 뛰어난 논문 "거시 사회 연구에서 비교사의 유용성"The Uses of Comparative History in Macrosocial Inquiry(Skocpol and Somers 1980)을 처음으로 읽었다. 버클리산업관계연구소Berkeley Institute of Industrial Relations에서 클락 커Clark Kerr는 매우 특출했는데, 그는 고전적 연구서인 『산업주의와 산업적 인간』*Industrialism and Industrial Man*의 공저자이기도 했다. 이 책은 중대한 역사적 순간에 노동이 국가 정치조직에 포섭되는 문제를 깊이 있게 다루었다(Dunlop et al. 1960). 국가 간 연구를 통해 복지국가를 다룬, 해럴드 윌렌스키Harold Wilensky의 대담한 작업은 폭넓은 비교가 실현될 수 있다는 점을 잘 드러냈다.

개념과 관련된 연구에서는, 대의·정의·물화·효용 같은 개념을 설득력 있게 분석한 피트킨이 신중한 개념화에 걸맞은 수준 높은 기준을 설정했다(Pitkin 1967). 여러 국가들과 역사적 시간을 가로지르며 광범위한 범위에서의 정치를 엄격하게 개념화한 에른스트 하스의 작업은 이와 유사한 연구에 종사하는 이들에게 지적인 지주가 되었다. 또 조위트의 레닌주의 관련 연구는 창의적인 개념 정립의 모범이었다(Jowitt 1992). 나는 조위트의 레닌주의 강의에 참여한 적이 있었는데, 그 뒤 내 방법론 강의에 조위트를 초빙해 레닌주의 강의를 해달라고 부탁했다. 그 덕분에 개념을 갖고 창의적으로 연구하는 것의 본보기가 무엇인지를 학생들에게 보여 줄 수 있었다.

버클리에 온 지 몇 년이 지나자 그레고리 루버트가 정치학과에 부임했다. 『정치적 장의 형성』을 출판하기로 결정할 무렵이었는데, 루버트는 서유럽을 대상으로 우리와 매우 비슷한 역사적 작업을 하고 있었다(Luebbert 1991). 그는 소중한 동료였다. 우리는 각자 독립적으로 책을 썼고, 두 책의 스타일도 서로 달랐다. 하지만 실질적인 면에서 두 책에 담긴 주장은 꽤 비슷했다. 루버트와 많은 대화를 나누고, 그와 세미나를 함께하고, 대학원생들 간의 교류도 폭넓어지면서 각자의 프로젝트가 모두 풍부해졌다. 안타깝게도 루버트는 1980년대 후반 보트 사고로 사망했다. 세상을 떠나기 직전 그의 원고는 거의 완성된 상태였는데, 이를 가다듬고 출판할 수 있었던 데는 주세페 디 팔마Giuseppe Di Palma의 공이 컸다. 스탠퍼드에서 루버트와 함께 일했던 립셋과 나는, 씁쓸하면서도 기쁜 마음으로 그 책의 서문을 함께 썼다. 버클리 대학 정치학과는 물론 정치학계에서도 루버트의 죽음은 엄청난 손실이었다. 다시는 그런 지반을 얻지 못하리라고 생각했는데, 다행히도 2004년 하버드에서 폴 피어슨Paul Pierson이 부임해 왔다.

버클리에서는 대체로 비교 역사적 작업의 가치를 인정했는데, 혁신적인 개념과 엄격한 분석에 기반을 두는 동시에 사례에 밀착된 방식으로 작업하는 것이 가능하다고 여겼다. 『정치적 장의 형성』에서도 이를 충족시키는 것을 기준으로 삼았다.

『정치적 장의 형성』을 출판하는 데 큰 도움이 된 사람과 기관을 떠올리면 이들이 생각난다. 첫째로 이 책을 출판해 준 프린스턴 대학 출판부 출신이자, 지금은 펜실베이니아 주립 대학 출판부에서 중역을 맡고 있는 샌퍼드 대처Sanford Thatcher이다. 몇십 년간 출판계의 거물로 있으면서 라틴 아메리카 분야를 지원했는데, 우리 부부를 포함해 수많은 학자들이 그의 헌신과 인내, 통찰력과 전문성을 통해 큰 도움을 받았다. 편집자와 출판업자는 전자 시대가 된 요즘에도 여전히 중요하다. 둘째로 노터데임 대학의 켈로그 국제문제연구소Kellogg Institute for International Studies이다. 교수진, 박사후 과정 연구자들, 대학원생들로 이루어진 이 놀랍도록 뛰어난 공동체로부터 여러모로 지적인 지원을 많이 받았다. 지난 20년간 켈로그 연구소는 규범적으로 박식하면서 엄격함도 유지하고 있는 비교 사회과학 분야를 지원하는 데 특유의 역할을 수행해 왔다.

　지난 10년간 의지했던 버클리는, 궁극적으로 『사회조사 다시 생각하기』를 쓸 수 있는 환경을 제공한 것만으로도 무척 소중한 곳이다. 1990년대 말 나는 브래디와 함께 2년 내리 방법론 강의를 했는데, 그 덕분에 방법론과 방법론적 논쟁에 대한 새로운 관점을 발전시킬 수 있었다. 버클리의 통계학자인 데이비드 프리드먼David Freedman은 통계학 이론을 적용할 때 폭넓게 사고할 수 있게 해준 한편, 책을 편집하는 데서도 세심한 도움을 주었다 — 그는 함께 저녁을 먹던 식당의 메뉴판까지 편집하려 들 정도로 세심했다. 대학원생들은 이런 환경에서 끊임없이 자극을 받으며 통계학과 방법론에 관련된 진일보한 훈련을 받을 수 있었다. 그리고 이 학생들 가운데 한 명이었던 시라이트는 『사회조사 다시 생각하기』에서 주요한 부분의 공저자가 되었다. 브래디는 질적조사방법론연구소Institute on Qualitative Research Methods의 든든한 지원자가 되었는데, 해마다 찾아와 이틀씩 머물면서 우리 책에 대해 이야기하고 인과 추론, 개념화, 측정 문제에 대해 논의하곤 한다.

## 공동 연구자

**당신은 공동 연구를 많이 했다. 공동 연구를 하는 이유는?**

앞서 말했듯이 루스 콜리어와 나는 『정치적 장의 형성』의 공동 작업에 앞서 각자가 이미 작업의 75퍼센트를 해둔 상태였다. 연구에 공을 많이 들일수록 결과도 좋아지는 것 같다. 그 책만이 아니라 『새로운 권위주의』와 『사회조사 다시 생각하기』도 공동 작업이었는데, 하나같이 부분의 합보다 더 나은 결과를 냈다. 여기에는 내가 대부분의 학문적 경력을 버클리에서 쌓았다는 행운도 작용했다. 이곳에는 훌륭한 학생이 많다. 게다가 감히 말하건대 루스와 나는 학생들이 열심히 공부하게끔 독려하는 것으로 우리 과에서 유명했다. 학생들은 버클리를 졸업할 때가 되면 저마다 참신한 기술을 습득해 재능을 발휘할 수 있었다. 대학원생들과의 공동 작업도 잦았는데, 그런 경험을 토대로 나는 내 작업을 다듬었고, 학생들은 각자의 연구 궤도에 더 확실히 올라설 수 있었다.

공동 연구를 하는 많은 학자들이나, 이렇게 훌륭한 대학원생을 만나는 행운을 갖지 못한 이들은 다른 기관에 속한 동료들과의 작업에 더 익숙할 수도 있는데, 이 또한 좋은 선택이 될 수 있다. 다른 대부분의 나라와 달리 미국에는, 학생을 가르치는 일을 병행하면서 연구 프로그램을 활발히 수행할 수 있는 대학이 수백 개나 된다. 이것이야말로 학자들에게는 매우 매력적인 요소이다. 이는 학문 자체를 더 풍요롭게 만들어 줄 뿐만 아니라, 어떤 연구자에게나 다른 기관에 속한 학자들과 공동 작업을 할 수 있는 많은 기회를 제공한다는 점에서도 도움이 된다.

내 경험으로 볼 때, 공동 작업과 공저 활동은 지식을 모으고 다양한 기술을 결합하는 방법의 하나이다. 예컨대 한 명은 질적 방법론을 안다는 것으로, 다른 한 명은 양적 방법론을 안다는 것으로 서로에게 기여할 수 있다. 양적 방법을 사용하는 사람은 "당신은 그런 식으로 말해서는 안 돼요. 결국 모두가 그 사실이 틀렸다는 것을 알게 될 거예요"라고 주장할 수 있고, 질적 방법을 사용하는 사람은 "하지만 질적 방법을 사용하는 연구자들은 그런 식으로 문제를 다루지 않아요. 당신의 생각을 고수한다면, 그들은 그 주장을 전혀 받아들이지 않을 거예요"라고 말할 것이다. 『사회조사 다시 생각하기』를 집필할 때는, 통계 이론에 관한 지식이 나보다 훨씬 더 많은 학자들과 작업했다. 비록 공저자는 아니었지만, 통계학자 프리드먼은 그 프로젝트에 지적으로 중요한 기여를 했다. 한번은 그에게, 어쩌다 나같이 통계 이론 지식이 협소한 사람과 공동 작업을 할 생각을 하게 되었느냐고 물어본 적이 있다. 프리드먼은 내가 '세켈'sechel ─ [중부 및 동부 유럽 출신 유대인이 사용하는 언어인] 이디시어로 '상식' 혹은 '지능'을 의미한다 ─ 을 가졌기 때문이라고 답했다. 사회과학 발전의 후반기에, 저명한 통계학자가 상식을 중시하게 되었다는 사실이야말로 정말 멋지지 않은가.

**학생들**

**어떤 방식으로 대학원생들을 지도하나? 그들이 논문 주제를 선택하거나, 함께 글을 쓰거나, 박사를 딴 이후 경력을 쌓을 수 있도록 지원해 줄 때 어떻게 하는지?**

　　나는 아내와 면밀히 협력하면서 학생들을 지도하고 있다. 수년간 우리는 공동으로 논문 심사단의 심사위원장을 맡아 왔는데, 둘 다 정말 열심히 했다. 이 질문은 이 인터뷰에서 중요한 질문이 될 것 같은데, 그런 만큼 이 질문과 관련해 루스 콜리어의 업적은 나와 동일하게 간주되어야 한다.

　　학생들이 논문 주제를 선택하는 방식은 매우 다양하다. 어떤 학생들은 자기만의 길을 떠나서 나나 루스가 해온 것과는 확연히 다른 주제를 골라온다. 우리도 그런 논문에서 많이 배운다. 또 어떤 학생들은 우리 부부가 연구해 온 주제를 확장하는 데에 초점을 맞춘다. 이처럼 방식은 매우 다양할 수 있고, 두 가지 모두 좋은 방법이다.

대학원생들과의 공저 활동도 많이 하는 편이다. 이는 그들에게 일종의 연구 견습 과정이 될 수 있고, 글쓰기 경험도 쌓을 수 있다. 또한 학생들이 쓰는 글에 대해 사실상 공저라고 할 수 있을 정도로 꾸준하게 철저한 피드백을 주는데, 해당 학생이 그 글에 대한 공로를 전적으로 인정받도록 하고 싶을 때에는 내 이름을 공저자로 올리지 않는다. 박사과정 이후 경력을 쌓을 수 있도록 돕는 일에 관해서라면, 우리 제자들이 지적으로나 경력상으로나 발전할 수 있도록 하기 위해 열심히 뒷받침해 주고 있다는 정도로 대답할 수 있을 듯하다.

## 미국정치학회 비교정치 분과

**과거 몇 년 동안 미국정치학회에서 몇몇 역할을 맡아 활발히 관여해 왔다. 먼저 당신이 비교정치 분과에서 수행한 역할을 언급하고 싶다. 그곳에서 1997~99년 분과장을 역임했는데, 분과에 대한 느낌은 어떤가?[25]**

　　미국 정치학 분야는 미국정치학회가 잘 대변해 주고 있고, 국제관계학 분야의 학자들에게는 국제연구학회International Studies Association, ISA가 있으며, 몇몇 비교정치학자들에게는 지역연구 학회들이 매우 중요한 역할을 한다. 그러나 1989년 비교정치 분과가 시작되면서 비로소 비교정치학자들의 핵심 조직이 생겼다고 볼 수 있다. 이 분과는 출범하자마자 미국정치학회에서 가장 큰 분과가 되었다. 비교정치 분과는 훌륭한 소식지도 발간하는데, 이는 워싱턴 대학에서 시작되어, 캘리포니아 대학 로스앤젤레스 캠퍼스UCLA에서 활성화된 이래로, 지금은 노터데임 대학에서 발간하고 있다. 비교정치 분과는 미국정치학회 연례 회의의 많은 패널들을 후원하는데, 여기에 지원자들이 엄청나게 몰린다. 이 회의에서 프로그램을 주관

---

25 미국정치학회 비교정치 분과에서 분과장을 역임한 콜리어의 두 선임자에 대해서는 이 책의 베이츠(<인터뷰 12>)와 레이틴의 인터뷰(<인터뷰 14>) 참조.

하는 역할을 맡은 이들은 동료들로부터 크게 인정받는다. 비교정치 분과에서는 4년마다 루버트 상을 시상하는데, 앞서 말했듯이 나도 운 좋게 수상한 적이 있다. 비교정치 분과는 전반적으로 매우 가치 있는 분과이자, 지적으로도 역동적인 조직이라고 할 수 있다.

**비교정치 분과 분과장으로 있으면서 무엇을 이루고자 했나?**

성원들의 다양한 관심사가 잘 표출될 수 있게 하는 데 주력했다. 위원회 위원을 임명하거나 주도권을 나눌 때, 모델 설계자들, 양적 연구자들, 질적 비교 연구를 하는 학자들, 단단한 분석적 기반을 바탕으로 연구하는 이들이 적절한 균형을 이루고 있는가를 염두에 두었다. 우리 분과를 질적으로 우수하면서도 절충적이고 균형감 있게 운영하고자 애썼고, 어느 정도 그 결과에 만족한다. 여러 분야에서 활약한 일류 학자들이 우리 분과에 능동적으로 참여했다.

또한 네 차례에 걸쳐 분과 소식지에 실린 분과장 서한을 통해, 평소에 내가 세심하게 주의를 기울여 온 문제를 제기했다. 그리고 내가 분과장으로서 품은 목표도 이 글들에서 잘 요약해 제시했다. 먼저, 비교 방법론에 대한 초기 논의를 다시 꺼내면서, 대안적 방법론들 사이의 상호 연계를 강조했다(Collier 1998a). 이 주제에 대해서는 이후에도 여러 차례 언급했다. 또 다른 서한에서는 비교 역사 분석을 다루었는데, 1990년대에 출판된 흥미로운 저서가 많다는 사실을 언급하면서 학과 교육이 제대로 제도화되어 가는 경향을 보이고 있음을 강조했다(Collier 1998b). 솔직히 나는 서한에서 이 주제를 다룸으로써 이런 접근법[비교 역사 분석]에 초점을 둔 토론의 새 장을 확고히 하는 데 일조했다고 본다. 이 서한에서는 (『정치적 장의 형성』에서와 유사하게) 비교 역사 분석의 방법론적 기반에 대해 언급하면서, 이 같은 연구를 할 때 좀 더 높은 기준을 충족할 만한 분석적 엄격함을 갖춰야 한다는 지론을 밝혔다.

또 다른 서한에서 나는 "지근거리에서 새로운 아이디어들을 뽑아내는" 데 성공한 — 이는 사회학자 알레한드로 포르테스Alejandro Portes에게서 따온 문구다 — 학자들과 현지 조사의 유형에 대해 이야기했다(Collier 1999a). 가끔 난 우리가 너무 연역적 측면에 치우친 정치학 분석을 하고 있는 것은 아닌지, 그래서 분석 능력이 뛰어난 학자들이나, 실제 정치 현실에 몰두하면서 사례연구에 대한 연륜을 바탕으로 새로운 정치과정이나 구조를 참신한 방식으로 '인식'하고 있는 학자들이 만들어 내는 가장 창의적인 작업의 비상함을 인식하지 못하는 것은 아닌지 하는 생각이 든다. 그런 학자들이 이 같은 종류의 연구를 정말로 제대로 해낸다면, 우리가 (버클리 동료 폴 라비노Paul Rabinow의 말대로) "참신한 발생 과정"에 주목하도록 만드는 데 성공할 수 있을 것이고, 나중에는 다른 수많은 학자들도 그런 연구에 초점을 맞추게 될 것이다. 나는 오도넬의 작업이 이에 부합하는 사례라고 생각한다.

이와 관련해 나는 비교정치학에서의 지역연구와 더욱 폭넓은 분석적 의제의 관계에 대한 논쟁도 다루었다. 사회과학연구협의회에서 지역연구는 1990년대 중반 전통적 지역연구위원회가 폐지되면서 끝난 것과 다름없다는 식의 생각이 중론이었지만, 나는 이 서한에서 이는 사실과 다르다고 주장했다. 실제로 사회과학연구협의회가 발전하는 데 중요한 전환점이었던 시기에, 회장 케네스 프리위트Kenneth Prewitt는 지역연구회를 없애는 데 주도적인 역할을 한 동시에, 사회과학연구협의회가 지역에 기반을 둔 지식을 위해 헌신할 것을 강하게 역설했다. 나는 분과장 서한을 통해, 실제로는 이 시기에 사회과학연구협의회에서 지역 기반 논문 연구에 할당한 기금이 상당히 증가했다는 사실을 지적했다.

마지막 서한에서는 비교정치학에서 잘 훈련되고, 엄격한 중간 지대의 건설에 대해 썼는데(Collier 1999b), 이 글을 통해 한편으로는 지역연구 전통, 다른 한편으로는 형식적 모델링 그리고/또는 선진적인 양적 방법론에 기반을 둔 조사 방법 사이에, 엄격한 질적 비교 연구의 공간을 충분히 보장해 주어야만 하며, 이 또한 존중받고 그 권위가 인정되어야 한다는 생각을 다시 한 번 강조했다. 이에 대해 많은 동료들이, 비교정치 분과가 다시 중심을 잡는 데 유용하고 생산적인 방식으로 내 생각을 표현했다고 평가했다.

## 미국정치학회 질적 방법론 분과

**최근 미국정치학회 내에 질적 방법론 분과가 만들어지도록 애쓴 것으로 알고 있다. 새로운 분과를 만든 목적은 무엇인가?**

나는 미국정치학회 정치학 방법론 분과를 만든 동료들을 매우 존경한다. 이들은 매년 발행되어 온 『정치학 분석』*Political Analysis*을 중요한 학술지로 거듭나게 했다. 게리 킹이 이 계획을 주도했고, 벡은 초대 편집자 역할을 맡아 눈부신 활약을 했으며, 현재 편집자인 로버트 에릭슨Robert Erikson도 성공적으로 임무를 수행하고 있다. 이들은 정치학 방법론자는 어떠해야 하고, 미국 정치학과에서 '방법론'을 가르치는 교수가 되려면 어떤 기준을 충족해야 하는지를 잘 규정했으며, 성공적인 학회의 지표가 되고 있다.

그러나 나는 정치학에서 나타나는 방법론의 초점이 때로는 지나치게 양적 방법론에 치우쳤다고 생각한다. 이런 그룹의 동료들은 **정치학 방법론**이라는 이름표를 전용하는 데는 성공했지만, 그들의 기획은 거의 전적으로 양적 방법론에 중점을 두었다. 여러 해 동안 꽤 많은 학과들에서 전혀 질적 방법론을 배울 수 없었다는 사실도 이와 무관하지 않다. 아무리 질적 방법론을 가르치고 싶은 학자가 있다 하더라도 그렇게 하기 어려웠고, 설사 허용되었어도 오직 비교정치학 분야에 국한해, 동료들에게는 '진정한' 방법론 과정으로 받아들여지지 않는 방식을 통해서만 가능했을 뿐이다. 수년간 나는 다방면에 걸쳐 많은 것을 아우를 수 있는 질적 방법론을 통해 방법론적 시야를 좀 더 넓힐 필요가 있다고 생각했다. 이는 양적 방법론자들이 자신의 방법론을 위해 해온 일들이기도 한데, 이제 질적 방법론자들이 그렇게 할 때가 되었다. 질적 방법론은 중요한 측면에서 해당 분야의 토대가 되는데 — 앤드루 베넷 등이 이 점을 설득력 있게 강조한 논문을 썼다(Bennet, Barth, and Rutherford 2003) — 대학원 강의나 미국정치학회의 해당 분야에서도 이런 지적 흐름이 강력히 대변되어야 한다.

**질적 방법론을 좀 더 대변하겠다는 계획은 다른 조직적인 노력과 연계되었나?**

그렇다. 여러 사람들의 노력이 집단적으로 탄력을 받아 일련의 과정을 거친 끝에 수립되었다. 매우 조직적이고 지적인 토대가 튼튼히 뒷받침되지 않았다면, 새롭게 미국정치학회의 조직 분과를 만드는 일은 생각할 수도 없었을 것이다. 우리 계획의 일부는 내가 개념 및 용어 분석 위원회Committee on Conceptual and Terminological Analysis, COCTA — 이 위원회는 사르토리와 동일시되곤 했다 — 의 초창기에 이 위원회를 바꾸려고 노력한 데서 시작했다. 이 위원회는 미국정치학회의 '관련 그룹'이었고, 국제정치학회에서는 제1연구위원회였다. 먼저 이 위원회의 활동 폭을 넓힌 연후에 이름을 새로 지었는데, 광범위한 의미를 담아 개념 및 방법론 위원회Committee on Concepts and Methods라고 명명했다. 그 후 수천 명의 지지 서명을 받아 이 조직을 미국정치학회의 조직 분과로 확장했다. 우리 모임은 급속히 발전해 학회 내에서 비교적 큰 분과로 자리 잡았다. 이 같은 노력은 알렉산더 조지, 앤드루 베넷, 콜린 엘먼Collin Elman과 내가 질적 조사 방법론 컨소시엄을 구성하면서 더욱더 힘이 실렸다. 이 컨소시엄은 매년 1월 애리조나 주립 대학 훈련연구소를 후원했는데, 이제 이 연구소는 매년 미국 전역의 대학에서 온 20명가량의 교수진을 구성해 80명의 학생들에게 강의를 제공하는 데까지 이르렀다.

**미국정치학회에 질적 연구 관련 분과가 있어서 누릴 수 있는 이득은 무엇인가?**

분석적이거나 방법론적인 관점을 진지하게 생각해 보자며 정치학 종사자들을 설득하고 싶을 때 잘 조직된 분과가 있으면 도움이 된다. 그것이 (우리 분과처럼) 빼어나게 성공적인 분과라면 두말할 나위도 없다. 우리 분과는 거의 조직되자마자 대형 분과 가운데 하나로 부상했다. 미국 정치학회 연례 회의에 할당된 패널 수도 놀랄 만큼 증가했다. 패널이 늘어나면 결과적으로 질적 연구, 비교학적 연구, 소규모 사례연구를 고무할 뿐 아니라, 해당 분야에서 공부하는 학자와 대학원생들에게도 좋은 자극이 된다. 우리 패널은 참석률도 높았다. 2005년 미국정치학회 연례 회의에서 우리 패널의 평균 참석률은 전체에서 2위였다. 지금 우리 분과에서는 질적 방법론을 발전시키거나 적용하는 데에 괄목할 만한 기여를 한 이들에게 시상하기도 하는데, 상은 모두 세 개로 단독 저작, 기고 논문, 논문에 각각 수여된다. 이를 통해 좋은 작업을 알게 되거나, 이 분야에서 새롭게 나타난 발전이 무엇인지를 확인할 수 있다. 유능한 편집자인 존 게링Jonh Gerring이 애써 준 덕분에, 『질적 방법』*Qualitative Methods*이라는 빼어난 소식지도 발행하는데, 이를 매개로 꽤 활발한 소통이 이루어지고 있다.

나는 정치학 방법론 분과를 주도하는 학자들 가운데 많은 이들과 좋은 관계를 맺고 있다. 우리 분과를 조직할 때도 그들과 많이 상의했다. 한때 정치학 방법론 분과의 일부로 참여하는 것은 어떨지 고민하기도 했다. 이에 대해 기존 분과의 고위 임원들은 그다지 좋은 생각이 아닌 것 같다는 의견을 주기도 했다. 이들도 처음 모임을 만들고 나서 전혀 자리 잡지 못했을 때 얼마간은 들여다봐 줄 사람 없이 그저 자신들끼리 해내야 한다고 느꼈을 텐데, 오늘날의 질적 방법론자들이 똑같은 처지에 있다고 생각한다.

정치학 방법론 분과가 '정치학 방법론'이라는 이름을 선취했는데, 그래서 그들이 실제 수행한 것보다는 더 광범위한 방법론적 입장을 취해야 한다고 여겨지는 불편함 — 어떤 이는 이를 아이러니라고 표현했다 — 이 있다. 우리가 새로운 분과를 만들고자 애쓴 몇 달 동안, 나는 '질적 방법론'이라는 명칭에 반대했다. 우리의 계획을 너무 협소하게 만든다고 봤기 때문이다. 이미 수차례 강조했듯이, 내 방법론적 작업의 주요 부분은 양적 조사와도 관련이 많다. '통합적 방법론'이나 '절충적 방법론' 같은 대안적 이름도 생각해 봤지만, 하나같이 미국정치학회의 조직 분과에는 걸맞지 않았다. 결국 이미 '정치학 방법론'이라는 이름을 쓰이고 있음을 고려해, '질적 방법론'을 분과 명칭으로 채택하는 것을 묵인하고 받아들였다. 이 인터뷰의 목적상 질적 방법론이 다소 단순하게 표현되었을지 모르지만, 내가 염두에 두는 방법론은, 『사회조사 다시 생각하기』에서 반영되었듯이, 좀 더 절충적인 관점을 취하고 있다.

분과 명칭만 봤을 때 우리가 방법론상의 전반적인 계획에서 질적 요소를 분리시킨다고 여겨 분열을 조장한다고 생각한 학자들이 어느 정도 있었을지도 모른다. 정말 솔직히 말해, 이런 종류의 계획이 분열을 초래한다면 정치학 방법론 분과를 만든 것이야말로 그 원조라고 생각한다. 광범위한 명칭 자체는 적절했을지 몰라도, 실제로는 대개 방법론의 양적 측면만 다루었을 뿐이니 말이다.

질적 도구가 분명하게 포함되면서도 절충적인 방법론적 관점을 견지하는 작업을 일관되게 진행하는 일은, 필연적으로 점진적인 과정을 통해 이뤄질 것이다. 서로의 저작을 읽고 논평하며, 이를 통해 얻게 된 통찰을 바탕으로 논문을 써서 학술지에 게재하는 일련의 사람들이 차츰 늘고 있다. 미국 전역의 대학원 과정에서 질적 방법론이나 통합적 방법론을 다루는 강의가 늘어나고 있다는 점 또한 좋은 징조이다. 『사회조사 다시 생각하기』에서 다룬 논의와 유사하게, 통계적 이론으로 무장한 질적 방법론자가 많아지는 것 또한 매우 중요하다. 앞서 강조했듯이, 이는 질적 방법론과 양적 방법론 모두에 든든한 토대가 될 것이다. 우리가 점점 발전해 가고 있다는 것은 분명하지만, 여전히 가야 할 길이 많이 남아 있다고 생각한다. 그러나 장기적인 관점에서 보면, 정치학 역사상 질적 방법론의 발전이 지금처럼 체계적으로 조명을 받았던 때도 없었다.

**비교정치학 분야를 넓게 보았을 때, 지난 30~40년 동안 실질적으로 지식이 축적되어 왔다고 보나?**

그렇다. 정당, 정당 체계, 선거제도를 다룬 중요한 문헌들이 존재한다. 민주주의와 권위주의, 더 넓게는 다양한 유형의 국가 정치체제들의 동학에 대한 지식은 그 폭으로 보나 역사적 깊이로 보나 대단한 수준이다. 경로 의존성에 대한 문헌도 늘어나고 있는데, 이는 정치기구의 연속성과 불연속성에 대한 통찰을 체계화하는 지렛대로 새롭게 자리 잡고 있다. 인종 갈등에 대한 문헌 또한 인상적이다. 마호니와 뤼셰마이어가 편집한 『사회과학에서의 비교 역사 분석』*Comparative Historical Analysis in the Social Science* (Mahoney and Ruechemeyer 2003)은 사회정책, 혁명, 민주주의와 권위주의에 관한 연구가 장기적으로 나아가야 할 바를 상세히 설명한다. 그리고 원래 같은 책에 실릴 예정이었으나 지면이 부족해 실리지 않은 글(Mazzuca 2001)에서는, 유럽 국가 건설에 대한 지식이 확장·축적되는 양상을 빼어나게 통찰했다. 이렇듯 몇십 년 전에 비해, 여러 영역에서 훨씬 많은 것을 알게 되었다.

**그동안 비교 역사 분석을 강고하게 지지해 왔다. 그런 관점에서 봤을 때, 현재의 쟁점에 더 주목하게 마련인 정치학 분야에서 역사적 기원을 좇는 연구는 어떤 의미를 갖는가?**

현재 전개되고 있는 사건들을 연구하는 것은 흥미로운 일이다. 그러나 그 같은 초점에만 매몰되면 때때로 단기적 전망에 사로잡혀 분석적 실수를 저지르기 쉽다. 프랑스혁명의 유산이 무엇인지를 묻는 이에게, 마오쩌둥은 "그것을 이야기하기는 아직 이르다"라고 말한 것으로 알고 있다. 좋은 연구 대상이 되는 최적 기간이 어느 정도인지를 단정하기는 힘들지만, 때때로 너무 짧게 잡는 것이 아닌가 싶다. 예를 들어 20여 년 전에 일어난 민주주의 이행을 주제로 훌륭하고 자극을 주는 문헌을 쓴 몇몇 학자들은, 그 이행 양식이 뒤이은 체제의 동학에 강한 영향을 미칠 것이라고 가정했다. 하지만 나는 이런 생각들에 신빙성이 없다고 본다. 가장 큰 문제는, 분석가들이 어떤 종류의 이행이 독특한 유산을 남기게 될지를 가늠할 수 있게 하는 명쾌하고 역사적인 뼈대를 지니지 못했다는 점이다.

이 점과 관련해 (정치학과 역사사회학에서 종종 비교 역사 분석이라고 불리는) 거시적 비교분석이 크게 기여하리라고 확신한다. 지난 수십 년간 정치학의 미시적 기반에 관심을 기울이면서 매우 가치 있는 분석적 발전이 이루어졌다. 그러나 거시적 설정을 이해하는 것 또한 동일하게 중요하다. 이런 거시적 설정을 이해함으로써 얻게 된 분석적 성과는 엄청나다고 생각한다.

**정치학에서의 방법론적 논의가 어떻게 진행될지, 혹은 어떻게 진행되어야 할지에 대해서는 어떻게 생각하나?**

한편으로 주류 양적 방법론의 중요성은 지속될 것이고, 아마 더욱 확장될 것이다. 이런 전통의 일각에서는 분석 도구를 고도로 기술화 technification하려는 강렬한 충동이 일고 있다. 많은 측면에서 이런 기술화는 생산적이었고, 다양한 실질적인 문제들을 설명하는 새로운 지렛대 역할을 해왔다. 그러나 『사회조사 다시 생각하기』의 마지막 쪽에서, 이런 기술화가

도를 넘을지 모른다고 경고한 바 있다(Collier, Brady, and Seawright 2004, 266). 그저 자기 권리 주장에 그치거나, 심지어 더욱더 훌륭하고 단순한 분석 도구를 학자들이 못 보고 지나치게 만들 수도 있다. 게다가 (더 발달된 양적 도구를 필요로 하는) 복잡한 훈련에 매달리면서 많은 시간을 할애하고 품을 들이다 보면, 정작 연구 중인 주제에 관한 핵심적이고 실질적인 지식을 얻는 데에는 소홀해질 수 있다.

우리가 쓴 책에서 통계 이론의 전통이 묘사되는데, 이는 (물론 통계 이론 그 자체는 매우 기술적이지만) 때때로 단순한 분석 도구가 더 나을 수 있다는 주장을 뒷받침한다. 『사회조사 다시 생각하기』에 대한 가장 흥미로운 평론 가운데 하나는, 저명한 양적 방법론자인 필립 슈로트가 쓴 "선형 빈도론자의 전통을 넘어서"Beyond the Linear Frequentist Orthodoxy(Schrodt 2006)이다. 그는 『사회조사 다시 생각하기』에서 다룬 것보다 훨씬 더 신랄하게 회귀분석에 기반한 연구를 비판한다. 슈로트 역시 좀 더 단순한 도구가 잠재적으로는 더 많은 기여를 할 수 있다고 지적했다. 『사회조사 다시 생각하기』에서 회귀분석의 치밀한 전통과 회귀에 대한 계량경제학적 개선에 초점을 맞추어 서술하면서 이에 대해 강력히 경고한 바 있는데, 이를 인식할 필요가 있다. 이는 정치학과 비교정치학의 미래와 관련해 매우 중대한 쟁점이다.

대안적 방법론 전통들 사이에서 균형을 잡는 문제에 대해서는, 커헤인이 "학문 분야의 정신분열증"에 대한 자신의 글에서 통찰력 있게 다룬 바 있다(Keohane 2003). 그는 대학원 과정 가운데 (그의 표현을 따르자면) '기술적 전문화' 진로를 거쳤을 때 훨씬 수월하게 직업적 자격을 얻을 수 있다고 했는데, 이 진로는 양적이고 정식화된 연구에 초점을 맞추고 있으며, 종종 연구 과제를 좁은 의미로 한정하곤 한다. 이는 사례 기반적이며 때로는 역사적 지식과 관련되고, 다양한 방법론을 사용하며, (정치학의 하위 분야에까지 영향을 미칠) 실질적이고 풍부한 통찰을 이끌어 내는 좀 더 광범위한 진로[26]와는 상반된 것이다. 커헤인은 기술적 전문화 진로가 빈번하게 활용되는 학위논문과 주류 학술지의 기고 논문이 점점 늘어나고 있다고 말한다. 이를 통해 인정받기 쉬운 실적을 쌓은 학자들은, 가령 재임 이력서를 채우는 데에서도 훨씬 유리한 입장에 설 수 있다. 이와 반대로 좀 더 광범위한 진로를 추구하는 학자들은 때때로 인상적인 업적을 남기기까지 오랜 시간이 걸리는 궤도를 따라 경력을 쌓는다. 커헤인은 이와 같은 불균형을 학문 분야의 정신분열증이라고 간주하며, 지나치게 기술적 전문화 진로에만 치우치면 정치학 자체에 해로운 것은 물론, 정치학에서 생산되는 폭넓은 지식마저 부적절할 정도로 협소해질 것이라고 예상했다.

이런 쟁점들을 고려했을 때, 과연 우리는 오늘날 어디에 서있는 것일까? 정치학 방법론 분야의 교수직 채용을 보면, 여전히 주류 양적 방법론만 대변되는 듯하다. 비교정치학과 국제관계학 분야에서, 가끔 특별하게는 양적 도구와 질적 도구를 결합해 광범위한 방법론적 기술을 활용할 줄 아는 지원자가 환영받는다는 것도 사실이다. 정치학 방법론 전반에 걸쳐 이 같은 기술 혼합이 필수적인 것으로 간주되어야 한다고 본다. 그리고 동시에 기술 혼합은, 질적 방법론을 하찮게 만드는 것이 아니라, 이를 실질적으로 포용하고 포섭하는 것으로 자리매김해야 한다.

방법론적 논의가 어떻게 전개되어야 하는지와 관련해 한 가지 더 강조하고 싶다. 사리에 맞는 사례연구 하나를 만드는 것은 유의미한 회귀 계수를 산출하고 이를 적절히 해석하는 것만큼, 또는 그보다 더욱 어려운 일이라는 점이다. 이제 정치학의 중요한 부분들에서, 양적 방법론이 모든 분석적 덕목을 전유한다는 식의 관점을 넘어서려는 움직임이 생길 때가 되었다. 이런 움직임이 환영받고 더 많이 요청될 때까지 그런 변화는 계속되어야 한다.

---

26 커헤인은 이를 '맥락적 지식'의 진로라고 부르며, 본문에서의 묘사는 그의 설명을 따랐다.

**학계에 진입하려는 대학원생들에게 조언을 해준다면?**

앞서 말한 커헤인의 논의, 즉 대학원 과정에서 기술적 전문화라
는 좁은 길과 폭넓은 길(광범위한 사례에 기반을 둔, 그리고 때로는 역사적 지식, 다
양한 방법론 그리고 정치학 하위 분야를 가로지르는 풍부하고 실질적인 통찰력을 망라
하는) 사이의 긴장에 대한 논의로 돌아가 보자. 비교정치학이나 정치학에
막 들어선 학생들에게 기술적 전문화의 길이 매력적인 선택지로 보일 것
이다. 안정적인 직업의 기회를 보장할 것처럼 보이고, 분명 이 길을 따른
학자들 역시 중요한 공헌을 했기 때문이다.

그러나 학생들은 좀 더 폭넓은 진로와 연관된 직업적 기회에 대해서도
알아야 한다. 질적 방법론에 관한 논문이 학술지에 점점 더 많이 실리고
있으며, 상당수의 뛰어난 학술지에서도 현재의 사례나 역사적 사례에 초
점을 맞춘, 소규모 사례 비교를 바탕으로 공들여 쓴 논문이 환영받고 있
다. 비교 역사 분석에 토대를 둔 박사 논문은 지체 없이 단행본으로 출판
될 가능성이 상당히 높다. (앞서 말한 질적조사연구소와 같은) 새로운 조직화
계획은, 우리의 집단적 기획에 담긴 절충적인 견해를 함께 지켜 나갈 대학
원생들과 젊은 학자들이 네트워크를 형성하는 데 유용하다.

그렇기에 이제는 대학원에서 더욱 광범위한 연구 노선을 추구하는 것
과 쟁쟁한 직업적 경력을 빨리 쌓는 것이 충분히 병행될 수 있다. 기술적
전문화 진로를 따르는 젊은 학자들이 별다른 기여를 하지 못하리라고 말

하는 것이 아니다. 그 학생들도 당연히 기여할 것이다. 그러나 (대학원에서의 교육 및 채용 등과 관련해) 좀 더 의식적인 노력을 기울이고 커혜인이 염려한 학문 분야의 정신분열증에 대해서도 심사숙고한다면, 훌륭한 학자로 성장할 다양한 경로를 견지해 나갈 수 있을 것이다.

# 문화와 합리성, 그리고 비교정치학의 정체성

David
Laitin

데이비드 레이틴은 문화와 정치의 관계에 관한 가장 영향력 있는 학자 가운데 한 사람이다. 비교 연구와 민족지적 연구를 통해 문화는 정치에 영향을 주지만 정치는 문화에 영향을 미치지 않는다는 정치학계의 지배적 견해에 도전했다. 그의 연구는 문화가 정치를 주형하고 정치적 선택을 통해 문화가 주형되기도 한다는 점을 보여 준다.

레이틴의 연구 프로그램은 광범위한 국가에서 현지 조사를 통해 그리고 언어 사용 및 종교, 민족 정체성의 형성과 관련된 정치적 쟁점들에 대한 탐구를 통해 진전되었다. 『정치, 언어 그리고 사고』Politics, Language, and Thought(1977)에서 그는 소말리아에서 나타나는 언어와 정치 행위 사이의 관계를 다뤘다. 『헤게모니와 문화』Hegemony and Culture(1986)에서는 나이지리아의 요루바랜드Yorubaland 지역에서 나타난 종교와 정치의 연계라는 주제를 다루었으며, 『아프리카의 언어 레퍼토리와 국가 건설』Language Repertoires and State Construction in Africa(1992a)에서는, 국가 형성 과정이 아프리카 국가들에서 나타나는 언어적 이질성의 정도에 어떻게 영향을 미치는지를 보여 주는 역사적 분석을 제공했다. 그 후에 진행된 연구에서는 스페인 카탈루냐어의 언어 운동에 초점을 맞췄다. 그리고 『정체성의 형성』Identity in Formation(1998a)은 구소련의 러시아어권 지역으로 관심을 옮겨, 민족주의가 부상하는 맥락에서 나타난 언어 선택을 분석했다.

최근에는 제임스 페론James Fearon과 함께 종족 분쟁과 협력에 대해 설명하고자 했다. 이 연구에서 그는 내전의 기원과 지속에 초점을 맞추면서 게임이론과 통계분석, 역사적 서사를 하나의 통합된 전체로 결합시켰다. 이 연구에서는 (집단들 사이에서가 아닌) 민족 집단들 내에서 폭력 분쟁이 발생하는 정도를 핵심 사안으로 삼았다.

또한 레이틴은 다양한 논문을 통해 형식적 수학 모델을 양적 기법 및 정성적 기법과 통합한 삼차원 방법론tripartite methodology을 제안하기도 했다. 그는 통합적인 정치학을 주창해 왔는데, 이는 연구의 결과들을 종합하는 동시에 고전적인 정치 이론서에서 제기되어 왔던 정치학에 대한 오래된 질문들에도 초점을 맞추고자 하는 의식적인 노력이다.

레이틴은 1945년 뉴욕 시 브루클린에서 태어났다. 1967년 스워스모어 대학Swarthmore College에서 학사 학위를 받았으며, 1974년 캘리포니아 대학 버클리 캠퍼스에서 정치학 박사 학위를 받았다. 그 후 캘리포니아 대학 샌디에이고 캠퍼스(1975~87)와 시카고 대학 (1987~98)에서 가르쳤으며 1999년부터는 스탠퍼드 대학에서 강의를 하고 있다. 1993-95 년에는 미국정치학학회 비교정치 분과 분과장, 2005~06년에는 미국정치학학회 부회장을 역임했으며 1995년 미국예술과학아카데미 회원으로 선출되었다.

2001년 11월 18~19일,
캘리포니아 주 팰러앨토에서,
뭉크가 인터뷰했다.

**어떻게 해서 정치 연구에 관심을 갖게 되고 정치학자가 되기로 결정했는가?**

나는 뉴욕 출신인데, 우리 가족은 정치에 아주 관심이 많았다. 부모님은 세계연방주의자였으며 시민권 문제에 적극적으로 참여했던 분들이었다. 어린 시절 집에 돌아왔더니 교사인 어머니가 텔레비전으로 매카시 청문회를 보고 있던 기억이 있다. 나는 청문회에 심취해 있는 어머니의 모습에 심취했다. 부모님은 공산주의자가 아니었으나 주변에는 그런 분들이 많았다. 어머니의 이름이 거론될 수도 있겠다는 두려움이 있었다. 그래서 정치란 흥분과 근심거리를 안겨 주는 그 무엇이라는 느낌이 있었다.

또한 [영국의] 식민지였던 황금해안Gold Coast이 어떻게 독립국가 가나가 되었으며, 내 우상이었던 존 F. 케네디 상원의원이 알제리 독립 전쟁에서 프랑스가 아닌 알제리를 어떻게 지지하게 되었는지도 기억한다. 이 모든 것이 내게는 미래를 나타내는 것이었다. 아프리카는 해방과 더불어 민권 운동에 휘말려 들었다. 이런 사건들은 이 세상에서 가장 흥미로운 일인 것 같았다.

몇 년 후 대학 입학을 위해 면접을 볼 때 스워스모어 대학의 입학처장이 무엇을 전공하고 싶으냐고 묻기에 '정치학'이라고 대답했다. 내 기억에는 그때 정치학이라는 말을 난생 처음 써본 것 같다. 하지만 당시만 해도 정치학이 뭔지는 몰랐다.

뉴욕에서 살았기 때문에 나는 모종의 정치의식을 갖고 있었다. 그리고 정치적 세계에 대한 묘한 흥분감, 말하자면 정치 세계를 좀 더 잘 알고 싶다는 바람이 있었다. 이런 요인들 때문에 스워스모어 대학에서 정치학을 전공으로 선택하게 되었다. 덧붙이자면 나는 어린 시절 해외로 나가 본 적이 없었다. 내가 외국을 처음 경험한 것은 1969년 평화봉사단 단원으로 소말리아에 갔을 때였다. 당시 내가 해외에 대해 갖고 있던 관심은 순전히 학문적인 것이었지 경험적인 것이 아니었다. 아프리카는 내가 알고 싶은 상상 속의 '별세계'였다.

**스워스모어 대학의 학부에서 전공 공부는 어땠는가?**

1960년대에 스워스모어 대학은 말하자면 정치학자 양성소였다. 당시의 학생 가운데 지금은 하버드 대학에 있는 로버트 퍼트넘Robert Putnam과 아이오와 주립 대학의 리처드 맨스바흐Richard Mansbach, 펜실베이니아 대학의 잭 나겔Jack Nagel, 코넬 대학의 피터 카첸스타인Peter Katzenstein, 등록은 브린 모어 대학Bryn Mawr College에 했으나 수업을 듣기 위해 스워스모어로 왔던 마거릿 레비, 현재 인디애나 대학에 있는 제프리 하트Jeffrey Hart 등이 있었다. 교수진으로는 J. 롤런드 페녹J. Roland Pennock과 케네스 월츠Kenneth Waltz, 로버트 커헤인 등이 있었다. 이들 가운데 네 명이 나중에 미국정치학회 회장이 되었다![1]

스워스모어 대학에서의 공부는 정치학을 전공하기 위한 준비교육이었다. 1966년 페녹 교수가 제시한 정치학 필독 도서 목록에는 정치학 분야

---

[1] 커헤인과 레비, 퍼트넘, 월츠는 모두 미국정치학회 회장을 역임했다.

의 고전을 비롯해 토머스 셸링의 『갈등의 전략』*The Strategy of Conflict*(1960)과 맨커 올슨Mancur Olson의 『집단행동의 논리』*Logic of Collective Action*(1965), 칼 도이치의 『정부의 신경 체계』*Nerves of Government*(1963), 제임스 뷰캐넌James Buchanan과 고든 털록Gordon Tulloch의 『국민 합의의 분석』*Calculous of Consent*(1962) 등이 있었다. 우리는 방법론에 대해서는 배우지 않았으나 고전과 정치학 분야의 최신 저작을 공부했다.

내 대학원 동기들 사이에서 회자되는 한 가지 일화가 있다. 스워스모어 대학은 학생들에게 매주 강의계획서를 나누어 주었으며, 그 계획서에는 반드시 읽어야 할 글과 선택해서 읽을 수 있는 글이 대개 두어 쪽에 걸쳐 제시되어 있었다. 나는 이런 과제는 의례 있는 것이려니 생각했다. 그러나 대학원에 진학해 수업 첫 주에 강의계획서를 받고는 덜컥 겁이 났다. 그 양이 스워스모어 대학에서 요구하던 것의 1.5배나 되었기 때문이다. 일주일이 지난 다음 다른 대학원들처럼 버클리 역시 강의계획서를 학기별로 제시한다는 사실을 알고 나서야 마음을 놓을 수 있었다. 첫 주를 정신없이 지낸 덕에, 그 후에는 내 나름대로 지적 본능을 추구하며 13주를 지냈다!


**스워스모어 대학을 졸업하고, 1967년 버클리 대학원 정치학과에 진학했다. 버클리에 끌린 이유는 무엇인가?**


스워스모어 대학에서는 사실 모든 학생이 베트남전 때문에 대학원에 진학했다. 대학원에 입학을 하지 않으면, 바로 영장이 나왔다. 선택의 문제가 아니었다. 어느 대학원으로 갈 것인가 하는 문제에서도 내게는 선택의 여지가 없었다. 나는 우리 과에서 수석 근처에도 가보지 못했다. 과에서 최우수 학생은 나와 같은 방을 썼던 피터 카첸스타인이었다. 당시 정치학과 학과장이던 페녹은 내게 하버드나 예일 같은 상위권 대학에는 지원하지 않는 게 좋다고 말했다. 내가 교수로 재직한 바 있던 시카고 대학에서도 나를 받아들이지 않았고 지금 내가 가르치고 있는 스탠퍼드 대학도 마찬가지였다. 버클리 대학이 내게 장학금을 제공한 유일한 학교였다. 내 생각에 내가 버클리 대학에서 장학금을 받은 이유는 스워스모어 대학에서 정치발전론을 가르친 은사이자 나를 강력하게 밀어준 일본학 학자인 도널드 헬만Donald Hellmann이 버클리 대학에서 박사 학위를 받아 그곳에 잘 알려져 있었기 때문이었던 것 같다.

**버클리 대학에 아는 교수가 있었는가?**

정치 이론가인 셸던 월린에 대해 알고 있었고, 특히 국제관계학과 비교정치학 연구자인 에른스트 하스와 함께 연구할 수 있게 되기를 고대했다. 나는 헬만에게서 하스에 대해 들었으므로 그가 어떤 유형의 지식인인지 알고 있었다. 첫 학기에 하스와 월린의 강의를 들었고, 그 덕에 당시 버클리 대학에 있던 진정으로 위대한 두 지식인과 함께 연구할 수 있었다. 결국 나는 하스의 지도를 받으며 논문을 썼다. 정치 이론가인 한나 피트킨Hanna Pitkin과도 함께 연구하고 싶었으나, 피트킨이 위스콘신 대학에 있는 것으로 알고 있었다. 그런데 바로 그 무렵 피트킨이 버클리 대학으로 옮겨 왔다는 정말 놀랄 만한 사실을 알고는 기쁨을 감출 수 없었다. 나는 언어철학에 대한 피트킨의 관심 덕분에 언어 정치학language politics 분야를 보완할 수 있었고, 피트킨은 내 학위논문을 지도하는 부지도 교수가 되었다.

**지금까지 언급한 이름들로 미루어 볼 때 비교정치학에만 관심이 있었던 것은 아닌 것 같다. 사실 정치 이론을 제대로 배웠고, 버클리 대학에서 정치 이론 부문 최고 논문상을 받**

**지 않았나.**

　　당시 버클리 대학에서는 비교정치학자 또는 행태주의자들이라고 불렸던 사람들이 정치 이론가들과 전쟁 중에 있었다. 이들은 정치학이라는 분과 학문의 성격, 자유발언운동, 제3세계 대학,[2] 그리고 버클리 대학에서 일어나는 다른 모든 일들에 대해 매사 갈등을 빚었다. 갈등의 골이 너무 깊어서 양쪽이 서로 거의 말도 섞지 않았다. 선도적인 두 이론가였던 월린과 샤John H. Schaar는 내가 졸업반일 때 결국 버클리 대학을 떠났다. 이렇게 양극화된 상황에서 나는 내 [논문심사위원회에 하스와 피트킨을 모두 붙잡아 두는 데 성공했다. 이는 정말 놀라운 일이었다. 그들은 내 연구를 좋아했을 뿐만 아니라 서로에 대해 깊은 존경심도 발전시켰기 때문이다. 그전에는 불가능한 일이었다. 내가 버클리 대학에서 이룬 가장 대단한 일이었다.

**어떤 강의들을 들었는가?**

　　1967년 가을, 버클리 대학에 도착한 순간부터 관심 있는 강의들을 들었다. 버클리 대학은 그야말로 환상적인 지성의 보고였다. 이 기회를 이용해 항상 내가 쓰고 싶고 말하고 싶은 것을 염두에 두고 강의를 선택했다.

---

2 • 제3세계 대학Third World College
1969년 샌프란시스코 주립대학과 버클리 대학의 유색인 학생들에 의해 결성된 제3세계해방전선third world Liberation Front은 제3세계 대학을 설립해 수업 시간에 제3세계 인민의 역사와 투쟁에 대해 가르쳐야 한다고 요구했다. 이 요구에 따라 샌프란시스코 주립대학에서는 민족연구 과정Ethnic Studies이 하나의 학부college로서 개설되었고, 버클리 대학에서는 학과department로 개설되었다.

## 비교정치학 강의들도 포함되었는가?

　　스워스모어 대학에서 받은 교육은 훌륭했지만 비교정치학 강의
는 하나도 듣지 못했다. 정치발전과 소련 체제에 관한 강의, 아프리카의
역사에 관한 강의를 하나씩 들었으나 내 기억으로는 비교정치학이라고 할
만한 정규 강의는 듣지 않았다. 버클리 대학에 가서도 비교정치학 강의를
들었다고는 생각하지 않는다. 워런 일치먼Warren Ilchman과 노먼 업호프Norman
Uphoff가 가르친 정치발전에 관한 강의를 들었다. 아프리카에 관한 칼 로스
버그Carl Rosberg의 강의도 들었다. 데이비드 앱터David Apter가 예일 대학으로
가기 직전에 그의 강의도 수강했다. 그러나 내 기억으로는 앱터가 강의한
내용은 대부분 홉스와 비교 이론의 위대한 전통에 관한 것이지 비교정치
학 연구 방법론은 아니었다. 그러므로 엄밀하게 말하면 비교정치학에 관
한 강의는 사실상 들어 본 적이 없는 셈이다.

　버클리 대학에서는 정치학 이외의 분야, 특히 사회학 강의도 들었다.
윌리엄 콘하우저William Kornhauser의 비교 혁명론 강의를 들었다. 배링턴 무어
의『독재와 민주주의의 사회적 기원』을 처음 읽은 것도 이때였다. 그 책은
내게 엄청난 영향을 주었으며, 비교정치학 분야에서 할 수 있는 바에 대한
나의 생각을 형성해 주었다. 닐 스멜서의 사회학 강의와 아이라 라피두스
Ira Lapidus의 이슬람 역사 강의도 들었다. 인류학 강의도 두 강좌 들었으나
경제학 강의는 듣지 않았다. 내가 버클리 대학에 있던 1960년대는 경제학
보다는 사회학이 정치학에 훨씬 더 영향을 많이 미친 시대였다. 그러므로
당연히 내가 들은 강의도 이런 사조를 반영했다.

**배링턴 무어의 책이 당신에게는 어떤 의미였나?**

　　　　무어의 책은 알몬드·콜먼(Almond and Coleman 1960)과 프린스턴 시리즈[3]에서 나온 발전에 대한 자유주의적 접근법에 커다란 충격을 주었다. 자유주의적 접근법의 기본 내용은, 서구에서 250년에 걸쳐 성취한 것을 남쪽에서는 25년이면 달성할 수 있으며, 더 중요하게는 발전을 면밀하게 관리하기만 한다면 평화적으로도 가능하다는 것이었다. 이와는 대조적으로 무어는 혁명이 없으면 민주주의 발전에 해로운 사회 계급이 남는다고 주장했다. 그러므로 인도를 다루는 장에서 무어는, 인도는 비록 20년 동안 민주주의를 실천했으나 과거와 혁명적으로 결별하지 못했기 때문에 그 미래에 대해서는 낙관하지 않는다고 했다. 혁명을 통해 사회 계급을 제거하는 것이 민주주의 실천에 반드시 필요한 선결 조건이라는 무어의 생각은, 위대한 목표는 평화적으로 달성할 수 있다는 자유주의 사상에 비수를 꽂았다. 역사 분석을 통해 무어는 충격을, 그것도 우리가 반드시 고려해야만 하는 규범적 충격을 주었다. 헌팅턴의 저서인 『정치발전론』(1968)도 비슷한 영향을 미쳤다. 학부 시절 나는 그가 『세계 정치』에 쓴 초기 논문(Huntington 1965)을 읽은 적이 있는데, 이 논문은 『정치발전론』의 기반이 되었다. 그러나 내가 생각하기로는 발전에 대한 자유주의적 접근법을 비판하는 무어의 입장이 더 강력했다.

---

[3] 프린스턴 대학 출판부는 1963~78년에 이루어진 정치발전을 다룬 연구 논문을 아홉 권의 시리즈로 발간했다. 이 시리즈는 사회과학연구협의회 산하 비교정치 분과 분과장인 루시안 파이가 편집을 맡았다.

**당시 다른 저자들의 책은 어떤 것을 읽었는가?**

　　내가 대학에 다니던 시절에는 로버트 달이 선도적인 정치학자로 간주되었다. 로버트 달은 정치학계의 미다스 왕과 같은 존재였다. 새내기 때 우리는 라이트 밀스C. Wright Mills를 비평적으로 다룬『누가 통치하는가?』(Dahl 1961)를 읽었다. 지금도 주목할 만한 책으로 남아 있는『민주주의 이론 서설』(Dahl 1956)과『서구 민주주의국가들에서의 정치적 반대』(Dahl 1966)도 읽었는데, 이 책은 민주주의를 경험적으로 연구하고자 하는 그의 지속적인 관심사가 부각된 저서였다. 또한 달은 우리가 미국을 민주주의국가로 당연시하는 견해를 받아들이지 않으려 했다는 점에서도 흥미로운 학자였다. 그래서 그는 도시와 작업장 등에서의 민주주의를 연구했던 것이다.

　　비교정치학과 국제관계를 연구하는 사람이라면 칼 도이치가 당시 선도적인 학자라는 점을 조금도 의심하지 않았다. 대학생 시절 나는 사회동원에 관한 그의 논문들과 민족주의와 사회적 의사소통에 관한 유명한 책들(Deutsch 1953; 1961)도 읽었다. 도이치의 뛰어난 논문집인『정부의 신경 체계』(Deutsch 1963)에서도 큰 영향을 받았다. 내가 대학원 1학년일 때 하스는『정부의 신경 체계』를 강의하고 있었는데, 강의 중에 사랑을 코드화하고 측정하는 방법을 다룬 부분을 비웃기 시작했다. 나는 도이치를 옹호했던 기억이 난다. 그가 정말 중요한 일을 했다고 생각했기 때문이었다. 내 주장은, 정치 공동체의 형성을 이해하려면 사람들이 자신과 닮은 사람들이 누구인지에 대해 어떻게 생각하는가를 아는 것이 중요하다는 것이었다. 그런데 우리는 사람들에게 그것을 직접 물어볼 수 없으니 이런 감정을 나타내는 독립적인 지표를 개발해야 하는데, 그게 바로 도이치가 하고자 한 바였다는 내용이었다. 하스는 내 말에 동의하면서 한발 물러섰다.

　　도이치와 달은 모두 1960년대 중반 믿을 수 없을 정도로 활기찼던 예일 대학 정치학과의 일원이었다. 엄청난 영향력이 있던 찰스 린드블롬과 정치

심리학을 연구하던 로버트 레인Robert Lane도 있었다. 예일 대학에는 달과 도이치, 린드블롬, 레인이 있었다. 정말 믿을 수 없을 정도로 대단한 학과였다.

**시모어 마틴 립셋과 데이비드 이스턴을 본받아야 할 학자로 삼았는가?**

스워스모어 대학 재학 시절 립셋의 『정치적 인간』(1960)이 중요한 책이라는 말을 들었지만 정작 3학년이 끝난 여름에야 직접 읽었다. 정치발전 강의를 듣는 동안 『첫 번째 새로운 국가』 The First New Nation(1963)도 읽었다. 립셋의 책은, 달의 책과 마찬가지로, 경험적 연구의 의미를 일깨워 주었다. 립셋의 저서를 좀 더 많이 접하게 된 것은 버클리 대학에서였지만, 버클리 대학에서는 그의 책을 사회학 서적으로 간주해 달이나 도이치의 책만큼은 읽지 않았다. 게다가 버클리 대학원생들은 립셋을 보수적인 정치학자로 생각했다. 그래서 그의 책들을 가치 없는 것으로 치부해 버리는 경향이 있었고, 진지하게 받아들여야 할 것도 그렇게 하지 않았다. 세월이 한참 지나 내가 조교수가 된 후에야, 그가 로칸과 함께한 균열 구조에 대한 연구 프로그램(Lipset and Rokkan 1967)이 내게 중요한 의미를 갖게 되었다.

이스턴의 경우, 스워스모어 대학에 있을 때 정치론에 관한 그의 책을 두 권(Easton 1953; 1965b) 읽었다. 버클리 대학에서는 이스턴의 책을 필독서로 지정하지 않았다. 이스턴의 저서를 처음 읽었을 때 매우 훌륭한 책이라고 생각했다. 내가 볼 때 정치 체계와 투입 및 산출이라는 개념은 완벽했다. 그 후 내가 스스로 연구를 하고자 하는 단계에 도달했을 때 이스턴의 틀은 경험주의 정치학자에게는 제공할 것이 거의 없다는 점을 알게 되었다. 파슨스의 틀처럼 이스턴의 틀 역시 세상에 대해서는 관찰 가능한 함의가 전혀 없는 거대한 상부구조이기만 했다. 게다가 그 구조는 내가 가장 관심을 가지고 있는 종속변수의 변동을 설명하는 데 아무런 도움을 주지 못했다. 그 구조는 구조적인 면에서는 아름다웠으나 현실적인 연구 프로젝트에는 쓸모가 없었다. 결국 이스턴은 곧 나의 독서 목록과 의식에서 이내 사라졌다.

**1960년대 버클리 대학의 분위기로 미루어 볼 때 그곳의 대학원생들은 마르크스주의 진영의 문헌을 상당히 읽었을 것 같다.**

버클리 대학에 있을 때 내게 마르크스주의적 영향을 가장 많이 미친 사람은 마르쿠제였다. 모두가 『일차원적 인간』*One-Dimensional Man*(Marcuse 1964)과 『에로스와 문명』*Eros and Civilization*(Marcuse 1955)을 읽었다. 나 역시 버클리 대학에 와서 마르쿠제의 책을 처음 읽은 후 프랑크푸르트학파에 관심을 가지게 되었다. 『뉴 레프트 리뷰』는 다른 과에서 상당히 유명했지만, 내가 버클리 대학에 있을 때는 읽은 적이 없다. 그러므로 『뉴 레프트 리뷰』보다 내게 영향을 더 많이 준 것은 프랑크푸르트학파였다. 후에 페리 앤더슨이 쓴 위대한 역사서 두 권(Anderson 1974a; 1974b)을 꼼꼼하게 읽었는데, 이 책들은 무어의 『독재와 민주주의의 사회적 기원』과 비슷했다. 그람시에 관한 앤더슨의 논문(Anderson 1977)도 읽었다. 하스의 강의를 여러 개 듣는 과정에서 마르크스주의 진영의 제국주의 이론가들을 모두 살펴보기도 했다. 이런 점에서 내가 마르크스주의를 접한 것은 거리가 아니라 강의실에서였다.

**반전운동에 참여한 적이 있는가? 버클리 대학에서는 어떤 정치 활동에 참가했는가?**

공개적으로 반전운동에 참여한 적은 그리 많지 않다. 1967년 10

월 오클랜드 징병소를 봉쇄하려는 시도를 포함해 몇몇 시위에 참여한 적은 있다. 1968년 [반전론자였던] 유진 매카시Eugene McCathy의 대통령 선거운동에는 깊이 관여했다. 며칠에 걸쳐 인근 지역 여러 곳을 도는 도보 행진을 하기도 했다. 그러나 대중적인 저항 활동들에서는 마음이 편치 않았다. 연설들이란 하나같이 따분하고 몹시 과장되어 있는 것 같다. 정치적인 구호를 외칠 때면 흥분되기보다는 반감이 든다. 저항운동의 지도부한테도 정말 믿음이 가지 않았다. 그래서 나는, 『마이애미 그리고 시카고 점령』Miami and the Siege of Chicago(Mailer 1968)에서 노먼 메일러가 범인 호송차에 실려 가며 손가락으로 승리의 V자를 그리면서도 "만일 우리가 승리한다면 하늘이 도와서겠지"라고 중얼거렸다는 구절을 읽으면서 정말 공감했다. 내가 뒤르켕이 말하는 "집단적 열광"collective effervescence(Durkheim 1995)을 연구하고 있다는 생각은 종종 하지만 그것을 직접 경험하고 싶지는 않다.

**체계적인 경험적 분석을 하기 위한 준비 차원에서 특별히 유용하다고 생각한 강의가 있었는가?**

버클리 대학에는 비교정치학을 전공하거나 그에 관심이 있는 사람들에게 필요한 방법론 강의가 없었다. 대학생 시절 나는 마이클 스크리븐Michael Scriven의 제자 휴 레이시Hugh Lacey의 탁월한 과학철학 강의를 들었다. 이 강의 덕분에 과학적 설명의 논리를 이해하게 되었다. 버클리 대학에서는 방법론 강의를 듣지 못했다. 그러나 첫 학기에 하스에게서 들은 국제관계학 수업의 중요성은 언급해야겠다. 우리가 무엇을 논의하든 하스는 이렇게 물었다. "종속변수는 무엇인가?" 그 수업을 통해 나는 복잡한 텍스트에서도, 그 주제에 대해 나보다 훨씬 더 많이 아는 동급생보다, 종속변수와 독립변수를 빨리 찾는 방법을 터득했다.

## 이런 기술을 어디서 배웠는가?

      대학원에서 들은 월린의 과학철학 수업에서 뒤르켕의 『사회학적 방법의 규칙들』*Rules of Sociological Method*(1982)을 읽었고, 이후 그의 『종교생활의 원초적 형태』*Elementary Forms of Religious Life*(1995)를 혼자 읽었다. 나는 그가 사례에 대해 어떻게 생각했으며 변수를 분리하는 문제를 놓고 어떻게 씨름했는지를 읽고 큰 감명을 받았다. 예컨대 그는 사회적 행동이 종교생활의 상이한 측면에 대해 갖는 서로 다른 함의를 분리했다. 뒤르켕의 이런 방법에는 중요한 것이 있었다. 20세기 초의 KKV[4]라고 할 만한 그의 『사회학적 방법의 규칙들』은 세상을 보는 내 사고방식에 강한 영향을 주었다. 나는 마치 그가 과학을 하고 있는 것처럼 느꼈고 나도 그것을 할 수 있을 것이라고 생각했다.

      월린의 수업에서 막스 베버의 『사회과학 방법론』*Methodology of the Social Sciences*(1949)도 읽었다. 사실상 버클리 대학의 비교정치학 교수진 전체가 스스로를 베버주의자로 생각했는데, 라인하르트 벤딕스가 특히 그랬다. 나는 벤딕스를 캘리포니아 대학 샌디에이고 캠퍼스의 조교수로 있으면서 알게 되었는데, 샌디에이고를 종종 방문한 그는 내게 많은 영감을 주었다. 특히 내가 나이지리아 요루바랜드의 종교 프로젝트를 준비하며 자료 조사를 시작할 때 도움이 많이 되었다. 그는 내가 현지 조사의 기반이 되는 이론적 개념들을 가지고 고심할 때 날 도와주었고, 그 결과물은 『세계 정치』(Laitin 1978)에 실렸다. 월린은 방법론에 관한 베버의 글들을 부분적으로 이용해, 베버주의자인 동시에 실증주의자라고 자처하는 동료들에게서 나

---

4 KKV는 킹Gary King과 커헤인Robert Keohane, 버바Sidney Verba를 가리킨다(1994). 이들은 널리 읽히는 방법론 서석[『사회조사 설계』]을 쓴 공저자이다.

타나는 과학적 허세를 꺾어 주었다.

　베버와 관련해 나의 방법론적 아마추어리즘을 보여 주는 일화가 하나 있다. 대학원생 시절 나는 베버의 고전인『경제와 사회』*Economy and Society* (1978)의 많은 부분을 도저히 읽을 수가 없었다. 너무 지루했다. 그러나 내가 비교종교학에 새롭게 관심을 갖게 되면서 그의 복잡하고 따분한 산문 (Weber 1951; 1958; 1967) 속에 감춰진 탁월성이 빛을 발하기 시작했다. 내가 "선택적 친화성"elective affinity[5]이라는 개념을 알게 된 것도 그때였다. 오랫동안 이 개념은, 인과관계를 주장하고 싶지만 그것을 입증하는 증거를 제시하지 못하는 버클리 대학의 비교정치학자들이 읊조리는 주문呪文과도 같았다. 그들은 베버를 인용하면서, 독립변수는 종속변수의 특정값에 대해 선택적 친화성이 있다고 말하곤 했다. 듣기에 중요한 용어인 것 같기는 했지만, 내게는 얼버무리는 말처럼 보였다. 몇 년 후 나는 베버의 아내 마리안네 베버가 쓴 베버 전기(Weber 1975)를 읽다가 이 방법론적 개념의 기원을 발견했다. 베버의 부인은 그가 서재에서『선택적 친화력』[6]이라는 괴테의 연애 소설을 읽으면서 박장대소하는 소리를 들었다고 했다. 괴테는 혼외적 욕망을 조롱하려고, 화합물을 얼버무려 설명하기 위해 화학에서나 사용되던 용어를 이용한 것이었다. 베버는 이 말을 자기네들끼리 하는 농담으로 사용한 게 틀림없을 텐데, 그런 말에 두 세대 후 버클리 대학의 교수진이 놀아난 것이다. 결국 이는 내가 이 개념에 대해 품었던 의구심이

---

[5]• 베버는 개신교가 자본주의 발전의 직접적 원인은 아니지만, 자본주의 발전에 친화적인 특성이 있어서 그것을 좀 더 보강하고 이끌어 준다는 점에서 이 양자는 '선택적 친화성'의 관계에 있는 반면, 가톨릭교회에는 자본주의 정신과 화해할 수 없는 요소가 존재한다는 점에서 양자는 부정적 친화성의 관계에 있다고 주장했다.

[6]•『선택적 친화력』*Elective Affinities*
한 부부가 두 남녀를 이어 줄 목적으로 그들을 초대하지만 부부가 모두 새로운 사랑에 빠지게 되고 인간적 어리석음과 격정으로 인해 비극을 맞게 된다는 줄거리이다.

옳았음을 보여 주는 것 같았다. 내게 좋은 방법이란 언제나 냉철한 사고에 있었지, 난해한 용어에 호소하는 데 있지 않았다.

**기억이 나거나 서로 연락하는 대학원 동문이 있는가?**

아마도 내가 배운 것 가운데 대부분은 당시의 동료 대학원생들에게서 배웠을 것이다. 스워스모어 대학에서 방을 같이 썼던 피터 카첸스타인과 브린 모어 대학의 학생이었지만 스워스모어 대학 수업에서 만난 마거릿 레비, 버클리 대학 동기인 존 러기John Ruggie, 버클리 대학의 한두 해 후배인 피터 카우위Peter Cowhey와 이언 러스틱Ian Lustick 등이 그들이다. 우리는 우리들 자신이 일종의 세대 운동을 하고 있다고, 다시 말해 우리 자신을 스스로 가르치고 우리 자신을 위해 전공 분야를 재편하는 세대라고 생각했다. 동년배들과의 이런 지적 상호작용은 엄청난 영향력이 있었다. 이들은 내가 막 학자로서의 경력을 쌓기 시작했던 초기 10년 동안 출간을 앞둔 내 글들을 거의 모두 읽었다. 그들은 보이지 않는 대학이었다.

**논문 이야기로 다시 돌아가 보자. 소말리아의 언어 정치를 어떻게 선택하게 되었는지 말해 줄 수 있는가?**

당시 아프리카에 관한 저작들 가운데 상당수는 대체로 냉전 시대에 미국이 택했던 외교정책에 의해 추동되었다. 그러나 나는 대학원생이 된 첫해에 헨리 비넨의 전설적인 논문(Bienen 1967)을 읽으면서 다른 행로를 생각하게 되었다. 비넨은 논문에서, 탕가니카(후에 탄자니아가 되었다)로가 '탕가니카 아프리카민족연합'Tanganyika African National Union, TANU을 연구하게 된 경위를 설명했다. 당시의 연구 문헌들은 TANU를 소련 공산당Communist Party of the Soviet Union, CPSU 등과 더불어 '동원 정당'mobilization party의 사례로 들고 있었다. 그러나 비넨이 현지에 도착했을 때, 그는 그 당을 찾을 수 없었다. 당 사무실은 물론 아무것도 없었다. 그는 소도시로 가서 당사가 어디 있는지 물어보았으나 그런 곳에도 아무것도 없었다. 조금 과장한 것인지는 모르지만 내가 기억하기로는 그랬다. 이때 비넨은 TANU와 CPSU를 이런 식으로 비교하는 것은 어불성설이라는 점을 깨달았다. 이런 아프리카 동원 정당들은 명목상으로만 동원적이었던 것이다. 그러자 아프리카 정치를 제대로 이해하려면, 아프리카인들 스스로가 정치적인 문제라고 생각하는 것이 무엇인지를 찾아야겠다는 생각이 들었다. 나는 그때까지 아프리카에 다녀온 적이 없었다. 그러나 내가 초점을 맞출 필요가 있는 것은 실제 아프리카 정치에서 관찰할 수 있는 문제들이지 냉전의 환상이 주도하는 가상적인 문제가 아니라는 것을 깨달았다.

이제 내가 소말리아의 언어 정치를 연구하겠다고 결심하게 된 계기로 돌아가 보자. 나는 아프리카 언어와 문화의 중요성에 대해 말하는 네그리튀드7 문헌을 많이 읽었다. 그러다 보니, 아프리카 연구에서 내게 흥미로운 것들은 바로 그런 문제들이었다. 나는 내 자신에게 이렇게 물었다. "아프리카의 국가들이 독립한 지도 벌써 5, 6, 7년이 지났음에도 불구하고, 사실상 모든 국가가 영어나 프랑스어를 공용어로 사용하는 이유는 무엇인가? 어째서 공용어를 아프리카어로 바꾸지 않는가?" 이 문제에 대해 논문을 몇 편 쓴 알리 마즈루이Ali Mazrui의 주장에 의하면, 4백 개의 상이한 언어

---

7• 네그리튀드Négritude
아프리카적 정체성이라는 뜻으로, 1930~50년대에 파리에 살던 프랑스어권 아프리카와 카리브 해 출신 작가들이 프랑스의 식민 통치와 동화 정책에 저항해 일으킨 문학 운동이다.

가 있는 나이지리아 같은 곳에서는 사람들이 공용어로 선택하는 데 동의할 가능성이 있는 언어는, 서투르긴 하지만 모두가 알고 있는 영어뿐이라는 것이다(Mazrui 1966). 그러나 나는 이런 답변에 만족할 수 없었다. 사람들이 왜 자기들의 언어를 주장하지 않는지 그 이유가 궁금했다. 그 당시 나는 아프리카 동쪽 해안의 어딘가에 아랍어와 이탈리아어, 영어 등 세 언어를 공용어로 사용하는 나라(소말리아)가 있다는 글을 읽었다. 사실상 모든 주민이 소말리아어를 일상어로 사용함에도 불구하고, 세 가지 공용어가 있는 나라 말이다. 이는 마즈루이의 주장과는 완전히 상반되는 것 같았다. 즉, 그들이 동의할 수 없었던 것은 그들 모두가 사용하는 한 가지 언어라는 것이다. 다시 말해, 그들은 소말리아어를 공용어로 삼을 수 없었다는 것이었다. 나는 이런 현상을 설명하는 정치적인 어떤 이유가 틀림없이 있을 것이며, 소말리아를 연구하면 민족문화와 국가의 좀 더 폭넓은 연관 관계를 파악할 수 있을 것이라고 생각했다.

긴 사연이 있지만 간단히 말하면, 당시 나는 입영을 피하기 위해 캐나다 이민 서류를 준비해 놓고 있었다. 그러나 나의 양심적 병역 거부 청원서를 거절한 바 있는 징병 위원회에서, 평화봉사단 활동에 참여하면 당장 입영시키지는 않겠다고 했다. 사실 이미 나는 평화봉사단에 가입 신청서를 제출해 놓은 상태였다. 곧 평화봉사단으로부터 소말리아에 가지 않겠느냐는 문의가 왔다. 내게 소말리아어를 가르쳐 줄 수 있는지 물었더니 "그렇다"는 답변이 왔다. 그 말을 듣고 "아내와 함께 가겠다"라고 했다. 이렇게 해서 나는 아프리카로 가게 되었고, 소말리아어를 배우게 되었으며, 결국 소말리아에 관한 학위논문을 쓰게 되었다.

**소말리아에서의 경험을 통해 무엇을 배웠는가?**

　　　　우리는 1969년에 약 9개월간 소말리아에 있다가 소련이 지원하는 군사 쿠데타 때문에 추방되었다. 하지만 소말리아 체류 기간 중 6~7개월 되는 시점에 하스에게 논문 개요를 하나 써보냈었고, 나중에 보니 그 개요는 내 학위논문과 그 학위논문을 토대로 한 책(Laitin 1977)과 놀라울 정도로 비슷했다. 대학원에 겨우 1년 있었고, 소말리아에 도착한 지 6개월도 채 되지 않았지만, 연구 과제의 대강을 파악할 수 있었다.

　평화봉사단에서 내가 맡은 일은 소말리아의 아프고이에 있는 국립사범대학에서 영어 연수 프로그램을 총괄하는 일이었다. 과거 이탈리아 식민지였던 지역의 이탈리아어권 중학교와 아랍어권 중학교의 졸업생 50명 정도를 맡았다. 그들은 1년 동안 영어 연수를 받은 후 소말리아의 중학교에서 가르칠 예정이었다. 내 일은 5명의 직원과 함께, 그들이 자신들의 담당 과목을 영어로 가르칠 유능한 교사가 될 수 있게 집중 교육을 실시하는 것이었다. 교사와 학생 모두 소말리아어를 완벽하게 구사함에도 불구하고 언어적 상황 때문에 영어로 소통하도록 강요받는 이런 상황의 아이러니는 내 학위논문의 연구 주제에 잘 들어맞았다.

　학위논문에 유용한 정보 이상의 많은 경험도 얻었다. 외국에서의 생활은 내게 많은 활력을 주었다. 학생들과 함께 소말리아어를 익히고 시詩도 배웠다. 매주 시장에도 갔다. 버스 정류장과 고물 버스 안에서 세상 이야기를 들으려고 노력했다. 아내와 함께 부엌에서 석탄 난로의 불을 쬐기도 했다. 현지인들의 행동을 따라 해보려고 노력하기도 했는데, 이는 그들이 특정한 방식으로 행동하는 이유를 내가 알고 있다는 확신을 주었다. 사범대학 식구들의 고향인 브라바Brava에서 라마단 휴가를 보낼 때 아내와 나는 그들로부터 최고의 칭찬을 받기도 했다. 브라바 사람들은 소말리아어를 제2 공용어로 사용했지만 그 말을 능숙하게 구사하는 사람은 많지 않았다. 그중 몇몇은 우리를 피부가 하얀 소말리아 족reer Beenadeere으로 착각했고, 우리는 곧 집으로 편지를 보내 우리의 성과를 자랑했다.


**평화봉사단 일이 끝난 후에는 버클리 대학으로 다시 돌아갔는가?**

버클리 대학으로 돌아가 필요한 과정을 이수해 학위논문을 제출할 자격을 얻었다. 그 후 버클리 대학의 국제문제연구소Institute of International Studies, IIS로부터 1,500달러의 연구 보조금을 받고 소말리아로 돌아가 다시 그곳에서 몇 달간 지냈다. 사실 이 연구 보조금과 관련된 재미있는 일화가 있다. 피트킨에게 제출한 논문에서 나는 언어 상대성 논증linguistic relativity argument이라는 것을 제시한 적이 있었는데, 당시 나는 이 논증을 기반으로 정치적 논의에서 상이한 언어를 사용하는 것은 중요한 정치적·문화적 함의를 갖게 될 것이라고 생각했다. 그래서 학위논문 계획에 실험을 하나 집어넣었다. 소말리아의 아이들에게 영어나 소말리아어로 역할극을 하게 해서, 그들에게 사용하도록 요구한 언어로 말미암아 유의미한 차이가 나타나는지 알아보려고 한 것이다. 그런데 IIS 위원회 위원이었던 닐 스멜서가 그 계획을 달가워하지 않았다. 그는 하스에게, 자신은 그 프로젝트에 연구 보조금을 지원해야 한다고 생각하지 않는다고 했다. 하스는 스멜서에게 나를 한번 만나 보는 게 좋겠다고 제안했다. 이 만남에서 스멜서는 내게 이렇게 말했다. "데이비드, 이것은 매우 흥미로운 프로젝트네. 그러나 만일 이 실험이 자네가 생각한 대로 되지 않으면 자네의 경력은 어떻게 되겠는가? 언어가 아무런 차이도 만들어 내지 않는다면 어떻게 되겠나? 아무것도 얻지 못하게 될 걸세." 그때 어떻게 용기를 냈는지 지금도 모르겠지만 나는 정신을 가다듬고 말했다. "그 말은, 선생님이 과학을 믿지 않는다는 말입니까? 저는 실험이 틀렸음을 입증할 수 없다면 그것은 과학이 아니라고 생각합니다." 스멜서가 답했다. "물론 나도 과학을 믿네. 하지만 우리가 자금을 지원하는 사람들의 경력 역시 중요하게 생각한다네." 나는 다음과 같이 말했다. "소말리아에서 언어 실험 결과가 제 의도대로 나오지 않는다면, 대신에 도서관에서 제 머릿속에 들어 있는 다른 논문을 쓰도록 하겠습니다." 그러고는 내가 20년 후에 쓴 『아프리카의 언어 레퍼토리와 국가 건설』(Laitin 1992a)과 매우 흡사한 논문 한 편에 대해 설명해 주었다. 그러자 스멜서는 "좋네, 내 그걸 사지"라고 말했다. 그의 허락으로 현지 조사를 위한 지원금 1,500달러를 얻었다.

## 소말리아 – 요루바랜드 – 카탈루냐 – 구소련

당신의 연구를 보면 현지 조사를 크게 강조할 뿐 아니라 한 나라에서 다른 나라로, 심지어는 한 대륙에서 다른 대륙으로 옮겨 다니기도 했다. 당신은 소말리아를 포함한 아프리카의 뿔[아프리카 동북부 지역]에서 시작해 나이지리아의 요루바랜드로, 그리고 그 후에는 스페인의 카탈루냐로 옮겨 갔으며, 가장 최근에는 구소련 지역에 초점을 맞췄다. 이런 식의 패턴은 현지 조사를 하는 비교정치학자들에게는 매우 드문 일이다. 현지 조사를 계속하는 학자들의 경우 보통은 범위를 어느 정도 좁혀서 동일한 국가나 지역에 초점을 맞추는 경향이 있다. 상이한 지역들에 대해 매우 폭넓은 지식이 필요한 연구 전략을 선택한 이유는 무엇인가?

나는 스스로 내가 매우 폭이 좁은 사람이라고 말하곤 한다. 정치학을 연구하는 내내 대체로 좁은 범위의 동일한 문제들에 초점을 맞춰 왔다. 기본적으로 문화와 정치의 관계, 그리고 문화적 이질성의 정치적 함의에 관한 문제들이 그것이다. 이는 매우 폭이 좁은 문제들이다. 내 연구 현장이 소말리아든 나이지리아나 카탈루냐, 구소련 붕괴 이후의 세계든, 동일한 문제가 몇 가지 상이한 방식으로 반복적으로 제기되고 있다는 점을 알 수 있을 것이다.

나는 다른 비교정치학자들에게 이렇게 말하곤 한다. 당신들은 새로운 장소로 가기 위해 치러야 할 비용은 과대평가하면서 동일한 장소에서 새로운 문제를 연구하는 비용은 과소평가하고 있다고 말이다(Latin 1994). 내 세대에서는 많은 사람들이 1960년대와 1970년대 초에는 아프리카의 민족주의와 관련된 문제들을 연구한 후 1970년대와 1980년대에는 종속성과 구조 조정 등 경제개발과 관련된 문제들로 옮겨 갔다. 이런 식으로 넘어가기 위해서는 경제학을 연구해 거시 경제학에 정통해야 한다. 그렇지 못할 경우 정상급의 연구를 하지 못할 것이다. 게다가 민족주의와 관련된 문제에서 경제성장과 구조 조정 같은 문제로 옮겨 가는 데 필요한 이론적 기술을 익히는 것은 쉽지 않다. 내 경우에는 내가 논제로 삼은 문제가 변하지 않고 그대로 남아 있기 때문에 본질적으로 동일한 연구 프로그램에 매달릴 수 있었으며, 새로운 연구 현장에서도 이전의 연구에서 해결하지 못한 문제를 계속 이어 나갈 수 있었다. 그러므로 나는 당신의 질문에 깔린 전제를 받아들이지 않는다. 사실 나는 폭넓은 지식을 갖춘 사람이 아니다.

**연구 프로그램을 어떻게 진행해 나갔나? 기존의 연구 기획에서 해결하지 못한 문제를 풀기 위해 새로운 연구 현장을 선정하는 방법이 있는가?**

우선 요루바랜드를 연구한 『헤게모니와 문화』*Hegemony and Culture* (Laitin 1986)의 사례를 이야기해 보자. 소말리아에 대한 연구를 마친 후, 나는 정치 문화의 한 측면, 즉 언어와 정치적 정향 사이의 관계에 대해 무언가 말할 것이 있다고 생각했다. 그러자 그다음도 궁금했다. 즉, 사람들이 정치적 권위에 대해 생각하고 반응하는 방식에 언어가 미치는 영향과 관련해 내가 발견한 내용이 다른 문화적 하위 체계에서도 입증될 수 있을 것인가? 또한 종교도 사람들이 권위에 반응하는 방식에 영향을 줄 수 있을 것인가? 당시 나는 클리퍼드 거즈의 용어를 사용했으며, 따라서 언어와 종교를 별개의 문화적 하위 체계로 여겼다. 소말리아에서 이야기를 나눴던 사람들은 모두 이렇게 말했다. "데이비드, 소말리아에 관한 당신 연구의 큰 약점은 이슬람교가 사람들의 생각과 행동에 미치는 영향을 실제로 평가해 본 적이 없다는 것이네." 나는 계속해서 이 말을 들었다. 그러므로 이런 평가를 들을 때마다 다음과 같이 답했다. 온 국민이 이슬람교도인 소말리아 같은 나라에서는 다른 변수를 찾을 수 없으므로 이런 나라를 아무리 살펴본다고 해도 그 문제를 다룰 길이 없다고 말이다. 그리고 나는 이슬람교가 아프리카의 정치에 미친 영향을 연구할 수 있는 지역을 생각하기 시작했다. 동일한 문화를 지닌 사람들이 이슬람교와 기독교의 영향을 받았으되 이슬람교나 기독교를 선택하는 일이 그들의 정치적 정향과 체계적으로 연결되어 있지 않은 곳이어야 한다는 게 내 생각이었다. 그런 지역이라면 기독교나 이슬람교가 정치 정향에 대해 갖는 함의를 추적할 수 있을 것이다. 학부 시절 진 허스코비츠Jean Herskovits와 함께 아프리카 역사 강의를 들어서, 서아프리카에는 이슬람교와 기독교의 영향을 동시에 받은 왕국들로 이루어진 지대가 있는데, 여기 사람들은 사실상 똑같은 이유로, 즉 교역망에 참여하겠다는 이유로 개종을 했다는 사실을 알고 있었다. 나는 이렇게 말했다. "이런 사례들을 조사하면 비슷한 시기에 동일한 이유로 기독교도나 이슬람교도로 개종해 이슬람교도가 40~50퍼센트이고 기독교도가 40~50퍼센트인 문화를 분명히 발견할 수 있을 것이다." 또한 주민의 반은 이슬람 교역 네트워크에 가입하고 반은 기독교 교역 네트워크에 가입한 도시도 발견할 수 있을 것이라고 생각했다. 허스코비츠가 학위논문을 쓴 곳인 요루바랜드가 이 기준에 맞아떨어졌다. 허스코비츠의 강의에서 들었던 이런 사실을 생각해 내고는 요루바랜드에 관한 자료를 읽기 시작했다. 그리고 여기가 바로 연구할 만한 곳이란 걸 알았다. 나의 첫 번째 연구와 두 번째 연구의 연결 고리는 매우 분명했다. 종교도 언어와 동일한 방법으로 정치에 영향을 주는지 알아보려는 것이 그것이다.

**요루바랜드에서의 연구가 끝난 후 카탈루냐로 옮겨 갔다.**

당시 나는 아프리카에서 벌어졌다가 다소 실패한 언어 복원 운동과 언어 운동의 사례에 대해 많이 알고 있었다. 탄자니아는 성공했으며 소말리아도 결국에는 성공했다. 그러나 기본적으로 대부분의 아프리카 대륙은 영어나 프랑스어를 공용어로 삼을 것처럼 보였다. 하지만 나는 어쩌면 훨씬 뒤에는, 즉 오랜 시간이 지나 민족의 언어가 충분히 발전한 후에는 언어 복원 운동이 벌어지는 사례를 발견할지도 모른다고 생각했다. 문제는 이것이었다. 즉, 장기간에 걸쳐 형성된 언어적 헤게모니와 갑작스럽게 단절되는 일이 어떻게 일어나는가? 나는 요루바어를 염두에 두고 있었다. 요루바어도 사어死語로 생각할 수 없고 줄루어도 마찬가지이다. 이런 언어들은 어떤 것도 사어로 생각할 수 없다. 이 언어들은 대항 헤게모니 운동에 동원될 수 있는 일종의 모순 의식으로 유지되고 있다. 내가 그람시의 사상을 기반으로 한 『헤게모니와 문화』를 쓰면서 정식화했던, 언어와 모순 의식에 관한 아이디어들을 발전시킬 수 있었던 것은 카탈루냐의 언어 운동을 연구한 덕분이었다. 몇몇 논문에서 밝힌 것처럼 나는 카탈루냐에서 내가 결혼과 승인이라고 부른 바 있는 다음과 같은 사실을 발견했다. 즉, 부르주아가 부상하면서 반쯤 잊힌 [민족]시인들과 외로운 언어학자들의 결합, 그리고 카탈루냐로 옮겨 간 안달루시아 이민자들이 두 가지 언어를 사용하도록 요구하는 정권의 요구를 수용한 일 말이다.[8]

그다음에는 구소련 지역의 사례들로 옮겨 갔다. 1988년 나는 카탈루냐에 관해 쓰던 논문들을 한 권의 책으로 묶을 방법을 모색하면서, 이와 동

---

8 Laitin(1989; 1992b; 1995a), Laitin and Sole(1989), Laitin and Rodriguez Gomez(1992), Laitin, Sole, and Kalyvas(1994).

시에 구소련에 속했던 14개의 비러시아 공화국의 언어 관련 법도 조사하고 있었다. 단일 언어로서 러시아어가 누렸던 역사적 권리가 도전받고 있었고 소련 자체도 도전에 직면해 있었다. 이는 내가 정치 언어학(내가 나의 전공을 기술하기 위해 사용하는 용어다) 분야에서 목격한 가장 놀라운 일이었다. 나는 내 문화 연구를 내 생애에서 가장 중요한 정치적 사건과 연결할 수 있는 기회라고 생각했다. 그래서 나는 여기저기 옛 친구들한테 전화를 걸어 물어보았다. "만사를 제쳐 놓을 만한 좋은 기회로 봐도 될까? 지금 러시아어 공부를 시작해야 할까? 이걸 연구해야 할 것 같아." 친구들은 대부분 이렇게 대답했다. "그런 연구라면 종신 재직권을 얻겠다. 해라!" 그렇게 해서, 러시아어를 배우기 시작했다.[9]

## 연구 설계

방법론에 대해 이야기해 보자. 『사회조사 설계』에서 킹·커헤인·버바는 주요 변수들의 통제 방법을 보여 주는 사례로 당신의 요루바랜드 연구를 언급하고 있다(King, Keohane, and Verba 1994, 147, 205-6). 이런 방법론적 문제와 관련해 당신에게 도움을 준 사람이 있는가? 아니면 연구 설계 문제를 직관적으로 해결하나?

완전히 직관적이다. 킹·커헤인·버바가 내 연구를 사례로 언급하긴 했지만, 사실 나는 소말리아에 관한 책에서나 요루바 족에 관한 책에

---

[9] 이 연구는 1998년에 발표되었다.

서나 모두 방법론에 관한 부록을 책에 싣기 위해 많이 싸워야 했다. 내 책을 발간한 출판사들은, 이렇게 방법론에 초점을 맞추는 것은 책의 연속성을 깨뜨리는 것이며, 내가 그저 과학에 대한 내 자신의 환상, 사실상 아무도 믿지 않는 그런 환상을 충족시키기 위해서일 뿐이라고 생각했다. 내 아내인 델리아Delia는 내가 그리 살기 좋은 환경도 아닌 곳들을 다닌다며 불평했다. 한번은 하스가 우리 부부에게, 정치학계 사람들은 대부분 델리아의 마음을 이해하며 그 나라 음식을 고려해 연구 장소를 선택하곤 하지만, 데이비드는 학문적 고려에 따라 사례를 선택하는 것이라고 재치 있게 이야기해 주었다. 그러나 변수를 고립시킨다는 아이디어는 내게 직관적으로 분명했다. 나는 현재 킹·커헤인·버바의 『사회조사 설계』가 만들어 낸, 그런 유형의 방법론 강의를 들어본 적이 없었다.

**당시에도 닐 스멜서의 몇몇 장과 그의 저서(Smelser 1968; 1973; 1976), 그리고 『미국정치학회보』에 실린 레이프하르트의 논문(Lijphart 1971) 등, 비교 연구 방법론에 관해 널리 논의되는 연구물들이 이미 많이 있었다.**

사실이다. 나 역시 토크빌이 프랑스의 앙시앵레짐과 미국의 민주주의를 비교해 변수들을 고립시키는 방법을 다룬 스멜서의 책을 가르치기도 했다. 내 기억으로는 내가 비교 방법론에 관한 레이프하르트의 논문을 읽은 것은 훨씬 나중으로, 사실 캘리포니아 대학 샌디에이고 캠퍼스에서 우리가 그를 교수로 받아들일 때였다.[10] 그러므로 방법론을 다룬 이런

---

10 레이프하르트가 캘리포니아 대학 샌디에이고 캠퍼스의 교수진에 합류한 것은 1978년이었다.

유형의 자료는 당시에도 나와 있어서 구할 수 있었다. 그러나 방법론을 다루는 강의는 수강한 적이 없다. 이렇게 말해 보자. 우리 어머니는 절대음감을 가졌다. 그러나 음높이를 맞추기 위해 다른 사람들이 어떤 노력을 할 수 있는지에 대해서는 알지 못한다. 어머니에게 음높이를 맞추는 일은 그냥 직관적으로 이루어질 뿐이다. 게다가 솔직히 말해, 사례 선택에 관한 문헌을 읽는 것은 내게는 거의 견디기 어려운 일이다. 사례 선택은 그냥 내 몸에 배어 있는 일일 뿐이다. 킹·커혜인·버바의 『사회조사 설계』로 다시 돌아가 보자. 내가 그 책을 처음 읽은 것은 에스토니아에 있을 때였다. 그리고 내가 그들의 사례 선택 판단 기준을 충족시켰다고 그들이 인정하고 있음을 알았을 때 나는 조용히 웃었다. 내가 마침내 어떤 일로 인정을 받은 것 같은데 그 일은 실제로 하려고 했던 것이 아니었기 때문이다. 그것은 단지 직관적으로 떠올랐을 뿐이다.

**그러나 방법론적 쟁점들에 대한 당신의 연구는 다른 많은 문헌들보다 훨씬 더 분명했으며, 자신이 사용한 비교 방법에 대한 글도 많이 썼다.**

내 연구에 사용한 방법론에 대해서 글을 쓴 것은 다분히 자의식적이었다. 그러나 방법론에 대해 다른 사람이 쓴 글을 읽으면 지루하다는 생각이 든다. 어울리지 않는 서로 모순된 말인 줄은 안다. 그러나 내가 방법론에 대해 쓴 글들은 모두 어떤 현상을 설명할 수 있는 최선의 방법을 이해하려고 노력하는 과정에서 나온 것이다. 그러므로 내 글은 방법론에 관한 글이 아니라, 잘못 이해되고 있는 어떤 현상을 가려내어 제대로 이해하려고 노력하는 과정에서 쓴 것이다. 내가 소말리아에 대해 처음 쓴 책에서 방법론을 다룬 장(Laitin 1977, 162-85)이나 『헤게모니와 문화』에서 방법론을 다룬 부록(Laitin 1986, 185-205), 논문 "민족 부흥 운동과 폭력"National Revivals and

Violence(Laitin 1995a) 등을 예로 들어 보자. 논의를 의도적으로 단순화하며 주로 초점을 맞춘 것은 내가 관심을 갖고 연구하는 특정 현상에 대해 추론할 수 있는 방법, 즉 기본적인 논리 법칙을 위반하지 않는 방법이었다. 나는 오로지 방법론만 연구하는 사람은 아니었다. 나는 항상 기본적인 논리 법칙을 이용해 나의 추론이 합당하다는 점을 분명히 밝히기 위해 노력하고 있었다.

**킹·커헤인·버바의 『사회조사 설계』(1994)를 읽었을 때, 그 책은 당신이 이미 갖고 있던 생각들에 확신을 더해 주었을 뿐인가? 어떤 새로운 시각과 통찰을 얻지는 않았나?**

내가 서평(Laitin 1995b)에서 쓴 것처럼, 그 책은 나에겐 한 모금의 신선한 공기와 같았다. 그 책을 읽고 나니 내가 몰리에르의 희곡『평민귀족』*Bourgeois Gentilhomme*에 나오는 무슈 주르당Monsieur Jourdan[벼락부자가 되어 귀족 흉내를 내려고 교양을 쌓는 데 몰두하는 평민 캐릭터]이 된 것 같았다. 평생 방법론을 연구했으면서도 내가 방법론을 하고 있다는 사실조차 깨닫지 못했던 것이다. 나는 단지 비교정치학에 대한 글을 쓰고 있다고만 생각했을 뿐이다.『사회조사 설계』에서 정말 많은 것을 배웠다. 나는 통계적인 연구를 상당히 많이 했지만, 항상 내가 원하는 바를 통계 전문가들에게 이야기해 놓고 통계 작업은 그들에게 일임하는 식이었다. 내게는 통계 연구의 고유한 규칙 또는 기본 원리에 대한 감각이 없었다. 킹·커헤인·버바의 책, 특히 게리 킹의 글을 읽으면서 훌륭한 통계 연구가, 형식 이론화와는 다른 방식으로, 강제하는 사고의 명확성에 대해 크게 깨닫게 되었다. 얄궂은 이야기지만, 그 책을 통해 나는 그 책의 본래 목적인 정성적 방법을 배우기보다는, 양적 방법론의 아름다움을 배웠다.

당신이 아프리카에서 그리고 나중에는 스페인에서 연구하고 있을 당시 다른 사람들은 정치 문화에 대해 양적 연구를 하고 있었다. 사실 비록 당신이 한 연구 장소에서 다른 장소로 옮겨 다니며 현장 연구를 계속하고 있었지만 당신에게도 다른 선택지가 있었다. 대규모 사례연구에 대한 양적 연구를 통해 관심 변수를 통제하고자 하는 노력 말이다. 이것을 고려해 보았는가?

비교 연구가 발전 단계에 있던 그 시점에서는 내가 답하고자 하는 물음을 해결하는 데 도움이 되는 자료가 별로 없었다. 게다가 나는 예컨대 알몬드나 버바, 잉글하트 등이 진행하고 있던 대규모의 국가 간 교차 연구(Almond and Verba 1963; Inglehart 1977)에 대해서는 지적인 면에서 매우 큰 의견 차이가 있었다. 나는 그들이 내가 관심을 갖고 있는 물음에 대한 답을 찾을 수 있으리라고는 생각하지 않았다. 내 생각에 그들의 설문 조사는 정작 다뤄야 할 필요가 있는 사안들에 대해서는 다루고 있지 않았는데, 내가 관심을 가지고 있는 과정적 사안들은 민족지적 방법을 통해 다루는 게 가장 낫다고 나는 생각했다. 나는 설문 조사와 양적 연구를 통해 할 수 있는 일은 별로 없다고 보았다. 당시만 해도 나는 그런 유형의 연구를 그다지 좋아하지 않았으며, 그에 대해 관심을 갖게 된 것은 훨씬 나중의 일이다.

## 현지 조사와 사례

당신의 초기 현지 조사 경험이 당신의 지적 성장에 영향을 미친 것은 분명한 사실인 것 같다. 그리고 당신은 계속해서 정기적으로 현장으로 되돌아가는 몇 안 되는 원로 비교정치학자 가운데 한 사람이다. 당신은 현지 조사를 통해 무엇을 얻는가?

어려운 질문이다. 사람들마다 영감을 얻는 방식은 다양하다. 나는 낯선 곳에서 사는 것을 좋아하고 매일 신문을 즐겨 읽는다. 낯선 곳에서 나는 다양한 방법을 통해 세상을 이해하려고 노력한다. 책을 읽는 것만으로는 그런 생생한 경험을 할 수 없다. 이를 위해서는 여행도 좋지만 해외에서 살아 보는 것도 좋다. 게다가 공식적인 인터뷰는 물론이고 시장에 가서 사람들이 서로 부대끼는 것을 지켜보는 것과 같이 일상생활에 대해 지켜보는 것도 좋아한다. 그러다 보면, 내가 관심이 있는 정치 문제를 일으키는 것이 무엇인지를 이해하게 된다. 이것이 영감을 얻는 유일한 길이라고는 생각하지 않는다. 그러나 내 경우에는 그것이 가장 강력한 방법이다.

내 후기 연구에 영향을 미친 한 가지 사례를 예로 들어 볼 만하다. 내가 카탈루냐어 표준화 운동, 즉 카탈루냐 사람들이 카탈루냐어를 표준어로 만들려고 한 운동을 연구할 무렵, 나는 이 문제를 그전에 쓴 책(Laitin 1986)에서 활용했던 그람시의 관점에서 생각하고 있었다. 나는 일찍이 프랑코 치하의 억압기는 물론이고, 1716년 누에바 플랜타 법령[11]을 선포한 부르봉 왕조의 치하에서도, 농촌의 민족주의자들과 도시의 부르주아 사이의 역사적 동맹이 어떻게 유지될 수 있었으며, 이를 통해 카탈루냐어를 보존하고 그 언어의 사용을 장려할 수 있었는지 이해하고 싶었다.

그 후 1984년, 바르셀로나에서 두 달 정도 지내던 중 사람들이 산 비센드 사리아 교회Church Sant Vicenç de Sarrià 앞에서 사르다나Sardana(카탈루냐의 유명한 민속무용)를 추는 모습을 보았다. 여덟 시라서 상점들은 문을 닫고 있었고

---

11● 누에바 플랜타 법령Nueva Planta decree
스페인 왕위 계승 전쟁에서 승리해 왕좌에 오른 필립 5세가 1707~16년 사이에 발표한 일련의 칙령들을 말한다. 그 가운데 1716년에 발표된 칙령은, 공식 언어를 카스티야어로 통일하고, 재판은 물론 초중등 교육, 모든 상업 문서 등에서도 카스티야어만을 사용하도록 했다.

많은 사람들이 일터에서 집으로 돌아가고 있었다. 악단이 음악을 연주하자 사람들이 서류 가방이나 장바구니 등을 들고 광장으로 몰려들기 시작했다. 바르셀로나는 인구가 350만 정도 되는 도시로, 여느 대도시처럼 좀도둑이 많았다. 피카소의 그림[〈사르다나 춤을 추는 사람들〉]에서는 볼 수 없지만 사르다나 춤을 출 때 사람들은 소지품을 중앙에 놓고 그 주위에 둘러서서 춤을 춘다. 그렇게 해서 그들은 춤추는 내내 자신의 소지품을 지킬 수 있는 도시적 무용을 발전시킨 것이었다. 그들은 꽤 많은 수의 스텝을 세어야 했지만 반대 방향으로 스텝을 바꿔야 할 시기를 알려 주는 신호는 분명히 없었다. 나는 그들이 자기 입으로 스텝을 세는 걸 보았지만, 그런 모습을 들켜서는 안 되도록 되어 있었기 때문에 그들은 애써 숨기려 노력했다.

수천 명의 관광객이 보는 춤이고, 사실 항상 있는 행사라 무용 자체는 비교적 지루한 편이다. 하지만 내게 그 춤은 영감을 불러일으켰다. 나는 내 자신에게 매우 간단한 질문을 던져 보았다. "지금까지 여러 지역에서 살아 봤지만 이곳처럼 부르주아적인 도시는 없었다. 길을 오가는 사람들은 상업 부르주아들이다. 그들이 춤을 추면서도 재산을 지킬 수 있는 도시 문화 형태를 발전시킨 것이다. 사람들은 수를 세고 있다! 수를 센다는 것은 상업의 기본이다." 그리고 물었다. "이토록 합리적이고 계산적인 사람들이 어째서 의사소통 능력을 늘리는 데 별반 도움이 되지도 않는 언어 운동을 밀어붙인 것일까? 일반적인 통념에 비추어 보면 카탈루냐 사람들은 대대적인 영어 배우기 운동을 펼쳐야 했다. 그래야 자신들이 상업적 거래를 하는 데도 훨씬 유용할 것이 아닌가. 그런데 이들은 왜 카탈루냐어 운동을 펼쳤을까? 성공한다고 해도 현재보다 말이 통하는 대상이 더 늘어나지는 않을 것이고 의사 전달에 있어서 이득은 전혀 없을 텐데 말이다."

그 후 2~3일간 좀비처럼 그냥 그 동네를 걸어 다니며 내 자신에게 그 질문을 묻고 또 물었다. 그러던 중 불현듯 내가 대학생 시절 토머스 셸링의 『갈등의 전략』(1960)과 조정 게임coordination games에 관한 글을 읽었던 일이 생각났다. 나는 거의 20년 동안 다시 들춰어 본 적이 없는 그 게임의 매트릭스를 다시 그리려 애를 썼다. 그것도 내 아파트에서 책 한 권 없이 말이다(카탈루냐의 도서관에서는 그런 종류의 책을 구할 수 없었고, 도움을 청할 사람도 없었다). 나는 지금이라면 다시 들춰 보기도 싫을 시험적 모델preliminary models을 만들어 로버트 베이츠에게 보냈더니 이런 답장이 왔다. "데이비드, 대단한 인류학자로군. 인류학에 관한 글을 쓰지 그러나?" 그러나 나는 무엇인가 진행되고 있다고 생각했다. 언어 운동은 사실상 아무도 원치 않음에도 빠져나올 수 없는 균형 상태라고 보았던 것이다. 그들이 사실상 원치 않는 무엇인가를 장려해야 하는 이런 곤경에 어떻게 휘말리게 되었는지 밝혀야 했다. 이 말은 좀 과장되었지만 당시 그 문제를 대하는 내 심정은 그랬다.

이것이 내가 현지 조사를 통해 얻은 소득이며, 덧붙이자면 그 일을 계기로 게임이론에 대해 관심을 갖게 되었다. 바르셀로나에서 얻은 이런 통찰 덕분에 내 연구는 한동안 완전히 새로운 방향으로 진행되었다. 이처럼 현지 조사는 내게 자극을 준다.

**만일 현지 조사를 하지 않았다면 어떤 유형의 연구를 했을 것이라고 생각하는가? 다른 훈련을 받았다면 처음부터 게임이론을 더 강조하고 현지 조사를 덜 강조했을 것 같은가?**

그랬다면 내 연구가 지금처럼 좋았을 것이라고는 생각하지 않는다. 물론 그런대로 훌륭한 결과를 내놓았을지도 모른다. 그러나 내 연구의 장점은, 내가 글을 쓰는 지역에서 이루어지는 정치적 삶의 기반을 재현하면서도, 그것이 현지에서 살아가는 사람들의 이해와 근본적으로 어긋나지 않도록 하는 내 능력에 있다. 그리고 내게는 정치학의 이론적 쟁점들을 다루면서 그 지역들을 묘사할 수 있는 능력도 있다. 이런 점에서 현지 조사를 통해 얻은 통찰을 이론으로 가져올 수 있는 역량 면에서 내가 비교

우위에 있다고 말하고 싶다. 내가 단지 이론 분야에서만 출발했더라도 성공했을 것이라고는 생각하지 않는다. 그 분야에 대한 내 기술은 그리 훌륭하지 않기 때문이다.


**이 모든 현지 조사를 진행하기 위해 어떤 언어 기술들을 습득했는가?**


　　　　　대화 기술과 독서 능력을 개발하기는 했으나 내 언어능력은 탁월하지 않다. 소말리아어는 웬만큼 했다. 돌아다니면서 사전 인터뷰 정도는 할 수 있었다. 요루바어의 경우에는 열심히 공부하기는 했지만 기본적인 대화와 독서만 겨우 할 수 있었다. 기독교 교회나 이슬람교 사원에서 들었던 설교는 대체로 누군가가 내게 영어로 통역을 해주어야 이해할 수 있었다. 카탈루냐에서 내 스페인어 실력은 상당히 괜찮았다. 스페인어로 된 글은 모두 읽을 수 있었고 인터뷰도 스페인어로 할 수 있었다. 카탈루냐어로 된 글 역시 무난히 읽을 수 있었으며 텔레비전을 시청하는 데도 별다른 어려움이 없었지만, 말을 하지는 못했다. 러시아어의 경우 기본적으로는, 러시아어를 사용하는 가족과 7개월 반 이상 함께 생활하며 대화 능력과 독해 능력을 상당히 쌓았다. 하지만 『정체성의 형성』(Laitin 1998a)을 쓸 때는 세 개의 서로 다른 공화국에서 논문 보완 작업을 하고 있던 대학원생들에게서 도움을 받았다. 이들은 러시아어를 매우 능숙하게 구사했으므로 많은 러시아 자료를 처리하는 일을 도와주었다. 나 혼자 했다면 그 많은 자료를 도저히 파악하지 못했을 것이다. 덧붙여 말하면 나는 항상 현지의 협력자들과 함께 연구했으며 그들의 도움이 반드시 필요했다. 그러므로 대체로 나는 언제나 거리에서 대화를 듣고 신문을 읽고 사람들과 어울릴 수 있었다. 그러나 예컨대 스페인어의 경우를 제외하고는 강의는 할 수 없었다. 스페인어는 내가 전문 분야에 사용할 수 있던 유일한 언어이다.

**발표한 글의 목록을 보면 여기저기 옮겨 다니면서도 소말리아에 관한 글은 계속 썼다는 점이 눈에 띈다. 소말리아 사례가 당신의 사고에서 특별한 위치를 차지하는가?**

소말리아는 내가 처음으로 외국 생활을 해본 곳이기도 하고, 그곳이 내게 엄청난 영향을 준 것은 분명하다. 지금도 소말리아에 계속 관심을 갖고 있고, 그곳에 대한 글들도 모두 찾아보고 있다. 소말리아는 내게 특별한 곳이다. 또한 카탈루냐에도 계속 관심을 갖고 있으며 그곳에 대한 글도 계속 쓰고 있다. 최근 몇 년 동안에는 유럽 통합 과정이 진척되면 유럽의 국가들이 문화적으로 어떤 모습을 띠게 될 것인지에 대해 논문을 몇 편 썼다. 이들 논문에서는 내가 카탈루냐에서 수집한 자료가 크게 부각되고 있다. 카탈루냐 역시 소말리아와 마찬가지로 고향 같은 생각이 들어 그곳 정치에 계속 관심을 갖고 있다. 현지 조사를 했던 곳에 대한 관심을 떨쳐 버리기가 쉽지 않다.

**현지 조사를 했던 곳들을 다시 방문한 적이 있는가?**

카탈루냐에는 자주 간다. 그러나 요루바랜드에는 가지 못했다. 소말리아에는 그곳에서 연구를 마친 후에 두 번 갔지만 오랫동안, 아마 15년 정도는 가보지 못한 것 같다. 나는 잠시 들러 보기보다는 한곳에 머무르며 일을 보는 편이다. 인도에 대해 논문을 몇 편 쓸 때도 현지에서 6주간 있었다. 그리고 가나에서 작은 연구 프로젝트를 진행할 때도 상당 기간 그곳에 머물렀다. 한 장소에 며칠 머물다가 다른 장소로 옮겨 가는 것은 좋아하지 않는다. 그렇게 하면 택시 기사와만 이야기하고 말 것이다.

## 고전과 역사적 분석, 규범적 관심사

**사회정치 이론 분야의 고전에 대해서는 어떻게 생각하는가? 영감을 얻기 위해 고전을 펼쳐 보는 일이 있는가?**

거의 없다. 나는 읽는 속도가 너무 느리고 기억력도 그리 좋은 편이 아니다. 그러나 젊은 연구자들의 학위논문이나 연구 결과에는 관심이 많다. 학위논문은 눈에 들어오는 대로 읽는다. 내가 영감을 얻는 곳은 그런 것들이지 고전이 아니다.

**역사적 분석은 당신의 연구에서 어떤 역할을 하는가?**

역사는 내 모든 책에서, 특히 내가 검토하고자 하는 정치 현상을 이해하는 데 필요한 맥락을 설정하는 데 있어 중요한 역할을 한다. 예컨대 요루바랜드에 관한 글을 보면, 요루바랜드에서 이슬람교와 기독교의 선교 활동이 이루어지게 된 기원들에 대한 자세한 역사적 서사를 제시하면서, 그 선교 활동이 어떻게 발생했으며 제국주의와 어떻게 연결되었는지 다루고 있다. 이런 물음들은 그 글의 역사적 토대를 구성한다. 그러나 내가 알렉산더 거셴크론(Gerschenkron 1962)과 루스와 데이비드 콜리어(Ruth and David Collier 1991)가 한 것 같이 의미의 역사적 분석, 즉 역사적 시기 혹은 시대를 하나의 변수로 보고 여기에 초점을 맞추어 분석한 책으로는 『아프리카의 언어 레퍼토리와 국가 건설』(Laitin 1992a)이 유일하다. 이 책에서 나는 국가가 공고화되는 역사적 시기는 형성되는 국가의 유형, 특히 국가 내의 민족적 이질성의 정도에 다양한 함의를 가진다고 주장했다. 내가 생각하기에 이것은 설득력 있는 아이디어였다. 역사적 시기를 설정하고 그 시기가 매우 중요한 종속변수에 미친 영향을 구체적으로 밝혔기 때문이다. 그러나 그런 아이디어를 알아챈 사람이 있는지는 모르겠다.

**규범적 관심사를 연구의 지침으로 삼았는가?**

나의 일차적인 관심사는 개인의 자유가 허용되는 여건에서 문화의 이질성이 유지되는 일이었다. 개인의 선택 및 자유가 다양성과 조합되는 것은 매우 어려운 일이다. 이런 규범적 관심사가 상당 부분 연구의 원동력이 되었으며 내 글의 토대를 이루고 있다.

## 핵심 아이디어와 그에 대한 평가

**당신은 다양한 곳에서 연구를 했지만, 문화적 이질성의 정치적 함의에 대한 물음을 끊임없이 던져 왔다는 점에서 자신이 다룬 문제의 폭은 좁다고 이야기했다. 그러나 이 문제는 다원적인 사회에서의 갈등 해소와 민주주의의 가능성에 관한 근본적인 논쟁들의 핵심이며, 협의주의consociationalism를 연구한 레이프하르트(Lijphart 1977; 1984)와 같은 제도주의자들이나 좀 더 최근에는 다민족 사회의 민주주의를 연구한 린츠와 스테판(Linz and Stepan 근간) 같은 학자들이 다룬 쟁점들이었다. 당신의 연구를 이와 같은 좀 더 다양한 연구들과 연결시키거나, 당신의 연구 프로그램을 이런 식으로 특징짓는 것이 합당하다고 생각하는가?**

돌이켜 보면 그런 것 같다. 사실 셰보르스키의 『지속 가능한 민주주의』(1995)에 내가 썼던, 영토 보전을 다룬 장(1장 "민주주의로의 전환과 영토 보전")을 보면 당신이 조금 전에 규정하는 식으로 글을 썼다. 그러나 당시만 해도 제도주의자들은 물론 나 역시 스스로를 정치 문화를 연구하는 사람으로 보았지, 이질적인 사회의 갈등을 관리하기 위한 정치제도를 연구하는 사람으로 보지는 않았다. 당시 나는 정치 문화 연구자들이 내가 그들의 연구 방식에 대해 근본적인 비판을 하고 있다는 사실을 이해할 것이라는 환상을 품고 있었다. 또한 내가 발견한 내용과 자료가 정치 문화에 관한 미래 연구의 진로에 모종의 영향을 미칠 것이라고 생각했다. 그러나 내가 학계에 미친 영향은 제로였다. 사실 첫 12~13년 동안은 각주에도 중요하게 언급되지 못하는 형편이었다. 이런 상황은 1987년에 가서야 변했다. 당시 미국정치학회 회장이던 윌더브스키가 정치 문화에 관한 회장 연설을 쓰고 그 원고가 『미국정치학회보』(Wildavsky 1987)에 발표된 일이 있었다. 윌더브스키가 원고를 쓰면서 내 글을 전혀 인용하지 않은 것은 당연했다. 누군가가 유일하게 인용했던 게 "소말리아는 아프리카 동부 해안에 있다. 데이비드 레이틴을 참조하라"는 것이었다. 왠지 나는 『미국정치학회보』 지면에 윌더브스키의 글에 대한 일종의 답글로 비판글을 쓸 수 있겠다는 생각이 들었다. 당시 편집장이었던 새뮤얼 패터슨Samuel Patterson은 원저자가 답글을 쓰는 데 동의할 경우에만 실린 글들에 대한 비평을 받아 준다는 터무니없는 정책을 세워 놓고 있었다. 윌더브스키는 내 글을 9~10개월 동안 깔고 앉아 있다가, 결국은 내 글에 대한 답글을 쓰기로 결정했다. 그렇게 해서 내 글은 받아들여졌다(Laitin 1988). 내 연구가 정치학계의 민감한 부분을 건드린 것은 이것이 처음이었다. 그러나 당신의 질문으로 돌아가자면, 내 논문은 다원적인 사회의 협의주의나 조정accommodation을 다루는 문헌들에서는 전혀 인용되지 않았다. 당신이 언급하는 문헌들과는 동떨어져서 자체의 지적 생명을 갖고 있었던 셈이다.

돌이켜 생각해 보면, 당시 정치 문화를 연구하던 다른 사람들과는 달리 내가 하고자 하던 연구는 문화를 **分석**하는 것, 즉 문화를 그 구성 요소들로 세분화해 보는 것이었다. '문화'라고 하는 거대하고 일반화된 것을 연구할 수는 없으며, 그 대신 문화의 언어적인 측면이나 종교적인 측면, 가족생활의 성격, 문화의 인구통계학적 측면들, 또는 고급문화를 형성하는 음악과 예술에 초점을 맞추어야 한다는 게 내 주장이었다. 이런 요소들은 모두 하위 체계들이었으며 이들 간의 관계는 아직 해결되지 않은 문제였다. 파슨스처럼, 이런 다양한 하위 체계들이 통합되어 하나의 항상적인 균형 상태를 유지한다고 주장할 수는 없을 것이다. 이제는 모든 사람들이 이 점을 이해하고 있다. 그러나 나는 실제로 문화를 분석하는 경험적 연구 — 소말리아에서 언어와 정치 행위의 관계, 나이지리아에서 종교와 정치적 선택의 관계에 대한 연구 — 를 통해 여기서 한 걸음 더 나아갔으며, 문화의 상이한 측면들이 균형 상태를 이루고 있다는 점을 받아들이지 않았다. 사실 내가 정치학계, 그 가운데서도 활기가 넘치는 부분들과 관련을 맺을 수 있었던 것은, 문화가 정치와 관련해 외생적인 제약이 아니라 사실상 내생적인 것이라는 생각을 가지고 있었기 때문이었다.

**당신이 반대하던 특정 저자들이 있었는가?**

처음부터 나는 해리 엑스타인의 이론에 반대했다. 엑스타인은 한 영역(문화)을 다른 영역(정치)에 직접 대응시키는 일종의 직접 매핑을 시도한 일치 이론congruence theory을 제시했다(Eckstein 1966). 반면에 나는 문화 영역과 여타의 영역들 사이, 예컨대 종교와 정치 사이에는 필연적인 관계가 없다고 했다. 따라서 엑스타인은 두 영역 사이에 자연적이고 자동적인 조정adjustment이 이루어진다고 생각한 반면, 나는 그 둘의 관계는 정치에 따라 달라질 수 있으며 또한 종교와 같은 문화적 삶의 한 측면은 정치에 아무런 영향도 줄 수 없을 것이라고 생각했다. 엑스타인은 필연적인 일치를 주장하지만 그런 일치는 존재하지 않는다. 엑스타인과 나는 일종의 단짝 친구가 되었다. 더구나 그는 그 세대의 어느 누구보다도 과학을 잘 이해한 탁월한 학자였다.[12] 그러나 엑스타인은 물론이고 그의 제자들 역시 내가 쓴 글들에 대해서는 아무런 반응도 보이지 않았다.

또한 나의 견해들은 레이프하르트의 견해와도 달랐고, 문화에 대해 글을 쓰는 거의 모든 사람들의 견해와도 달랐다. 그 세대의 많은 민주주의 이론가들과 마찬가지로 레이프하르트는 종족 집단이나 민족주의 집단들은 좀처럼 변화에 휘둘리지 않는다고 생각했다. 그가 기술하고 옹호한 협의 제도들은 종족별 인구통계의 안정성에 대한 기대를 기반으로 삼고 있었다 (Lijphart 1977; 1984). 그러나 아프리카에서 연구를 한 우리들 ─ 또는 아리스티드 졸버그(Zolberg 1965)와 크로퍼드 영(Young 1976), 넬슨 카스피르 (Kasfir 1979) 등이 종족성에 대해 쓴 고전적인 글들을 읽어 본 사람들 ─ 은 종족성이란 '상황'에 의존하며, 새로운 제도적 틀이 주어지면 종족별 인구통계 역시 변한다는 점을 알고 있었다. 몇몇 글에서 도널드 호로비츠 (Horowitz 1985)는 이런 역학을 잘 포착해 낸 바 있다. 그러나 민주적인 제도들은, 그것이 관리하려 했던 종족별 인구통계를 변경할 것이라는 명확한 가정을 가지고 민주주의론을 좀 더 근본적으로 재검토한 것은 현 세대의 비교정치학자들 ─ 칸찬 찬드라Kanchan Chandra와 대니얼 포스너Daniel Posner, 스티븐 윌킨슨Steven Wilkinson, 엘리제 줄리아노Elise Giuliano 등 ─ 뿐이었다.

**문화에 대해 갖고 있는 핵심적인 아이디어를 요약해 줄 수 있는가?**

---

[12] 레이틴은 Laitin(1998b)에서 엑스타인의 연구에 대해 논의하고 있다.

일정한 조건 아래에서 문화와 그 하위 체계들은 사람들의 집단 행동에 심오한 영향을 줄 수도 있고 이를 이끄는 요소가 될 수도 있다. 하지만 이런 일이 발생하는 조건들은 매우 협소하다. 그러므로 문화가 가장 중요하며, 따라서 모든 것을 다 설명해 준다고 말하는 인류학자들은 철저하게 잘못 생각하는 것이다. 이런 식으로 이해할 경우 문화는 아무것도 설명하지 못한다. 문화의 하위 체계들이 정치에 영향을 미칠 수 있는 조건들을 이해하려면, 첫째, 문화의 다양한 측면들을 주의 깊게 분리해 내고, 둘째, 그런 측면들을 정치 영역으로까지 추적해 가야 한다. 소말리아에서 나는 문화의 핵심 요소인 언어가 그들이 권위에 대해 생각하고 그에 반응하는 방식에 영향을 준다는 점을 발견했다. 문화가 정치에 영향을 준다는 사실이 발견된 것이다. 반면 요루바에서는 이슬람교도와 기독교도가 서로 대립하기는 해도, 이슬람교도가 된다거나 기독교도가 된다는 점 자체는 요루바인들이 정치 영역에서 행동하는 방식에 '아무런 영향도 미치지 않는다'는 점을 발견했다. 종교가 책임성과 권위, 이슬람 사원 또는 기독교 교회에 대해 생각하는 방식에는 영향을 주지만 그 영향이 정치 영역으로까지는 확대되지 않았던 것이다. 요루바인들 스스로는 그 종교가 자신들의 전통적인 문화유산의 본질적인 요소는 아니라고 생각했기 때문이다. 요컨대 나의 초기 연구를 주도했던 핵심적인 아이디어는, 만일 문화가 정치에 미친 영향을 이해하고자 한다면, 문화가 정치 영역에 영향을 줄 것으로 기대되는 여건들을 단계별로 분류해야 한다는 것이었다. 이는 문화에 관한 주장들을 제한하는 동시에 문화에 관한 주장들을 좀 더 과학적인 토대 위에 세우려는 연구 프로그램이었다.

또 다른 핵심 아이디어는 『헤게모니와 문화』에서 제시한 것으로, 문화가 야누스와 같은 얼굴을 하고 있다는 점이다. 여기에는 다음과 같은 의미가 있다. 비록 문화가 정치에 미치는 잠재적인 영향을 연구하면서 그것이 정치에 영향을 미치는 여건들에 초점을 맞추더라도, 우리는 이 관계를 내

생적인 것으로 이해할 필요가 있다는 것, 다시 말해, 정치적 선택 그 자체가 어떻게 문화를 변화시키는지 이해할 필요가 있다는 것이다. 우리는 문화를 단순히 모종의 외생적인 요인으로만 간주할 수 없다. 이 점 역시 나는 스페인에 관한 연구에서 매우 분명하게 밝힌 바 있다. 나는 단지 민족 집단들을 나열하고는 그 집단들의 충돌 여부를 살펴보는 것만으로는 안 된다는 점을 보여 주었다. 사실 바스크의 민족주의적 분리주의 운동인 '바스크 조국과 자유'Euskadi Ta Askatasuna, ETA에 의해 자행된 많은 폭력은 지지자들을 결집시키기 위해 계획된 것이었다. 그러므로 우리는 충돌 자체가 민족 집단의 형성에 미치는 영향을 검토할 필요가 있다.

**학계에서 이런 견해를 받아들이고 있다고 생각하는가?**

몇몇 영역에서는 내 생각들이 아무런 영향도 미치지 못했다. 알베르토 알레시나Alberto Alesina의 연구를 예로 들어 보자. 그는 문화를 독립변수로 다루며 1960년대의 소련 지도책에서 취한 민족 이질성 지수를 가지고 문화를 평가한다. 안드레이 슐레이퍼Andrei Shleifer의 경우를 살펴보자. 나와 이야기하면서 슐레이퍼는 민족적 이질성이 외생적이라는 것은 미국의 수도가 적도로부터 멀리 떨어져 있는 것만큼이나 분명하다고 했다. 그러나 오늘날 구성주의자로 자처하며 자신들의 모델에서 문화를 내생화하려고 노력하는 학자들이 늘어나고 있다. 나 역시 이렇게 급증하는 구성주의자 진영의 한 사람이다.

좀 더 일반적으로는, 사회과학 분야에서 내 연구는 매우 훌륭하고, 대단히 과학적이며, 아주 흥미로운 것으로 간주되고 있다. 그러나 나는 내 연구가 예컨대 헌팅턴이나, 자기 아이디어를 가지고 그것을 다듬으려고 노력하면서 수많은 논문을 써낸 이들에게 영향을 미쳤다고 생각하지는 않는다. 문화와 그것이 미치는 영향을 연구하는 방식에 관한 내 생각들은 다른 사람들에 의해 다듬어진 바가 거의 없다. 내 연구는 존중을 받고는 있지만 영향력은 없었다.


**그 이유가 무엇이라고 생각하는가?**


한 가지 이유는 내가 소말리아를 연구하면서 발견한 내용들을 요약하는 논문 같은 것을 학술지에 실은 적이 없기 때문이다. 논문은 파급 효과가 크다. 『미국정치학회보』에 실린 논문은 잘 쓴 책 한 권보다 훨씬 더 강력하게 다른 사람들의 연구 프로그램에 침투한다. 자기가 갖고 있는 최상의 자료를 가지고 자기 주장의 정수를 학술지에 내놓는 일은 과학적 연구 활동에서 핵심적인 부분이다. 내가 소장 학자였을 때는 이 점을 이해하지 못했다. 소장 학자였을 당시 나는, 내가 해야 할 일은 내가 가장 편안하게 느끼는 형태로 글을 쓰는 것이라고 믿었다. 더도 덜도 말고 정확히 내가 해야 할 말만 하고, 내 연구를 포장하는 일보다는 하나의 통합된 전체로 펴내는 일에 더 신경을 써야 한다고 믿었다는 이야기이다. 지금도 나는 누군가에게 조언을 한다면 이와 크게 달라야 한다고 이야기하지는 않을 것이다. 게다가 사실 나는 사람들이 내 연구를 읽지 않는다는 데 전혀 신경 쓰지 않았다. 정치학의 엘리트 네트워크에 속한 많은 사람들은 나를, 자기 흥에 겨워 춤을 추며 정말 흥미롭기는 하지만 괴상한 연구만 하는 괴짜로 여겼다. 나는 그런 평판에 매우 만족했다. 나는 연구 기금을 받고 있었다. 쓰고 싶은 것을 쓰고 있었다. 그리고 계속 승진도 하고 있었다. 나는 사실 내 연구가 다른 사람들의 연구 프로그램에 조금도 영향을 주지 않아도 별로 개의치 않았다. 나중에는, 특히 애런 윌더브스키와의 논쟁이 큰 화제가 되었을 때는 일종의 냉소주의자가 되었다. 마치 사람들이 내 말에 귀 기울이게 하려면 거장을 걸고 넘어져야만 하는 것처럼 느껴졌다. 그러나 캘리포니아 공대 정치학과에 있는 사람들과 가깝게 지내면서[13] 『미국정치학회보』에 논문을 발표해 자기가 발견한 내용이 무엇이며, 그 내용이 왜 중요한지, 그리고 다른 연구자들이 왜 그것을 고려해야 하는지를 정확하고 솔직하게 말하는 글을 쓴다는 것이 얼마나 어렵고 도전적인 것인지 깨닫게 되었다. 그런 글을 쓴다는 것은 대단히 지적이고 전문적인 일임에도 나는 초기에는 그 사실을 몰랐던 것이다.

과학에서 아이디어들이 선택되는 방식을 보면 매우 흥미롭다. 내가 제임스 페론과 함께 써서 『미국정치학회보』에 기고한 논문(Fearon and Laitin 1996)의 기본적인 취지는, 서로 갈등하는 두 당사자들 너머로 걷잡을 수 없이 빠르게 확산되는 분쟁에 대한 대안으로서 내집단 규제in-group policing가 담당하는 역할을 보여 주는 것이었다.[14] 우리는 논문의 앞부분에서, 우리가 협력을 설명하려는 이유는, 폭력이 아닌 협력이 규칙이기[일반적이기] 때문이라고 썼다. 그런데 그 논문 심사자 가운데 한 사람이 우리가 그것을 어떻게 알게 되었는지 밝히라고 요구했다. 『미국정치학회보』의 편집자인 에이다 피니프터Ada Finifter는 우리에게, 이 문제를 확실하게 해결하는 것이 좋겠다면서 그렇지 않으면 논문이 받아들여지지 않을 것이라고 말했다. 결국 우리는 양자 관계에서 폭력적인 상호작용이 발생할 확률은 제로에 가깝다는 점을 그 논평자에게 보여 주기 위해 두어 개의 데이터 소스를 뒤

---

13 캘리포니아 공대의 정치학은 이론과 방법론에서 최첨단의 도구들을 사용하는 것으로 정평이 나있다.

14 • 1996년 논문에서 페론과 레이틴은 종족 갈등에 대한 일반의 생각과 달리 집단 내에는 평화와 관련된 규범이 존재하며, 집단 구성원들 간의 개인적 분쟁이 발생할 경우 공식·비공식 제도들이 이를 완화하기 위해 작동한다는 점을 보여 주었다. 특히 내집단 규제가 존재하는 평형 상태에서는 다른 집단 구성원들이 규범을 위반한다 해도 그것이 그 종족 내에서 인지되어 제재를 받을 것이라는 기대하에 그것을 무시하게 되므로 종족 간 평화가 유지된디고 보았다.

졌다. 논문에 포함시키려던 게 아니라 단지 그 논평자와 편집자의 요구에 대응하기 위해서 마련했던 그 표(Fearon and Laitin 1996, 717)는, 폭력이 희귀하다고 가정하는 논문을 쓰는 사람들이라면 꼭 인용해야 하는 것이 되었다. 자기 아이디어 가운데 어떤 것이 받아들여질지는 결코 알 수 없는 법이다.

**초기 연구를 보면 당신 역시 미국 정치학계의 주류라고 보기 어려운 저자들에게 많이 의존했다. 예컨대, 『헤게모니와 문화』에서 당신은 클리퍼드 거츠와 아브너 코헨Abner Cohen, 그람시 등에 대해 논의한다. 당신의 최근 연구에서 게임이론을 이용한 것이 연구의 가시성을 향상시켰다고 보는가?**

앞서 말했듯이, 게임이론으로 옮겨 갔다고 해서 청중이 늘어난 것은 아니다. 그것은 내가 카탈루냐에서 본 바를 설명하기 위해서였다. 그러나 게임이론을 이용한 덕분에 내 아이디어들을 하나의 논문 형태로 포장하기가 좀 더 수월했다. 내가 『헤게모니와 문화』에서 의지했던 그람시나 내 첫 책에서 의지했던 이론가들인 벤저민 리 워프Benjamin Lee Worf와 비트겐슈타인의 경우에는 그렇게 하기가 더 어려웠다. 캘리포니아 공대의 학술지용 논문 모델을 쉽게 도입할 수 있었던 것은 게임이론 덕분이었다. 이는 분명한 사실이다.

종족 갈등과
협력에 관한 연구

현재 종족 갈등과 협력에 관한 프로젝트를 하고 있는 것으로 알고 있다.[15] 이 프로젝트는 어떻게 시작하게 되었는가? 그 프로젝트의 기본적인 특징들은 무엇인가?

1990년대 초 시카고 대학에 있을 때 페론이 버클리 대학에서 학위를 받고 조교수로 왔다. 우리는 서로 공통점이 상당히 많다고 느꼈다. 우리는 공동의 지적 연구 기획을 시작하기 전에 이미 친구가 되었다. 우리는 여러 날 밤을 정치학 일반과 국제관계, 에른스트 하스, 케네스 월츠, 그리고 버클리 대학에서 있었던 다른 추억들에 대해 이야기하며 보냈다. 페론 역시 동아프리카의 케냐에서 1년간 지낸 적이 있어서 우리는 아프리카라는 공통의 관심사가 있었다. 내가 국가의 부흥과 폭력에 관해 쓰고 있던 논문(Laitin 1995a)을 놓고 논의한 일들이 공동 프로젝트를 진행하게 되는 계기가 되었다. 페론이 먼저 "대체로 무엇이 민족 간의 폭력을 낳는가?"라는 간단한 질문에 답변하자고 제안했다. 이 기본적인 질문("민족 간의 대규모 폭력 사태가 벌어지는 나라와 그렇지 않은 나라의 차이점은 무엇인가?")을 놓고 우리는 지금 8년째 연구 중이다.

우리가 1996년 『미국정치학회보』에 쓴 글은 사실 어떤 의미에서는 당

---

[15] 이 프로젝트와 관련해 발표한 글로는 Fearon and Laitin(1996; 2000; 2003)과 Laitnin(2000) 등이 있다.

시 우리의 관심사였던 그 질문과는 완전히 동떨어진 이론적인 논문이었다 (Fearon and Laitin 1996). 폭넓게 말하면 우리가 쓰고 있는 책의 특징을 다음과 같이 말할 수 있을 것이다. 내용 면에서, 우리는 내전이 일어나 계속 진행되는 조건들을 분석하고 있으며, 내전의 지속을 설명해 주는 요인들에도 관심이 있다. 우리는 이 점에 대해 말을 많이 해야 할 것이다. 방법론적으로는, 형식적인 게임이론과 통계학, 서사를 하나로 통합하고 있는 중이다.

**이 삼차원 방법론의 구성 요소들에 대해 이야기해 달라. 게임이론 부분부터 시작하면 어떻겠는가?**

막스 베버가 강조했듯이, 사회현상을 설명하려면 행위자들의 입장에 서서 그들이 그런 방식으로 행동하는 이유를 이해할 필요가 있다. 그것을 이해하기 위한 방법 가운데 하나는, 경제학자들처럼, 행위자들이 최적의 행동을 하는 것으로 보고, 그들이 일련의 선택지 가운데 최대의 기대 효용을 가져다줄 선택지를 어떻게 고르느냐를 보여 주는 것이다. 이것이 바로 게임이론의 핵심 원리이며, 여기에 일련의 연속적인 움직임과 행위자들의 신념 등을 추가할 수 있을 것이다. 우리 프로젝트에서 이런 측면은 주로 페론이 책임지고 있다.

**게임이론의 주요 쟁점은 게임 모델을 정하는 방식을 선택하는 것이다. 일단 그 방식을 선택하면 게임을 복잡하게 구성하거나 단순하게 할 수 있다. 게임을 구성하는 방식에 대해 당신은 어떤 견해를 갖고 있는가?**

이 사안을 놓고 게임이론가들의 입장이 달라진다. 페론은 버클리 대학 경제학과에서 매슈 라빈Matthew Rabin의 지도를 받았다. 페론이 매우 매력적이라고 생각하는 라빈의 입장은 나의 성향과도 잘 들어맞는데, 그의 입장은 게임을 복잡하게 구성하지 말자는 것이다. 게임이론의 목적은 복잡한 세상을 단순화해, 이해관계에 따르는 결과를 낳는 정치적 상호작용들의 본질적 측면들을 파악하려는 것이다. 보르헤스Jorge Luis Borges의 인상적인 표현을 따르자면, 일대일 축척의 지도를 원하는 사람은 없다.

예를 들면, 우리의 모델 가운데 하나에서 우리는 사람들이 도대체 왜 반란에 가담해 목숨을 위태롭게 하는지, 그 이유에 초점을 맞추고 있다. 페론은 잠재적 반란자는 법을 지킬 수도 있고 반란에 가담할 수도 있다는 매우 단순한 모델을 전개한다. 그는 이 모델을 이용해 합리적인 행위자가 반란에 가담하는 조건들을 조사했다. 그 결과 산악 지대에 살거나 군대가 약한 국가에 살고 있는 사람들이 반란에 가담할 확률이 더 높다는 사실이 밝혀졌다. 아마 이것은 반란을 연구하는 사람이라면 이미 다 아는 사실이 겠지만, 반란자들이 체포될 확률이라는 측면에서 이를 이해하면 중요한 사실을 몇 가지 더 알게 된다.


**당신은 삼차원적 방법론의 형식 게임이론적 측면을, 합리적 선택이론의 가정들을 이용한 표준적인 모델화 방법의 관점에서 정의하는 것 같다. 그러나 당신은 기대 효용 원리와 대립하는 것으로서 진화론적 원리의 장점에 대해서도 이야기한 바가 있다(Laitin 1999b), 게다가 행태 게임이론[16] 같은 다른 대안들도 많이 있다. 이렇게 다른 접근법들을 추구할 경**

---

16 • 행태 게임이론behavioral game theory
전통적인 게임이론은 인간이 자신의 이익에만 관심을 갖는 동시에 그것을 합리적으로 추구할 수 있는 능력이 있다는 가정에 기반해 있었으나 이런 가정이 현실과 얼마나 부합하는지에 대해서는 많은 비판이 제기되

**우 어떤 성과를 얻을 수 있는가?**

　　　　내 입장은 내가 지지하는 삼차원적 방법론에 포함되는 모델은 구체적인 합리적 선택 모델보다는 형식적 모델 일반이어야 한다는 것이다. 합리적 선택은 형식 모델이라는 큰 집단의 하위 집단이다. 게임이론에서는 진화론적 원리들이 매우 효과적으로 이용된다. 또한 허버트 사이먼의 제한적 합리성에 대한 연구와 관련된 문헌도 있다(Simon 1957). 모델링은 훨씬 더 다양해지는 반면에 대체로 인간의 계산 능력에 관한 가정들은 점점 약해지고 있다.

　　이 모든 논쟁을 통해 내가 얻은 통찰은, 균형의 조건이 무엇인지 증명해야 할 필요성이 이론화 작업에 건전한 제약을 가한다는 점이다. 이런 제약이 없을 경우 무엇이 예측된 반응이며, 무엇이 예측되지 않은 반응인지를 설명할 수 있는 판단 기준이 사라지게 된다. 나는 시카고 대학에서 게리 베커Gary Becker와 제임스 콜먼이 주최한 세미나에서 닐 스멜서가 제출한 논문을 기억한다. 논문에서 스멜서는 다음과 같이 주장했다. 베커의 연구 프로그램은 기능주의와 동일한 방식을 따르고 있는데, 이 기능주의는 로버트 머튼의 주도 아래 매우 강력한 도구로 출발했다. 하지만 15년이 지난 후에는 모든 것을 기능적으로 보기 시작했고 따라서 아무것도 설명하지 못했다. 베커와 그의 제자들 역시 합리적 선택이론으로 모든 것을 설명하고자 하므로 결국 이 이론은 매우 약해져서, 모든 것을 해결하고자 하는

---

었다. 이에 따라 실험적인 게임 상황에서 사람들이 보이는 행태를 관찰, 분석하는 연구가 등장했는데, 이를 행태 게임이론이라 한다. 넓은 의미에서 실험적 분석 방법이 적용될 수 있는 모든 게임이론 분야가 여기에 포함된다고 할 수 있지만, 좁은 의미에서는 실제 게임 상황에서 이기심과 합리성을 명백하게 측정할 수 있도록 설계된 최후통첩 게임, 독재자 게임, 공공재 게임 등이 행태 게임이론의 핵심이다.

완벽하게 느슨해진 형태의 이론이 될 것이라는 것이다. 세미나가 끝나고 돌아오면서, 스멜서가 핵심을 정말 탁월하게 짚어 냈다고 생각했다. 그러나 나는 곧 기능주의자와 형식적 모델론자 사이에는 차이점이 있다는 사실을 깨달았다. 기능주의자들은 무엇이 기능주의적 설명을 구성하는지에 대한 기준을 확립하는 데 실패했고, 따라서 그들의 생산적 핵심을 유지하기에 충분한 규제 장치를 갖고 있지 못했다. 반면 형식적 모델론자들에게는 그런 규제 장치가 있다. 이들은 특정한 행동들이 균형 상태를 구성한다는 점을 입증해야 한다고 엄격하게 요구하기 때문이다. 형식적 모델화 방법에는 그 방법을 공명정대하고 정직하게 유지하고 실증적인 연구 프로그램으로 지속시키는 제약들이 충분히 존재한다.

**그러나 게임이론적 모델이 없어도 그렇게 하는 것이 가능하지 않은가?**

물론이다. 그러나 게임이론의 모델링이라는 측면이 없다면 배링턴 무어와 같은 경향을 보일 것이다. 무어의 경우 모든 함의들이 들어 있으며, 게임이론 또는 형식적 모델링의 언어로 읽는 것보다는 훨씬 더 재미있게 읽을 수 있는 방식으로 제시되지만, 중요한 통찰들이 종종 완전하지 않은 미묘한 문장 속에 묻혀 있으므로 찾아내기가 훨씬 더 어렵다. 형식적 모델링을 이용하면 핵심적인 통찰들을 파악하기가 훨씬 더 쉽다. 또한 형식적 모델들에서는 기본적인 가정들이 분명하게 드러나 있기 때문에 논증이 어떤 오류를 범했는지도 더 쉽게 알 수 있다. 게임이론이나 형식적 모델링이 없어도 이론화 작업이 가능하지만 형식적 모델링에는 몇 가지 장점이 있다.

**종족 갈등에 관한 당신의 최근 연구에서는 통계학이 어떻게 이용되는가?**

만일 모델에서 예측한 것들이 통계를 이용해 발견한 내용들과 일치한다면 우리는 이론적 모델이 정확하다는 모종의 확신을 갖게 된다. 그리고 그 모델은 다시 우리가 통계적 상관관계에 인과적 의미를 부여하는 데 도움을 준다. 또한 우리의 모델들은 특정한 것들은 상관관계가 성립하지 않는 이유를 설명하는 데 도움을 주기도 한다. 예컨대 페론과 나는 통계를 이용해, 국가의 차별 정책과 반란은 아무런 관계가 없다는 점을 보여 줄 수 있다. 우리의 자료는 불만을 반란의 원인으로 보는 연구들을 전혀 지지하지 않는다. 게다가 단순한 모델을 이용하면 왜 이런 일이 일어나는지 그 이유를 불현듯 이해할 수 있게 된다. 그 일이 갑자기 설명하기 쉬워지는 것이다. 어떤 집단이 반란을 일으켜 성공할 수 있다고 국가가 생각하는 정도만큼 국가가 차별 정책을 통해 그 집단을 도발할 확률은 적어질 것이다. 그러므로 반란을 일으킬 수 있는 집단에 대해서보다는 그럴 수 없는 집단에 대해 차별 정책을 펼칠 가능성이 더 커질 것이다. 예컨대 루마니아에서는 헝가리인들에 대해서보다는 루마니아인들을 대상으로 차별 정책을 펼칠 가능성이 더 크다. 헝가리인은 위협적인 요소가 될 잠재력이 있는 반면, 루마니아인은 그렇지 않기 때문이다. 따라서 차별은 반란과 전혀 관계가 없다는 상관관계를 얻게 된다. 이런 상관관계는 분명히 우스꽝스럽게 보임에도 불구하고 지극히 단순한 모델의 관점에서 보면 이해할 수 있다.

**마지막으로, 당신이 연구하는 프로젝트의 서사적 요소에 대해 이야기해 달라.**

내가 페론과 함께 기획하고 있는 책은 직접적인 현지 조사를 기반으로 하고 있지 않다. 그러나 그 프로젝트는 다양한 사례들, 즉 다른 사람들이 현지 관찰을 토대로 쓴 수많은 사례연구에 대한 엄청난 독서를 기반으로 삼고 있다. 우리는 우리가 제시하는 서사들이 형식 모델 및 통계적 발견 내용들과 일치하기도 하고 실제 사례들의 의미를 이해시킬 수도 있게 되길 바란다. 우리가 원하는 책은 단지 균형 상태 예측들과 R 제곱값들이 아닌, 장소와 사례들에 대한 체계적인 검토로 가득 찬 책이다. 게다가 중요한 것은 이런 요소들이 반드시 함께 작동해야 한다는 점이다. 우리는 서사적 측면을 형식적 모델들 및 통계자료들과 조응시키는 과정에서, 모델과 통계자료들을 실제 행동하는 사람들과 연결함으로써 무엇인가 중요한 것을 더 설명할 수 있게 되길 바란다. 또한 서사는 우리로 하여금 사건의 순서와 그 과정들을 알아내고, 인과관계를 확인했다는 확신을 확고히 하는 데도 도움을 준다.

내가 말하고자 하는 바가 무엇인지 잘 보여 주는 사례를 하나 들어 보자. 나는 내전이 시작되는 경로들을 밝히기 위해 실제 사례를 다루는 글들을 읽었다. 아시아의 많은 사례에서 나타나는 표준적인 경로들 가운데 하나는, 내가 "대지의 자식들"[농민]이라고 부르는 사람들이 일으키는 내전들이다. 이런 아시아 사례들에서, 많은 빈민들이 국가에 의해 소수집단의 구성원들이 '소유'하고 있는 인구밀도가 낮은 지역으로 보내져 일을 했다. 이는 여러 가지 이유로 다분히 분노를 유발할 만한 상황으로, 아시아 전역에서 나는 이런 상황을 계속해서 맞닥뜨렸다. 나는 사례들을 들여다봄으로써 이와 같은 서사에 귀납적으로 도달했으나, 그러고 나서 중요한 것은 우리의 모델과 통계적 발견들이 제시하는 제약하에서 이 서사를 전하는 방법이다. "대지의 자식들"이라고 말하는 순간, 그것은 내전이 불만에서 비롯된 것으로 이야기하는 것처럼 들릴 수 있다. 토착 집단[인구밀도가 낮은 지역에 살고 있던 소수집단]들은 국가가 지배적인 민족 집단에 속해 있는 가난한 사람들을 소수집단이 '소유한' 지역으로 보내 농사를 짓게 한다는 사실에 분개해 있다. 이것은 불만 이야기인 것처럼 보인다. 따라서 이 서사에 대해서는 불만이 내전을 유발하는 것은 아니라는 것을 보여 주는, 우리가 통계자료에서 발견한 내용에 따라 한 가지 제약이 가해져야 한다. 그리고 우리의 게임이론 모델은 여기에 또 다른 제약을 부과한다. 이 모델은 만일 다수 집단의 빈민들을 그곳으로 보낸다면 소수집단들이 반란을 일으키리라는 것을 국가가 이미 알고 있을 것이라고 가정하기 때문이다. 서사는 모델이 전제하고 있는 합리성 가정에 위배되어서는 안 되며, 통계분석이 말해 주는 사실에도 위배되어서는 안 된다. 이는 스킬라와 카립디스 사이로 배를 보내는 것과 같다. 당신은 통계적·형식적 모델들과 일치하면서도 사례에 합당한 서사를 말해야 한다는 이야기이다.

나의 "대지의 자식들" 서사는 일상적인 민족 분쟁 속에서 이주민들이 겪는 전술적 불이익을 강조했다. 지역 경찰은 토착민들을 지지하는 경향을 보이거나 사태가 험악해지면 모습을 감췄다. 이주민들이 요구하는 안전을 위해 국가는 군부대를 주둔시켜야만 했다. 그러나 안전을 책임져야 할 군인들 역시 재정착 계획에 따라 갈 곳을 잃은 현지 주민들에 대해서는 속수무책이었다. 그들이 매복했다가 군인들을 습격한다고 해도 힘이 없는 국가의 군대에게는 지역 반란자들을 색출할 자원이 없었다. 군대는 무차별 폭격을 감행하는 경향이 있다. 그리고 이는 지역의 반란군을 더욱 늘어나게 만든다. 물론 지역의 주민들은 불만이 많다. 그렇지 않다면 싸우지 않을 것이다. 하지만 많은 사람들이 불만을 갖고 있으면서도 싸우지는 않는다. "대지의 자식들"이 이들과 다른 점은, 그들이 이주민 정착촌들을 공격하고 그 이주민들을 보호하도록 파송된 군대에 대항함에 있어 전술적인 이점을 안고 있다는 점이다. 이런 서사는 사례연구 결과들과도 잘 들어맞으며, 반란 서사에서 인과적인 것으로 받아들여질 수 있는 바를 제약하는 형식적·통계적 모델들과도 일치한다.

**이는 베이츠 등**(Bates et al. 1998)**이 제안한 "분석적 서사" 프로그램과 비슷한 것 같다. 당신들의 프로그램이 그들의 프로그램과 같다고 보는가?**

같은 면도 있고 그렇지 않은 면도 있다. 그 책의 일부 논문들은 대단히 탁월하다. 그러나 두 가지 정도를 비판하고 싶다. 첫째, 그들은 자신들이 산출해 낸 것 이상으로 내용을 부풀렸다. 이 점은 엘스터가 이미 지적한 바 있지만(Elster 2000) 나는 이 문제를 엘스터만큼 크게 신경 쓰지는 않았다. 둘째, 그들은 자신들이 발견한 내용들을, 자기들이 연구하지 않은 다른 사례들에 비추어 검증하는 후속 단계를 분명히 밟지 않았다. 게리 킹을 비롯한 이들이 말하는 것처럼, 이는 곡선 맞춤[곡선 접합]¹⁷과 매우 비슷하다. 내가 보기에, 중요한 사례에 대한 분석적 서사를 제시한 후에는, 그 모델을 적용할 수 있을 사례들을 생각해 내고, 균형 상태를 통해 무엇을 예측할 수 있는지 분석하며, 통계를 통해 검증할 필요도 있다. 베이츠 책에는 이런 삼차원적 방법론의 통계 부분이 대단히 부족하다. 또한 페론과 나는 우리의 모델이 갖는 힘을 검증하기 위해 새로운 형태의 표본 외 검증out-of-sample test을 개발했다. 우리는 국가 "선택"을 위해 난수 생성기 random number generator를 설계했다. 그리고 도표를 제시해 우리의 모델이 무작위로 선택된 각 국가에서의 내전 발생을 얼마나 잘 예측하는지 보여 주었다. 이는 우리의 모델로 설명하지 못한 사례들뿐만 아니라, 심지어는 예측은 정확하지만 그 이유는 잘못된 사례들까지도 확인할 수 있도록 해준다. 요컨대, 페론과 나는 『분석적 서사론』의 저자들보다 표본 외 검증에

---

17• 곡선 맞춤curve fitting
주어진 데이터를 이용해 그 데이터들을 가장 잘 표현할 수 있는 수학적인 함수를 얻어내는 기술을 말한다. 불연속적인 데이터 사이에 있는 값들을 추정할 때 사용된다.

더 신경을 쓴다는 점에서 통계적인 동시에 서사적이라 할 수 있다.

**홀로 연구하는 사람이 이런 삼차원적 방법론을 실행할 기술과 정력을 갖추기는 사실상 불가능할 것 같다. 이는 이런 유형의 연구를 하려면 팀 작업이 필요하다는 것을 의미하는가?**

　　방법론이 요구하는 이런 사항들을 고려할 때 앞으로는 협력 연구가 점점 많아질 것이라고 생각한다. 그러나 상이한 방법론들을 통합하지 않는 연구 역시 건전하다고 생각한다는 점을 분명히 해두고 싶다. 단, 단일 방법론을 전공한 사람들이 다른 방법론들을 통해 발생된 발견 내용들을 잘 알아서 그 내용에 의해 제약을 받는다면 말이다. 비교정치학의 가장 큰 결함은 우리가 형식적 모델링과 통계학, 사례연구의 기술을 모두 갖추지 못했다는 점이 아니다. 이는 불가능하다. 문제는 우리가 자신과 다른 방법론들을 이용하는 연구자들이 하고 있는 바에 충분히 관심을 갖지 않는다는 점이다. 나는 우리가 서로 사랑해야 한다거나 심지어는 우리가 서로 흠모해야 한다고 생각하지는 않는다. 그러나 하나의 방법을 갖고 연구하는 사람은 누구나 다른 두 방법론의 법정에서 어떤 일이 일어나고 있는지 어깨 너머로라도 살펴보아야 한다. 자신이 발견한 바와 모순되는 발견 내용들에 도전해야 하고, 또한 왜 상이한 방법론들은 다른 발견 내용들을 제시하는지 그 이유를 이해하려고 노력해야 하는 것이다.

당신이 초기에 아프리카에서 연구할 때 형식적 모델링과 통계학에 관한 이런 기술과 방법론들을 갖고 있지 못했다는 점이 후회스러운가? 만일 이런 기술들을 갖고 있었다면 연구가 달라졌을 것이라고 생각하는가?

[야구 감독인] 노장 레오 듀로셔Leo Durocher가 한 말이 있다. "절대 뒤돌아보지 마라. 누군가가 당신을 추격하고 있을 테니." 나는 소말리아와 요루바랜드, 카탈루냐에서 연구하면서 엄청나게 즐거웠다. 그리고 프로젝트를 할 때마다 대단히 많은 것을 배웠다. 미국 대학의 위대한 측면은 바로 이런 점이다. 교수진이 배움을 게을리하지 않도록 할 수 있는 건 뭐든 다 해준다. 덕분에 나는 내가 하고 싶은 연구를 마음껏 하면서 새로운 것들을 배울 수 있었다. 나는 박사를 땄을 때보다 지금 훨씬 더 많은 것을 알고 있으며, 앞으로도 배울 것이 많다고 생각한다. 나는 언제나 "이런, 이걸 몇 년 전에 배웠더라면 이러저러한 것을 할 수 있었을 텐데"라고 생각하기보다는, 다음에는 무엇을 배우게 될 것인지가 더 궁금하다.

## 동료들

**처음에 캘리포니아 대학 샌디에이고 캠퍼스UCSD에서 가르치다 시카고 대학으로 자리를 옮겼고, 지금은 스탠퍼드 대학에 몸을 담고 있다. 이런 학교들에서 연구하는 일은 어땠나?**

1975년부터 1987년까지 내가 UCSD에 있을 당시 그곳의 환경은 정말 환상적이었으며, 이는 지금도 마찬가지이다. 내가 부임했을 때는 정치학과가 막 개설되었던 시기였다. 학과장은 샌퍼드 레이코프Sanford Lakoff였고, 마틴 샤피로Martin Shapiro는 학과장 자리를 자신이 맡지 않는다는 조건으로 함께 왔다. 나는 그들이 임명한 최초의 소장파 학자들 가운데 한 명으로 1975년 수전 셔크Susan Shirk, 그리고 새뮤얼 팝킨과 함께 UCSD에 합류했다. 학과는 다섯 명의 교수진(정교수 두 명과 조교수 세 명)으로 출범했다. 우리 모두가 하나의 위원회가 되었으며 나는 그곳에서 거의 12년 동안 하루 종일 연구를 했다. 마치 쉬지 않고 계속되는 정치학 총론 세미나에 들어간 것 같았다. 우리는 성장했으나 분위기는 조금도 변하지 않았다. 우리는 모든 것을 읽고 모든 것에 대해 논증했으며, 자기 분야와는 동떨어진 분야의 연구의 질에 대한 자기주장을 가지고 회의에 참석해야만 했다. 내게는 끊임없는 배움의 시간이었다.

1987년 내가 그곳을 떠날 무렵 우리가 몸담은 학과는 그동안 미국에서 상위 10위 안에 드는 정치학과가 되어 있었다. 내가 학과장으로 있던 해에

게리 콕스와 매슈 맥커빈스Mathew McCubbins를 초빙함으로써 우리는 신설 학과로서는 거의 할 수 없는 중요한 일을 해냈다. 우리 다음 세대에서 가장 똑똑히고 최정상에 있는 인물들을 초빙했던 것이다. 그들은 우리가 제기하지 못했던 질문들을 제기하고 우리 다수에게는 생소한 연구를 해낸 사람들이다. 그러므로 우리는 우리들 자신을 그대로 복제한 것이 아니다. 적어도 정치학의 관점에서 볼 때는 차세대의 스타가 될 인물들을 정확하게 평가한 셈이었다. 전체적으로 볼 때 UCSD에 머물렀던 시기는 내게 굉장한 배움의 기간이었다고 생각한다.

시카고 대학에서는 1987년부터 1998년까지 가르쳤는데, 당시 이 대학은 미국에서 가장 위대한 지성의 요람이었으며 지금도 많은 면에서 그러하다. 시카고 대학은 내가 이 분야의 전문가로서 알려지게 했으며, 내가 쓴 글을 읽는 정치학자들의 수를 늘려 주었다. 내 존재를 부각시켜 최신 정보를 원하는 사람들로 하여금 의무적으로 내 글을 읽게 만들었던 것이다. 그리고 내가 정치학 분야에서 훨씬 더 많은 역할을 담당할 수 있었던 것은 시카고 대학이 비교정치학을 전공하는 모든 사람들이 해마다 적어도 한두 번씩은 거쳐 가는 곳이었기 때문이다. 그러므로 전문가들과 접촉할 수 있는 최적의 장소였던 셈이다.

시카고 대학에서 함께 지낸 동료들 — 셰보르스키와 엘스터, 스테판 홈스, 러셀 하딘, 마크 한센Mark Hansen, 윌리엄 시웰William Sewell, 로널드 수니Ronald Suny, 제임스 페론 등 — 은 모두 기라성 같은 인물들로, 이들로부터 엄청나게 많은 것을 배웠다. 엘스터는, 당시 내 개념 장치 속에는 없었던 인과 메커니즘들에 대한 자신의 유력한 관점을 발전시키고 있었다(Elster 1999, 1장). 엘스터의 견해는 대단히 도발적이었다. 그는 서로 상이한 메커니즘을 가져와 독립변수와 종속변수들이 어떻게 연결되는지 보여 줄 수 있다고 주장했다. 이는 과학적 연구에 대한 우려할 만한 도전이었다. 가장 급진적으로 보면, 메커니즘에 대한 엘스터의 견해는, 모든 메커니즘은 종속변수의 특정 값과 그 정반대 값을 모두 설명할 수 있다는 것이었다. 예를 들어 다음의 두 주장을 생각해 보자. (1) AK-47 소총을 든 적군을 보면, 공포의 메커니즘으로 말미암아 군인은 달아난다. (2) AK-47 소총을 든 적군을 보면, 공포의 메커니즘으로 말미암아 군인은 경계를 하게 되고, 이는 군인의 몸을 경직시키며, 결국 아무것도 모르고 접근하는 적을 향해 사격하게 한다. 만일 공포라는 동일한 메커니즘이 상반된 행동 방식을 야기한다면 우리가 독립변수에 의존해 알고 있는 값을 기반으로 행동을 예측할 수 있는 사회과학을 형성하는 것은 불가능하다. 엘스터의 견해는 설명적 사회과학을 하기 위해 노력하는 우리 모두에게 훌륭한 도전 과제를 던져 줬다고 할 수 있다.

세보르스키는 함께 연구하면 즐거움을 주는 사람이다. 우리는 여러 가지 방식으로 교류를 했지만 학생들을 함께 가르친 일이 가장 재미있었다. 그는 연구 프로젝트를 설계할 때는 머릿속에 명확히 그림을 그리고 구체화해야 한다면서 학생들에게 나보다 더 많은 것을 요구했다. 세보르스키는 어려운 관계들을 분명한 방식으로 개념화함으로써 난해한 문제들을 간단한 것처럼 보이게 만드는 천재이다. 또한 그는 변수들을 매우 분명하게 지정하고 그 변수들을 우리 모두가 제기해야만 하는 큰 문제들과 연결하는 일에도 많은 관심을 쏟았다. 그는 자신의 학생들과 내 학생들에게 언제나 그것을 요구했다. 세보르스키는 우리 비교정치학 분야에서 가장 탁월한 인물 가운데 한 사람일 것이다.

홈스와도 시카고 대학에서 교류를 했다. 그는 세상사에 관심이 많은 탁월한 정치 이론가이다. 그와의 대화는 내게 많은 것을 일깨워 주었다. 1990년대 초 우리는 소련의 붕괴를 다루는 강좌를 함께 가르쳤다. 홈스는, 나치 체제에 대한 경험은, 예컨대 심리학의 F-척도[18] 개발과 파시즘의 기원을 이해하기 위한 다양한 접근 방법 등의 개발을 통해, 사회과학을 크게 바꾸어 놓았다고 생각했다. 그는 소련의 붕괴 역시 사회과학에 그와 비슷한 깊은 영향을 미칠 것이라고 주장하면서 "소련 붕괴 이후 사회과학의 미래에 관한 강좌를 개설하고 이 역사적인 분수령이 사회과학에 제기할 수 있는 쟁점들을 밝히도록 노력하자"고 했다. 그는 이와 같이 매우 도발적인 방식으로 문제들을 제기했다.

시카고 대학에서 나는 게리 베커와 제임스 콜먼이 주관하고 사회과학 분야 교수들이 함께하는 '합리적 모델' 세미나에 정기적으로 참여했다. 이 세미나는 대단히 격렬했으며, 지적인 활기가 있었다. 콜먼이 사망하자 베커가 내게 세미나의 공동 의장직을 맡아 달라고 부탁해 곧 받아들였다. 이 모임은 시카고 대학 특유의 경제학을 배울 수 있는 가장 좋은 출발점이었다.

시카고 대학에 몸담고 있다는 것 자체가 곧 놀라운 교육이어서 내가 세상을 생각하는 방식을 바꾸어 놓았다. 지식의 요람인 시카고 대학은 내가 학계에 잘 알려질 수 있도록 하는 데 큰 도움을 주었다.


**스탠퍼드 대학은 어떠했는가?**


스탠퍼드 대학 정치학과는 매력적이다. 이 학과의 질, 즉 교수진은 매우 인상적이다. 나는 1999년에 이곳으로 옮겼으며 지금도 이곳을 알아 가는 중이다. 그래서 스탠퍼드 대학에 대해서는 내가 UCSD나 시카고 대학에 대해 갖고 있는 것과 같은 유형의 역사적 견해는 갖고 있지 않다. 그러나 대학원생들이나 동료들과 함께 연구할 기회를 고대하고 있다. 내 생각에 이들은 자기 분야에서 최정상에 있다. 시카고 대학에서는 학제를

---

18 F-척도는 전통적으로 권위주의적 성향을 알아보는 척도이다.

뛰어넘어 여러 사람들과 폭넓게 접촉한 데 반해, 이곳 스탠퍼드 대학에서 내가 상호작용하고 싶은 사람들은 대개 정치학과 사람들이다. 고무적인 기회라고 생각한다.

전반적으로 보면 나는 내 연구를 최대한 지원해 주는 기관에 몸담을 수 있는 행운을 누렸다. 미국의 대학들이 독자적인 연구를 할 수 있도록 제공하는 기회들은 믿을 수 없을 정도이며, 세계적으로도 찾아보기 힘들다.

**당신이 예일 대학에서 강의를 했던 적은 없지만 린츠와 당신 사이에는 모종의 교류가 있었다. 린츠로부터 영향을 받았나?**

린츠는 내게 엄청난 영향을 주었다. 나는 그가 스페인어와 영어로 쓴 글을 모두 읽었다. 내가 읽을 수 있는 글은 모두 읽었다는 이야기이다. 스페인에 관한 그의 연구(물론 스페인에 관한 것만은 아니지만)는 믿을 수 없을 정도로 포괄적이고 섬세하다. 게다가 그는 내게 많은 도움을 주었으며, 내가 스페인어에 관해 아는 것이 전혀 없이 연구를 시작할 때에도 많은 면에서 내 연구를 지원해 주었다. 예컨대, 그는 밤 11시에 전화를 해서 이렇게 말하곤 한다. "시간을 내서 글로 쓰기는 어렵지만, 내 생각은 이렇다네." 그렇게 시작해서 우리는 90분씩이나 통화를 하곤 했다. 그는 놀라운 사람이다.

나는 린츠가 로칸 세대의 인물이라고 생각하는데, 그 세대의 많은 연구자들은 유럽의 정치사와 국가나 민족의 형성 경로들에 관해 엄청난 지식을 발전시켜 놓았다. 린츠와 로칸을 비롯해 페리 앤더슨과 에른스트 하스, 라인하르트 벤딕스 같은 사람이 이들이다. 나는 물론이고 내 세대의 어느 누구도 유럽과 세계의 사례들에 대해 그런 유형의 지식을 갖출 수는 없을 것이다. 나는 이런 면에서의 약점을 보완하기 위해 변수들을 분리하고 그

변수들에 대해 추론을 이끌어 내고자 노력하고 있다. 린츠는 로칸과 마찬가지로 이런 면에 대해서는 소홀하다. 그들의 글에서는 수십 개에 이르는 변수들과 10개 내지 15개의 사례들을 쉽게 발견할 수 있다. 예컨대, 린츠가 가장 최근에 스테판과 함께 쓴 책(Linz and Stephan 1996)을 보면, 그들은 초장부터 4개 변수와 8개 조건에 초점을 맞추겠다고 말한다. 하지만 그러고는 각주에서 10여 개 사례와 관련된 25개 변수와 같은 프로크루스테스의 침대[무리한 획일화]에 속박되고 싶지 않으므로, 다른 요인들이 중요하거나 영향을 미친다고 생각될 때마다 그것을 끌어들여 살펴보겠다고 이야기한다. 그 책은 놀라운 저서이자 위대한 업적이며 나는 그 책을 통해 많은 것을 배웠다고 생각한다. 그러나 린츠와 로칸, 스테판 같은 학자들은, 나와는 달리, 과잉 결정과 아무런 사례도 존재하지 않는 공란을 전혀 신경쓰지 않는다.

후안 린츠에게는 또 다른 측면도 있다. 린츠는, 특히 프랑코 집권기에, 스페인에 현대식 사회과학을 소개하는 데 일조했으며, 한 세대의 스페인 사회과학자들에게 설문 조사 자료를 수집하고 활용하는 방법을 가르쳤다. 이는 행태주의자 린츠라 할 수 있는데, 나는 이런 린츠를 로칸적인 린츠와 구별한다. 나는 그를 대단히 흠모한다.


## 미국정치학회 비교정치 분과

당신은 미국정치학회 비교정치 분과라는 또 다른 기관에도 관여했다. 이 분과를 만들게 된 일과 1993년부터 1995년까지 분과장으로 지내면서 당신이 한 역할에 대해 이야기해 달라.[19]

비교정치 분과를 만들자고 먼저 제안한 사람은 시드니 태로Sidney Tarrow와 피터 랭이었다. 시드니 태로는 비교정치학자들을 하나의 우산 밑으로 불러 모아 비교정치학이 파편화되는 것을 미연에 방지할 필요가 있다고 주장했다. 시드니와 피터는 방대한 네트워크를 구축하고 있었는데 나도 그 네트워크의 일원이었다. 나도 즐거운 마음으로 동참해 첫 모임에 참여했다.

초대 분과장은 피터 랭이었다. 분과의 정관에 따르면 위원회가 두 명의 후보를 추천하고 투표를 통해 분과장을 선출해야 했다. 2대 분과장을 결정할 때 위원회는 로널드 로고프스키와 나를 추천했는데, 선출 과정에서 재미있는 일화가 있었다. 레이프하르트는 만일 분과장을 투표를 통해 선출하도록 정한 강령의 규칙을 바꾸지 않는다면 분과를 탈퇴하겠다고 했다. 시드니 태로는 웃으며, 민주주의에 관한 세계적인 권위자가 전문가 집단이 민주적이라는 이유로 탈퇴한다면 이는 매우 재미있는 일이라고 했다. 그러자 레이프하르트는 이는 정당이 아니라 전문가 집단이므로 전문적인 서비스를 제공하기로 동의한 누군가에게 "유감이지만 당신은 투표에서 졌으므로 이 역할을 맡을 수 없다"고 하는 것은 품위를 떨어트리는 일이라고 응수했다. 결국 우리는 투표를 했고 로고프스키가 한 표 차이로 나를 이겼다. 그 후 우리는 차기 분과장은 선거 대신 추천과 인준으로 결정하기로 했다. 나는 로고프스키의 뒤를 이어 분과장직을 맡았다.

내가 분과장이 되었을 때 분과는 미국정치학회 연례 회의들을 위한 패널 선정 작업을 하고 있었다. 우리의 회지에는 회원 동정과 몇 가지 소식이 실려 있었다. 당시 이 분과의 이면에 놓여 있는 핵심적인 생각은 랭과

---

19 미국정치학회 비교정치 분과 분과장으로서의 레이틴에 대한 후계자들의 시각에 대해서는 베이츠와 콜리어의 〈인터뷰 12〉와 〈인터뷰 13〉 참조.

태로가 처음에 제시한 것으로, 우산과 같은 역할을 하는 단체를 조직해 비교정치학자들이 서로 떨어져서 각자의 길을 추구하지 말고 연구 영역 단위별로 모이자는 것이었다. 얄궂게도 훗날 랭과 태로는 미국정치학회에 서구유럽정치 분과를 결성했다.

내가 주도한 일 가운데 하나는 회지를 통해 매회 발표되던 분과장 서한을 비교정치학의 미래에 대한 논쟁의 장으로 바꾸어 놓는 것이다. 당시 이는 매우 시의적절한 일이었다. 많은 사람들이 비교정치학이라는 하위 분야의 정체성과 관련된 쟁점들에 관심을 보였기 때문이다. 나는 다양한 주제들을 폭넓게 다루었다. 학위논문을 발표한 후 비교정치학 분야에서 두 번째 프로젝트를 어떻게 발전시킬 것인지, 가족이 있는 조교수가 새로운 현지 조사를 어떻게 할 것인지, 현지 조사와 형식 이론 사이에는 어떤 관계가 있는지, 비교정치학을 연구할 때 지역의 노선을 따라야 하는지 아니면 주제에 따라야 하는지 등등이 그것이다.[20] 이런 서한들 — 나는 이 서한들을 [진보적 성향의 『뉴욕 타임스』에서 보수적인 목소리를 대변한 칼럼니스트로 유명한 윌리엄 새파이어William Safire식 논쟁이라고 불렀다 — 은 회보에 관해 많은 화제를 만들어 냈다. 데이비드 콜리어와 이언 러스틱 같은 내 친구들은 몇 가지 이유에서 내 입장에 강하게 반대했다. 나는 그들에게 이렇게 말했다. "좋은 이야기이다. 그러지 말고 나처럼 글을 써봐!" 그렇게 해서 우리는 중요한 사안들을 놓고 진지한 논쟁을 벌였다.

회보를 읽은 많은 사람들이 화를 낸 것으로 알고 있다. 이유는 그들이 비교정치학이 무엇인지에 대한 규정을 둘러싼 논쟁에서 열세에 놓여 있는 상황이었기 때문이다. 사실 비교정치 분과의 대다수 회원들은, 당시 분과

---

20 『APSA-CP: 미국정치학회 비교정치 분과 회보』APSA-CP: Newsletter of the American Political Science Association Organized Section in Comparative Politics 지난 호들은 모두 www.nd.edu./apsacp/backissues.html에서 볼 수 있다.

를 주도하는 이들이 대체로 분석적인 시각을 갖고 있고, 게임이론과 통계학 방법론에 동조하는 사람들이며, 이런 방법론들은 비교정치학을 연구하는 좀 더 전통적인 방법들을 희생시키는 대가로 발전하고 있다고 생각했다. 많은 사람들이 우리를 하위 분과의 과학화를 선동하는, 독선적인 반란자들로 간주했다. 내가 볼 때 그 일은 문제라기보다는 고무적인 일이었다. 우리는 모든 사람들에게 글도 쓰도 비평도 하고 논증도 하라고 졸라 댔다. 그렇게 하면 회보를, 비교정치학자들이 다양한 아이디어들을 놓고 논쟁을 벌이고 다양한 시각들을 개진할 수 있는 공개 토론장으로 만들 수 있기 때문이다.

분과장으로서 나는 연구의 재검증replication[일반화를 위해 상황과 방법을 달리했을 때도 같은 결과가 나오는지 반복 검증해 보는 것]과 관련된 프로그램도 추진했다. 당시 게리 킹은 연구의 재검증 문제에 깊이 몰두하고 있었고(King 1995a; 1995b), 바로 와서 내게 자기 생각을 설득시켰다. 나는 우리가 논문에서 사용하는 데이터를, 기밀성confidentiality을 유지한다[연구 목적 이외의 용도로는 조사 대상, 자료의 출처, 정보원 등에 대한 정보를 외부로 노출시키지 않는다]는 일정한 조건하에서, 분과의 다른 연구자들이 이용할 수 있도록 해야 한다는 학술지의 원칙을 우리 분과가 지지하는 것이 중요하다고 생각했다. 그러나 모든 사람이 내 생각에 동의하지는 않았다. 예컨대, 시드니 태로와 로버트 퍼트넘은 기밀성 조건이 내가 처음에 제시한 것보다 훨씬 더 엄격해야 한다고 생각했다. 우리는 비밀 인터뷰 자료와 이런 종류의 다른 자료들을 반복 검증할 수 있게 만드는 방법에 대해 과연 어떤 입장을 견지해야 할지를 놓고 흥미로운 논쟁을 벌였다.[21]

---

21 이런 의견 교환 가운데 일부는 다음에 발표되었다. *APSA-CP: Newsletter of the American Political Science Association Organized Section in Comparative Politics* 7, no. 7(winter 1996) (www.nd.edu./ap-

전반적으로 나는 우리 분과가 그 이전에는 결코 제기되지 않았던 집단적 기획에 대한 질문을 제기하도록 내가 압박하고 있다고 생각했다. 나아가 하위 분과로서 비교정치학과 관련된 핵심 쟁점들이 직접적으로 다뤄질 수 있는 회보를 요구했다. UCLA의 미리엄 골든Miriam Golden[22]은 회보를 발전시켜 다른 많은 학술지들보다 더욱 흥미롭고 충실하게 만들었다. 나는 이런 발전을 매우 자랑스러워하고 있다.

지난 한두 해 동안 비교정치 분과 안에서는 우리가 비교정치학의 다른 하위 부분들을 희생시킨 대가로 한 부분만 부각시키고 있다고 느낀 사람들이 역반란counterinsurgency을 일으켰다. 아툴 콜리Atul Kohli 등이 분과의 노선에 관해 벌인 격론에서 두어 번 승리했을 때 내가 그에게 말한 것처럼, 모든 집단에서는 엘리트의 순환이 일어나기 마련이며, 순환으로 밀려난 엘리트들은 언제나 그 시기가 너무 빨리 찾아왔다고 생각한다. 그러나 나는 그에게 행운이 따르기를 바라는 마음으로 그와 그의 집단이 이 분과에서 권위를 확보해 우리 모두가 원하는 만큼 분과에 활력을 불어넣어 주길 바란다고 말했다. 우리가 완전히 밀려난 것은 아니며, 따라서 조직에는 여전히 경쟁이 존재한다. 게다가 엘리트들의 순환은 좋은 것이라고 나는 생각한다. 만일 우리가 특정 집행부의 전망을 계속 고수하려고 한다면 이 분과는 없어질 것이다.

**당신이 비교정치 분과 분과장으로 쓴 서한들이 지역연구에 대한 공격이라고 해석하는 이**

---

sacp/backissues.html)

[22] 골든은 1995년부터 2000년까지 비교정치 분과 회보의 편집사로 활동했다.

들도 있었다. 물론 이런 해석은 당신의 후임자인 로버트 베이츠가 쓴 서한들에 더 맞는 말이지만 말이다.[23] 그 해석은 공정했는가?

그런 견해 가운에 일부는 사실이다. 물론, 과장된 면도 있다. 베이츠와 내가 현지에서 아프리카 언어를 구사하며 연구를 했고, 또한 현지조사를 중시하며, 학생들에게 현지 조사를 위해 아프리카 언어를 습득하고 기술을 발전시키라고 요구한 아프리카 연구자Africanists 세대의 일원이라는 것은 과장이다. 더욱이, 우리 두 사람은 모두 사회과학연구협의회 산하 지역연구위원회에서 활동했다. 그러므로 우리의 반란을 강력히 비판했던 사람 가운데 한 명이, 내가 알기로는 현지 조사라고는 해본 적이 없는 헌팅턴이라는 점은 웃긴 일이다. 얄궂게도 그런 그가 우리 세대한테 지역에 대해 제대로 모른다고 말하고 있다. 우리의 경력은 사람들이 우리에게 부여한 이미지와는 다르다고 나는 생각한다.

다른 한편으로, 나는 지역연구 옹호자들과 사회과학연구협의회가 형식적 모델링과 통계 중심의 연구를 지나치게 무시한다고 느꼈다. 사실 나는 내가 이해하는 삼차원적 방법론의 세 부분 중 두 부분이 사회과학연구협의회 지역연구위원회들 같은 데서 제대로 평가받지 못하고 있다고 말하고 싶다. 예컨대, 내가 속해 있는 사회과학연구협의회 연구위원회에는 인류학자들과 역사가들이 대단히 많은데, 이들은 특정 문화를 깊이 파고들지 않으면 진지한 연구를 하고 있는 것이 아니라는 신념을 갖고 있었다. 위원회의 일원으로서 내가 인류학자들과 역사가들이 하는 그런 유형의 연구를 지지한 것은 그 연구가 엄청난 가치가 있기 때문이었다. 그러나 베이

---

[23] APSA-CP: Newsletter of the American Political Science Association Organized Section in Comparative Politics 참조. 이 회보는 다음에서 볼 수 있다. www.nd.edu/~apsacp/backissues.html

츠의 『시장과 국가』(Bates 1981)처럼 인과적 메커니즘을 이해하고자 하는 연구에 연구비를 지원하자는 제안이 들어왔을 때, 그 제안은 매우 피상적이며 사회과학연구협의회 연구위원회에는 합당하지 않다는 이유로 거부되었다. 이와 같이 아주 편협한 학자 집단 하나가 소장파 학자들의 연구의제에 엄청난 제약을 가하고 있었다. 비교정치학 분야에서 하는 거의 모든 일이 지역의 관점에서 홍보되었다는 사실을 보더라도 지역연구 분야의 마피아들이 많은 권력을 쥐고 있음을 알 수 있다.

나는 나 스스로 전술한 세 가지 방법론의 균형을 유지하기 위해 노력해왔다고 생각하며, 지역연구를 하는 사람들이 게임이론가들과 통계학자들이 발견한 내용들과 대면하도록 만들려고 애써 왔다. 그러나 내 생각에, 전통적인 지역연구의 사고방식 속에서 활동하는 사람들이 내 논증을 그들이 하고 있는 바, 즉 그들이 자기들 연구에서 중요한 부분으로 생각하는 바에 대한 직접적인 위협으로 해석한 것은 당연한 일이었다.


## 민족동원과정 비교연구모임

**민족동원과정 비교연구모임**Laboratory in Comparative Ethnic Process, LiCEP**을 주도한 것으로도 알려져 있다. LiCEP의 기원과 과제를 이야기해 줄 수 있는가?[24]**

LiCEP를 알고 있다니 매우 반갑다. 이 모임의 기본적인 아이디

---

[24] LiCEP에 관한 정보에 대해서는 www.duke.edu/web/licep.htm#nav 참조.

어는 칸찬 찬드라가 사회과학연구협의회의 기금으로 조직한 회의에서 나왔다. 그녀는 북인도 불가촉천민들의 정치조직을 주제로 학위논문을 썼다. 헌팅턴이 논문심사위원장직을 맡고 있었지만, 그녀는 내가 시카고 대학에 있을 때 사실상 나의 지도를 받은 하버드 대학원생이었다. 사회과학연구협의회 연구 지원금을 받은 그녀는 민족성과 정치를 연구하고 있는 사람들을 불러 모았으며, 우리는 사회과학연구협의회의 전형적인 방식에 따라 시카고 대학에서 학제 간 모임을 가졌다. 우리는 폭넓은 문제들을 다양한 시각에서 깊이 있게 논의하면서 이런 여러 시각에서 민족성을 연구하는 사람들이 어떤 식으로 서로에게 이야기를 했었고 어떤 식으로는 이야기하지 않았는지에 대해 이야기했다. "큰 그림을 그리는"big think 여느 모임과 같은 그런 자리였다. 이 논의가 끝날 무렵 우리가 지향하고 싶은 방향은 어떤 것이냐 하는 불가피한 물음이 제기되었다.

　내 성격이 고약해서일 수 있겠지만, 나는 이렇게 말했다. 학제 간 연구가 좋은 일이긴 하지만, 더는 이런 식의 연구를 원치 않는다고 말이다. 우리에게 부족한 것은 학제성으로, 나는 학제성을 뒷받침하고 싶다. 따라서 나는 우리가 사회과학연구협의회와는 더 이상 함께 활동할 수 없다고 말했는데, 이는 그들이 학제 간 연구를 종교처럼 맹신하고 있기 때문이었다. 나아가 나는 이렇게 둘러앉아 우리 연구에 대한 큰 아이디어들을 이야기하는 일은 더는 하고 싶지 않다고 말했다. 오히려 내게 매우 절실히 필요하고, 또한 우리 모두에게 절실히 필요한 것은, 우리의 연구에 관한 일종의 리버스 엔지니어링[역설계, 분해 공학]25이라고 생각했다. 이 말의 뜻은, 우

---

25* 리버스 엔지니어링reverse engineering
이미 만들어진 시스템을 역으로 추적해 처음의 문서나 설계 기법 등의 자료를 얻어 내는 일을 말한다. 대상 시스템을 변경시키거나 새로운 시스템으로 개선하는 것이 아니라 기존 시스템을 분석하는 작업이다.

리는 최종 논문뿐만 아니라, 그 논문에 이용된 데이터도 제시해 다른 사람들이 우리가 데이터를 정확하게 이용했는지 살펴볼 수 있게 하자는 것이 있다. 이렇게 하면 다른 사람들이, 마치 우리가 실험실에 있는 것처럼, 어깨 너머로 우리를 살펴볼 수 있을 것이다.

누군가가 이렇게 물었다. "현지 조사를 하는 사람들의 경우는 어떤가?" 나는 현지 조사에서 가장 당혹스러운 점은 현장 기록과 인터뷰 기록을 공유하지 않는다는 것이라고 답했다. 기밀성 문제를 해결해야 하긴 하겠지만, 현장 기록을 공유하면 좋을 것이라고 나는 생각했다. 학위논문을 쓸 때 내게 필요했던 것이 바로 이것이었다. 내가 논문 지도 교수들에게 내 현장 기록들을 읽어 보라고 간청했던 이유는, 내 연구를 [처음부터 꼼꼼히] 살펴 줄 수 있는 견제 장치가 내 연구에는 없었던 것으로 느껴졌기 때문이었다. LiCEP에 대한 발상은 현장 기록과 양적 데이터 그리고 연구에 이용된 모든 것을 공개한 후, 함께 모여서 미가공 데이터로부터 학술 논문의 결론을 도출해 가는 논증에 대해 서로 논의해 보자는 것이었다.

이 제안에는 모두가 동의했다. 이는 우리 대학들에서는 얻을 수 없는 흥미로운 뭔가가 될 것 같아 보였다. 대학에는 민족성과 관련된 문제들에 대한 미가공 데이터에 관심 있는 사람들이 많지 않았기 때문이다. 우리는 이 실험실을 출범시키기로 했다. 구성원은 로버트 베이츠가 가르치는 일군의 하버드 대학 학생들과 내가 맡은 시카고 대학 학생들, 그리고 민족성 관련 사안들을 연구하는 몇몇 다른 사람들 등 모두 15~18명 정도였다. 우리는 1년에 두 번 모였으며 처음에는 각자 비용을 부담했고, 각 대학에서 모임에 필요한 돈을 충당했다. 나중에는 국립과학재단에서 지원금을 받아 모임을 계속할 수 있었다. 또한 우리는 모임을 제도화해 공개적인 절차를 거쳐 새로운 회원들을 받아들였다. 각 모임은 임시 위원회를 통해 계획되었고, 이 위원회의 위원은 2년마다 바뀌었다. 그리고 우리는 각자 모임 중에 데이터와 자료를 위원회에 제출했다.

이 모임은 일반적인 모임과 다르다. 우리는 인식론에 관한 토론도 없으며 큰 발견 내용에 대한 논의도 하지 않는다. 그보다는 우리 연구의 메커니즘과 우리의 연구에서 미가공 데이터로부터 결론을 도출해 가는 논증이 합당한지 여부, 그리고 우리가 모델들을 구체화하는 과정에서 어떤 핵심적인 선택들을 하고 있는지 등에 대해 논의했다. 마치 우리는 어깨 너머로 서로를 감시하며 제약하는 초자아처럼 행동했는데, 이는 내가 오랫동안 원했던 바이다. 사람들은 미숙한 부분이 없도록 말끔하게 다듬어 최종 논문을 제출하면서도 늘 찜찜해 한다. 이유는 이를 위해 자신이 숨겼던 모든 것을 자기 자신은 알고 있기 때문이다. LiCEP는 미숙한 부분을 공개적으로 공유할 수 있는, 공감과 비평을 함께 할 수 있는 학자들의 연구 모임으로 매우 흥미로운 집단이다.

## 대학원생들

### 대학원생들은 어떤 식으로 가르치나?

내가 학계에 자리 잡은 초기 15년 정도까지만 해도, 나는 대학원생들은 자신의 지적 목표를 달성할 수 있는 연구 프로그램을 설계할 줄 알아야 한다고 생각했다. 나는 내 연구 목표들을 달성하는 데 도움을 줄 조수를 원하지 않았다. 나는 학생들이 세상에 대해 깊은 호기심도 있고 자기가 알고 싶어 하는 바를 스스로 알아낼 능력도 갖추길 바랐다. 따라서 나는 학생들이 스스로 자신들의 프로젝트를 수행하는 데 필요한 도움을 주기 위해 노력했다. 그 결과 독일의 녹색운동과 구소련의 가상 경제, 그리고 내 자신의 연구 관심사가 아닌 다른 일련의 주제들을 연구하는 대학원생들이 있었다. 내가 관심을 가진 학생들은 자신에게 흥미 있는 주제를 물고 늘어지는 똑똑한 학생들이었다.

최근 5~6년 동안 내게 무엇인가 변화가 일어났는데, 부분적으로는 셰보르스키를 지켜본 결과이며 또 부분적으로는 이 분야에서 일어나고 있는 일들을 반영한 결과였다. 나는 비교정치학을 공부하는 학생들이 그 분과의 핵심 주제들와 관련된 연구를 수행할 수 있는 일련의 도구들을 획득하는 데 점차 더 많은 관심을 가지게 되었다. 학생들이 형식 이론과 통계학에 관한 기본 교육을 받았으면 좋겠다. 그들이 그보다 더 많은 것을 원한다면 좋은 일이다. 그러나 최소한 『미국정치학회보』와 『미국 정치학 저널』에 실린 논문들을 읽을 수 있고 이 분야의 동향과 중요한 발견 내용이 무엇인지 이해할 수 있을 정도의 방법론적 기술들은 습득해야 한다. 이런 문헌들을 소화해 낼 능력은 갖춰야 한다는 말이다. 또한 내가 추구하는 삼차원적 방법론의 측면에서, 학생들은 한 가지 방법론을 능숙하게 다루는 동시에 다른 것들에 대해서도 비교적 잘 다룰 수 있어야 한다고 나는 생각한다. 이런 점에서, 나는 최근 5년 동안 기본 교육에 훨씬 더 많은 관심을 기울이게 되었다. 나는 많은 학생들의 논문을 지도했다. 그래서 시카고 대학과 이곳 스탠퍼드 대학은 물론 다른 많은 대학의 학생들이 이 분야의 발전 방향에 대한 내 시각을 잘 반영하는 비교정치학 접근 방법을 이용하는 모습을 볼 수 있었다. 신세대 소장파 비교정치학자들이 탁월한 기량을 발휘하고 있다.

**당신은 정치학 분야가 분절화되고 있으며 이로 말미암아 정치학의 영향력과 권위가 줄어들 것이라고 주장했다.**

우리 정치학자들은 우리가 발견한 내용을 학생들을 포함해 좀 더 넓은 세계에 전하는 데 제도적인 어려움을 겪고 있다. 우리는 학생들에게, 우리는 하나의 큰 우산 아래서 살고 있으며 우리 정치학자들은 다양한 견해를 갖고 있다고 가르친다. 그러나 우리는 우리가 알고 있는 것을 충분히 설명하지 못한다. 우리가 알고 있는 것들을 충분히 전달할 수 있는 한 가지 방법은 정치학 개론을 가르치는 표준화된 강좌를 통해 우리의 연구 내용을 제시하는 것이다(Laitin 2004a). 이런 생각과 통합적인 분과라는 좀 더 폭넓은 개념에 대해서는 강력한 반발이 있을 수 있다. 그러나 만일 분과를 통합하는 교재[26]를 쓸 수 있었던 폴 새뮤얼슨 같은 인물이 있다면, 또한 이를 20개 대학을 지정해 시범적으로 운영할 수만 있다면, 표준화된 정치학 교육 방법을 빠르게 정착시킬 수 있을 것이라고 나는 믿는다. 시행 전에는 급진적인 방식으로 보일 수 있지만, 일단 시행을 하고 나면 그 효

---

[26] 1970년 노벨 경제학상을 받은 폴 새뮤얼슨Paul Samuelson의 『경제학: 개론적 분석』*Economics: An Introductory Analysis*을 말한다. 이 책은 1948년에 초판이 발행되어 현재 16판(Samuelson 1948)까지 나와 있다. 이 교재는 두 세대 동안 대학 강의실을 지배했으며 지금까지도 경제학 교재 가운데 베스트셀러로 남아 있다.

과를 분명히 알 수 있을 것이다.

우리 정치학자들은 우리가 발견한 내용에 대한 자부심이 부족하며 그래서 학계에 이를 좀 더 널리 전파하지 못하고 있다. 국립과학재단에 있는 우리는 이로 인해 마음 아파하고 있다. 국립과학재단에서 경제학과 심리학 분야의 예산은 크게 늘어난 반면, 우리는 그러지 못하고 있다. 국립과학재단에는 정치학이 경제학에 비해 새로운 지식을 생산하지 못하고 있다는 견해가 있다. 부분적으로는 우리가 우리 자신을 헐값으로 판 결과라고 나는 생각한다. 최근 나는 게리 킹과 이야기하면서, 미국정치학회에서 두 명의 전문 기자를 고용해 유력한 학술지들을 샅샅이 살펴보고 정치학계에서 발견한 내용들과 그 중요성을 알리는 언론 보도 자료를 쓰게 하는 아이디어에 대해 논의했다. 이런 유형의 지원 활동도 정치학에서 해야 할 일 가운데 하나로 이해되어야 한다.


**당신이 제안하는 종합적인 정치학은 합리적 선택이론가들이 선호하는 것과는 크게 다른 것 같다. 그들의 종합 개념은 다음과 같은 게임이론 모델들을 찾는 데 주안점을 두고 있다. 폭넓은 일련의 배경이나 상황에 부합되고 또한 이 모든 모델들이 동일한 이론적 원리, 합리적 행동에 관한 동일한 이론을 적용한다는 사실에 의해 통합되는 게임이론 모델들 말이다.**


제대로 보았다. 윌리엄 라이커가 이해하는 정치학이 그렇다. 그는 이 분야에는, 약속commitment과 관련된 원리들처럼, 제한된 수의 정치적 원리가 존재한다고 생각한다. 이런 원리들을 안다면, 그와 같은 원리들이 입법 과정과 민족 전쟁 등 모든 곳에서 어떻게 작동하는지 파악할 수 있다. 그 결과 약속에 대한 일반적인 이론을 얻게 된다. 모든 유형의 정치적 상황에서 이런 원리들이 작동하고 있음을 발견할 수 있으므로, 국제관계학이나 비교정치학, 미국 정치학 같은 전통적인 분야들은 타당성을 잃게 되는 것이다. 우리 정치학이 무엇을 다루어야 하는지에 대한 관점 가운데 이런 것도 있는 것이고, 고백하건대 나는 여기에 나름의 매력도 있다고 생각한다.

그러나 내 생각에 정치학에는 라이커의 이해와는 달리 발전시켜야만 할 가치가 있는 본질이 있다. 이 본질은 2천 년 동안 집성된 정치 이론에서 발견되는데, 이 이론에서 밝히고 있는 문제들은 반드시 해결되어야 한다. 이런 문제들 때문에 우리가 정치학자로서 모이는 것이다. 그 문제들은 수학자들이 해결하려고 고심하는 중요한 문제들과 비슷하다. 또, 우리 모두가 약속의 문제와 그것이 미치는 다양한 영향들을 이해한다고 해서 과연 지적으로 만족스러울까? 나는 그렇게 생각하지 않는다. 우리가 정치학자로 살아가도록 추동하는 것은 그런 것들이 아니다. 우리를 추동하는 것은 정치 이론의 위대한 전통들이 제기하는 질서와 평등, 대표성, 시민권 등의 문제들이다. 정치학의 의제가 되는 것들, 이를 끊임없이 재설정하게 만드는 것은 바로 이런 큰 문제들, 폭넓은 규범적인 관심사들이다. 이런 문제들을 해결하는 과정에서 쌓이는 중대한 결과들이 정치학의 정체성을 형성하는 본질적인 토대이다.

**우리에게 필요한 것은 종합에 대한 새로운 시도가 아니라, 합리주의자와 구조주의자, 문화주의자 사이의 패러다임 전쟁이라는 견해를 가장 분명하게 밝힌 사람은 아마 마크 리히바흐**(Lichbach 1997)**였을 것이다. 당신이 강조하는 종합은 이런 견해와는 다른 것 같다.**

나는 그 프로그램을 정치학의 '국제관계학화'IR-ization라고 부른다. 그런 견해에 반대하는 논증을 공식적으로 제시한 적은 없으나 강한 직관을 갖고 있다. 국제관계학international relations, IR을 전공하는 사람들의 말에 귀를 기울이면 종종 이런 말을 듣게 된다. "내가 속한 학파를 위해 최대한 모든 증거를 수집해 가장 강력한 사례를 제시하려고 한다." 현실주의자와 자유주의자, 신자유주의자, 구성주의자가 모두 똑같다. 그들은 "왜 전쟁이 일어나는 걸까?" "어째서 내전이 일어나는 것인가?" 등과 같은 질문을 던지는 대신 이렇게 한다. 학파를 방어하려는 이런 태도는 일종의 법률 문서와 같은 글쓰기로 이어진다. 그런데 정작 당신이 자유주의적 설명과 문화주의적 설명을 뒤섞어서 어떤 이론적 모델을 만든다면, 과연 누가 신경이나 쓰겠는가? 당신이 상이한 두 학파로부터 변수들을 가져온다 해도 관심을 갖는 사람이 과연 있을까? 도대체 우리는 왜 학파들을 비교해야 하는가?

학파를 방어하는 것과 관련해, 나는 18세기 스페인의 누에바 플랜타 법령에 관한 논문을 준비할 때 있었던 일화를 종종 이야기한다. 이 칙령에 의하면 아우디엔시아(왕의 법정)[27]에 제출하는 모든 문서는 카스티야어로 써야 했다. 이 연구를 준비하면서 나는 스스로에게 다음과 같은 간단한 질문을 던졌다. "역사를 보면 사람들은 대부분의 권위체를 인정하지 않았는데 어째서 왕의 말에 따랐을까?" 17세기와 18세기 아우디엔시아의 자료에 관한 일련의 자료들을 손에 넣고 나서야, 왕에게 복종하는 일은 그 칙령이 발표되기 한 세대 전에 발생했음을 알게 되었다. 따라서 그 칙령은 사실상 아무것도 한 것이 없었다. 현지 조사를 하는 비교정치학자로서 나는 아우디엔시아의 문서들을 조사하는 데 몰두했다. 왕에게 제출한 청원서 가운데 바르셀로나 대학에서 보낸 것이 하나 있었다. 대학 측은 철학과의 입장을 대변하고 있었다. 대학의 인가서에 의하면 철학과에는 여섯 명의 위원이 있는데 그중 세 명은 토마스주의자Thomists이고 나머지 세 명은 반토마스주의자anti-Thomists여야 했다. 토마스주의자가 한 명 사망하자 대학은 전

---

27 • 아우디엔시아audiencia
에스파냐의 식민 통치를 위해 현지에 설치된 고등사법재판소 및 그 관구명. 단순한 사법기관에 머물지 않고 행정권과 함께 약간의 입법권까지 가지고 있었다.

국을 샅샅이 뒤져 탁월한 후보자를 한 사람 찾았지만 공교롭게도 그 사람은 반토마스주의자였다. 문제는 이 반토마스주의자를 받아들이면 4 대 2로 균형이 깨진다는 점이었다. 그러므로 이들은 균형이 깨지더라도 이 사람을 임명할 수 있는지 문의했던 것이다.

나는 언제나 이 사례를 국제관계학IR 분야를 위한 우화로 생각해 왔다. 학과에서 토마스주의자와 반토마스주의자, 즉 합리주의자와 문화주의자의 수를 반반씩 균형을 맞추는 게 우리가 지향해야 할 바는 아니다. 그래야 한다는 생각은 새로운 독립변수들을 만들어 내는 과학적 발견이 없다는 것을 가정하고 있는 것이다. 만일 교수진이 독립변수에 기초해 재산권[교수 자격]을 가진다고 한다면, 독립변수가 아무런 영향도 미치지 못하는 것으로 밝혀질 경우 어떤 일이 일어나겠는가? 그래도 그들은 여전히 재산권을 갖고 있을 것이다. 이런 상황이 문제가 되는 이유를 보여 주는 사례로서 점성술을 생각해 보자. 한때 점성술은 대단한 사상처럼 보였으며 행성 직렬[태양계 내의 행성들이 공전 궤도 운동 중 어느 한순간 일직선으로 정렬되는 현상]이라는 중요하고 분명한 독립변수를 갖고 있었다. 그러나 이런 독립변수가 인간 생활에 관해 아무것도 설명해 주지 못한다는 점이 판명되었다. 우변 변수인 행성 직렬이 좌변 변수에 대해 아무것도 설명해 주는 것이 없는 것으로 판명이 났는데도 계속해서 우변 변수에 따라 교수진에게 재산권이 부여된다면 어떻게 되겠는가? 우변 변수, 즉 독립변수에 기초해 사람들에게 권위를 부여한다는 것은 잘못된 것이다. 그보다 학과와 교수진은 앞으로도 계속해서 의제에 남아 있을 것들을 중심으로 조직되어야 한다. 즉, 민주주의와 평등에 대한 우리의 관심사들을 중심으로 말이다. 우변 변수들에 기초해 학과를 조직하거나 교수진을 임용한다는 것은 학문에 반하는 처방인 것 같다. 물론 나도 내가 너무 거칠게 이야기하고 있다는 점은 알고 있다. 하지만 내가 라이커식의 시각에 어느 정도 공감은 한다 해도, 학문을 패러다임들과 패러다임들의 전쟁의 관점에서 보는 시각은 공감하기 힘들다.

당신은 문제 중심의 연구를 지지하는 도널드 그린과 이언 샤피로(Green and Shapiro 1994)의 견해에 동의하는 것 같다. 비록 문제 중심의 연구와 방법론 중심의 연구를 나누는 그들의 구분은 다양하게 해석될 수 있지만, 『합리적 선택이론의 병리』*Pathologies of Rational Choice Theory*에서 그들은, 초점을 맞춰야 할 것은 중요한 종속변수들이라고 말하고 있는 것 같다.

내 생각에는 그 말이 맞는 것 같다. 비록 샤피로가 정치학의 발전 방향에 대한 내 견해에 대해 매우 비판적이지만 말이다. 그러나 사람들이 생각하는 것만큼 견해 차이가 있는 것은 아니다. 내가 합리주의를 일부분으로 하는 삼차원 방법론을 지나치게 밀어붙이고 있다고 주장하는 사람도 있을지 모른다. 그러나 내 생각은 다르다. 나는 단지 합리적 선택을 폭넓은 일련의 형식적 분석 방법의 일부분으로 볼 뿐이다. 또한 그린과 샤피로가 그들의 저서에서 전하는 진정한 메시지, 즉 합리적 선택이론을 사용하는 연구는 그들의 모델들이 제시하는 예측들을 검증하기 위해 진지한 정태적 비교 분석 프로그램을 진행할 필요가 있다는 메시지에도 동의한다. 내 생각에 그린과 샤피로의 저서가 기대한 것만큼 생산적이지 못한 이유는 사람들로 하여금 패러다임 전쟁 분위기에 휩싸이게 만들기 때문인 것 같다.

당신이 정치학과 비교정치학의 중심 문제로 보는 큰 문제들에 대해 이야기해 보자. 당신이 중요한 발견으로 꼽는 것으로는 어떤 것들이 있는가?

『학과 현황』*State of the Discipline* 최신호에 기고한 글(Laitin 2002; Laitin 2004b도 참조)에서 이 문제에 대한 나의 견해를 제시했다. 나의 현재 연구 분야이기도 한 내전의 발생 원인들에 관한 연구에서 우리가 거듭 발견하는 것은 사람들이 어떻게 이야기하든 문화적 차이는 반란이나 내전과 아무런 관계가 없다는 점이다. 그러므로 문화적으로 다른 민족들을 서로에게 덜 위협적이도록 만들기 위해 분리시키는 것은 아무런 의미가 없다. 이는 중대한 공적 사안들에 대해 중요한 의미가 있는 발견이다. 이 발견은 우리에게 문화적 사안에 대한 갈등을 산업 갈등처럼 사회의 정상적인 부분으로 다룰 수 있는 길을 찾도록 촉구한다. 우리는 문화적 차이와 내전 사이의 관계에 대해 많은 것을 배웠다. 이런 것들은 이 연구를 시작하기 전에는 알지 못하던 것이다.

또한 민주주의 분야에서도 우리는 상당히 많은 것을 배웠다. 부富가 민주주의에 미치는 영향에 관해 무엇인가를 배웠는데, 그 영향은 립셋(Lipset 1959)이 40년 전에 주장한 바와 다르지는 않으나 더 미묘해졌다. 우리는 민주주의가 무너질 가능성이 낮아진 이유를 부와 연결시키는 메커니즘에 대해서는 아직도 분명한 아이디어를 갖고 있지 않다. 그럼에도 불구하고 부유한 민주주의가 붕괴하지 않는 이유를 이해하는 데 많은 발전을 이루어 낸 것은 사실이다. 또한 민주주의가 성공하는 데 기반이 된 제도, 즉 혼란이나 도전을 가장 강력하게 막아 주는 대통령제와 의회제의 유형에 관해서도 흥미로운 사실을 발견했다. 의회제는 민주주의를 무너트리려는 압력을 대통령제보다 더 잘 막아 준다. 이는 잘 확립되어 있는 사실이다. 그러므로 우리는 민주주의가 성공하는 데 기반이 된 제도에 대해 일부 좋은 아이디어들을 갖고 있다.

또한 OECD 국가들에 관한 연구를 통해, 세계화에도 불구하고, 심지어는 레이건·대처의 혁명 이후 신자유주의가 주도권을 잡았음에도 불구하고 사회민주주의가 계속 존속할 수 있는 여건에 대해서도 많은 것을 알고 있다. 사회민주주의가 꽤 많은 국가에 실제로 존재하고 있고 또 앞으로도 계속 존속할 가능성이 있는 균형 상태에 도달했다는 발견은 이 세계에 상당히 의미심장한 일이다.

이런 식으로 나는 일부 지역들에서 이루어진 흥미로운 발견들을 알고 있다. 그리고 내 생각에 우리는 이런 많은 사실들이 발견되는 이유를 설명하는 훌륭한 이론들을 갖고 있다. 또한 이런 발견들은 새롭고 흥미로운 많은 연구 과제들을 열어 놓기도 한다. 우리는 이런 것들을 알고 있다는 사실에 자부심을 가져야 하고 또한 이런 것들을 가르쳐야 한다. 이는 많은 관심을 불러일으키는 데 도움이 될 것인데, 이런 관심은 우리 분야가 마땅히 받아야 할 응분의 몫이기도 하다.

**하지만 우리가 실제로 새로운 내용을 발견하게 되는 시점이 언제인지와 관련된 방법론적 문제가 여전히 남아 있다. 요컨대, 연구 논문들을 읽어 보면 같은 문제를 놓고 매우 다양한 결론들에 도달하고 있다는 말이다. 우리가 어떤 결론을 확립된 사실로 볼 수 있으려면 어떤 고비를 넘어야 하는가?**

예를 하나 들어 보자. 페론과 내가 지금 하고 있는 연구에서 우리는 언어가 분열되어 있다는 사실은 내전의 가능성을 설명하는 이유가 되지 못한다는 점을 발견했다. 반면에 세계은행의 연구 집단도 민족과 언어의 분열상ethnic-linguistic fractionalization, ELF을 측정했으나, 그들은 이를 기반으로 해서 그런 분열상이 내전을 설명하는 데 도움을 준다는 결론을 내리고 있다. 옛날이라면 논쟁을 벌여, 그들이 연구를 제대로 하지 못했다고 말할 수 있었을 것이다. 그 결과 사람들은 어떻게 생각해야 할지 몰랐을 것이다. 한편에서는 세계은행 연구자들이 이렇게 말하고 있고, 다른 한편에서는 페론과 내가 저렇게 말하고 있으니 누가 알 수 있겠는가? 그러나 지금은 데이터를 공유하고 서로 논증을 검토함으로써, 즉 상대방이 실험실에서 발견한 내용들을 면밀하게 검토함으로써 누가 옳은지 판별할 수 있다. 사실 두 연구진이 만났던 최근 회합에서 나는 그들의 ELF 변수를 이용해 그들의 연구 일부를 그대로 재현해, 그들이 했다고 말하는 바를 사실 그들은 하지 않았다는 점을 밝혀냈다. 무엇인가 근본적인 오류가 있었던 것이다. 또한 하버드의 대학원생 마카탄 험프리스 역시 그들의 ELF를 이론적으로 분석해 문제가 있다는 점을 밝혔다. 그러나 세계은행의 연구진은 자리를 박차고 일어나 "한번 따져 보자"는 식의 태도를 보이지 않았다. 대신에 그들은 칠판으로 몰려가 그 문제를 바로잡을 수 있는지 검토했다. 내 생각에 정치학자들 사이에는 실험실에서 연구하는 것과 같은 분위기가 늘어나고 있다. 그러므로 비록 누군가가 다른 실험실에서는 발견하지 못한 어떤 것을 발견하더라도 곧바로 그것을 공개하고 "보라, 이것이 우리 실험실에서 발견한 것이다"라고 할 수 없다. 다른 모든 실험실들이 그 연구를 그대로 재현하고 싶어 하며, 만일 동일한 결과가 나오지 않으면 그 실험실로 찾아가서 이렇게 말할 것이기 때문이다. "당신이 이런 결론을 도출하는 과정을 보고 싶다." 그러므로 과거보다는 상이한 발견들이 훨씬 더 조화를 이룰 수 있을 것이라고 생각한다. 정치학 분야의 연구는 자연과학 실험실에서 이루어지는 것과 같은 모습을 갖추기 시작했다.

**당신이 앞에서 말한 삼차원적 방법론에 대해 말하자면, 정치학계에서는 형식 이론과 정성적 측면들에 관한 논의가 상당히 많았다. 미국정치학회 비교정치 분과 회보를 척도로 볼 때 분명히 그러하다. 하지만 그 방법론을 떠받치는 세 다리 중에서 통계적·양적 다리가 덜 발달했고 그 결과 비교정치학계의 현행 연구에 통합이 덜 되어 것으로 보인다. 당신도 이 점에 동의하는가?**

좋은 지적이다. 비교정치학계의 양적 전통은 알몬드와 버바, 그리고 잉글하트에게로 거슬러 올라간다. 그러나 처음에 비교정치 분과를 이끌었던 집단은 로널드 로고프스키와 피터 랭, 로버트 베이츠, 그리고 나 자신을 중심으로 하고 있었는데, 우리는 모두 행태주의 혁명이 낳은 양적 연구는 이론이 약하다고 느꼈다. 나로서는 알몬드와 버바, 잉글하트의 글

(Almond and Verba 1963; Inglehart 1977)에서는 무엇이 이론적으로 문제가 되는지 알기 어렵다. 그러므로 우리는 그런 연구를 그다지 진지하게 받아들이지 않았다. 하지만 최근 10년간 비교정치학계에는 이론에 기초한 연구 프로그램들과 연관된 양적 문헌이 점점 늘어나고 있음이 분명하다. 분명한 사례로는 민주주의와 발전을 연구한 셰보르스키(Preworski et al. 2000)가 있으며, 이 외에도 OECD 국가들을 연구한 칼 보아(Boix 1998)와 제프리 개릿(Garrett 1998), 토벤 이버센(Iversen 1999), 데이비드 소스키스 등(Iversen, Pontusson, and Soskice 2000)이 있다. 또한 폭력과 내전을 연구하면서 양적 모델들을 이용하는 사람들도 점점 늘어나는 추세이다. 그러므로 계량경제학에 대한 새로운 관심이 나타나고 있는 셈이다.

**당신이 제시한 사례들은 양적 데이터 세트를 구하고 마련하기가 더 쉬운 서구 유럽에 관한 문헌에서 주로 뽑은 것이다. 통계학적 방법론을 세계 다른 지역들로 확대하는 데 데이터 문제가 심각한 장해물이 되는가?**

사실 문제가 된다. 그러나 우리는 우리의 이론적 관심사가 되고 있는 좀 더 폭넓은 일련의 국가들에 관한 데이터 세트를 마련하기 시작하고 있다. 내전과 시민권 등에 관한 데이터 세트는 이미 갖고 있다. 그리고 경제학계에서 통계 연구를 하는 사람들은 이런 데이터 세트를 이용하는 발 빠른 행보를 보이고 있다. 예컨대, 버클리 대학 경제학과의 에드워드 미겔Edward Miguel은 내전 촉발 원인에 관한 아주 탁월하고 새로운 계량경제학적 연구를 준비하면서 경제적 충격들을 해석하는 도구로 아프리카의 강우량 데이터를 활용했다.

그러나 형식적 혹은 정성적 방법론들을 이용한 연구와 양적 연구를 통합한다는 것은 엄청난 도전이다. 사실 이런 상이한 방법론들을 이용한 연구들 사이에는 여전히 큰 괴리가 존재한다.

맞는 말이다. 민주주의 이론을 예로 들어 보자. 이론적 발견과 통계적 발견, 서사적 발견들 중에는 외연이 일치하지 않는 것들이 존재한다. 셰보르스키는 1991년 『민주주의와 시장』을 출판했는데 이 책은 기본적으로 구조주의에 반대하는 입장이었다. 그러나 그가 2001년 동료들과 함께 출판한 『민주주의와 발전』은 완전히 구조주의적 입장을 취했다. 이 두 저서는 모두 논증이 매우 탄탄하지만 서로의 입장을 무너트리고 있는 것 같다. 또 다른 사례로는 루스 콜리어의 『민주주의의 길』*Paths Toward Democracy*(1999)이 있다. 나는 이 책을 좋아했지만 이 저서는 통계적 방법론에는 어두웠다. 만일 다른 연구 방법론들과 발견한 내용들을 연결했다면 훨씬 더 좋은 책이 되었을 것이다. 이런 상이한 방법론들이 발견한 내용들을 조화시키려면 많은 연구가 필요할 것이다.

내가 알기로 비교정치학에는 내가 생각하는 것만큼 삼차원 방법론을 활용하는 분야가 아직은 없다. 이 세 방법론이 잘 통합되지 못하고 있다고 불평하기에는 아직 시기상조인 것 같다는 생각이 든다. 우리에게는 이런 면에서 놀라운 기회가 있다고 확신한다.

이런 이야기를 하니 로칸을 비롯한 몇몇 학자들이 1960년대에 새로운 연구 프로그램을 제시해(Rokkan et al. 1970) 학계를 흥분시켰던 일이 생각난다. 당시 진지한 이론화 작업과 사례들에 대한 깊은 지식, 그리고 대규모 데이터 세트를 만들어 내려는 움직임 등이 있었다. 그러나 몇 번의 매우 큰 프로젝트가 있었지만 그 프로그램은 결국 실패로 끝나고 말았다. 당신은 이런 일이 다시 일어날 것이라고 생각하는가? 당신이 강조하는 여러 가지 도전과 기회들이 낳은 결과로 행복한 시절이 오겠지만 환멸로 끝나게 될 것이라고 생각하는가?

말하기 어려운 문제이다. 누구든 진정한 발전이 어디서 올 것인지 결코 알지 못한다. 지금은 통계적 연구가 부각되고 있으며 최근 15년 동안 계량경제학이 발전한 덕분에 통계 중심의 학자들이, 1960년대의 기법들로는 도저히 연구할 수 없었던 일련의 관계들을 밝힐 수 있었다. 이런 새로운 기법들이 거둔 성과는 경제학 분야에서 볼 수 있다. 이런 움직임이 얼마나 오래 유지될 것인가는 상당 부분 그들이 얼마나 많은 것을 발견할 것이냐 그리고 다른 분야들에서 어떤 것이 등장하느냐에 달려 있다. 그러나 굳이 예측을 하라면, 앞으로 5년 안에 우리는 미시적 토대를 이해하는 데 있어서 우리가 할 수 있는 한 최대의 발전을 이루게 될 것이다. 예컨대 정치적 좌파가 어떻게 우파에게 민주적인 개혁에 응한다면 우파의 재산을 몰수하지 않을 것이라는 신뢰할 만한 약속을 할 수 있는지를 이해하게 될 것이다. 약속과 평판, 조정 문제들은 모두 민주화와 내전, 그리고 다양한 자본주의의 미시적 과정들을 이해하는 데 모종의 역할을 담당하는데, 이 모든 문제들이 제대로 규명되어야 할 것이다. 그럴 경우 미시적 이론을 배운 다음 세대가 무어와 립셋, 로칸, 린츠 등에게 동기를 제공했던 것과 똑같은 질문들을 제기할 것이다. "약속과 같은 문제들이 17세기 영국에서는 해결되었는데, 스페인에서는 왜 20세기까지 해결되지 않았는가?" 미시적 토대들이 정립되면 다시 거시적 문제들로 돌아가게 될 것이다. 사람들은 폭넓은 패턴들을 알고 싶어 할 것이고 또한 미시적 토대들이 이 폭넓은 토대들과 연결되어 있는지의 여부도 알고자 할 것이다. 이는 로칸과 무어 등이 연구의 토대로 삼았던 것과는 다른, 더 나은 미시적 토대들 위에 구성된 새로운 유형의 거시적 연구일 것이다. 그러나 이런 일이 발생하기 전에 먼저 상당히 많은 형식적인 미시적·통계적 연구가 이루어져야 할 것이며, 이런 연구는 거시적 수준으로의 회귀를 강요하지는 않겠지만 그런 결과를 낳을 것이 분명하다.

시카고 대학에서 홈스와 함께 소련의 붕괴가 사회과학들에 미친 영향에 관한 강의를 했다고 이야기했는데, 9·11 테러 공격도 중대한 충격을 줄 것이라고 예측하는가?

그럴 것이다. 그러나 이런 예상은 불과 두 달 전에 일어난 사건들에 대해 이야기하고 있는 것이니 순전히 사변적일 수밖에 없다. 비록 민주주의는 지난 10년간 비교정치학의 최대 연구 분야였지만 내가 생각하기에 9·11 사태로 인해 민주주의는 의제에서 빠질 것이다. 향후 10년간은 '질서'를 향한 움직임이 1차적인 종속변수가 되리라는 것이 내 생각이다. 지나치게 과장된 감은 있지만 내 예측은 그러하다.

# 국가와 혁명,
# 그리고 비교 역사적 상상력

테다 스카치폴은 혁명, 사회정책, 시민 참여 분야의 연구에 크게 기여한 학자로 정치학과 사회학, 역사학에 큰 영향을 미쳤다. 비교 역사 분석과 미국정치발전연구American political development, APD의 주역으로 평가받고 있다.

가장 유명한 저서는 『국가와 사회혁명』States and Social Revolutions(1979)으로, 프랑스혁명과 러시아혁명, 중국 혁명을 비교

분석한 기념비적인 책이다. 스카치폴은 경쟁국으로부터 제기되는 대외적인 경쟁의 압력과 지대를 착취하려는 지주 엘리트의 대내적 저항이라는 이중의 압력에 의해 국가의 힘이 약화되고, 이런 국가에 대항해 농민반란이 시작될 때 혁명이 발생한다고 주장했다. 스카치폴은 국가 행위자와 국가기구를 분석의 중심에 놓으면서, 국가 자율성의 가능성을 부인한 마르크스주의와 반란군이나 혁명가에 초점을 맞춘 행태주의를 모두 거부했다. 대신, 국가 중심적 관점, 즉 구조적 관점을 통해 혁명가가 의도한 행동이 아닌 지배자와 지주 엘리트의 관계, 지주 엘리트와 농민의 관계라는 맥락에서 혁명을 설명했다. 그리고 통제된 비교방법을 사용해 『국가와 사회혁명』을 비교 역사 연구의 새로운 방법론적 표준으로 올려놓았다. 『국가와 사회혁명』은 현대 사회과학 연구의 고전으로 널리 인식되고 있다.

스카치폴은 학문 공동체를 건설하고, 연구 의제를 설정하는 데 있어서 중요한 역할을 해왔다. 편저 『역사 사회학의 방법과 전망』Vision and Method in Historical Sociology(1984)에서, 스카치폴과 공동 집필자들은 저명한 역사 사회학자들의 방법론적 전략과 분석 전략을 탐구하고, 이를 통해 비교 역사 분석이 사회과학 연구의 독자적인 접근법이라는 인식을 강화했다. 피터 에번스, 디트리히 뤼셰마이어와 공동 작업한 『국가를 제자리로』Bringing the State Back In(1985)에서는 기존의 국가 중심적 접근법을 한 차원 더 끌어올렸다. 스카치폴은 책의 서문에서 국가는 사회집단들과는 별개로 독립적으로 행동할 수 있으며, 사회집단이 목표, 이익, 연합, 정체성 등을 형성하는 데도 큰 영향을 미칠 수 있다고 주장했다. 『국가를 제자리로』는 국가기구가 정치·사회 행위자에 미칠 수 있는 영향력을 고려하는 데 실패한 다원

주의적 접근법을 비판하면서, 이에 대한 대안을 제시한 책으로 유명하다.

이후 스카치폴은 미국과 서유럽의 사회정책과 복지국가의 역사적 기원에 초점을 맞추었다. 이 연구의 결실인 『병사와 어머니 보호하기』*Protecting Soldiers and Mothers*(1992)는 미국의 사회정책에 관한 새로운 역사적 증거를 발굴해 냄으로써 유럽에 비해 미국의 사회복지 수준이 뒤쳐져 있다는 기존의 시각을 뒤집을 수 있는 토대를 제공했다. 여기서 스카치폴은 미국이 남북전쟁 참전 군인에게 연금을 지급했으며, 나중에 그 범위는 어머니와 자식에게까지 확대되었다는 사실을 보여 주었다. 이 연구는 의식적으로 미국을 비교 연구 대상으로 설정하고, 남성 임금노동자를 지원하려는 유럽의 노력과 여성·어린이를 지원하려는 미국의 노력을 대조했다는 점에서, 비교정치학과 미국 정치학 사이에 다리를 놓았다고 할 수 있다. 최근 스카치폴은 미국의 시민 참여에 초점을 맞추고, 지난 200년 동안 이루어진 자발적 결사체들의 출현과 진화를 분석하고 있다. 『민주주의의 쇠퇴』*Diminished Democracy*(2003a)는 최근 10년간 미국 내 시민 참여가 줄어드는 현상을 설명하는 데 목표를 둔 책이다.

스카치폴은 1990년대 중반부터 동시대 사회정책 문제에 관한 대중서를 쓰거나 편저해 왔다. 『부메랑』*Boomerang*(1996)에서는 클린턴 행정부의 의료보험 개혁 법안이 실패한 원인을 분석했고, 『사라진 중산층』*The Missing Middle*(2000)에서는 미국 가족들에 대한 보편적인 복지 지원이 필요하다고 주장했다.

1947년 미시간 주 디트로이트에서 태어나 1969년에 미시간 주립 대학에서 석사 학위를, 1975년에 하버드 대학에서 사회학 박사 학위를 받았다. 하버드 대학(1975~81)과 시카고 대학(1981~86)에서 강의했으며, 현재는 다시 하버드 대학(1986~현재) 교수로 재직 중이다. 역사사회과학협회Social Science History Association(1996)와 미국정치학회(2002~3) 회장직을 맡았고, 1994년에는 미국예술과학아카데미 회원으로 선출되었다.

2002년 5월 14일,
매사추세츠 주 케임브리지에서,
스나이너가 인터뷰했디.

**어디에서 자랐고, 부모님은 무슨 일을 하셨나?**

미국 중서부의 심장이자 디트로이트 남쪽에 위치한 산업 도시 인 미시간 주 와이언도트Wyandotte에서 자랐다. 아버지는 고등학교 경제·경 영 과목 선생님이었고, 어머니는 임시 교사substitute teacher였다. 1960년대 미 시간 주 고등학교 선생님의 삶이란 만만한 것이 아니었는데, 늘 박봉이었 고, 학생들을 가르치는 일도 만만치 않았으며, 지방 교육위원회와의 마찰 도 잦았기 때문이다. 아버지를 존경했지만 교수가 아닌 선생님이 될 생각 은 없었다.

**부모가 모두 선생님이었으니 서재에 책이 가득했을 듯하다?**

그렇다. 나는 알아주는 책벌레였다. 학구적이며 지적이었는데, 학생의 반절이 졸업과 동시에 공장에 취직하는 와이언도트의 공립 고등학 교에서 흔히 볼 수 있는 성격은 아니었다. 대학에 진학하는 극소수의 학생 만이 그 지역을 떠났다.

**주로 읽은 책은 무엇인가?**

다른 분야에 비해 특별히 끌렸는지는 모르겠지만 역사책을 많이 읽었다. 인도의 간디나 미국의 민권운동에 관해 읽었다. 하지만 교수나 사회과학자가 될 줄은 몰랐다. 의대에 갈 생각은 했다. 학부에 들어와서야 사회과학자가 되는 것을 염두에 두기 시작했다.

**연구의 상당 부분이 시민 참여와 시민 단체에 초점을 맞추고 있다. 자라면서 클럽이나 청년 단체에 적극적으로 참여한 적이 있나?**

몇 군데 클럽에 가입해 활동했다. 인기 많은 아이가 아니었기 때문에 어느 곳에서도 임원을 맡아 본 적은 없다. 연극에 관심이 있어서 고등학교 때 몇 번 무대에 서보기도 했다. 클래런스 대로우Clarence Darrow 변호사의 스콥스 재판을 다룬 〈신의 법정〉[1]이라는 작품에서 배역을 맡은 적도 있는데 주연은 아니었다.

**1969년에 미시간 주립 대학에서 학사 학위를 받았다. 미시간 주립 대학을 선택한 이유는 무엇인가?**

집에서 벗어나고 싶었고, 대학이 그 탈출구였다. 어머니는 본인

---

1 • 스콥스 재판Scopes Trial과 〈신의 법정〉Inherit the Wind
스콥스 재판은 1925년에 고등학교 임시 교사 존 스콥스John T. Scopes가 공립학교에서 진화론 교육을 금지한 테네시 주법에 도전하기 위해 피고인을 자처해 법정에 서면서 벌어진 재판으로 당대 최고의 변호사였던 클래런스 대로우가 변호를 맡았다. 일명 '원숭이 재판'으로도 불리는데, 1960년 스탠리 크레이머 감독, 스펜서 드레이시 주연의 영화로 만들어졌으며(<신의 법정>), 이후 연극으로도 만들어졌다.

이 그랬듯이 규모가 작은 인문대학에 진학해 가정家政을 공부하라고 했다. 당시에는 전문직에 종사하는 여성이 드물었기 때문에 어머니는 딸이 전문직을 가질 수 있을 거라고는 생각하지 못했다. 반면에 아버지는 진지하게 공부를 해보고 진로를 모색하겠다는 내 계획에 힘을 실어 주었다. 지역 주민에게는 학비가 할인되어 부모의 부담이 덜하고, 우등 프로그램도 있으니 미시간 주립 대학에 가겠다고 아버지를 설득했다. 체계를 갖춘 주립 대학으로 발돋움하던 시기여서 1960년대 미시간 주립 대학에서 공부한 것은 행운이라고 할 수 있다. 미시간 주립 대학은 우수 장학생을 끌어들이기 위한 전국 규모의 캠페인을 진행했고, 미국 전역에서 모집하려는 총명한 학생들의 기대에 부응하고자 우등 학부Honors College 프로그램²을 설립했다. 나는 우수 장학생Merit Scholar으로 입학해서 우등 학부를 졸업했기 때문에 소수 정예 강의를 들었고, 여러 분야의 탁월한 교수를 지정해서 배울 수 있는 선택권도 있었다. 대단히 훌륭한 교육을 받으며 총명하고 지적인 학우들과 지냈는데, 이들 대부분은 미시간이 아닌 동부나 서부 출신이었다. 이처럼 미시간 주립 대학은, 나와 같은 배경을 가진 학생들도 갈 만한 곳이었고, 많은 동부 대학들에서 발견할 수 있는 코스모폴리탄적이고 엘리트적인 학생들도 매력을 느낄 수 있는 곳이었다. 하버드 대학에 입학했더라도 별 탈 없이 적응했겠지만, 미시간 주립 대학에서 자신감을 기를 수 있었던 점이 소중하다. 4천 명 정도 되는 동기생 중 최우수 성적을 받았고, 정상에 섰다는 느낌과 함께 졸업했다. 여성의 고등교육이나 취업을 장려

2 • 우등 (학부) 프로그램Honors College program
입학생들 가운데 우수한 학생들을 골라 철저한 학부 교육을 제공하기 위해 만들어진 프로그램이다. 선발된 학생들은 최고의 교수들 밑에서 강도 높은 소수 정예 수업을 받는다. 어느 학과에 소속되기보다는 다양한 커리큘럼을 이수하게 되며, 필수과목 몇 가지를 제외하고는 학생들의 자율 선택에 따라 수업을 들을 수 있다.

하지 않던 시기라는 점을 염두에 둬야 한다. 기혼 여성의 경우 특히 심했는데, 내가 그랬다. 미시간 주립 대학에서조차 몇몇 교수는 대학원 진학을 만류했다. 하지만 황소고집이었던 나는 어느 누구의 조언도 곧이곧대로 받아들일 생각이 없었다. 대학원에 함께 진학하는 것을 기정사실로 여긴 남편의 응원도 한몫했다.

**학부 강의 중 인상 깊었던 강의는 무엇인가?**

1학년 때이던가 아니면 2학년 때이던가, 정치학자이자 소련 전문가였던 마이어Alfred G. Meyer의 러시아 정치론 강의에 매료된 적이 있다. 마이어는 행태주의 혁명을 불신했고, 한 젊은 교수와 행태주의냐 제도주의 및 지역 연구냐를 가지고 논쟁 중이었다. 우리 학부생들은 이런 논쟁을 혼란스러워 하며 지켜보았고, 나는 거기 뭔가 풀리지 않는 흥미로운 문제가 있는 것 같았다. 내가 이해할 수 없었던 것은, 양쪽 모두가 정치 유형을 이해하는 데 있어 경험적 증거를 사용하는 문제에 대해 이야기하고 있는 것처럼 보였기 때문이었다. 나는 그 둘 사이에 무슨 차이가 있는지 이해할 수 없었다. 어쨌든 경험적 연구, 특히 소비에트의 체제 변화를 어떻게 이해할 것인지에 관심을 갖게 되었다. 이후 아프리카 정치론을 수강하기도 했지만 결국에는 사회학을 전공하게 되었다.

**왜 전공으로 사회학을 택했나?**

사회과학 중 유일하게 아무것도 배제하지 않는 학문이기 때문이다. 사회학 덕분에 미국의 권력과 계급 문제를 자유롭게 연구할 수 있었다. 사회학과는 졸업 이수 요건이 유연한 편이어서 정치학과나 인류학과 강의를 듣는 것이 가능했고, 실제로 그렇게 했다. 졸업 학년에는 독립 전쟁에서 남북전쟁, 그 후 20세기까지의 미국 정치 전반을 다루는 윌리엄 힉슨William Hixson의 매우 특이하고 실험적인 강의를 들었다. 장기간에 걸친 사회변동을 공부하면, 정치의 본질이나 쟁점이 바뀌는 갈등의 시기를 겪으면서 특정 사회가 어떻게 변화하는지 이해할 수 있다는 사실을 이 강의를 통해 깨달았다. 같은 학기에 배링턴 무어의 『독재와 민주주의의 사회적 기원』(1966)을 포함한 사회과학 주요 저서를 강독하는 강의도 들었다. 무어의 책은 짜릿했다.

**무어 책의 어떤 면에 그렇게 매료되었나?**

그것이 다루고 있는 범위에 매료되었다. 무어는 전 지구적으로 서로 떨어져 있는 6~7개국의 역사를 옮겨 다니면서 혁명의 원인과 결과를 살펴보고 있었다. 나는 무어가 젊은 급진주의자일 거라고 생각했다. 때는 1968~69년이었고, 민권운동과 반전운동이 한창이었으며, 나도 민권운동에 열심이었다. 나는 진지한 학생이자 활동가로서 무어의 책을 읽었고, 당시 무어는 미국의 대외 정책을 비판하는 글을 쓰기도 해서,[3] 젊은 급진주의자의 책이라고 생각한 것이다. 그러나 나를 황홀하게 만든 것은 책 자체다. 학부 과정을 마칠 무렵, 하버드 대학 사회학과 대학원 과정에 합격했다. 하버드에 가면 무어 밑에서 공부하기로 결심했다.

---

3 예컨대, 1961년 4월에 개시한 피그스 만 침공 이후, 무어는 미국의 외교정책에 대한 공개 항의 서한에 서명했고, 존 F. 케네디의 뉴 프론티어 정신은 기만이라며 비판했다. Schlesinger(1965, 285-86) 참조.

**대학원에 진학하고, 교수가 되기로 결심한 이유는?**

대학이 좋고, 가르치는 일이 좋고, 대학의 울타리 안에 계속 머무를 수 있다는 점이 마음에 들어서다.

**가르치는 일이 적성에 맞는지 어떻게 알았나? 부모가 모두 선생님이었는데, 당신도 직접 누군가를 가르쳐 본 경험이 있었나?**

학부생치고는 가르쳐 본 경험이 많았다. 아프리카게 미국인 학생들을 가르치는 자원봉사 프로젝트에 참가하러 미시시피 주에 가곤 했기 때문이다. 1960년대는 시민권을 강렬히 요구하던 시기였고, 나 역시 민권 운동에 한몫하기를 바랐다. 나는 감리교 신자로, 미시간 주립 대학의 감리교 청년회 소속이었는데, 청년회는 매년 여름 학생들을 남부로 보내 미시시피 주 홀리 스프링스Holly Springs에 위치한 흑인 학교 러스트 대학Rust College의 신입생을 가르치도록 했다. 나는 1966년 여름을 시작으로 이듬해 여름까지 참가했다. 이 두 여름 사이에 미시시피 감리교 프로그램에서 만난 미시간 주립대생 윌리엄 스카치폴William J. Skocpol과 결혼했다. 미시간 주립대학생 수가 4만 명에 달했으니 그 대학에서만 지냈다면 남편을 만나지 못했을 것이다.

**미시시피에서의 경험으로 어떤 변화가 있었나?**

절대 빈곤을 직접 본 것은 처음이었다. 우리가 가르친 아프리카게 미국인들은 대학생이긴 했으나 대부분이 빈곤 지역 출신이었고, 홀리

스프링스 인근 지역, 특히 흑인 사회는 매우 가난했다. 내가 맡은 학생들에게는 세련된 방식으로 읽고 쓰는 법을 배울 기회가 평생 오지 않을 수도 있었다. 가르치는 일은 즐거웠다. 사실 남편과 나는 미시시피 프로그램에서 만난 학생 몇 명을 미시간 주립 대학으로 초대하기도 했다. 미시시피에서의 이런 경험을 통해 우리는 큰 위험부담 없이도 대규모의 사회 변화에 참여할 수 있었다. 주위 백인 사회가 북부에서 온 방문객들에게 상당히 적대적이었기 때문에 우리는 [러스트] 대학 캠퍼스에만 있었다. 나는 민권운동 시위에 참가할 수 없어 매우 속상했다. 다른 사람들은 시위에 참여했지만, 부모의 허락을 받지 못한 나는 참가할 수 없었다. 교회에서 운영하는 프로젝트였기 때문에 자원봉사자는 부모의 동의가 있어야 시위 행렬에 동참할 수 있었는데, 동의해 주실 분들이 아니었다.

**그렇게 여름에 미시시피에서 했던 경험은 대학 생활과 어떤 식으로 연결되었나? 남부에서의 경험 때문에 가을에 미시간 대학으로 돌아가 이전과는 다른 과목을 수강한다든가, 현실 세계와 새로운 관계를 맺었다든가 하는 게 있었나?**

미국 사회의 권력과 계층화에 관해 가르치던 사회학 교수들의 강의를 많이 들었다. 특히, 카리스마 넘치는 교수 해리 웹Harry Webb은 C. 라이트 밀스의 파워 엘리트 연구(Mills 1956)와 밀스가 거스와 함께 베버의 저작을 편집해 놓은 책(Gerth and Mills 1946)을 소개해 주었다. 밀스의 연구는 매우 인상적이었다. 현대사회의 계층화 현상과 권력, 그것이 어디서 연원한 것인지, 그리고 어떻게 변화하고 있는 것인지 폭넓게 사유하려는 그의 의도가 좋았다. 존 유심John Useem과 루스 유심Ruth Useem, 제임스 매키 James McKee의 강의도 들었는데, 모두 사회학과였다.

**학생 때 반전운동에 참여했나?**

　　　　　반전운동의 열렬한 지지자였다. 미시간 주립 대학에서는 반전
운동의 규모가 크고 활발했다. 그리고 점차 과격해지기도 했다. 웨더 언더
그라운드⁴와 같은 과격 단체에 가입한 적은 없지만, 전쟁에 반대하는 많은
대중 시위에 참가했다. 미국의 개입은 옳지 못하다는 생각에 베트남전쟁
을 반대했다. 베트남전쟁은 내전이었으니 미국이 그 자리에 있어서는 안
될 일이었다. 제3세계에 대한 강의를 들었기 때문에, 어느 나라든 나름의
국내 정치적 문제를 안고 있다는 사실을 알고 있었다. 베트남의 상황 역시
충분히 인식하고 있었기 때문에, 프랑스의 뒤를 이어 미국이 베트남을 집
어삼키려 한다는 것과 그래서는 안 된다는 것을 명백히 알고 있었다. 미국
인에게 미칠 영향도 걱정스러웠다. 학생들 사이에서도 논란이 많았다. 나
와 동거 중이던 미래의 남편을 포함해 모든 젊은이들이 군대에 끌려가는
것을 두려워했다. 남편은 징집을 피하기 위해 안간힘을 썼는데, 그래서 나
와 결혼도 했고, 가톨릭 고등학교 교사로도 일했다. 당시 젊은이에게 이런
것들은 본능적인 문제였다. 정당한 전쟁 같지가 않았고 그래서 죽을 가치
가 있는 전쟁은 더더욱 아니었던 것이다.

---

4 • 웨더 언더그라운드Weather Underground
민주학생연합Students for a Democratic Society(SDS) 산하의 급진 좌파 단체로 1969년에 조직되었다. 반제국주
의, 반인종주의를 표방하며, 1970년 미국에서 반전운동이 절정에 이르렀던 당시, 아메리카 은행과 뉴욕의 경
찰 본부에 대한 폭탄 테러를 감행했다. 단체의 명칭은 밥 딜런의 노래 〈지하실에서 젖는 향수〉Subterranean
Homesick Blues에서 "바람의 방향을 아는 데 꼭 일기예보관weatherman까지 필요한 것은 아니다"라는 노랫말
에서 나왔다.

## 하버드 대학원

**1969년 가을에 하버드 대학 사회학과 대학원에 입학했다. 하버드 외에 지원한 곳이 있었나?**

합격한 곳이 많았는데 전부 기억하지는 못하겠다. 미시간 주립 대학 우등 학부생 중 하나가 나보다 한 해 전에 하버드 대학원에 진학했기 때문에, 적어도 아는 사람 하나는 있겠다 싶어 입학을 결정했다. 또 1967 년에 결혼한 남편 역시 하버드에서 물리학을 전공할 예정이었다.

**집을 떠나 미시간 주립대에 가기로 결정했을 때, 부모님이 복잡한 감정을 보였다고 했다. 대학원에 가기로 한 결정은 지지해 주셨나?**

아버지는 지지했다. 어머니는 아마 크게 신경 쓰지 않았던 것 같다. 평생을 그저 촌부村婦로만 살아온 할머니가 너는 공부를 계속해야 한다고 말해 주었던 것이 기억에 남는다. 할머니는 고등학교도 마치지 못했지만 손녀의 미래는 다르다는 사리 분별이 있으셨다. 대학원 학비를 부모가 감당할 수 있을지 전혀 알 수 없었기에 댄포스The Danforth 장학금과 국립과학재단 장학금은 무척 도움이 되었다.

**학부 시절 배링턴 무어의 『독재와 민주주의의 사회적 기원』을 읽고 하버드에 가면 무어에게 배우겠노라 다짐한 적이 있다고 했다. 마침내 그를 만났을 때 인상은 어땠는가?**

대학원 첫 학기에 비교 역사가 아닌 사회 이론 세미나에 지원한 것으로 기억한다. 배링턴 무어는 내가 상상한 모습과는 달리 젊은 급진주의자이기는커녕 나이가 꽤 있는데다 보수적이며, 학문 영역에서는 권위적이기까지 했다.[5] 무어의 수업에 들어가기 위해서는 에세이를 제출해야 했고, 그가 직접 받아들일 사람을 골라냈다. 그 수업에 들어가기 위해 페이퍼를 쓰느라 대학원에서의 첫 주를 날렸던 것 같다.

**성공했나?**

성공했다.

**페이퍼의 주제는 뭐였나?**

마르크스와 엥겔스의 『공산당 선언』을 읽고 검증 가능한 가설을 추려 내라는 과제였던 것 같다. 1백 퍼센트 확신은 못하지만 비슷한 과제였을 것이다. 친한 친구 한 명이 통과하고도 세미나에 참석하지 않았다. 그래서 내가 들어가게 된 것인지는 모르겠지만 어쨌든 나는 통과했다. 세미나는 유럽의 사회 이론을 주제로 진행되었고, 모스카Gaetano Mosca, 파레토Vilfredo Pareto, 토크빌, 마르크스, 베버 등을 강독했으며, 아주 낯설었던 비판 이론가인 알튀세르Louis Althusser나 루카치György Lukács 중 한 명을 프랑스어로 읽어야 했다. 무어는 스스로 '소크라테스식 전체주의적 문답법'이라 명명한 교수법으로 세미나를 진행했다. 강의실 안을 이리저리 돌아다니며 정

---

5 무어는 1913년 생으로, 당시 50대 중반이었다.

답을 유도하는 질문을 했다. 무어가 지목한 학생은 질문에 답해야 했고, 흡족한 답이 아닐 경우 무어는 곧바로 다른 학생을 지목했다. 무시무시한 경험이었다. 가슴이 하도 두근거려 세미나 시작 전에 친구들과 와인을 마시기도 했다. 그러나 이런 경험이 내 의욕을 꺾지는 못했다. 이듬해 무어는 두 학기에 걸친 비교 역사 세미나를 개설했다. 진정 바라던 것이었다. 바로 지원을 했고 허락을 받았다. 지금껏 참석한 세미나 중 가장 중요한 세미나로 꼽을 수 있다.

**어떤 면이 그렇게 중요했는가?**

비교 역사를 실제로 해볼 수 있었다. 이것이 무어가 세미나에서 의도한 바이기도 하다. 예를 들어, 프랑스를 영국과 비교하고, 두 국가에서 벌어진 혁명적 변화의 원인과 결과를 탐구했다. 무어가 『독재와 민주주의의 사회적 기원』에서 사용했던 훌륭한 2차 자료를 참고해 가며, 정치 변동의 유형을 어떻게 이해할지, 비교는 어떤 방식으로 진행할지 토론했다. 직접 해보는 게 공부였다.

**세미나에 제출한 보고서는 주로 어떤 주제에 관해서인가?**

주제는 무어가 선정했다. 정확히는 기억 못하지만, "호엔촐레른 왕조가 프로이센에서 급부상한 원인은 무엇인가?" 같은 주제였다. 아니면, 예를 들어, "영국과 독일의 산업 발전을 비교하시오" 같이 무어가 직접 비교 대상을 정해 주는 경우도 있었다.

**무어가 제자들에게 바란 점은 무엇이었다고 생각하나?**

그는 확실히 열심히 노력하고 독창적 의견을 제시하는 사람을 찾고 있었다. 페이퍼에다 다른 사람의 이론을 설명하면서 왜 그 이론에 동의하지 않는지 조금이라도 끄적거리면 가차 없이 점수를 깎는 사람이 무어였다. 무어는 역사 분석을 통해 사회과학적 가설을 만들어 내기를 원했다. 그리고 명확한 논지와 엄격한 추론으로 보고서를 작성하게 했다. 아주 전통적인, 거의 영국식 개인교습 방식과 흡사한 교육이었다. 무어의 세미나는 오늘날 우리가 참석하거나 진행하는 대학원 세미나와는 매우 다르다. 우리는 마치 실습 과목을 듣는 학생처럼 2차 자료를 조사하고 이를 사회과학적 관점에서 분석해야 했다. 비교 역사를 전공하려는 사람들에게, 단순히 다른 사람의 연구를 비판하는 방식이 아닌, 연구와 글쓰기를 동시에 연결하는 법을 알려 주는 데 유용한 방식이라고 생각한다. 무어의 세미나에서 학생들은, 예를 들어, 라인하르트 벤딕스를 읽고 비판하지 않는다. 대신 두 학기 동안의 세미나에서 가능한 한 비슷하게 라인하르트 벤딕스가 연구한 방식 그대로 연구를 직접 해본다. 무어의 세미나에서 영향을 크게 받았던 많은 학생들이 그때의 경험을 바탕으로 독자적으로 문제를 정의하고 자기만의 비교 역사 연구를 진행해 나갔다.[6]

---

6 조지 로스George Ross, 주디스 비치낙Judith Vichniac, 존 몰렌코프John Mollenkopf, 데이비드 플롯케David Plotke 그리고 빅토리아 본넬Victoria Bonnell이 스카치폴과 함께 무어의 세미나에 참석했다. 로스와 비치낙, 스카치폴은 무어를 위한 기념 논문집을 펴냈다(Skocpol 1998).

**무어 외에 중요한 영향을 미친 하버드 교수는 누구인가?**

　　그 당시 하버드 사회학과는 경이로움 그 자체였다. 대니얼 벨 Daniel Bell과 시모어 마틴 립셋 같은 이들은 전국적으로 논의되는 주요 사회학 저작들을 써내고 있었다. 탤컷 파슨스의 중요성은 사라져 가고 있었고, 내가 하버드에 들어갔을 때 파슨스는 말년을 보내는 중이었다. 결국 파슨스와 조지 호먼스의 대논쟁도 끝나 가고 있던 셈이다.[7] 나는 호먼스와 개인적으로 돈독한 관계였고 그로부터 거대 이론화에 대한 불신을 물려받았는데, 무어가 가르치고 있던 것도 바로 그것이었다. 호먼스에게는 경험적 자료와 이론의 경험적 검증만이 중요한 고려 대상이었다. 무엇인가를 설명한다는 것은 경험적 규칙성들을 일반화한다는 뜻이지 단순히 추상적 명제나 형식적 모델을 나열하는 것이 아니라는 사실을 호먼스로부터 배웠다. 거대 이론에 대한 이러한 불신은, 대학원 시절 경험주의적 연구와 기능주의 이론 사이에서 벌어진 논쟁에서부터 발전되어, 현재 정치학자로서의 나의 작업에까지 이어져 오고 있는데, 여전히 나는 추상적 모델화에 매우 회의적이다. 거대 이론으로 모든 것을 설명하려는 시도는 많은 경우 극히 일부분을 설명하는 데 그치고 만다. 이것이 조지 호먼스와 배링턴 무어라는 두 인물이, 방식은 매우 다르지만, 내게 전해 준 공통된 교훈이다. 립셋에게서도 정치사회학을 배웠는데, 사회학과 교수진 중 가장 다정다감했기에 개인적으로 제일 마음에 드는 인물이다. 립셋은 아주 친절하고 너그러운 멘토였다. 여성이 경력을 쌓는 일에 기꺼이 힘을 보태 주는 시대를

---

7 호먼스는 파슨스의 기능주의 이론이 인간 행위를 충분하게 설명해 주지 못한다며 비판했다(Homans 1964). 광범한 사회 체계에서 심리적 요인과 인격적 요인을 인위적으로 분리해 버렸기 때문에 인간 행동을 설명하는 데 실패했다는 것이다.

앞선 남성이기도 했다. 여학생을 관대하게 추천했으며, 남학생과 똑같이 대우했다. 립셋은 어느 누구와도 기꺼이 지적 대화를 나누고자 했다. 립셋은 학위논문 심사 위원으로 참여해, 함께 심사를 맡은 호먼스와 대니얼 벨이 자아내던 서슬 퍼런 분위기를 누그러뜨려 주었기 때문에 내게는 더 각별하다. 배링턴 무어는 심사 위원에서 제외했는데, 이는 매우 현실적인 판단 때문이었다. 그는 지적으로 자극이 되는 교수임에는 틀림없지만 가차 없는 사람이기도 했다. 물론 무어의 주장에 지적으로 동의하지 않는 일이 두려웠던 적은 없다. 사실 첫 번째 논문에서 무어의 『독재와 민주주의의 사회적 기원』에 반론을 제기했는데(Skocpol 1973), 그로 인해 우리 사이가 껄끄러워지지는 않았다.[8] 그러나 무어는 학위논문이 완전히 끝나기 전까지는 학생의 취업을 도와주지 않는 경향이 있었고, 지도 방식도 엄격했다. 미래의 경력을 고려해 볼 때, 과연 무어에게서 살아남을 수 있을지 확신이 서지 않았다. 그리고 무어는 학계의 영향력이나 권력에 무관심한 인물이었다. 그런 태도를 십분 이해하고 존경하지만, 나는 대학에서 일자리를 구해야 했다. 그래서 무어를 논문 심사 위원으로 정하지 않았다. 무어와 불편한 관계로 지낸 적도 없고, 솔직히 무어는 내 학문적 성과를 존중하는 편이었다고 생각한다. 그러나 들어주지 않을 것이 뻔한 사람에게 부탁을 할 수는 없는 노릇이다.

[8] 이 논문을 포함한 혁명에 관한 스카치폴의 논문은 모두 Skocpol(1994)에 수록.

**대니얼 벨의 강의를 들어 본 적이 있는가?**

벨은 무서우면서도 눈을 뗄 수 없는 인물이었다. 천재적 지식인인 동시에 변덕의 제왕이었다. 강의 도중이나 교수 면담 시 어떤 말을 듣게 될지 예측이 불가능했다. 물론 벨에게서 배우긴 했지만 가깝게 지내거나 연구를 함께하지는 않았다. 어디로 튈지 모르는 성격이라 벨과 함께 연구할 수 있는 사람은 드물었다. 그래도 혁명에 관한 광범한 비교 연구로 학위논문을 작성하도록 격려해 준 사람이 벨이었기 때문에 지대한 영향을 받았다고 할 수 있다. 프랑스와 러시아, 중국 혁명을 한꺼번에 다루는 논문을 대학원생이 쓴다는 이야기를 그때까지 들어 본 적이 없다. 다들 통계를 공부하고, '적당한' 프로젝트를 찾아 논문을 썼다. 나 역시 이것을 당연하게 여겼기 때문에 배링턴 무어의 강의에서 즐겁게 공부한 비교 역사를 제쳐 두고 다른 프로젝트를 학위논문으로 정할 생각도 있었다.

**쓰지는 않았지만 논문으로 다루려던 다른 주제들은 뭐가 있었나?**

하버드 대학 사회학과의 실세였던 해리슨 화이트Harrison White에게서 배운 네트워크 분석론에 끌리던 차여서, 대기업 이사진들 사이의 상호 연결망에 관한 논문을 쓸 생각이었다. 결국 나중에 연구하게 되었지만, 뉴딜 정책 관련 주제도 후보 중 하나였다. 그동안 익혀 온 통계를 적용해 볼 주제를 떠올리느라 시간을 보냈다. 사실 통계론 강의에서 최고 점수를 받았다. 그러나 그런 주제들 가운데 재미를 느끼거나 실제 글을 쓴 것은 없었다. 주제 선정 단계에서 그만둬 버린 것이다.

**그렇게 결정하지 못하고 있던 단계를 벗어나 혁명을 비교 연구하기로 결정하는 데 대니얼 벨은 어떤 도움을 주었나?**

대학원 과제 중 하나로 프랑스혁명과 러시아혁명, 중국 혁명을 다룬 보고서를 써서 대니얼 벨의 연구실에 들른 적이 있다. 벨은 보고서를 읽자마자 무엇을 주제로 학위논문을 쓰고 있는지 물었다. 앞서 언급한 주제를 늘어놓고 있는데 벨이 말했다. "지금 이 보고서가 여러모로 최고일 것 같은데 이 주제로 써보지 그러나?" 벨의 조언을, 아니 조언이라기보다는 원하는 대로 써도 좋다는 암묵적인 허락으로 받아들여 프랑스와 러시아, 중국 혁명을 쓰기로 결심했다. 논문 개요를 작성하고 심사 위원으로 호먼스와 립셋, 벨을 선정했다. 항상 폭넓게 사유할 준비가 되어 있고, 이런 사유를 제자에게 장려하는 교수진을 만난 것은 행운이다. 다른 곳이었다면 이런 경험이 가능했을지 모르겠다. 그 시절 하버드 대학 사회학과에서 공부할 수 있어서 정말 운이 좋았다.

**하버드 대학 정치학과 강의를 들어 본 적이 있는가?**

지금 내가 정치학자가 된 것을 보면 묘한 일이긴 한데, 정치학과 강의를 들어 본 기억이 없다. 난 스스로를 특정 지역 전문가로 여기지 않는데, 그 점에서 보면 정치학을 전공하지 않은 것이 오히려 다행일 수 있다. 미국을 포함한 전 세계를 대상으로 자유롭게 연구하고 싶다. 정치학을 전공했다면 그렇게 하기 힘들었을 것이다. 당시에는 미국 정치학과 비교정치학 사이의 구분이 오늘날에 비해 확연했다. 하버드 대학 정치학과 강의를 들은 적은 없어도 헌팅턴의 존재는 알고 있었다. 헌팅턴의 책을 읽고 영향을 받았다. 헌팅턴은 베트남전쟁 지지자로 알려져 있어서 함께 공부할 마음은 없었다.

**당시 읽은 헌팅턴의 저서는?**


『정치발전론』(Huntington 1968)을 읽었는데, 지금도 높이 평가하는 책이다. 헌팅턴의 주장에 동의하지는 않지만, 혁명을 다룬 부분은 매우 흥미로웠다. 사실, 나중에 내 책에서 혁명에 관한 헌팅턴의 설명을 반박했다. 그래도 근대화를 다양한 과정으로 본 헌팅턴의 시각은 마음에 들었다. 내용은 상당히 다르지만, 일반적인 수준에서 보면 헌팅턴이 『정치발전론』에서 했던 작업이나 무어가 『독재와 민주주의의 사회적 기원』에서 했던 작업이나 별반 다르지 않다고 생각한다. 헌팅턴이나 무어 모두 근대화의 다양한 유형들을 이해하는 데 관심이 있었다.


**대학원 시기에 영향을 미친 다른 책은?**


이매뉴얼 월러스틴Immanuel Wallerstein의 연구에서 지대한 영향을 받았다. 1974년에 출간된 『근대 세계체제』The Modern World-System 초판을 읽었는데 정말 매력적이었다. 제아무리 복잡한 서술을 자랑하는 역사 연구서라도, 그 속에서 분석적 논거를 찾아내는 법을 대학원 초창기에 익혔기 때문에 책을 읽는 즉시 월러스틴이 틀렸다는 사실을 알아차렸다. 그래서 라인하르트 벤딕스와 헌팅턴, 무어의 연구, 그리고 당시 내 머릿속에서 차츰 형태를 갖춰 가던 국가의 기능에 대한 아이디어와 여러 국가로 이루어진 초국가 체제transnational system를 독립적인 구조로 보는 아이디어 등을 이용해 곧바로 『근대 세계체제』를 반박하는 작업에 착수했다(Skocpol 1977). 그래도 월러스틴의 시각과 대담성, 초국가적 요인을 강조한 점은 분명 나를 사로잡았다. 당시 한 학회에서 월러스틴이 발표하는 것을 본 적이 있다. 1970년대 중반에 월러스틴은 사회학계의 카리스마적인 존재였으며, 월러스틴의 책은 사회학 행사가 열릴 때마다 활발한 논쟁을 불러일으켰다.


**다른 대학원생과의 교류를 통해 얻은 것이 있다면?**


스터디 그룹에 참여하면서 많은 것을 배웠다. 정기적으로 모여 신간을 읽었다. 대학원생은 시험을 준비할 때마다 스터디 그룹을 만들고 대부분 암기 위주의 공부를 한다. 그러나 내가 속했던 그룹은 교수가 내주는 과제와는 무관하게 우리만의 의제를 설정하고, 무엇을 공부할 것인지 스스로 결정했다. 1970년대의 대학원생은 취직 걱정을 할 필요가 없었기 때문에 가능한 일이었다. 물론 오판이었을 수도 있지만, 다들 세상에 일자리는 넘친다고 생각했다. 우리는 심지어 정치적 반체제 인사가 된다 해도 상관없다고 생각했다.


**그러면 당시에는 무슨 고민을 하며 살았나?**


우리가 세상에 대해 가지고 있던 생각들을 알아내고 이해할 수 있을까가 고민이었다. 대학원 과정의 구조적 문제도 고민했다. 대학원생 다수가 자신을 급진주의자로 여겼다. 확실히 내가 영향력 있는 대학원생 집단에 소속되어 있다는 생각이 들었고, 그 가운데 절반은 여성이었다. 베트남전쟁 당시 징집 대상이 된 남학생은 학업을 이유로 입대를 연기할 수 없었기 때문에 여학생 수가 많았다.

**사회학과 교수진 중 역할 모델이 될 만한 여성 학자가 있었나?**

없었다. 하지만 선도적인 사회학자이자 루이스 코저Lewis Coser의 아내인 로즈 코저Rose Coser에게 크게 고무된 바 있다. 로즈 코저는 미국사회학회를 대표해 젠더 문제 조사차 하버드 대학 사회학과에 객원 교수로 있었다. 교수진에 여성을 포함시키라는 요구가 일던 시기였다.

**대학원 스터디 그룹에서는 주로 어떤 문제를 토론했나?**

근대화론과 마르크스주의다. 젊은이들 사이에서 마르크스 사상이 유행하던 시기라는 점을 상기해 보라. 우리는 이런 이론이 과연 옳은지 유럽 역사를 읽고 탐구했다. 스터디 그룹에 속한 라틴아메리카 등지의 제3세계 출신 학생들이 고국의 사례를 설명해 주기도 했다. 우리는 추상적인 계층화 이론이나 정치 이론들과 실제 역사적 사례들에 대해 읽거나 들으면서 알게 된 경험적 패턴들 사이를 왔다 갔다 하면서 배워 나가는 과정에 있었다.

스터디 그룹의 회원들은 정말 재미있는 사람들이었고, 다들 나중에 아주 멋진 연구를 내놓았다. 피터 에번스는 나보다 몇 학년 위였다. 사실 그때는 잘 알지 못했지만 우리 스터디 그룹 출신이다. 해리엇 프리드먼Harriet Friedman 역시 나중에 아주 흥미로운 연구를 했다. 클로드 피셔Claude S. Fischer는 회원 중 몇 안 되는 베트남전쟁 지지자였다. 로널드 브리거Ronald Breiger와 존 파제트John Padgett 등 해리슨 화이트 교수의 지도하에 네트워크 분석을 전공한 회원들에게서도 많은 것을 배웠다. 각자 다른 분야의 교수 밑에서 공부한 사람들이 모여 함께 공부할 수 있었다. 교수진은 성향이 무척 다른 교수들로 구성되었지만 학과 자체의 규모가 작아 대학원생끼리는 서로 잘 알고 지냈기 때문에 1970년대의 하버드 대학 사회학과에서는 이런 공부가 가능했다.


**학위논문으로 돌아와 보자. 이 논문은 첫 저서 『국가와 사회혁명』(Skocpol 1979)의 바탕이 되었다. 프랑스와 러시아, 중국 혁명을 비교 분석하기로 결정한 것까지는 앞서 말했다. 이 번에는 연구 과정의 기본적인 사항에 초점을 맞춰 보면 좋겠다. 광범한 비교 연구를 위해 아 이디어를 어떤 식으로 풀어냈나? 세 개의 혁명 중 우선적으로 초점을 맞춘 사례가 있나?**


특별히 먼저 착수한 사례는 없다. 프랑스혁명은 무어의 세미나에서 유럽을 공부하며 읽었다. 러시아혁명은 무어의 책을 통해 조금 알고 있었다(Moore 1950; 1954). 그리고 대학원 초기에 에즈라 포겔Ezra Vogel의 중국 혁명사 세미나에 참여한 적이 있다. 『국가와 사회혁명』의 바탕이 된 아이디어는 프랑스혁명과 중국 혁명의 놀라운 유사성, 특히 이 사례들에서 전복된 체제의 유사성을 깨달았을 때 나왔다고 장담할 수 있다. 과거에는 두 혁명이 서로 다른 지역에서 벌어진 전혀 다른 형태의 혁명으로 인식되었고, 나 역시 그렇게 분리해서 배웠다. 어느 사례를 먼저 착수했는지 모르겠는데, 솔직히 순서는 상관없다고 생각한다. 두 혁명의 유사성을 발견하면서 "아하!"하는 순간이 찾아왔다는 점이 중요하다.


**혁명 이론도 읽었는가?**


읽었다. 그러나 역사부터 붙잡았다. 그래서 내가 연구한 역사로 기존의 이론에 대항할 여지가 생겼다. 그리고 비교 역사 연구 덕에 이론으로 정립하고 싶은 새로운 사실도 발견했다. 프랑스와 중국의 유사성을 발견한 후 생각해 보았다. "이 두 국가의 체제는 어떤 유형이었지?" 나는 두 국가의 전복된 구체제 사이에 유사성이 많다는 것을 깨달았다. 그런데 큰 차이도 있었다. 예를 들어, 중국 혁명은 1911년에서 1949년까지 거의 40년간 지속된 반면 프랑스혁명은 매우 짧게 끝났다. 그러나 비교 대상 사이에 유사성을 발견했을 때, 연대기와는 무관하게 역사적 사건을 비교하는 방법을 무어의 세미나를 통해 배웠다.

요즘 대학원생들은 사회과학 도서, 특히 최신 경향을 다루는 학술지나 최신 이론서를 읽으라고 강요받고 있지만, 나는 그렇게 하지 않았다. 사회과학 도서만을 마냥 읽었다면 이렇게 생각했을 것이다. "아, 그래, 틸리의 혁명 이론(Tilly 1978)이 있었지. 맞아, 테드 거의 혁명 이론(Gurr 1970)도 있었네." 나는 이론을 다루기 전에 이미 역사를 많이 읽어 둔 상태였기 때문에 앞서 언급한 이론들과 어느 정도 긴장을 유지할 수 있었다. 무어의 세미나를 통해 얻은 교훈은, 먼저 역사를 알고 나서 요즘 내가 분석적 귀납법analytic induction[9]이라 부르는 방법으로 연구를 하는 것이 좋다는 것이었다. 오늘날, 방법론자들은 분석적 귀납법을 인정하지 않을 가능성이 높다. 하지만 무슨 상관인가? 창의력은 예상 밖의 대상들을 병치해 보는 데서 나오고, 이것이 바로 내가 논문에서 보여 준 점이다.

**프랑스·러시아·중국의 성공적인 혁명 사례뿐만 아니라, 영국·일본·프로이센/독일과 같은 실패한 혁명 사례도 분석했다. 어떤 단계에서 실패 사례를 분석 대상으로 끌어들였나?**

맨 마지막에 했다. 첫 번째 단계에서는 프랑스와 중국의 예상치

---

[9] 분석적 귀납법은 데이터 분석의 한 방법으로 즈나니에츠키(Znaniecki 1934)의 연구에서 처음 등장했다.

못한 유사성에 주목했다. 그 후 러시아를 추가했다. 마지막으로, 논문을 실제로 작성하는 단계에서 통제된 비교 방법을 시도했다. 그래서 실패 사례도 조사했다. 배링턴 무어의 세미나를 통해 프로이센과 영국 사례들에 대한 꽤 많은 역사적 사료를 이미 살펴본 바 있었기 때문에 이를 이용했다. 일본은, 일본과 중국의 발전을 비교한 연구 문헌을 읽고 개인적으로 관심을 갖고 있던 사례였다.

**통제된 비교 방법에 왜 관심을 가지게 되었나? 배링턴 무어는 이런 방법론적 문제에 크게 신경 쓰지 않은 것으로 알고 있는데.**

맞다. 대학원 시험을 준비하면서 레이프하르트(Lijphart 1971)와 존 스튜어트 밀(Mill 1874)의 비교 분석 연구를 우연히 접했고, 마르크 블로크의 유명한 비교 역사 연구도 읽었다(Bloch 1967; Sewell 1967도 참조). 통계적 방법론을 배웠던 적이 있는데, 레이프하르트가 유추해 낸 통계 방법과 비교 방법 사이의 유사점에 매료되었던 것 같다. 통제된 비교 방법을 적용하지 않으면 어떤 가설이 특정 결과가 나타나거나 나타나지 않는 이유를 설명해 줄 수 있는지의 여부를 판가름할 수 없을 것이라고 생각했다. 대학원 시절 수강한 기초 통계학 강의와 조지 호먼스와의 대화 과정에서 이와 같은 통제된 비교에 관한 아이디어를 얻었다.

**지금까지 혁명의 원인과 결과에 대한 새로운 아이디어들을 떠올리는 방법으로, 기존의 혁명 이론들과 그것에 반하는 역사적 사례들을 병치시켜 놓고 보는 방법에 대해 이야기했다. 학위논문을 쓰는 과정에서 역사적 증거를 활용하는 데 사용했던 또 다른 방법은 없었나?**

나만의 질문 목록을 짜고, 이 목록을 2차 자료의 사용 지침으로 삼았다. 다른 학자들은 내가 염두에 둔 질문과는 무관하게 작업을 했기 때문에 2차 자료를 사용하는 일은 까다롭다. 역사학계의 쟁점은 분야별로 차이가 난다. 중국사나 러시아사에서 다룬 쟁점을 프랑스사에서는 다루지 않을 가능성이 많은 것이다. 이런 문제에서 벗어나 나만의 가설을 세우기 위해 체계적인 질문 목록을 준비했다. 1차 자료는 닥치는 대로 구했다. 관련 박사 학위논문들까지 읽었다. 2차 자료를 참조하는 일이기에 원하는 정보를 찾기 힘들고, 아예 구하지 못할 가능성도 높다. 그러나 질문 목록 덕분에 적어도 무엇이 누락되었는지 정확히 알 수 있었다.

**질문 목록은 어떤 식으로 짰는가? 질문을 선정할 때 지침이 있었다면?**

혁명의 원인과 관련해 내 머리 속에 싹트기 시작한 가설이 있었다. 첫째, 국가의 붕괴는 결정적이다. 둘째, 국가 붕괴는 국외적 압박과 계급투쟁에서 발생할 수 있다. 셋째, 농촌의 구조는 농민반란의 가능성을 가늠해 볼 때 중요하다. 나는 역사학자들의 관심 유무와는 상관없이 관련 자료를 체계적으로 조사했다. 마르크스주의나 '상대적 박탈론'relative deprivation[10] 등 혁명과 관련한 대안적 해석을 검증해 볼 자료도 찾아보았다. 그래서 내 목록에는, 예를 들어 다음과 같은 질문이 포함되었다. 계급의식과 계급 조직에는

---

10 Gurr(1970) 참조[상대적 박탈감이란 "기대와 실익 간의 괴리" 또는 "가치 기대와 가치 능력 간의 차이"에 대한 인식을 말하며, 이는 개인적이거나 집단적일 수 있다. 신생 독립국 등에서 급격한 정치·사회·경제적 변화를 겪으면서 국민의 기대치는 계속 상승하는 데 반해 이를 만족시켜 줄 수 있는 체제 능력이 한정적인 데서 사회·심리적 좌절감이 형성되고, 이런 상황이 장기화될 때 사회 불안이 야기되며, 이는 다시 정치적 불안으로 이어져 결국 폭력적 사태로 발전될 가능성이 있다는 주장이다. '좌절-공격 이론'이라고도 한다.].

어떤 변화가 일어났는가? 인플레이션과 빵의 가격에는 어떤 변화가 일어났는가? 나는 이런 영역에서 무슨 일이 벌어졌는지 알아내기 위해 혁명이 일어난 긍정적 사례positive case[설명할 현상과 가정된 원인이 있는 사례]와 혁명이 일어나지 않은 통제 사례control case 양쪽을 체계적으로 살펴보고자 했다. 이런 방법은, 역사학자들이 써놓은 것에 휘둘리지 않고 내가 탐구하려는 이론적 쟁점에 맞춰 2차 자료를 활용할 수 있도록 해주었다. 역사 연구를 꼼꼼하게 했지만, 역사학자에게 조언을 구한 적은 없다. 나중에 이것 때문에 애를 먹게 되는데, 『국가와 사회혁명』이 출간되자 역사학자마다 "스카치폴은 우리 사례를 엉뚱하게 다뤘다"고 말하려고 벼르고 있었다. 하지만 학위논문을 쓰는 동안 역사학자들과 거리를 두기를 잘했다고 생각한다.

**역사학자와 그때그때 상의했다면 무슨 일이 벌어졌을 것 같나?**

역사학자 개개인의 관점에 맞춰 개별 사례를 정밀하게 기술하려는 가망 없는 일에 발목을 잡히고 말았을 것이다. 비교 역사 연구는 이런 것과는 거리가 멀다. 비교 역사 연구는 사례를 분석적으로 조사하고 새로운 질문을 제기하는 것이다.

## 국가와 사회혁명

첫 저서 『국가와 사회혁명』은 박사 학위논문을 바탕으로 쓴 것이다. 논문을 끝마치고 4년 후에 출간했는데, 논문을 책으로 만들기 위한 개정 작업은 어땠는가?

논문을 끝내고 한 달 정도는 잠깐 들여다보는 일조차 불가능했다. 논문을 마치기도 전에 하버드 대학 사회학과 교수로 임용된 상태였고, 살인적인 강의 스케줄 덕에 논문을 완성할 여력이 없어서 해고 직전에 이르렀다. 논문을 완성해야 박사 학위를 받은 곳에서 잘리지 않는 상황이었는데, 잘렸다면 정말 처참했을 것이다. 그러나 나는 매몰찬 성격이어서 벽에 부딪치더라도 항상 해결책을 찾고야 만다. 거시 사회학자처럼 나라고 프로젝트 하나를 평생 붙잡고 지내지 못할 이유는 없다. 그러나 끝을 내야 할 시점이 왔다면, 나는 확실히 끝장을 본다. 그렇게 논문을 완성했다. 하지만 지옥을 맛본 느낌에 진저리가 나서 한동안 논문을 멀리 치워 버렸다. 케임브리지 대학 출판부의 월터 리핀코트 2세Walter Lippincott Jr.가 들르기 전까지 1년을 그렇게 지냈다. 리핀코트는 『사회-역사 비교 연구』Comparative Studies in Society and History에 실린 내 논문의 축약본을 읽었다고 했다(Skocpol 1976). 그리고 내 논문을 책으로 만들면 훌륭할 것 같다고 말했다. 그래서 나는 치워 두었던 논문을 가져와 작업에 착수했다. 국가권력이 어떻게 다시 중앙집권화되는지에 관한 확장된 논의를 보여 주려고 프랑스와 러시아, 중국 혁명의 결과를 다룬 장에 많은 것을 추가했다. 논문에서 미흡하게 다룬 혁명 발발에 관한 부분도 날카롭게 다듬었다. 이런 과제를 달성하기 위해 이론을 다룬 장을 따로 떼어 내 개정했다. 집필 단계에서는 주장을 효과적으로 전달할 방법을 많이 고민했다.

**효과적으로 전달하기 위한 방법은 무엇인가? 구체적으로 설명해 달라.**

논문과는 다르게 각 사례의 순서를 바꿨다. 예를 들어, 국가 붕괴를 다룬 제2장과 농민반란을 다룬 제3장은 원래 프랑스, 러시아, 중국 순으로 연대기에 따라 배열했다. 원고를 수정하면서 공통점과 차이점을 부각하기 위해 이 순서를 바꿨다. 각 사례를 시간상의 제약에서 벗어나게 하면 국가 붕괴와 농민반란, 농민 동원의 구조적 특징을 쉽게 비교할 수 있기 때문에 집필 단계에서 이런 배열이 적절하다고 마음을 굳혔다. 그리고 세 국가의 사례에서 공통점은 무엇이고 차이점은 무엇인지 말할 준비가 되어 있었다. 집필에 돌입했을 때는 이미 주장하고자 하는 바를 이전보다 더 명확하게 인지하고 있었기 때문에 공통점이나 차이점 중 하나만 선택해 강조할 이유가 없었다.

**단순히 순서에 변화를 준 것이 도움이 되었단 말인가?**

그렇다. 순서를 바꾸면서 국가 붕괴 과정에 관한 새로운 사실 몇 가지를 알아내기도 했다. 많은 이들이 비교 연구를 할 때 자신이 정한 사례를 시간과 연대순에 따라 서술해야 한다고 믿는다. 그렇게 할 필요가 전혀 없고, 오히려 그래서는 안 될지도 모른다. 자신이 이해하고자 하는 인과 과정의 중심 줄거리를 서술하는 것이 더 나을 때가 많다. 『국가와 사회혁명』의 경우를 예로 들어보면, 국가 붕괴와 농민반란, 그리고 국가의 재구성을 서술하면 되는 것이다. 역사적 사례 분석을 진행 중인 단계에서는 그 사례의 어떤 측면이 자기주장을 뒷받침해 주는지 아닌지 분명하게 파악하기 힘들 수도 있다. 『국가와 사회혁명』을 쓰는 과정에서 내가 배운 점은, 역사적 사회과학은 단순히 기술記述만 하면 그만인 학문이 아니라는 것이다. 기존에 나온 주장이 과연 내가 자료에서 찾아낸 사실과 부합하는지 파악해야 한다. 솔직히, 역사학자의 연구를 접할 때마다 그들이 파악하지 못한 점을 자주 발견하게 된다. 이런 느낌을 여러 번 받았다. 예를 들어, 프랑스혁명을 다룬 유사-마르크스주의 역사학자의 책을 읽는다고 치자. 저자는 책 전체를 계급투쟁에 입각한 내용으로 채울 것이다. 반면에 나는 국가 붕괴가 발생해 억압적 국가기구의 유지가 불가능해지고, 이것이 어떻게 농민반란을 가능하게 하는지 그 전개 과정을 추적했다. 결과적으로 나는 유사-마르크스주의 역사학자가 제시하기는 했으나 독자적 주장으로 발전시키지 못한 특정한 양상을 발견할 수 있었던 것이다.

**이론을 다룬 1장을 많이 손보았는가?**

정확히는 생각나지 않는다. 하지만 내 가설과 대안적 이론을 집어넣으려고 많은 시간을 투자했다. 그러니 1장은 다른 장에 비해 더 발전했을 것이다. 논문에 비해 독창적 관점과 주장을 부각시키는 데 성공했다. 체계적인 사회과학자로서 작업에 임하려 노력했기 때문에 책의 서론이 일반적인 비교 역사 연구서와 상당히 다르다.

책의 서론에서 방법론과 대안적 해석을 검토한 점은 무어의 『독재와 민주주의의 사회적 기원』과 구분된다.

무어는 대안적 가설끼리 겨루게 하는 일에 특별히 반대하지는 않았으나, 이론을 이야기하는 데 시간을 투자하는 것 자체를 싫어했다. 무어는 책에서 서로 경쟁하는 가설에 대해 소개하기는 하지만 거기에서 그친다. 나는 무어의 수업과 스터디 그룹에서 공부한 것을 사회학과 교과과정을 통해 익힌 '정공법'과 조합해 보고자 했다.

책의 결론에서 가설의 적용 범위를 분명하게 한정했다. 개정하면서 추가한 것인가?

결론을 쓸 때, 주장을 어느 선까지 끌고 갈 것인지 학위논문을 쓸 때보다 더욱 또렷해졌다. 사실, 멕시코 혁명을 책에 추가할 생각에 멕시코 사례연구를 꽤 진행한 적이 있다. 멕시코 혁명은 여러모로 내 모델에 적합했다. 하지만 결국 책에 넣지 않기로 결정했다. 그 이유로는 첫째, 나는 항상 세 가지를 다루는데, 논문에서 이미 세 국가를 다뤘다. 별난 성격 탓이니 첫째 이유는 그냥 넘어가고, 둘째, 멕시코 사례는 내 모델의 범위를 넘어서는 다른 종류의 지정학적 조건과 맞물린다는 판단이 섰다. 그래서 멕시코는 포기하고, 원래 다룬 세 국가가 당면한 국제적 상황과 각 체제의 상태를 더 분명히 보여 주는 데 중점을 두었다.

책의 주요 이론적 쟁점 중 하나는, 국가가 계급이나 여타 사회 세력에 의해 포섭되지 않는 자율적 행위자라는 주장이다. 어떻게 이런 통찰에 이르게 되었나?

그 아이디어는 분명 베버가 마르크스를 반박하는 상황을 떠올리는 데서 나왔을 것이다. 내가 대학원을 다니던 시기에 사회과학을 전공하는 학생은 모두 다음과 같은 훈련을 했다. 한 학생이 마르크스를 선택하면 다른 학생은 베버를 선택한다. 그 후 각 학자의 관점으로 토론을 해보는 것이다. 학부생 시절에 읽은 책에서 C. 라이트 밀스는 베버주의와 마르크스주의 전통을 결합해, 관료나 엘리트는 계급의 영향으로부터 독립적이라는 인상적인 주장을 펼쳤다(Mills 1956). 무어에게서는 모스카와 파레토의 엘리트 이론을 배웠다. 그리고 오래전에 오토 힌체(Hintze 1975)를 읽은 적이 있었다. 서유럽 국민 국가 형성을 다룬 찰스 틸리의 편저(Tilly 1975)와 무어를 비판한 내 책(Skocpol 1973)도 국가 자율성 논의를 전개하는 데 영향을 미쳤다. 서로 다른 상황들하에서의 조건적 국가 자율성의 가능성을 상정할 경우 무어가 기술하고 있는 내용의 많은 부분을 더 잘 분석할 수 있는 것처럼 보였다. 계급 구조와 같은 단 하나의 거대 논리 대신에 연결성이 있는 두세 개의 교차 논리를 가지고 다양한 조합들을 만들어 낸다면, 시공간적으로 자유롭게 사례들을 오고가며 훨씬 더 많은 변화들을 잘 설명할 수 있겠다는 생각이 들었다. 그래서 계급 구조와 생산양식이 지정학적 맥락과 어떻게 상호작용을 하는지, 또 다양한 국가 형성의 유형과 어떻게 상호작용을 하는지 연구했다. 나는 단일 요인 결정론single-factor determinism에 관심을 가져 본 적이 없다. 무지 지루할 것 같다.

**1960년대 후반과 1970년대 초기에 벌어진 네오-마르크스주의의 국가 자율성 논쟁**
(Miliband 1969; Miliband 1970; Poulantzas 1969)은 어떤가? 마찬가지로 영향을 받았나?

대학원 시절 스터디 그룹에서 국가 자율성에 관한 마르크스주의의 논의를 섭렵했고, 관심도 많았다. 그러나 나는 마르크스주의보다 더 나아갈 준비가 되어 있었다. 마르크스주의는 국가 자율성을 논하긴 했으나 결국에는 국가를 자율적 행위자로 상정하지 않았다. 국가 자율성에 관한 아이니어는 혁명을 연구하는 도중에 유럽의 군주제나 농경 관료제agrarian bureaucracies의 맥락에서 도출했다. 그러니 나중에 출간한『국가를 제자리로』(Skocpol 1985a)의 주제는 꽤 오래전부터 관심을 둔 내용이라고 할 수 있다.

**『국가와 사회혁명』의 모델이 된 책이 있나?**

배링턴 무어의『독재와 민주주의의 사회적 기원』(Moore 1966)이다. 찰스 틸리의 연구, 특히 뒤르켐을 비판한 글에도 매료되었다(Tilly 1981). 페리 앤더슨의『절대주의 국가의 계보』(Anderson 1974a)와『고대에서 봉건제로의 이행』(Anderson 1974b), 립셋의『정치적 인간』(Lipset 1960)도 중요한 책이다. 방금 언급한 모든 책들의 내용이 전적으로 옳다고 느끼지는 않았기에 신이 났다. 내가 무엇인가 시도해 볼 여지가 있었던 것이다. 그러나 전부 중대한 질문을 던지는 책이다. 역사를 과감하게 조사하고 비교했다. 모두 사회과학의 위상을 높인 명저다.

**『국가와 사회혁명』이 화려한 조명을 받았을 뿐만 아니라 그토록 지속적으로 영향력을 행사하는 책이 된 이유는 뭐라고 생각하나? 사회과학 서적이 출간 후 20년이 지나서도 회자되는 경우는 드문데, 읽히기까지 하고 있으니 말이다.**

여전히 해마다 상당한 로열티를 받고 있다. 하지만 나도 이유를 잘 모르니 이번 질문은 번지수를 잘못 찾은 것 같다. 하버드 대학을 떠나 일자리를 구할 무렵에 처음으로 이 책이 사람들의 상상력을 자극한다는 것을 느꼈다. 여러 대학의 사회학과에서 면접을 치렀는데 그때마다 책의 내용을 소개했다. 면접관들은 주로 동시대의 미국 사회문제를 연구하는 학자들이었지만, 프랑스와 러시아, 중국 혁명의 구조적 전개를 하나로 묶어 설명하면 언제나 "아하!" 효과가 나왔다. 사회과학자에게는 과거에 존재한 적이 없는 무엇인가를 느닷없이 터트리고자 하는 욕망이 있다. 세상을 새로운 관점으로 보게 만들고 싶은 것이다. 나는 사람들이 전혀 무관하다고 여긴 세 혁명을 나란히 놓아 보는 것으로 이런 욕망을 충족시킬 수 있었다. 사람들이 세 국가의 혁명을 별개로 본 이유는, 서로 다른 시공간에서 벌어졌기 때문일 수도 있고, 프랑스혁명이 부르주아혁명인 데 반해 러시아와 중국 혁명은 프롤레타리아 혁명이기 때문일 수도 있다. 어쨌든 나는 다양한 변수를 들어 가며 끈질기게 주장을 전개했기 때문에 통계적 추론에 익숙한 학자들은 내 연구를 환영했다. 예를 들어, 위스콘신 대학 매디슨 캠퍼스의 사회학자 제럴드 마윌Gerald Marwell은 "책을 읽고 대번에 이 책이 사회과학이라는 사실을 알 수 있었다"고 말했다.

**그렇다면 사회과학이 아닌 것은 무엇인가?**

마윌이 일반적인 비교 역사 연구를 접하면 다음과 같이 반응할 것이다. "나 무슨 소린지 모르겠어." "사회과학이 아니라 역사로군." 『국가와 사회혁명』은 여러 영역을 아우르는 책이기 때문에 사회과학계에서 인정받을 수 있었다. 반면, 상당수의 역사학자가 이 책에 분노했다. 내가 사례의 특별함을 무시하고, 역사학의 언어도 모른 채 그들의 영역에 침범했다고 여긴 것이다. 그런데 사회과학계는 이 책 덕분에 혁명을 새로운 방식으로 바라볼 기회가 생겼다. 나는, 예를 들어, 책에서 다룬 모델은 농경 관료제에만 적용되는 것이지 모든 체제에 적용 가능한 것은 아니라는 식으로 분명하게 선을 그었다. 하지만 많은 학자들이 내가 책에서 보여 준 이론적 열쇠 ─ 국가 붕괴와 재구성의 형태들 ─ 를 이용해 멕시코나 제3세계의 혁명을 분석했다. 교수직을 구하러 돌아다니던 시기에 내 책에서 주장한 바를 면접에서 제시하면 사람들은 "그럼 이라크는요?"하며 물었다. 나는 이런 식의 질문에 예의를 갖추면서도 신중하게 답하는 방법을 오래전부터 터득하고 있었다. 나는 "그 사례에 관해 저는 이렇게 생각합니다. 그런데 이 부분에 대해서는 제가 도리어 묻고 싶습니다"라고 대답을 한다. 이렇게 해서, 여러 사례에 관한 질문과 가설을 세울 때 도움이 될 만한 이론적 분석이 내 책에 담겨 있다는 사실을 사람들에게 알려줄 수 있었다. 『국가와 사회혁명』이 본보기가 되고, 많은 학자가 그 책을 집어든 이유는 바로 그 유용성 덕분이라고 생각한다. 도전 불가능한 절대 진리여서가 아니다. 세상의 어떤 책도 그렇게 되지는 못한다. 하지만 사람들은 이 책을 읽고 즐거워했다. 어떤 학자는 가설을 선택해 다른 혁명 사례에 적용해 보기도 하고, 다른 학자는 비교 역사 방법론을 선택해 다른 현상에 사용해 보기도 했다.

**당신의 책이 다른 학자들에게 그런 도구들을 제공해 줄 것이라는 사실을 알고 있었나?**

전혀 못했다. 그냥 중요하다고 생각한 주제를 이해하려 했고, 세 가지 사례를 관통하는 규칙성을 찾으려 했으며, 전에 없는 주장인 듯싶어 연구를 계속했을 뿐이다. 그토록 커다란 영향을 미칠지 예상하지 못했다. 한번 상상을 해보라. 나는 필요한 모든 사료를 숙달하기 위해 수백 년에 걸친 역사 속을 헤매고 있었다. 『국가와 사회혁명』을 쓰기 위해 수백 권이 넘는 책과 논문을 읽었다. 출간되자마자 많은 관심을 받았고, 원로 학자들이 주로 받던 사회학계의 대표적 상인 미국사회학회 공헌상American Sociological

Association's Award for a Distinguished Contribution to Scholarship을 포함한 여러 상을 받았다. 월러스틴의 『근대 세계체제』 같은 거시 사회학 도서가 주요 상을 휩쓸던 시기였다.[11] 『국가와 사회혁명』은 당시 사회학계의 흐름도 잘 탔다고 본다.

**호평도 있었지만 비판도 있었다. 타당하다고 생각하는 비판과 부당하다고 생각하는 비판을 꼽는다면?**

역사에서 행위자를 제거해 버렸다는 비판이 가장 부당하다. 그냥 말이 안 된다. 내 책은 구조기능주의에 비판적 입장을 취하고 있어서 이 계열 책치고는 상당히 행위자 중심의 연구라고 할 수 있다. 행위자의 상호작용이 의도하지 않은 결과를 어떻게 초래하는가를 분석한 책이기 때문에, 행위자가 결과에 전적인 통제력을 지녔다고 설정하지는 않았다. 그러나 행위자는 책 전체에 등장하며, 이들의 상호작용이 의도하지 않은 결과와 갈등의 원천인 것은 명백하다. 다른 한편으로, 이데올로기의 역할에 좀 더 주의를 기울이지 못한 점은 아쉬워하고 있다. 그 부분에 대해 좀 더 많은 것을 이야기할 수도 있었던 것 같다.

11 월러스틴의 책은 1975년에 미국사회학회 소로킨상Sorokin Prize을 수상했다.

## 이념의 역할을 경시한 이유는 무엇인가?

혁명적 이데올로기만 있으면 혁명이 가능하다는 식의 이론들에 동의할 수 없어서다. 이 책에 대한 윌리엄 시웰의 비판에 답하며 그와 이 문제에 대해 의견을 교환했는데, 유익했다. 혁명에서 이데올로기의 기능에 관한 시웰의 의견이 어떤 면에서는 옳다는 것을 인정한다(Sewell 1985; Skocpol 1985b).[12] 그래서 『국가와 사회혁명』을 출간한 직후 발발한 이란 혁명과 관련한 논문을 쓸 때는 이데올로기를 내 모델에 포함시키고자 노력했다(Skocpol 1982).

**『국가와 사회혁명』에 대한 또 다른 노선의 비판은 각 국가별 전문가들에 의해 제기되었던 비판인 것 같다. 그들은 당신이 '자신들의' 사례를 잘못 이해하고 있다고 본 것 같던데.**

특히 중국 연구자들이 그 책을 무시했다.[13] 여기에는 몇 가지 이유가 있다. 첫째, 중국학계는 꽤 배타적이다. 대부분의 학자가 언어를 습득하는 데 엄청난 투자를 했기 때문이다. 사실 중국학계에는 거기만의 분리된 전통이 있어서 중국의 학자들은 유럽적 양상들을 다루기 위해 발달된 이론들을 도입하지 않으려 한다. 둘째, 『국가와 사회혁명』 출간 당시 중국 혁명은 여전히 진행 중이었으므로 중국에 관한 연구는 정치적으로 매우 양극화된 반응을 불러올 수 있었다. 결국, 다른 사례에 비해 중국 혁

---

12 모두 Skocpol(1994)에 수록.

13 Perry(1980)의 서평 참조.

명에 관해서는 확실한 결론을 내리지 못했다. 내 책에 근본적인 오류는 없다고 생각한다. 하지만 중국 혁명에 관해서는 믿을 만한 2차 문헌이 그리 많지 않았다.

**역사학계 일부에서도 비판이 나왔다.[14]**

역사학자의 도전을 받았지만, 반론을 펼칠 수 있는 자리에 초청을 받기도 했다. 프랑스와 러시아, 중국을 전공한 버클리 대학의 역사학자들과 벌인 토론회가 가장 기억에 남는다. 역사학과 전체를 상대로 내 책을 방어해야 했다. 역사학자 모두를 완벽하게 납득시켰다고 말할 수는 없지만 토론회 자체는 완벽하게 내 통제 아래 둘 수 있었다. 토론회에 참여한 역사학자의 책을 전부 읽었고, 그들이 책에서 제시한 논거와 주장을 알고 있었으며, 왜 내가 이를 받아들이거나 거부하는지를 설명해 참석자들에게 확신을 주었기에 가능한 일이었다. 내가 책에서 다룬 역사를 숙지하고 있었다는 점을 증명한 것이다. 역사학자를 상대할 때 내가 사용하는 기술 중 하나는, 세대를 아울러 파악하는 것이다. 역사학계에는 각 세대마다 지배적인 해석론이 있어서 전체주의적인 분위기가 존재한다. 또 젊은 역사학자는 서로 같은 주제를 연구하는 것을 피하며 각자의 전문 영역에 거리를 두기도 한다. 그러나 모든 세대를 포괄적으로 파악하면 다양한 관점을 읽어 낼 수 있다.

14 Kiernan(1980)의 서평 참조.

**첫 저서부터 경이적인 반응을 이끌어 냈다. 이런 성공에 부정적인 면은 없었나?**

왜 없겠나. 이만한 작업을 또 할 수 있을지 여기저기서 추측이 난무했다. 내가 여성이어서 더 그랬던 것 같다. 종신 재직권을 앞둔 시기마다 이에 관한 논의가 일었다. 내가 다시 그런 책을 쓸 수 있을까? 사람들은 이 책이 홈런이라고 생각했고, 사실이 그랬다. 『국가와 사회혁명』이 출간되자마자 당시 사회학계를 이끌던 시카고 대학에서 제의가 왔다. 시카고에서 주최한 세미나가 아직도 생생하다. 아주 짜릿한 경험이었다. 제임스 콜먼과 모리스 재너위츠Morris Janowitz, 윌리엄 줄리어스 윌슨William Julius Wilson을 포함한 사회과학계의 저명 학자들이 토론에 참석했다. 내 종신 재직권을 염두에 두고 세미나를 열었다는 것을 짐작할 수 있었다. 발표 자체도 신경을 썼지만 질의응답에도 기대에 부응하려 노력했다. 질문을 다루는 일은 매우 중요하다. 질문을 듣고 이에 관해 지적 유희를 즐길 줄 안다면, 예상 밖의 문제도 가뿐하게 처리할 능력이 있다는 점을 보여 줄 수 있다. 이것이 세미나에서 내가 증명한 일이다. 비교 역사 연구는 내게 오락인 동시에 강력한 지적 도구이다. 게다가 나는 이론으로 무장했다. 이론을 빈틈없이 보여 주었고, 다른 사례에 어떻게 적용할 수 있는지도 보여 주었다. 출판사에 원고를 넘긴 1978년부터 책이 출간된 1979년까지 나는 초청 강의를 하러 다니느라 전국을 누볐다. 그렇게 해서 유명한 젊은 학자 명단에 이름을 올릴 수 있었다.

**젊은 시절부터 지대한 관심을 받게 되어 즐거웠을 듯하다.**

젊기는 젊었다. 하지만 하버드 시절의 동료들 모두 유명 인사였기 때문에 젊은 학자가 주목을 받는 일이 드물다는 사실을 깨닫지 못했다. 나는 연구 성과를 세상에 분명히 알렸고, 책에 관심이 쏟아지면서 인정을 받기 시작했다. 논쟁이 벌어지기 시작했고 수차례 공격을 받기도 했다. 연로한 학자들은 나를 마르크스주의자라 공격했고, 젊은 학자들은 마르크스주의자가 아니라고 공격했다. 나는 이런 논란을 긍정적으로 본다. 무시되는 것보다는 논란에 휩싸이는 편이 더 좋다.

## 방법과 전망

**1984년에 『역사 사회학의 방법과 전망』을 편저했다(Skocpol 1984). 매 장마다 주요 역사 사회학자의 연구와 업적을 다뤘다는 점이 이 책의 특징이다. 책을 펴낸 동기를 말해 줄 수 있나? 목표한 바가 무엇인가?**

비교 역사 연구는 대단한 잠재성을 지녔지만, 분야 자체가 워낙 고립되어 있어서 연로한 학자들의 전유물이 되어 가는 것을 젊은 교수로서 실감했다. 비교 역사 연구의 잠재력을 끌어내려면 선행 연구자들이 남긴 성과를 정식화하고 제도화할 필요가 있다고 느꼈다. 비교 역사 연구를 위한 모델을 설정하고, 사람들이 방법론을 공부할 수 있는 유용한 참고서를 만들고자 했다. 젊은 나이였지만, 나 스스로는 내가 학계에서 의제를 설정하고 단체를 설립하는 역할을 해야겠다고 생각했다. 『국가와 사회혁명』에 쏟아진 찬사 덕에 이런 일을 해낼 수 있다는 자신감을 얻은 것 같다. 당시 나는 역사 사회학 분야에서 나타나고 있던 다른 움직임들에 대해 알고 있었다. 예를 들어, 찰스 틸리는 폭력에 대한 양적 연구[15]의 방향으로 점점 더 기울면서 방법론과 관련된 학회를 꾸리는 일을 하고 있었다. 또 월러스틴은 거대 이론을 제시하며 사람들에게 이를 권하고 있었다(Wallerstein 1974). 나는 그의 접근법이 꺼림칙했다. 거대 이론을 만들어 놓고 사람들한테 그걸 믿으라고 한다는 게 마치 막다른 골목으로 밀어 넣는 것 같이 느껴졌다. 하버드에서 강의하던 시절이라 자기 업적을 남기고 싶어 하는 총명한 대학원생과 학부생이 주위에 많았다. 그래서 '스카치폴 이론'을 만드는 대신에, 방법론에 대한 감각, 즉 연구 문제를 설정하고 이 문제들과 씨름하는 최선의 방법은 무엇인지를 논증하는 것에 대한 감각을 키워 주려고 노력했다. 비교 역사학계에 '우리'라는 인식도 심어 보고 싶었다. 그래서 각자 흥미롭고 훌륭한 연구를 하던 젊은 비교 역사 사회학자들을 회의에 불러들여, 이미 고전이 된 연구를 포함한 선행 학자들의 연구 성과를 보여 주고 이를 비판하는 책을 구상하기 시작했다. 비교 역사 사회학 방법론의 변천사도 그려 보기로 했다. 어떻게 보면 과거 학자들의 연구에 대한 탁상공론이라고도 할 수 있어서 성공적인 프로젝트가 될지는 미지수였다. 그러나 기대 이상으로 매력적인 프로젝트가 되었다. 젊은 비교 역사학자들은 사회변동을 설명하는 데 있어서 계급 관계의 역할이나 계급 갈등 대 지정학, 정치 조직의 대립 등에 대해 재미있으면서도 유효한 논의를 내놓았다.

**『역사 사회학의 방법과 전망』에서 아홉 명의 학자를 소개했다.[16] 어떻게 선정했나?**

　　　　　동시대의 대가는 내가 선정했고, 내가 넣고 싶은 사람 중 젊은 연구자들이 글을 쓸 준비가 된 학자를 추가하는 식으로 진행했다. 페르낭

---

15 Tilly with Shorter(1974) 참조.

16 페리 앤더슨, 라인하르트 벤딕스, 마르크 블로크, 슈무엘 아이젠슈타트, 배링턴 무어, 칼 폴라니, E. P. 톰슨, 찰스 틸리, 이매뉴얼 월러스틴.

브로델Fernand Braudel도 계획에 있었는데 다니엘 시로Daniel Chirot가 마르크 블로크를 쓰고 싶다고 해서 블로크로 대체했다. 책을 편저하는 작업에는 각 장을 맡은 젊은 연구자와 협상하는 과정도 포함되었다.

『역사 사회학의 방법과 전망』에서 소개한 학자는 모두 유럽을 연구했다. 실제로 유럽인이 대부분이기도 하다. 비유럽계 학자나 유럽 외 지역연구자를 포함할 계획은 없었나?

그 시절 대부분의 사회학자와 마찬가지로 나 역시 뒤르켕과 마르크스, 베버를 이론의 기초로 삼고 있었다. 이론적 아이디어를 다시 쓰는 과정에서 이들의 연구가 하나의 기반을 이룬 것은 당연한 일이다. 제3세계 연구자까지 다루었다면 너무 멀리 나간 작업이 되었을 듯하다.

『역사 사회학의 방법과 전망』에 대해 스스로 총평해 본다면? 목표한 바를 달성했는가?

완벽하게 성공했다고는 생각하지 않는다. 종신 재직권 심사 당시 여러 사람이 편저한 일종의 주석서에 너무 과도한 투자를 한 것이 아니냐는 비판이 제기되었는데, 타당한 면이 있는 평가라고 생각한다. 내가 그 책을 했던 것은 학회를 만드는 작업의 일환이었고, 그런 면에서는 분명 성공했다고 본다. 프로젝트를 진행하고 젊은 연구자들을 끌어모으는 과정에서 내가 하고자 했던 접근법을 제대로 자각할 수 있었다.

『역사 사회학의 방법과 전망』을 다시 쓸 기회가 생긴다면 어떤 점을 다르게 하고 싶나?

    그냥 쓰지 않는 편이 좋을 듯하다. 학계에 공헌한 책이기는 하지만, 의제를 설정하는 역할을 했던 『국가를 제자리로』만큼 중요한 책인 것 같지는 않다.


## 국가를 제자리로

『국가를 제자리로』는 피터 에번스, 디트리히 뤼셰마이어와 공동 작업했다. 어떻게 이들과 함께 작업하게 되었나?

    언젠가 브라운 대학에 재직 중이던 피터와 디트리히가 제안이 있다며 하버드 대학에 나를 찾아왔다. 사회과학연구협의회에서 연구기획위원회를 운영 중인데 우리가 지원을 해보자는 제안이었다. 피터는 브라질의 경제 발전에 관한 자신의 연구와 국가와 정치에 관한 내 연구 사이에 수렴 가능한 지점이 많다는 것을 간파했다고 한다. 우리는 이후에도 논의를 이어갔다. 자리만 보이면 앉아서 끝도 없이 토론했고, 사회과학연구협의회에 보낼 서류도 준비했다. 사회과학연구협의회는 우리의 제안에 긍정적인 반응을 보인 동시에 기금 조성을 요구했다. 아이디어는 있지만 돈은 없던 우리는 얼마 후 연구기획위원회를 위한 회의를 가지기로 했다. 그리고 회의를 마친 후에 함께 책을 만들기로 결정했다. 『국가를 제자리로』는 지금껏 내가 쓴 책 중 가장 체계적이고 계획적으로 의제를 설정한 책이다. 우리는 행위자이자 구조로서의 국가가 경제 발전과 공공 정책, 민주주의 같은 중대한 결과에 영향을 미치는 방식에 대한 개념에 기초해 책에 무엇을 넣고 무엇을 뺄지 결정했다. 회의에서 발표된 글들 가운데 몇 편은 출간하고 싶었으나 그렇지 않은 글들도 있었다. 이런 결정은 우리보다 한참 선배라고 할 수 있는 사회학계 실세의 논문을 거절하는 상황이 올 수도 있다는 것을 뜻했다. 몇 편의 논문은 직접 수정을 하기도 했다. 원저자에게 수정 원고를 보여 준 후에 "원래 하려던 말이 이것 맞죠?"라고 통보하는 식으로 작업했다. 주제를 명확히 드러내고, 주제의 여러 측면을 살필 수 있는 이론적 틀을 책에 담고 싶어서 새 논문도 공모했다. 동시에 회의 참석자에게서 지지를 이끌어 내 1백 쪽짜리 제안서를 사회과학연구협의회에 제출했고, 사회과학연구협의회는 이를 받아들여 국가-사회구조위원회Committee on States and Social Structures를 구성하게 되었다. 위원회에는 피터 카첸스타인과 스티븐 크래스너Stephen Krasner, 아이라 카츠넬슨 같은 정치학자도 포함되었다. 그렇게 해서 우리의 연구는 정치학 쪽으로 이동하기 시작했다. 그때쯤에는 시카고 대학에서 사회학과 정치학 양 분야를 강의하고 있었기 때문에 나 역시 정치학자라고 할 수 있었다. 회의를 연이어 추진했고, 정기간행물도 만들었다. 하지만 이 모든 과정을 통틀어 『국가를 제자리로』라는 책 자체가 가장 훌륭한 성과가 아니었나 생각한다. 이 책은 요즘도 자주 인용된다.

**『국가를 제자리로』를 함께 작업하면서 세 사람 간의 사이는 어땠나?**

사이가 참 좋았다. 우리는 만나고 또 만나면서, 에번스의 국가-사회의 시너지 효과state-society synergies[17]와 연계된 자율성embedded autonomy에 관한 연구(Evans 1995), 내 『병사와 어머니 보호하기』(Skocpol 1992), 뤼셰마이어의 민주화 연구(Rueschemeyer, Stephens, and Stephens 1992) 등 각자의 연구에 녹아 들어가게 된 아이디어를 긴 시간에 걸쳐 주고받았다. 디트리히는 피터와 나보다 한 세대 위의 인물로 멋진 지식인이다. 그는 고전 사회학 이론에 관한 선행 지식과 민주화 같은 실질적인 문제를 이해하려는 열정을 잘 조화시켰다. 피디와 니는 이 프로젝트를 어떻게 추진해 나갈지 거듭 상의했다. 동일한 프로젝트를 공동으로 작업한 것이 아니다. 각자 추진하던 프로젝트에 내포된 공통적이며 이론적인 아이디어를 공유하며 작업했다고 보는 편이 더 정확하겠다. 우리는 사회과학 전 분야에 경각심을 안겨 주고 싶었다. 정치학계와 사회학계에 새로운 연구 방식과 이론을 선사하려 했다. 우리는 비교정치학자들이 지금까지는 일반적인 이론에만 몰두했다는 점을 일깨워 주었고, 이들이 더 전문적인 연구로 방향을 전환하는 데 도움을 주었다.

『국가를 제자리로』에 쏟아진 비판 중 하나는, 특히 정치학계의 합리적 선택이론가들에게서 제기된 비판으로, '국가'라는 개념이 너무 총체적이고 추상적이라는 것이다. 예컨대, 들은 바에 의하면 로버트 베이츠는 프로젝트를 시작할 때마다 "어떤 정치 주체와 대화를 해야 하는가? 특정 주제를 익히기 위해 식사를 같이할 인물은 누구인가?"라고 자문해 본다고 학생들에게 말해 준다고 한다. 국가와 점심을 먹을 수는 없는 노릇이라는 말이다.

왜 못 먹나? 국가 관료와 점심 식사를 할 수 있다. 그리고 이들은 국가권력을 구성하는 당사자이기 때문에 이들이 몸담은 기관 자체가 국가에 귀속된다. 겨우 이런 사실을 깨닫겠다고 국가라는 개념을 구체화할 필요는 없다. 국가기구는 실재한다. 권력관계나 관료들 머릿속의 생각만큼

---

17• 민간 부문이 국가 제도를 강화하고, 국가 제도 역시 민간 부문이 활성화될 수 있는 조건을 만드는 호혜적 관계의 형성을 의미한다.

이나 현실적이며 실재하는 것이다. 사실, 특정한 정책 결정 노선을 되짚어 보고 국가 역량이 무엇을 의미하는지 파헤쳐 가며, 국가라는 개념을 조직적이고 구체적으로 해체해 보는 것이『국가를 제자리로』의 핵심이다. 솔직히 나는 합리적 선택이론가와 역사 제도주의자 사이에 격한 대립이 발생할 만한 모순점이 존재한다고 생각해 본 적이 없다. 게다가『국가를 제자리로』는 합리적 선택이론에 반대할 목적으로 쓰지 않았다.

**그렇다면 무엇에 반대했는가?**

모든 종류의 환원주의, 특히 마르크스주의에서 보이는 환원주의를 비판했다. 하지만 책의 내용은 대체로 긍정적이다. 누군가가 우리 책에 대해 이렇게 말하는 걸 본 적이 있다. "국가 행위와 국가 구조의 영향에 대해 문제를 제기하는 효과적인 방법들을 담고 있는 책으로, 이는 서로 이질적인 여러 연구 문헌들에서 그 유익함이 입증되었다. 이런 방법들을 체계적으로 생각해 본다면, 새로운 분석을 하거나 타 분야에 응용하는 데 영감을 얻을 수 있을 것이다."『국가를 제자리로』는 이런 식으로 의제를 설정한 책이다.

**책에 대한 다른 비판은, 이미 많은 문헌이 국가에 초점을 맞추고 있는 상황에서 '국가를 제자리로' 돌려놓을 필요가 있냐는 것이다.[18] 이런 주장은 어떻게 생각하는가?**

[18] Almond(1998) 참조.

분명히 『국가를 제자리로』는 국가기구와 정책 결정자들을 경험적으로 혹은 이론적으로 다루었던 기존의 여러 연구 문헌들에 기반해 이루어진 책이다. 책의 서장에서 이 사실을 인정했다. 우리가 한 일은 여러 다양한 문헌들이 공유하고 있던 의제와 개념들을 강조한 것뿐이다.

## 비교 연구의 관점으로 본 미국의 사회정책

1980년대에는 복지국가에 관한 비교 연구와 사회정책에 관한 역사 분석으로 연구 주제가 점차 이동했다. 혁명에 초점을 맞추던 초창기와 비교하면 꽤 큰 변화다. 계기가 있었나?

『국가와 사회혁명』 출간 후 얼마 지나지 않아 혁명에 관해 더는 쓰고 싶지 않다는 생각이 들었다. 학자로서의 내 전략이 생산적인 결과가 나올 만한 문제들을 선정해서 그것을 이용해 이론적인 문제들을 퍼즐 맞추듯 풀어 가는 것이기도 하거니와, 새로운 주제로 넘어가고 싶기도 했다. 혁명 전문가로 남을 마음이 없어서 『국가와 사회혁명』을 쓰고 난 후에 꽤 신속하게 다른 주제로 전환했다. 1980년 초에 이미 뉴딜에 관한 글을 출간했다(Skocpol 1980).

**어떤 연유로 뉴딜에 관심을 갖게 되었나?**

국가와 관련한 마르크스주의 논쟁의 중심에 뉴딜이 있었다. 뉴딜이라는 이론적 쟁점을 마주한 나는 나름대로 '배링턴 무어식 작전'을 펼쳤다. 이 말은 뉴딜의 역사를 공부하기 시작했다는 뜻이다. 하버드 대학원생이던 케네스 파인골드와 함께 미국의 국가 자율성에 관한 이론적 아이디어를 펼쳐 나갔다(Skocpol and Finegold 1982; Skocpol and Finegold 1990; Finegold and Skocpol 1995).

**미국 정치를 연구하는 데 비교 역사 연구 경험은 어떤 영향을 주었는가?**

미국 정치 연구의 대부분이 전체적인 맥락은 제쳐 두고 특정 절차에만 집중한다. 예를 들어, 투표, 이익집단이나 정당 같은 조직 하나, 아니면 연방 정부의 부서 한 곳 등을 다루는 것이다. 비교 역사를 바탕으로 미국 정치를 연구하면 장기간에 걸친 변화의 궤도를 파악할 수 있고, 다양한 변수를 알고 있기 때문에 정치나 정책 결정, 제도 개선과 관련한 질문을 제기할 수 있다. 내 연구에는 정말 딱 들어맞았다. 미국의 복지 제도를 연구할 당시 나는 미국에는 없었던 사민주의 모델이나 유럽의 복지국가를 다룬 비교 연구서에 푹 빠져 지냈다. 나는 앞서 말한 사항을 염두에 두고 미국 사례를 연구하기 시작했다(Skocpol and Orloff 1984; Skocpol and Weir 1985; Weir, Orloff, and Skocpol 1988).

**1992년에 미국 사회정책 발전의 역사를 다룬 『병사와 어머니 보호하기』를 출간했다. 책의 서문에는 잊혀 있던 러비노우의 오래된 책 『사회보장, 미국의 조건을 중심으로』**Social Insurance, With Special Reference to American Conditions**(Rubinow 1968)를 우연히 발견하게 되었는데, 그 책이 남북전쟁 참전 용사들에게 지급된 연금을 미국의 주요 사회정책으로 묘사하고 있었다는 이야기가 있다.[19] 러비노우의 책을 발견한 덕분에 미국이 조숙한 복지국가였다는 사실을 알아냈고, 유럽에 뒤쳐진 느림보 국가라는 관점을 뒤집을 수 있었다. 이 책의 발견이 『병사와 어머니 보호하기』를 쓰는 데 차지한 비중은 어느 정도인가? 러비노우**

**의 책을 우연히 발견하지 못했다면 『병사와 어머니 보호하기』의 내용은 달라졌을 것이라 생각하나?**

비교 연구나 미국 연구를 통틀어 남북전쟁연금을 주요 사회정책이라고 강조한 참고문헌이 없었으니 아마 달라졌을 것이다. 이 책을 쓴 과정은, 왜 우리가 통념에 회의적일 필요가 있고, 새롭고 놀라운 사실에 열린 자세를 취해야 하는지를 보여 주는 전형적인 사례라고 할 수 있다. 역사학자 마르크 블로크는 다른 연구 방식으로는 놓치기 쉬운, 깜짝 놀랄 만한 유사점이나 차이점을 비교 역사 연구를 통해 찾아낼 수 있다고 주장했다(Bloch 1967). 이 주장을 역으로 생각해 보면 또 하나의 논리가 만들어진다. 딱 한 개의 사례만 조사한다 해도, 그 사례에 있어서는 안 될 무엇인가를 발견하게 된다면, 이것이 또 새로운 질문과 이론으로 발전할 수 있다는 말이다. 러비노우는 글자 그대로 남북전쟁연금이, 사회적 혜택의 공적 제공에 있어서 미국이 유럽을 앞섰다는 점을 보여 주는 주요 사회정책이라고 썼다. 호기심이 생길 수밖에 없었다. 유럽에 비하면 미국은 느림보일 뿐이라고 주장하는 기존의 모든 문헌에 반하는 내용이었고, 단순히 생각해 봐도 1913년에 미국이 복지 정책을 선도했을 것 같지는 않았기 때문이다. 처음 러비노우의 주장을 접했을 때는 회의적이었지만 뭔가 나올 것 같은 예감이 들어 계속 연구를 진행했다. 러비노우의 주장이 경험적으로 틀리지 않다는 것을 깨달은 후에는, 남북전쟁연금에 관한 러비노우의 연구를, 당시 읽고 있던 초창기 미국에 관한 책, 특히 19세기 미국 정치에서 [지지자에 대한 수혜를 대가로 표를 동원하는] 엽관 정당patronage party의 주된 기능을

---

**19** 책의 초판은 1913년에 출간되었다.

다룬 스코로넥의 연구와 연결해 보았다(Skowronek 1982). 나는 남북전쟁 연금과 엽관 정당 사이에 관련성이 있다고 생각하기 시작했다. 공화당이 연금 법안을 발의했기 때문이다. 이것으로 나는 러비노우의 조사가 옆길로 샌 연구가 아니라, 내가 발전시키던 중인 엽관 정치 이론으로 설명 가능한 사실이라는 것을 깨달았다. 나는 오늘날과는 다른 시각으로 자신의 시대를 해석한 러비노우를 통해, 그리고 역사 읽기를 통해 연구를 진행할 수 있었다.

**감에 의존한 연구, 그것도 우연히 발견한 책을 근거로 한 연구는 통상적인 과학연구 모델과는 거리가 있어 보인다. 누군가 『병사와 어머니 보호하기』를 즉흥적이고 요행을 노린 책이며 과학적으로도 무효라고 일축한다면 어떻게 반응하겠나?**

[토머스 쿤이 말하는] 정상과학 모델처럼 기존의 이론을 검증하는 것만이 할 일이며 혁신 따위는 필요 없다고 주장하는 것은, 지나치게 발달한 나머지 침체를 겪고 있는 분야에서 나오는 자만심에 불과하다. 이런 분야에서는 필요한 이론과 문제가 이미 다 나와 있으니 그냥 이를 이용하기만 하면 그만이라는 분위기가 지배적이다. 확고하게 자리 잡은 분야의 사람들이 이렇게 생각하는 것이 이해는 가지만, 학자적 자만심의 발로에 지나지 않는다고 본다. 사회과학을 이런 식으로 접근하면 가망이 없다. 사회과학자가 던지는 질문과 전망은 사회적 관심사의 변화에 따라 바뀌기 때문이다. 이론을 엄격하게 검증하는 것도 중요하지만 무엇인가를 발견하는 감각 또한 검증 못지않게 중요하다. 연구자도 사람이기에, 무엇인가를 발견한다는 느낌이 없다면, 연구 과정에서 따분함만을 느낄 뿐이다. 그래서 그런 감각이 더욱 중요하다. 나는 무엇인가를 발견할 때 제일 신이 난다. 러비노우의 책을 발견했을 때는 이미 종신 교수였기 때문에 나 말고 다른

누군가를 위해 무엇인가를 입증할 의무도 없었다. 뭔가 새로운 것을 감지했고, 그것을 그냥 날려 버리고 싶지 않았을 뿐이다. 그것이 나를 어디로 데려가든지 간에 지적으로 끌리는 길을 걷기로 결심한 것이다.


**초기 연구, 특히 『국가를 제자리로』와 관련해서 볼 때, 『병사와 어머니 보호하기』의 새로운 측면 가운데 하나는 국가 중심적 접근법에서 본인이 '정체polity 중심적' 접근법이라 명명한, 국가와 사회적 행위자들 간의 상호작용을 좀 더 강조하는 접근법으로 전환했다는 데 있다. 이런 전환의 이유는 무엇인가?**


그냥 이름표를 바꾼 것에 지나지 않는다. 나는 지금껏 행한 모든 연구에서 사회집단과 국가, 정치의 상호작용을 파악해 왔다. 다만, 관료주의를 다룬 책으로 오인하지 말라는 의미에서 변화를 주었을 뿐이다. 안타깝게도 '국가 중심적'이라는 이름표가 붙으면 관료가 모든 것을 좌지우지한다는 이론으로 여겨져 사람들에게 묵살되는 경우가 많다. 『국가를 제자리로』 역시 그런 주장을 한 책이 아니다. 물론 특정한 집단적 상호작용의 조건 아래서는, 국가와 정치조직들의 관료, 당 지도부, 여타 공무원들이 자율적 행위자일 수 있다고 책의 서문에 쓴 바 있다(Skocpol 1985a).[20] 그러나 나는 또한 국가와 제도가 정치와 관련된 집단들의 목표, 정체성, 연합 등에 어떻게 영향을 미치는지 강조하면서 국가와 정치조직의 영향력을 다른 방식으로 볼 수도 있다고 주장했다. 『병사와 어머니 보호하기』에서는, 예전에 내가 『국가를 제자리로』에서 '토크빌주의'라고 부른, 후자의 아이디어

---

[20] 스카치폴은 이를 '토크빌주의적' 관심과는 내조적인 '베버주의적' 관점이라 부른다.

를 강조했다. 내 기억에는 하버드 대학 동료 피터 홀이었던 것 같은데, 어쨌든 동료에게서 "『병사와 어머니 보호하기』에 담긴 내용은 잘 짜인 정치체 접근법이더군요"라고 쓰인 이메일을 받은 적이 있다. 나는 그 이름표를 수용하기로 결정하고 책의 서문에서 토크빌주의나 정치체 중심적 연구가 무엇을 뜻하는지 수차례에 걸쳐 자세히 설명했다. 정치체 중심적 연구로의 전환은 강조점이 바뀐 것을 의미하는 동시에 비민주적 맥락의 혁명 연구에서 민주적 맥락의 정치 연구로 방향을 전환한 것과도 관련이 있다.

**첫 번째 책인 『국가와 사회혁명』과 비교해 『병사와 어머니 보호하기』가 미친 영향을 평가한다면?**

비교의 범위와 방법 측면에서 『국가와 사회혁명』이 영향력은 더 컸다고 할 수 있다. 하지만 『병사와 어머니 보호하기』가 비교 방법의 측면에서 더 잘되어 있는 일국적 사례연구라는 점에서 더 나은 책이다. 내가 가장 좋아하는 책이기도 하다.

**좋아하는 이유는 무엇인가?**

일단 내 나라의 역사를 해석했기 때문에 애국자로서 뿌듯하지 않을 수 없다. 내게는 딱히 코스모폴리탄적인[범세계주의적인] 면이 없다. 또한 『병사와 어머니 보호하기』는 내 나름의 독창적인 기초 조사를 바탕으로 하고 있다. 과거에는 아무도 다룬 적이 없는, 정책 결정과 관련한 여성단체의 기능을 발견해 냈다. 끝으로, 정교하게 잘 쓰인 책이라고 생각한다. 완성하는 데 8년이라는 긴 시간이 걸렸는데, 『국가와 사회혁명』에서 보여 주지 못한 강렬하면서도 우아한 글을 써냈다. 이런 이유로 내가 가장 좋아하는 책이다.

**왜 그리 오래 걸렸나?**

처음에 생각했던 방향은 좀 달랐다. 원래는 복지국가 미국의 발전 과정 전체를 분석 대상으로 정했다. 그런데 3분의 1 정도 진행하고 나서, 1870년대에서 1920년대로 대상을 한정해야겠다고 불현듯 마음을 바꿨다. 그 기간에 한해서는 강력하고 독창적인 주장이 가능하겠다는 판단이 섰기 때문이다.

## 시민 참여에 대한 최근 연구

**근래에는 미국 내 시민 참여의 장기적인 변화상에 초점을 맞추고 있다. 어떻게 이 주제에 관심을 갖게 되었나?**

항상 해오던 대로, 맞춰야 할 퍼즐, 즉 기존의 이론과 들어맞지 않는 역사적 사실을 발견한 것이 출발점이다. 미국의 시민 참여를 두고 1990년대에 벌어진 논쟁의 핵심은, 시민의 자발성이 지역적인 수준에서 그친다는 것이다.[21] 『병사와 어머니 보호하기』를 쓰는 동안, 다수의 자발적 결사체가 국가 전역에 널리 퍼져 있다는 증거를 찾았기 때문에 그와 같은 주장에 의구심이 들었다. 큰 규모의 자발적 연합이 몇 개나 존재했는지 몰라서 학생들로 이루어진 팀을 구성해 경험적 데이터를 수집했다. 대규모의 회원제 단체가 얼마나 있었는지, 언제 설립되었는지, 또 어떤 형태인지 알고 싶었다. 그리고 다음과 같은 놀라운 발견을 했다. 역사적으로 미국 시민의 자발성은 대규모의 결사체 내에 제도화되어 있었고, 각 단체는 국가의 구조를 모방하고 반영해 가며 지역사회를 이끌었다는 것이다. 하지만 이런 양상은 1960년대 베트남전쟁과 민권운동의 국면에 이르러, 당파적 양극화가 시작되고 이것이 기존의 자발적 단체들을 전문적으로 운영되는 독립 단체들로 급격히 탈바꿈시키면서 변화하기 시작한다. 최근에 『민주주의의 쇠퇴』(Skocpol 2003a)라는 꽤 두꺼운 책의 집필을 마쳤는데, 1965년 이후 자발적 결사체의 출현과 그 급진적 변화상을 담은 책이다.[22] 『민주주의의 쇠퇴』는 미국 역사 전반을 다루지만, 이전에 쓴 다른 책처럼 조밀하거나 상세한 편은 아니다. 이제 미국 사회와 정치 문화의 중요한 구조적 특징 가운데 하나인 자발적 결사체의 흥망을 보여 주었으니, 남은 과제는 1960, 70년대 급진적 전환 시점을 설명하는 일이다. 이 시점은 미국 정치 문화에 대해 함축하는 바가 정말 크다.

**향후에도 비교 연구를 할 생각인가?**

그래야 할 것 같다. 자발적 결사체가 미국의 국가기구를 모방한다는 사실을 확인하자, 과연 다른 분야에서도 시민사회가 국가 구조를 반영하는지 궁금해졌다. 자발적 결사체에 끼친 전쟁의 여파 역시 비교 연구

21 Joyce and Schambra(1996) 참조.

22 Fiorina and Skocpol(1999) 참조.

대상이다. 그러니 비교 연구로 되돌아가야 할 듯하다. 되돌아가던 그렇지 않던 간에, 나는 언제나 비교를 통해 답을 구하는 미국 정치 연구자로 남을 것이다.

**비교정치와 미국 정치 양 분야에 폭넓은 경험이 있으니 꽤 독특하면서도 유리한 고지를 점한다고 할 수 있겠다. 이 두 분야가 연결되는 지점은 무엇인가? 서로 도움을 줄 수 있는 방법은?**

미국 정치학에는 비교정치학 명저에서 볼 수 있는, 시간적으로나 공간적으로나 폭넓고 깊이 있는 전망이 필요하다. 그리고 어떤 종류의 연구를 계획하든 미국의 '사례'는 다른 사례와 비교해 봐야 한다.

**연구 관련 인터뷰를 정리하는 의미에서 묻겠다. 현시점까지 최고의 이론이라 자부하거나 기여도가 가장 높다고 생각하는 연구는 무엇인가?**

내가 이야기하기는 어려운 문제이지만, 일단 국가 행위자들이나 정치조직의 지도자가 정치적 결과에 독립적인 영향을 미칠 수 있다는 사실을 보여 주었다는 점을 들 수 있을 것 같다. 나는 정부 기관과 정치조직이 간접적으로 정치 행위자들의 목표, 정체성, 이해관계, 연합 등을 어떻게 만들어 내는지를 연구해 왔다. 이것이 바로 내가 혁명과 사회정책의 발전상, 자발적 결사체들의 등장과 변화를 설명하면서 이끌어 낸 핵심 아이디어이다. 또 나는 경험적 현실에 기반을 두면서도 분석적으로도 엄밀한 비교 역사 연구의 힘과 가능성도 보여 주었다. 다른 사람들이 이용할 수 있는 비교 역사 연구의 방법과 나아가야 할 방향을 보여 주는 사례들을 제공해 주었다고 생각한다.


**기대 이하의 반응을 얻거나 도외시되었다고 느낀 연구는 없나?**


이미 많은 책과 논문을 썼는데, 앞으로는 더 많이 쓸 생각이다. 주요 저서는 지대한 관심을 끌었고, 나는 인용 횟수가 많은 사회과학자 중 하나가 되었다. 그러니 불만은 없다. 그렇지만 『부메랑』(Skocpol 1996)이 상업적으로 성공하지 못한 점은 아쉽다. 정부 정책과 관련한 시의성 높은 주제를 다루었는데, 출판인이 병에 걸리는 바람에 출간이 한 달이나 늦어졌다. 존슨Haynes Johnson과 브로더David Broder의 『시스템』*The System*(1996)[클린턴 정부의 의료보험 개혁 실패를 다룬 책]이 출간된 후라 더 치명적이었다. 물론 내 책은 건재하다. 주요 저서가 세상에 나온 지 꽤 오래되었는데도 여전히 강의 교재로 쓰이고 있고, 책이 정말 흥미로웠다며 학생들이 이메일을 보내올 때마다 자부심을 느끼지 않을 수 없다. 글을 쓸 때 가장 염두에 두는 점은 그 순간만을 위해 쓰지 않는다는 것이다. 훌륭한 비교 역사 연구에는 신문 일면의 헤드라인이 바뀌더라도 사라지지 않고 견뎌 내는 전망이 담겨 있어야 한다.

## 과학

자신을 과학자라 생각하는가?

물론이다. 항상 그렇게 생각해 왔다. 경험적 증거에 반하는 이론적 아이디어들을 검증해 보는 것은 우리가 해야 할 일이 아니라는 주장이나, 포스트모더니즘과 관련한 모든 주장을 참아 줄 수가 없다. 이 세계가 실재하는지 아닌지를 따지는 철학에도 관심이 없다. 내 관심사는 가설을 세우고 검증해 보는 것이다.

**우리가 오늘 연구하고자 하는 현상은 당장 내일이 오면 아무런 의미도 없는 것이 될 수 있다. 예측 불가능한 사회적이고 정치적인 세계에 과학이란 것이 과연 존재할 수 있나?**

우리가 제기하는 질문들은 분명히 긴급한 현실 세계의 문제들과 규범적 관심사로부터 나오는 것이며, 이런 것들은 자연스레 시간에 따라 변하기 마련이다. 과거에 대한 우리의 시각은 끊임없이 바뀌는데, 그게 나를 괴롭히는 문제는 아니다. 그러나 오랜 시간과 넓은 공간에 걸쳐 존재하는 특정 현상에 의구심이 든다면, 그 변화상과 이를 설명하는 가설을 주의 깊게 조사해야 한다. 그리고 이런 조사에는 가설을 지지해 주거나 반박해 줄 수 있는 체계적 증거가 필요하다. 이와 같은 조사 과정이 부분적으로는 귀납적이고 부분적으로는 연역적인, 과학의 영역에 속하는 것은 틀림없지만, 모든 것을 단번에 모델화하려는 포부와는 거리가 있다. 사회과학이기 때문이다.

## 연구 주제

**당신은 혁명의 원인과 결과, 사회정책의 역사적 기원 등 거대하고, 인간적으로 중요한 문제들을 탐구해 왔다. 그 이유는 무엇인가?**

학자의 소명 의식이기도 하고 개인적인 이유이기도 하다. 미국에서 학자는 시간이 지나면 종신 교수가 되어 높은 연봉을 받는데, 한 가지에만 골몰하는 일은 정당화될 수 없다. 사회에서 문제시되는 주제를 연구해야만 한다. 물론 고도의 테크닉이 필요한 과학적 연구가 최선의 방법인 경우도 있다. 그러나 나를 포함한 사회과학자 모두가 전문가가 아닌 일반 대중의 입장에서 생각해 보는 것이 중요하다. 학자의 소임 중 하나는 동료 시민이나 학부생 같은 비전문가를 만나 그들이 이해할 수 있는 방식으로 자신의 연구를 설명해 주는 일이다. 개인적인 이유로는, 혁명이 어떻게 일어나는지, 복지국가로서의 미국은 어떻게 발전했는지 등의 상상력을 자극하는 주제를 연구하는 것이 즐겁다는 점을 들겠다. 비교 역사 연구를 통해 미래를 대비한 지침을 얻을 수 있다고 나는 믿는다. 특히 내가 속한 사회를 탐구할 때, 내 연구는 내 정치적 견해와 밀접한 관련을 맺는다.

중요한 연구 문제는 학문적인 측면과 현실적인 측면을 모두 갖추고 있어야 한다(Skocpol 2003b). 어떤 이들은 이전의 학문적 논쟁들이나 이론들로부터 나온 퍼즐들만을 연구해야 한다고 말한다. 이런 견해는 다분히 문제가 있다고 생각한다. 학문 내적인 논쟁에서 나온 퍼즐들에만 초점을 맞출 경우 현재 진행 중인 정말 흥미로운 주제들을 놓칠 수 있기 때문이다. 새로운 주제는 현실 세계에서 나오기도 하고, 역사를 되짚어 보다가 다른 이들이 놓친 무엇인가를 발견하는 데서 나오기도 한다. 중요한 주제는 두 부류의 청중에게 말할 수 있어야 한다. 이 문제가 왜 중요한지 외숙모에게 설명할 수도 있어야 하고, 또 전문가와 학문적 토론을 벌이면서 "우리는 이 주제를 탐구해야 합니다. 답을 알아낸다면 더 높은 차원의 이론적 논쟁을 가능하게 하는 지렛대를 얻는 셈이죠"라고 주장할 수도 있어야 한다.

**사회과학자라면 외숙모에게 명확히 설명하기 힘든 주제를 연구해 보고 싶을 때도 있지 않을까? 이런 주제는 제외해야 한다는 말인가?**

솔직히 외숙모에게 설명 못할 사회과학 연구는 없다고 생각한다. 많은 학자가 전문용어를 써가며 말해야 한다고 여기는 것 같은데 전혀 그렇게 할 필요가 없다. 비전문가로 구성된 청중에게 연구의 복잡한 사항을 하나하나 설명할 것까지는 없으나, 왜 그들이 이 문제에 관심을 가져야 하는지, 그리고 왜 내가 관심을 가지고 있는지를 말할 수 있어야 한다. 문제 제기는 이런 차원에서 하는 것이다.

**모든 사회과학자가 인간적으로 중요한 문제에만 관심을 쏟아야 한다는 말인가? 비전문가의 관심사에서 몇 걸음 떨어진 '기초연구'를 하는 학자가 발 디딜 곳은 없나?**

다른 학자에게 도움을 주는 지식이나 테크닉을 개발하는 사람들의 영역도 당연히 존재한다. 그러나 일반 대중에게 중요한 문제는 무시해도 그만이라는 주장으로 학계 전체를 집어삼키려는 생각은 위험하다. 물론, 예를 들어, 분석적 방법론자가 연구할 수 있는 공간도 당연히 있어야 한다. 그곳에서 소수만 알아듣는 연구를 하더라도 이것이 학계에 크게 기여할 수도 있는 것이다. 마찬가지로, 현재와는 거리가 먼 과거의 제도 발전 과정과 변화상을 퍼즐 맞추듯 연구하는 학자가 비교 역사 연구 분야에 존재하는 것도 전적으로 좋은 일이다. 첫째, 본질적으로 흥미를 끄는 주제이니 좋고, 둘째, 그런 주제를 연구하는 이들은 뜻밖의 아이디어로 방법론적 혹은 이론적 기여를 해서 다른 학자에게 도움을 줄 수 있으니 좋다. 동시대의 공적인 문제를 압축적으로 보여 주는, 순수하게 실용적인 사회과학만을 추구하라는 주장이 아니다. 다원성을 주장하는 것이다. 사회과학계는 복잡한 곳이라 경주마 한 마리에 모든 판돈을 거는 것은 매우 우려할 만한 일이다. 창조력은 다원성에서 나오기 때문에 우리는 다원주의를 구축하는 방법을 찾아내야 한다. 젊은 학자들의 흥미로운 작업들 가운데 몇몇은 선배 학자들이 붙잡고 싸웠던 주제들을 신중하게 아우르는 과정에서 나온 것이다. 이런 공간을 보존해야 한다.

## 논쟁

초창기 연구 중 두 가지는 배링턴 무어와 이매뉴얼 월러스틴의 대표작을 비판한 것이다. 이런 비판 덕에 혁명과 장기적인 발전 과정에 관한 독자적 이론의 틀을 만들 수 있었다. 다른 학자의 연구를 접하고 논쟁하는 일은 의식적으로 하는 일인가?

항상 다른 이들의 연구를 비판해 가며 내가 생각하는 바를 진전시켜 왔다. 다른 학자의 연구에서 어떤 면은 옳고 어떤 면은 그르다는 것을 파악하는 일은 언제나 재미있다. 나는 사회과학을 매우 논쟁적인 분야라고 여긴다. 내 주요 지서는 기존의 이론, 특히 내가 존경하는 연구를 반박하거나 대화를 나누는 것에서 촉발되었다. 대수롭지 않은 주제를 두고 논쟁할 마음은 없다. 아직 틀린 점이 있긴 하지만 옳은 구석이 있는, 특히 중대한 주제를 택하고, 정당한 문제 제기를 하며, 적절하고 대담하게 주장을 펼치는 학자와 논쟁하는 것을 좋아한다. 무어와 월러스틴 모두 이런 기준을 충족한다.

**논쟁을 통한 연구의 단점도 있을 것 같다.**

당연하다. 너무 몰두하면 고유의 아이디어를 발전시키지 못하고 논쟁 자체에 빠질 가능성이 있다. 그래서 학자로서 성숙해지고 자부심을 기른 후에는 나만의 이론을 개발하는 데 더 초점을 맞추고 있다. 하지만 시민 참여에 관한 최근 연구도 어느 정도는 사회적 자본을 연구하는 대다수 학자들이 틀렸다는 확신에서부터 시작되었다. 타인의 이론과 논쟁해 보는 데서 내 이론을 끌어내는 일을 중단하지 못한 것이다. 연구를 이렇게 하면 여러 가지로 재미있어진다. 예를 들어, 대학원 시절에 나는, 한 번 만나 본 적도 없는 월러스틴, 틸리, 페리 앤더슨, 그리고 라인하르트 벤딕스 등의 선배 학자를 잘 알고 있다고 생각했다. 이들의 연구에 정통했기 때문이다. 나중에 실제로 만나게 되었을 때는 이들의 연구를 상세하게 파악하고 있었고 마찬가지로 내 견해도 상세하게 확립한 상태였다. 내게는 대안적 해석이 있었다. 단순히 "프랑스에 관해서는 선배님이 틀렸어요"라고 말하는 수준이 아니다. 앞서 언급한 학자들이 골몰하던 다양한 사례를 또 다른 방식으로 분석하는 방법을 개발한 것이다.

## 역사 분석

**역사 분석을 연구의 근간으로 삼고 있다. 역사 공부의 어떤 점이 좋은가?**

개인의 삶을 다룬 이야기, 특히 개인이 의도하거나 의도하지 않은 결과가 사회구조 안에서 어떤 기능을 하는지 알아보는 일이 좋다. 그리고 역사적 변환의 양상을 지켜보고 그 의미를 파악하는 것에 관심이 많다. 추적해 나가는 재미가 쏠쏠해서 역사 연구는 중독성이 강하다.


**문서 기록들을 뒤지는 작업을 많이 하나?**

그렇지는 않다. 주로 단체와 정부의 문서 기록을 가지고 작업을 한다. [다만] 미국의 정부 기관이나 지방 단체의 역사적 자료들을 추적하는 일은 탐정 업무와 같아서 자료가 어디에 있는지는 물론, 이를 어떻게 얻을 수 있는지도 알아내야 한다. 이 경우 나는 수단과 방법을 가리지 않는 편이다. 예를 들어, 현재 연구 중인 아프리카계 미국인들의 공제 집단들과 관련된 자료 가운데 상당수는 골동품 가게와 인터넷 중고 쇼핑몰 이베이 E-bay에서 수집했다. 내가 원하는 정보가 그곳에 있었다. 도서관에서는 찾을 수 없었다.


**광범한 비교 역사 연구에 도움이 된 것이 있다면?**

꽤 젊은 시절부터 대량의 자료를 읽어 내고, 인과적 논증에 유의미한 양상들을 찾아내는 능력이 있었다. 예를 들어, 어떤 변화 양상에 대한 역사적 설명을 꼼꼼히 읽고 나면, 특히 그것을 시간별로 혹은 사례별로 비교해 볼 수 있을 경우, 어떻게 해서든 사건들을 관통하는 제도적 조건들에 대한 가설을 만들어 보았다. 사람들은 경험적 자료들을 가지고 씨름하기 전에 먼저 이론을 가다듬어야 한다고 생각한다. 하지만 나는 보통 장기간에 걸친 역사적 변화 과정을 탐독하면서 이론적 아이디어를 만든다. 다음 단계에서는 아이디어를 더 철저하게 가다듬고 기존의 이론과 내 견해를 겨뤄 본다. 이와 관련해서 마르크 블로크는, 역사를 연구하고 비교하면 무슨 일이 벌어지고 있는지 가설로 만들 수 있다는 내용의 훌륭한 에세이를 썼다(Bloch 1967). 블로크는 비교 역사를 이론적 영감의 원천으로 보았는데, 내게도 딱 들어맞는다. 나는 세세한 사항에 발목 잡히지 않고 나무가 아닌 숲을 볼 줄 아는 능력도 뛰어나다.

**비교 역사 연구에서 아이러니를 포착하는 능력은 중요한가?**

내가 하는 것과 같은 종류의 비교 역사에는 필수적이다. 나는 의도하지 않은 방향으로 역사가 흘러가는 것에 관심이 많은데, 이 부분이 내 연구의 구조주의적인 면이라 할 수 있다. 의도치 않은 결과는 내가 역사적 사회과학을 하는 지극히 중요한 이유가 된다. 요즘 벌어지고 있는 논쟁과 연관시켜 예를 들어 보면, 현대 합리적 선택이론가들이 수행하는 연구의 상당수가 순환적 기능주의라 할 수 있다. 그들은 제도를 살펴보고, 그 제도가 누구의 이해관계에 복무하고 있는지 물어보고는, 결국 그 이해관계를 가진 사람들이 그 제도를 설계했다고 말하는 것이다. 그런데 나는 순전히 의도적으로 설계된 제도는 없다고 본다. 제도는 갈등 속에서 만들어지며, 설계자가 애초에 목표한 바를 성취할 수 없는 구조라고 생각한다. 내가 처음으로 혁명에 관심을 갖게 된 것도 이 의도치 않은 결과 때문이다.

혁명이 가져온 결과는 혁명을 일으킨 모든 이의 기대와 희망을 완벽하게 무너뜨린다. 역사의 가혹한 아이러니를 기민하게 포착하는 능력은 배링턴 무어의 세미나에서 배운 것이다.


**역사적 연구를 할 때 일종의 효능감을 느낀다고 이야기하면서 이는 부분적으로 비교 역사 연구가 미래의 정치적 가능성을 조명할 수 있다고 생각하기 때문이라고 언급한 적이 있다. 지금까지의 연구 중에서 그런 예를 든다면 뭐가 있나?**


미국 사회정책의 발전사를 연구하면서 나는, 역사적으로 미국이 다양한 계급을 포괄하는 광범위한 사회복지 프로그램을 가지고 있었으며, 이를 통해 선거에 영향을 미치는 유권자들에게 보조금을 제공했다는 사실을 발견했다. 이런 종류의 복지 프로그램은 보통 지속 가능성이 높았고 시간이 지날수록 점점 확대되어 많은 시민의 복지를 증진시킬 수 있었다. 미국의 사회정책의 역사적 양상에 관한 지식은 앞으로 이 프로그램을 유지할 것이냐 아니면 중단할 것이냐를 결정하는 데 유용할 수 있다. 뉴스에서 연일 접하는 사회보장제도를 둘러싼 대립을 예로 들어 보자. 사회보장제도를 민영화하려는 부류는 민주주의에서, 특히 미국식 민주주의에서 여러 계급을 아우르는 프로그램이 지속 가능성이 높다는 사실을 매우 잘 알고 있다. 이들은 정부가 강력한 사회정책을 실시하는 것을 원치 않기 때문에 중산층을 제외시켜서 이를 해체하고 싶어 한다. 역사를 연구하면 어느 하나 분명한 구석이 없어 보이는 동시대의 정치를 이해할 수 있는 방법이 생기고, 현행 정책 결정에 관심을 가진 사람들과 대화를 할 때 나만의 정치적 판단이 가능해진다.

현재는 과거와 유사할 수 있지만 완벽히 동질적일 수는 없다. 시간에 따라 변하는 요인이 있기 때문이다. 과거로부터 잘못된 결론을 이끌어 내는 일이 없도록 하려면 어떻게 해야 하나?

역사적 맥락을 꿰뚫고 있는 연구일수록 핵심적인 과정에서 차이를 불러일으키는 맥락의 변화를 더 잘 포착해 낼 수 있다. 덕분에 역사 연구자는 타 분야에 비해 지나친 일반화를 피할 가능성이 높다. 그러나 잘못된 유추를 완벽하게 막을 방법은 없다. 현재나 미래는 결정적인 것이 아니며 당연히 우리의 통제 범위를 벗어나 있기 때문이다.


## 사회 이론

**당신의 연구에서 사회 이론과 정치 이론은 어떤 역할을 하는가?**

정말 큰 역할을 한다. 이론을 학습한 덕에 정치학자가 아닌 사회학자로 학계에 발을 디딜 수 있었다. 정치학에서 이론은 대부분 규범적이거나 철학적인 어떤 것을 지칭하는 반면에 내가 학생이었을 때 사회학에서 이론이라 하면 마르크스와 베버, 뒤르켕 같은 고전적 이론가들의 연구를 의미했다. 물론 이들도 규범적 관심사가 있었지만 경험적 규칙성을 찾아내는 데 힘썼다. 사회학에서는 고전 이론과 현실 사회과학 사이에 강한 연결성이 있다. 학문을 시작한 초기부터 거시적 관점을 이론화하는 데 익숙했고, 이론적 글쓰기와 경험적 규칙성 사이를 오가는 데 어려움이 없었다.

당신이 학생일 때는 마르크스주의 이론에 대한 논의가 활발했는데, 마르크스주의 이론에 대한 본인의 입장은 뭐였나?

　　매료된 동시에 회의적이었다. 사회변동에서 갈등과 그 과정을 분석한 부분은 좋아했다. 계급 정치 역시 끌리는 사상이었지만 존재하는 여러 변수를 설명하기에는 적합하지 않다고 생각되어 믿음이 가지는 않았다.

마르크스 사상에 회의적이었는데도 하버드 대학의 선배 학자를 포함한 어떤 이들은 초기에 당신을 마르크스주의자라 못 박기도 했다. 어쩌다 이런 일이 벌어졌나?

　　대학원생 시절에 분명 나는 베트남전쟁을 반대하는 학생운동 지지자였다. 그 당시 '마르크스주의자'란 마르크스 사상을 공부하는 모든 이를 지칭하는 말이었고 나 역시 마르크스를 읽고 있었다. 게다가 『하버드 크림슨』The Harvard Crimson의 인터뷰에 응한 적이 있었는데, 마르크스 초상화를 배경으로 사진을 찍은 것이 화근이었다.[23] 『하버드 크림슨』은 그 사진을 끝도 없이 찍어 댔다. 인생 최대의 바보짓이었다. 결국, 재인터뷰를 통해 해명을 해서 부정적인 효과를 차단할 수 있었다. 내 연구나 정치적 입장을 잘 아는 이들은 나를 마르크스주의자로 보지 않을 것이다. 전혀 그렇지 않다. 나는 온건에서 보수 사이의 사회민주주의자이다. 기회의 확장을 위해 민주적 정부를 이용하고, 자본주의사회에서 온건한 방식으로 부를 재분배하는 일을 옹호한다. 그리고 사회적 가치에 관해서는 다분히

23 『하버드 크림슨』은 하버드 대학의 학생신문이다.

보수적이다. 이런 정치적 입장은 유럽에는 널리 알려져 있지만 미국에는 적당한 이름표가 없다. 뉴딜 자유주의[진보]New Deal liberalism가 그나마 적당하지 않을까.


## 양적 분석과 데이터

**양적·통계분석은 당신의 연구에서 어떤 역할을 하나?**

내가 통계적 도구들을, 아니 좀 더 정확히 말해 통계를 사용하는 사람들과 팀을 이루어 작업할 때는, 주로 대형 프로젝트에서 명확한 가설과 적절한 데이터가 나오고 나서이다. 나는 통계를 통해 주제를 선정하거나 데이터를 수집해서는 안 된다고 생각한다. 하지만 질문의 답을 구하는 과정에서 통계적 기술로 검증하기에 적절한 데이터를 발견할 경우, 특히 강력한 경쟁 가설에 반해 검증해 보고 싶은 가설을 가지고 있을 경우, 통계적 방법을 활용할 수 있다. 나는 『미국정치학회보』에 수록된 논문에서 『병사와 어머니 보호하기』를 통계적으로 검증한 바 있다(Skocpol et al. 1993). 통계 방법을 사용할 때는 항상 검증하고자 하는 가설이나 데이터에 적용한 통계가 왜 적절한지를 명확하게 설명해 줄 협조자와 공동으로 작업한다.


**요즘에는 정치학에서 '다원적 방법론'을 사용하는 것이 유행이다. 예컨대, 사례연구, 대규모-소규모 비교, 통계분석, 수학모델 등을 조합하는 것이다. 『국가와 사회혁명』에서 소규모 비교 방법에만 의존하지 않고 다원적 방법론을 사용했다면 더 훌륭한 책이 되지 않았**

**을까 생각해 본 적은 없나?**

없다. 이 세계에서 매우 드물게 발생하는 혁명이라는 현상을 다루었기 때문이다. 통계를 사용해 혁명을 연구했던 학자들은 자신의 혁명 개념을 어쩔 도리 없이 '폭력'이나 '보편적인 갈등의 에피소드들'로 단순화해야 했고, 결국에는 의미 없는 곤죽만이 남게 되었다. 이들의 연구는 상대적으로 드물게 일어나는 중요한 사건들에 정확히 초점을 맞추지 못했으며, 통계가 주가 되어 버리는 결과를 낳았다. 물론 혁명에서 통계로 검증해 볼 수도 있는 측면이 있었을 수도 있다. 잘은 모르지만, 내가 [프랑스혁명에 대한 저항으로 발생한 1793년 반혁명을 분석한] 틸리의 『방데』*The Vendée*(Tilly 1964)처럼 통계분석을 선택적으로 사용하는 방법을 완전히 배제하는 것은 아니다. 틸리는 이 책에서 지역 간, 집단 간 차이[변이]를 함의하는 프랑스혁명의 구조에 대한 자신의 전반적인 주장을 개진했으며, 그와 같은 함의를 통계적으로 테스트할 데이터를 충분히 가지고 있었다. 아마 『국가와 사회혁명』에서도 어떤 마을의 농민이 혁명을 일으킬 가능성이 높은지 통계적으로 검증하거나, 어떤 군대가 패배하게 되는 과정을 수학모델로 설명할 방법이 있었을지도 모른다. 그러나 내게는 이런 작업을 가능하게 만들 데이터가 없었다. 데이터만 구했다면 방금 설명한 방식이 전적으로 적합할 것이다. 그러나 『국가와 사회혁명』에 통계분석이나 형식적 모델을 적용한다 해도, 이런 분석은 큰 주제의 일부분일 뿐이다. 절대로 주제 자체가 될 수는 없는 것이다.

『국가와 사회혁명』에서 무작위 추출random sampling을 시행하지 않았다는 비판이 많았다. 터무니없는 소리라고 생각한다. 세계의 모든 정부 형태에서 무작위 추출을 했다면 혁명 연구가 불가능했을 것이다. 『국가와 사회혁명』에서 나는 가능한 가장 강력한 방법을 사용해 가설을 발전시켰다. 이 가설은 차후에 다른 사례로 확장되었고, 전개 과정에서 수정되기도 했다. 현재 우리는 혁명이 일어나거나 일어나지 않는 원인에 관한 매우 강력한 지식을 갖고 있다. 이런 지식은 처음부터 가장 일반적인 질문들과 가장 종합저인 데이터 세트로 뛰어들어 얻은 것이 아니라, 제한된 사례들을 가지고 혁명이나 다른 종류의 전환에 대한 다양한 체제 유형들의 취약성을 이해해 나가면서 발달한 것이다.[24] 강력한 일반화는 제한된 일련의 사례들에 대한 연구 결과가 축적되고 이를 이론적으로 연결해 보는 데서 성취할 수 있다. 비교정치학 명저는 모두 이런 방식으로 작업한 것이다.

**『병사와 어머니 보호하기』 그리고 시민 참여에 관한 최근 연구에서 새로운 데이터를 대량으로 수집하고 분석했다. 사회과학에서 양적 데이터를 어떻게 사용해야 한다고 보나?**

오늘날 사회학이나 정치학에서 데이터를 사용하는 방식을 보면 좌절하지 않을 수 없다. 내가 대학원을 다니던 시절과는 다르게, 컴퓨터의 도래와 효과적인 통계 기술의 발전, 여기에 대학원생에게 가해지는 논문을 신속히 제출하라는 압박 등이 더해져, 많은 이들이 천편일률적인 데이터를 부여잡고 이 데이터를 몇 차례 테스트한 후 그대로 연구를 종결한다. 정말 불행한 일이다. 우리에게는 새롭고 체계적인 데이터가 필요하며 이런 데이터를 사용 가능하게 만들려면 긴 시간이 소요된다.

**데이터 세트를 구축하는 일은 시간도 오래 걸리고, 지루하기 짝이 없는데다 품이 많이 드**

---

24 Goldstone(2003) 참조.

는 과정이다. 독창적인 데이터 세트를 구축해서 지적으로 얻을 수 있는 것은 무엇인가?

기존의 데이터에서 끌어낼 수 없는 질문을 제기할 수 있게 해준다. 예를 들어, 현재 나는 제2차 세계대전 이후 미국의 시민 참여와 시민 단체의 변화상에 관심을 갖고 있다. 이 분야를 연구하는 대부분의 학자가 사용하는 데이터는 시민 참여에 관한 매우 대략적이고 모호한 질문으로 구성된 국가기관의 설문 조사로, 조사 대상이 가담한 단체나 활동이 불분명하며 기껏해야 1970년대에서 1990년대까지만 다루고 있다. 이 데이터를 근거로 연구하면 장기간에 걸친 시민 참여의 변화상이나 변화의 주도자를 파악할 수 없다. 그래서 나는 자발적 결사체, 그리고 이들이 시간의 경과와 함께 어떻게 변모하는지에 관한 새로운 데이터를 구축했다. 지난 1백 년간 매사추세츠 주 상원의원을 지낸 인물과 이들의 약력에서 드러나는 단체명도 조사했다. 이런 데이터는 몇 달 동안 자료 수집을 할 의지만 있다면 제법 쓸 만한 양을 모을 수 있다. 수집을 끝마치면 비교 연구가 가능한 명단과 오랜 시간에 걸쳐 이들이 소속되었던 단체 목록을 얻게 된다. 이 목록을 연구하면 언제 변화가 일어나는지 정확히 집어낼 수 있고, 왜 변화가 일어나는지 더 엄격하게 가설로 만들 수 있다. 이것이 바로 내가 질문(혹은 문제) 중심 연구question-or problem-driven research라 부르는 연구 방법의 전형적인 예가 된다. 일단 무엇이 질문 혹은 문제가 되는지, 그리고 이와 관련한 이론적 아이디어가 무엇인지 판단한 후에 이 아이디어를 검증하고 개선할 데이터를 찾는다. 단순노동이 이어질 것이고 불완전한 데이터가 모일 수도 있으며, 여러 형태의 데이터 사이에서 갈팡질팡하게 될 수도 있다. 하지만 문제될 것 없다. 중대한 주제라면 당연히 치러야 할 일이다. 게다가 아주 정밀한 새 데이터를 발견할 수도 있다. 여러 사회과학 분야에서 사람들은 판에 박힌 연구를 하기 쉽다. 한 가지 데이터 유형이나 분석 방식에 갇히게 되는 것이다. 결과적으로 그런 연구를 하는 학자는 중대한 주제와 아이디어를 놓치게 된다.

**사회과학에서 더 탄탄한 데이터 기반을 구축하려면 어떻게 해야 하는가?**

데이터의 이용 가능성은 좋건 나쁘건 연구 패턴에 영향을 미친다. 행태주의가 처음 출현했을 때, 사회과학 데이터 세트들을 조합해 보는 일은 크나큰 즐거움이었다. 정말 창조적인 시기였다고 할 수 있다. 나는 이곳 하버드에서 데이터 세트를 구축하고, 이 데이터에 대한 다른 학자의 접근을 수월하게 만들어서 역사와 제도 연구를 위한 효과적인 이론과 방법론의 초석을 다지고 싶다. 역사 제도주의 연구는 특정 기구와 단체 그리고 그 형태에 관한 데이터에 의존할 일이 많은데, 현재는 데이터를 검색하는 체계적 방법이나 데이터 접근성이 떨어지는 상태다. 이런 부분은 명백히 발전시켜야 한다. 10년 뒤에는 데이터 수집과 데이터 공유가 개선될 것이니 역사 제도주의 연구에서의 이론적 아이디어가 결실을 맺는 모습을 볼 수 있을 것이다.

## 현지 조사

**본인의 연구에서 현지 조사는 어떤 역할을 하나?**

현지 조사를 하지는 않지만, 놀라운 결과를 이끌어 내는 원천이기 때문에 중요하다고 생각한다. 현지 조사를 수행하는 학자 중 내가 아는 이들은 모두 가설이나 이론을 일단 만들어 놓은 후 현장에 들어가는데, 그러고 나면 미리 생각해 두었던 것 가운데 절반은 완전히 사라진다고 한다. 이들은 현지에 도착하기 전까지는 전혀 고려하지 못했던 것들을 깨닫게 된다고 이구동성으로 말한다. 나는 대학원 교육과정에 전문적인 현지 조사 과정을 포함해야 한다고 본다.

**현지 조사를 하지 않는다고 했으나, 클린턴 행정부의 의료보험 개혁 실패를 다룬 책인 『부메랑』(Skocpol 1996)을 쓰면서 주요 정치 행위자들과 인터뷰를 실시한 적이 있다.**

유일하게 현지 조사를 시도한 책이다. 내가 연구 대상으로 삼은 정치적 분야의 실제 현장에서 강력한 영향력을 가지고 중요한 일을 하고 있는 정치 행위자와 가장 가깝게 접근한 경험이라 할 수 있다. 나는 미국의 사회정책이 어떻게 작동하는지에 대한 나의 역사적 감각에 입각해 실패한 정책에 관여했던 인물들과 이야기하고 기록들을 찾아 읽으면서 동분서주했다. 그러나 꽉 짜인 형식적 인터뷰는 하지 않았다. 주로 문서 자료들을 살펴보다가 그 과정에서 사람들과 대화를 시도했다. 내 역사 연구는 신선한 시각을 제공해 주었다. 예를 들어, 나는 클린턴 행정부의 정책 고문이자 건강보험안을 설계한 핵심 인물인 아이라 매거자이너Ira Magaziner에게 정책이 실패할 수밖에 없었던 몇 가지 원인을 조언해 주었고, 이야기를 들은 매거자이너는 "아! 그때 당신이 방금 한 말만 해주었어도 좋았을 텐데"라며 한탄했다. 재미있는 경험이었다. 이런 방식의 연구가 주특기는 아니지만 언제든 또 할 마음은 있다. 경력이 어느 정도 쌓이니까, 증거를 모으기 위해 여러 가지 서로 다른 방법들을 조합해 실험을 해보는 것도 좋은 것 같다.

## 비판

당신 저작에 대한 비판에 어떻게 대응하는가? 어느 비판에 반론할지 어떻게 정하는가?

사실 비판에 대응을 하지 않는 편이다.

『국가와 사회혁명』이 해석적인 분석을 충분히 강조하지 않고 이데올로기의 중요성을 간과한 책이라는 시웰의 비판에 대응하지 않았나(Sewell 1985; Skocpol 1985b)? 또 책의 방법론을 비판한 엘리자베스 니콜스에게 반론한 적도 있다(Nichols 1986; Skocpol 1986). 마지막으로, 『근대 세계의 사회혁명』Social Revolutions in the Modern World 결론에서 합리적 선택이론가와 마르크스주의자의 비판을 소개하기도 했다(Skocpol 1994, 301-44). 이처럼 특정 비판에 대응을 하게 된 동기는 무엇이며, 그 과정에서 얻은 것은 무엇인가?

나는 반론할 상대를 까다롭게 고른다. 열 개의 요구가 있다면, 하나만 남겨 놓고 나머지는 거절한다. 젊은 시절, 니콜스와 의견을 교환했다. 영광이라 느꼈기에 별다른 생각을 않고 논쟁에 임했다. 하지만 시웰과 마이클 부라보이Michael Burawoy를 포함한 마르크스주의 진영의 비판과 합리적 선택이론 진영의 비판에 대응할 의도로 『근대 세계의 사회혁명』 결론을 작성할 무렵에는, 이것이 내가 혁명에 관해 쓰게 될 마지막 글이라는 사실을 명백히 느끼고 있었다. 『국가와 사회혁명』 이후에 쓴 혁명 관련 논문을 모두 엮어 책으로 내기로 결정했고, 혁명 연구를 마지막으로 되새겨 보려 했다. 내가 반론을 펴기로 결심한 대상이 모두 종신직 교수라 아슬아슬한 감이 있었다. 나보다 젊은 학자와 논쟁할 때와는 다르게 강한 논조로 반론을 펼쳤기 때문이다. 『국가와 사회혁명』을 본보기로 들어서 그들의 사례를 강경하고 단호한 태도로 반격했다. 이렇게 해서 『국가와 사회혁명』과

이 책에서 파생한 여러 역사 분석서가, 그들이 제안한 대안보다 훨씬 탁월하다는 점을 설명할 좋은 기회를 잡았다. 내 이야기가 다른 이들에게도 유익할 것이라 생각했다. 하지만 결국에는 내 논문이 포함된 책 속에서 시도해 보기로 결심했다. 사실, 시웰의 연구를 싣지도 않고 반론을 가하는 것이 공정하지 못하다는 생각이 들어서 시웰의 논문까지 수록하느라 자비를 들이기까지 했다.

일반적으로 나는 옥신각신하는 방식을 넘어서 이론적이거나 방법론적인 문제를 명확히 해줄 수 있다고 생각되는 비판에만 대응을 한다. 하찮은 것을 두고 옥신각신하는 일에는 관심이 없다. 선배 학자들 가운데 많은 이들이 자신의 연구에 대한 해석이 잘못되었다고 생각하는 듯한데, 나는 그런 데는 관심이 없다. 나는 내 연구에 대한 해석이 잘못되었다고 주장한 적이 거의 없다. 일단 책이 출간되고 나면 그 이후는 독자의 몫이라고 생각한다. 어떤 사람의 관점에서 잘못된 해석은, 다른 사람의 관점에서는 중요한 것을 적용해 보거나 반박해 보는 창조적인 방법이 될 수도 있다.


**특정 비판에 반론을 하게 만드는 다른 동기는 없나? 예컨대, 반론 자체를 즐긴다든지.**


물론이다. 나는 논쟁을 꺼려하지 않는다. 『근대 세계의 사회혁명』 결론을 쓸 때 너무 신이 난 나머지 조금 과한 것이 아닌가 싶을 정도로 반론에 몰입했다. 특별히 더 재미를 느낀 이유는 바로 시웰의 해석적 사례연구와 합리적 선택이론가의 추상적 모델이 협공을 해왔기 때문이다. 나는 아툴 콜리가 적절하게 묘사한 것처럼 "단단한 바위와 무른 땅 사이에서"between a rock and a soft place 비교 역사 연구가 어떻게 해석주의와 합리적 선택이론의 문제를 해결할 수 있는지를 보여 주고자 했다. 비교 역사 연구는 해석적이기만 한 사례연구들과는 달리 이론화, 일반화, 인과적 분석, 가설

검증 등을 가능하게 하며, 합리적 선택이론가들이 옹호하는 형식적 모델보다는 훨씬 더 역사적인 과정과 맥락에 입각해 있다. 『근대 세계의 사회혁명』에는 오랜 친구이자 적대자인 마르크스주의자 부라보이의 비판도 실렸다. 부라보이는 정말 말이 안 되는 에세이를 썼는데, 간단히 말하자면 "마르크스주의자가 될지어다. 설사 그것이 옳지 않더라도"라고 말하고 있었다(Burawoy 1989). 그래서 반격을 해주었다.

## 공동 연구

### 공동 연구는 어떤 역할을 하나?

주요 저서는 항상 단독으로 작업했지만 논문과 편저는 대학원생이나 동료와 공동으로 작업하는 것이 습관처럼 되었다. 현재 하고 있는 시민 참여에 관한 연구도 내가 구성한 연구팀과 공동으로 작업하고 있다. 연구팀을 짜는 일은 물리학자인 남편에게서, 그리고 하버드 대학에 비해 팀 작업을 훨씬 더 선호하는 시카고 대학에서 배웠다. 하버드에서 강제로 내쫓기고 나서 5년 동안 오히려 얻은 게 많았는데, 그중 하나가 공동 연구와 대학원생과의 팀 작업이 훨씬 더 일반적이었던 훌륭한 대학에서 지낸 것이었다.[25] 연구팀들과 함께 작업하는 일은 정말 즐거웠다.

---

25 뒤에서 이야기하듯이, 스카치폴은 1981년 하버드 대학에서 종신 재직권을 거부당한 후 1986년 다시 종신 교수로 하버드 대학에 돌아오기까지, 시카고 대학에서 강의했다.

**공동 연구의 성과는 책이 아닌 논문으로 낸다고 앞서 말했다. 논문을 쓸 때 어떤 식으로 접근하는가?**

학술지 기고문 분량에 맞춰 연구를 압축하는 일은 대단한 훈련이 되는데, 내가 항상 전개하는 복잡한 주제를 다룰 경우에는 더욱 그러하다. 새로운 유형의 연구를 학술지에 실을 공간을 확보하는 일이 매우 중요하다고 느껴져 근래에는 주류 학술지에 논문을 내는 시도를 자주 하고 있다. 마셜 간츠Marshall Ganz와 공동 작업한 논문을 『미국정치학회보』에 실은 일은 아주 자랑스럽다(Skocpol, Ganz, and Munson 2000). 최근에 『미국 정치학 저널』에 실은 논문 역시 아주 자랑스럽다(Crowley and Skocpol 2001).

## 학문 외 활동

**스스로를 공적 지식인이라 생각하는가?**

그렇다. 일반인을 대상으로 당시의 정치적 이슈나 정책에 관한 강연을 하기도 한다. 나는 분명히 당파성을 갖는 학자이며, 이런 입장에서 사회과학적 지식을 이용해 쓴 글이 있다.[26] 나는 이런 글쓰기와 학술적 글쓰기 사이에 분명하게 선을 긋고 작업한다.

---

26 예를 들어, Skocpol(2000), Greenberg and Skocpol(1997) 참조.

**공적 지식인과 사회과학자 양쪽에서 어떻게 균형을 맞추나? 두 분야를 고루 잘하는 일은 어려운가?**

이 분야에 특화된 학자들을 떠올려 보면 나는 그리 효율적인 공적 지식인이 못 된다. 어쨌든 20~30년 전보다는 학자가 미디어와 접촉하기 수월해졌고, 몇 해 전부터 공적 지식인의 소임에 끌리기 시작했다. 물론 최종적으로는, 워싱턴 D.C.를 어슬렁거리면서 지극히 단기적인 정책이나 연구하고 언론에나 얼굴을 내미는 일에 내 시간을 날리지 않기로 결정했다. 나는 현실의 쟁점과 일정한 거리를 유지하고 지내는 학자이자 교육자로서의 삶에 만족한다.

**[클린턴 행정부에서] 잠시나마 공적 지식인으로 지낸 일이 사회과학자로서의 연구에 도움이 되었는가?**

사회보장제도와 복지 정책, 건강 보험 관련 토론에 참여한 것은 분명 사회정책에 관한 내 아이디어를 검증해 보는 토대가 되었다. 그러나 진짜 공적 지식인이 되는 데 전념했다면 학자로서의 진지한 탐구 능력을 잃었을 것 같다. 공적 지식인으로서 하는 일은 취미 생활 정도로 보면 좋겠다.

**클린턴 대통령이 다른 학자와 함께 당신을 사회정책 토론회에 초대한 적이 있다. 그 경험은 어땠나?**

1993년 백악관 만찬과 1995년 초 캠프 데이비드 방문을 통해 클린턴 행정부가 돌아가는 모습도 보고 국가 행정을 토의하는 자리에 참여한 일은 정말 즐거운 경험이었다. 마치 공익을 목적으로 모인 최고 지성들의 세미나에 참석한 기분이었다. 하지만 그뿐이라고 생각한다. 어느 멋진 하루 그 이상은 아니었다.

**기회가 된다면 그런 행사에 다시 참여할 마음이 있는가?**

부시 정권에 초대되어 한담이나 나눌 생각은 딱히 없다. 그러나 민주당이 집권한다면 참여할 용의가 있다. 작년에 에드워드 케네디Edward Kennedy 상원의원이 토론회에 참석해 달라고 했을 때는 승낙을 했다. 『사라진 중산층』(Skocpol 2000) 출간 후에는 건강보험과 사회정책에 관해 민주당 의원들과 토론하기 위해 워싱턴에 몇 차례 들르기도 했다. 스탠리 그린버그Stanley Greenberg와의 관계 역시 유지 중이다.[27] 9·11 사태 이후 그린버그와 나는 중도 민주당 정책을 위한 지식인 모임group of moderate Democratic policy intellectuals을 소집했다.[28] 우리는 애국주의에 대한 요구를 확장해, 부유층에 대한 정부의 퍼주기식 정책을 비판하고, 국민의 애국적 결속을 바탕으로 사회정책 부문에서 능동적인 정부를 옹호하는 새로운 의제를 설정해야 한다고 생각했다.

오늘날의 미국 정치인은 대체로 여론에 휩쓸리며, 내일 발표될 여론조사 결과에만 민감하다. 그런데 내 연구는 이들의 시각과는 비교가 안 되게 넓다. 나는 정책 결정자가 포함된 청중 앞에서 강의를 하고, 그들의 의견

---

27 그린버그는 민주당 전국위원회Democratic National Committee의 선거대책자문위원장으로 다년간 활동했다. 빌 클린턴과 넬슨 만델라, 토니 블레어의 선거자문을 맡기도 했다.

28 Greenberg and Skocpol(1997) 참조.

을 듣고, 내가 제공하는 넓은 관점에, 항상은 아니지만 가끔이라도, 그들이 관심을 드러내는 것을 보면 즐겁다. 그러나 책상 앞에 앉아 학문에 힘쓰는 학자armchair scholar의 길을 포기할 마음은 전혀 없다. 나는 구조주의자이며, 사람들의 등 뒤에서 벌어지는 권력관계를 파헤치려는 성향이 강하다. 결과적으로, 내가 정책 결정자에게 전해 줄 수 있는 메시지의 대다수는 그들이 예상 못한 매우 불편한 내용이 될 것이다.

**단기적인 관점과 여론에 휩쓸려 움직이는 정치인의 관심을 끌기에는 너무 넓은 주제를 연구한다고 말했다. 비교 역사 연구자가 공직자에게 제안이나 충고를 할 때 이점은 없는 것인가?**

장기적인 관점에서 정책이 어떤 방향으로 흐를 것인지 예상해 볼 때는 확실히 해줄 말이 많을 것이다. 예를 들어 효과적인 빈곤 해결책을 확립하기 위해서는 계층 간의 간극을 메우는 형식이 되어야지 극빈층만을 대상으로 삼아서는 안 되는데, 이런 아이디어는 설문이나 여론조사에서 도출되지 않는다. 이런 통찰은 미국 정치를 시간을 초월해서 이해할 때에만 가능하다. 효과적인 사회과학은 정책과 밀접한 관련이 있다.

**공직자가 되기를 희망한 적이 있나.**

한 번도 없다. 지금의 나, 그러니까 교수 말고는 그 무엇도 되고 싶지 않다.

학교와
동료, 학생들

## 하버드에서 시카고로 그리고 다시 하버드로

박사 학위를 받은 후 1975년부터 1981년까지 하버드 대학 사회학과 교수로 있었다. 타 대학에서는 제의가 없었나?

　　　제의가 들어온 곳이 꽤 있었지만 유명한 대학은 아니었다. 하버 드 대학이 가장 영향력 있는 곳이었다. 하버드 대학은 여자 교원을 원했고, 대부분의 지도 교수가 나를 잘 알고 있었기에 안심하고 채용한 듯하다.

1981년에 하버드 대학에서 종신 재직권을 거부당하자 성차별적 결정이라며 이의를 제기 한 바 있다. 5년 후, 하버드 대학 측에서 이를 합당한 의견이라 판단하고 종신 교수직을 제안해 오자 이를 받아들였다.[29] 그 사이에는 시카고 대학 사회학과와 정치학과의 종신 교수로 있었다. 하버드 대학이 종신 재직권을 거부한 정황을 말해 줄 수 있나? 상황이 어 떻게 돌아갔는가?

---

[29] Skocpol(1998) 참조.

하버드 대학이 내린 애초의 결정은 내가 어쩔 도리가 없는 일이었다고 본다. 하버드 대학 사회학과에 있어서나 나에게 있어서나 숙명과도 같은 결정이었다. 나는 맞서 싸우는 쪽을 선택했고 이 싸움은 5년이나 지속되었다. 시카고 대학에서의 삶은 행복했다. 그러나 하버드 대학으로 돌아가려고 치열하게 싸웠으며, 이를 대견하게 여기고 있다. 하지만 학교나 과에서 리더십을 발휘할 수 있는 기회를 상실했다. 시카고 대학을 떠나면서 나는 이런 리더십을 포기해야 했고, 하버드 대학으로 돌아와서도 과거와 마찬가지로 리더의 직위를 얻지는 못했다. 좀 더 평범하게 경력을 쌓았더라면 그런 기회는 훨씬 많았을 것이다. 하지만, 시카고 대학에서 사회학과와 정치학과 교수를 겸임하는 자리를 주지 않았다면, 시카고 대학으로 가지 않았을 것이다. 이는 내게 완전히 새로운 길을 터주었다.

**시카고 대학에서 보낸 5년을 회상하면?**

힘들기도 하고 즐겁기도 했다. 대학원생을 방불케 하는 생활은 힘들었다. 남편은 뉴저지에 살았고, 나는 가을만 되면 차에 짐을 싣고 남편과 떨어져 시카고의 아파트에서 홀로 지냈다. 5년 동안 꽤 고독하면서도 복잡한 삶을 살았는데, 여러모로 내 자신에게 집중할 수 있는 시기였다. 하지만 시카고 대학은 지적으로 뛰어나고 멋진 곳이어서 즐거웠다.

**시카고 대학에서 어울린 교수는?**

윌리엄 줄리어스 윌슨, 아이라 카츠넬슨과 함께 현재는 산업사회 연구소Center for the Study of Industrial Societies라 불리는 연구 기관을 설립했다.

미국을 비롯한 몇몇 산업 민주국가의 정치사회를 연구하는 곳이다. 당시 대학원생이던 모리스 재너위츠, 마거릿 위어Margaret Weir와도 교류했다. 뛰어난 학생들이 포함된 연구팀도 구성했다. 사회학과 교수진과 정치학과 교수진 모두 나를 좋아했고 존중했다. 지적으로 치열했던 시기였다. 하지만 여름에는 뉴저지에서 남편과 조용히 지냈다. 그 시절 내 삶은 지적 치열함과 고독함이라는 두 개의 축으로 이루어져 있었다.

**하버드 대학 종신 교수가 된 1986년으로 넘어가 보자. 당시를 회상하면?**

하버드 대학은 시카고 대학에 비해 전반적으로 비협조적인 곳이다. 종신 재직권 싸움을 벌여 온 터라 하버드 대학으로 돌아온 초기에는 사회학과 내에서 고립되어 있었고 심각한 문제도 발생했다. 사회학과 교수진이 나를 쫓아내려고 벼르고 있던 것이다. 상황이 그래서 주로 대학원생하고만 교류하게 되었다. 하지만 근래에는, 그러니까 1995년에 정치학과에 합류한 후부터는 만족스럽게 지내고 있다. 존경하는 동료, 절친한 동료가 늘었다. 폴 피어슨은 2004년에 버클리 대학으로 떠나기 전까지 나와 공동 강의를 맡았고, 공통 관심사인 역사 제도주의 연구의 이론적 전제를 마련하는 작업을 함께 했다(Pierson and Skocpol 2002). 시민 참여를 연구하기 시작한 후에는 로버트 퍼트넘과의 지적 교류도 잦았다.

**케네스 셉슬과 제임스 알트James Alt, 로버트 베이츠 등 합리적 선택이론을 옹호하는 하버드 동료들과의 관계는 어떤가?**

원만한 편이다. 서로를 많이 존중한다. 스탠퍼드 대학으로 떠난

모리스 피오리나의 연구에 꽤 애착이 갔고, 셉슬과 베이츠의 연구도 마찬가지다. 친하게 지내던 합리적 선택이론가들이 모두 기초사회과학연구소[30]로 이동했기 때문에 예전만큼 자주 보지는 못한다. 하버드 대학 정치학과는 규모가 커서, 서로 분리된 지적 세계를 가질 수 있는데, 여기에는 장단점이 있다. 일단, 누구나 자신의 공간을 확보할 수 있기 때문에 갈등이나 긴장이 덜하다. 그렇지만 나는 서로 다른 이론적 관점을 지닌 사람들이 모여 동일한 세미나에 참석하던 정치학과 초창기 시절이 그립다.

**셉슬과 베이츠 같은 학자와 교류하면서 배운 점이 있다면?**

이들이 이론적 모델을 구축하는 것을 보면 아주 흥미롭다. 합리적 선택이론가들이 내놓는 연구 대부분에 동의하지 않지만, 옳건 그르건 적어도 분명해서 좋다. 합리적 선택이론을 적용한 미국 의회 관련 연구에다가 제도에 관한 덜 기능주의적인 접근법과 역사 연구를 접목한다면 어떤 결과가 나올지 예상해 보는 것도 재미있을 것 같다. 체제의 구조가 사회 내부의 권력과 이익에 어떻게 맞닿아 있는지 파악하는 것이 베이츠의 강점이기 때문에 베이츠의 연구는 언제나 내 관심사였다. 베이츠는 논객으로서는 지지를 받지 못하고 있어서 오래 가지 못하겠지만, 그의 경험적 연구는 꽤 괜찮다고 생각한다.

---

30 기초사회과학연구소Center for Basic Research in the Social Science, CBRSS는 기초 사회과학의 도구를 개발하고 전파하기 위해 1998년에 하버드 대학에서 설립한 학제 간 연구소이다. 제임스 알트, 로버트 베이츠, 게리 킹, 케네스 셉슬이 소속 연구원으로 활동 중이다.

하버드 대학에 돌아온 후, 타 대학으로 옮길 생각을 해본 적은 없나?

잡다한 이유로 예일 대학과 프린스턴 대학, 스탠퍼드 대학을 생각해 본 적이 있다. 하지만 결국에는 하버드 대학에 잘 적응하게 되었고, 직장을 또 한 차례 옮기는 것이 그리 쉬운 일은 아니어서 그냥 생각에 그치고 말았다.

## 학회를 만들다

미국사회학회에 비교역사사회학 분과를 창설하는 등 학회를 창립하는 작업에 수차례 참여했다. 동기는 무엇이고, 얻은 점은 무엇인가?

젊은 교수진의 한 사람으로서, 선배 학자들이 전혀 시도해 보지 못한 방식으로, 비교 역사 연구를 수행할 전문적인 공간을 구축하는 작업에 매달렸다. 1970년대와 1980년대에는 다른 학자들과 함께 미국사회학회에 비교 역사 분과를 설립하는 일에 힘썼다. 우리가 사용하는 방법과 모델을 사회학의 한 영역으로 자리 잡게 하기 위해 노력한 것이다. 설립을 추진하는 동안 즐거운 일도 많았고 싸운 일도 많았다. 특히 비교 역사 사회학이 마르크스주의나 베버주의로 인식되는 것을 막기 위해 싸워야 했다. 나는 구성원의 다양성을 위해 정치적으로 신중하게 사람을 끌어모았다.

사회학에는 지배적인 방법론이나 이론이 존재하지 않기 때문에 새로운 영역을 만들어 넣기가 수월한 편이다. 나는 새 영역을 만드는 일이 어떻게 돌아가는지 잘 알고 있다. 우선 하나의 집단을 형성하고, 집단 구성원에게 논문과 책을 작성하게 한 후, 부담 없이 재미나게 접근해 나가는 것이다. 이런 과정을 거치면, 학과에서 새로운 부류의 학자를 채용하기 시작한다. 방금 설명한 과정은 실화다. 1980년대 초에 비교 역사 연구 전공자를 구한다는 내용의 사회학과 교수 채용 공고가 늘어나기 시작했다. 그래서 하버드 대학과 시카고 대학의 학생들에게 유리한 기회가 찾아왔다. 나는 지적인 면보다는 총명한 학생을 끌어모으는 재주 면에서 대단한 제국 건설자라 할 수 있다. 하버드 대학으로 되돌아온 1980년대 중반에, 정치학과 모임과 사회학과 모임 양쪽에 의도적으로 참석해서 각 학과의 학생을 다른 학과에 소개하는 작업을 했다. 이런 식으로 학생들을 묶어 주면 나중에 학생들끼리 지적 교류를 할 때나 일자리를 찾을 때 서로 도울 수 있는 발판이 된다.

**미국사회학회의 비교역사사회학 분과와는 별개로 사회과학연구협의회의 국가-사회구조 위원회도 설립했다. 이 위원회의 구성은 피터 에번스, 디트리히 뤼셰마이어와 공동 작업한『국가를 제자리로』(Evans, Rueschemeyer, and Skocpol 1985)와 결합되어 이루어졌다. 그러나 이 위원회는 단명했고, 실제로 운영된 적이 없었다. 무슨 일이 있었던 것인가?**

재정 원조가 철회되었다. 이 분야에서 어떤 일이 벌어지는지를 명확히 보여 주는 흥미진진한 아이디어가 쌓여 있었지만, 기금을 많이 조성할 수가 없었고, 사회과학연구협의회는 자비로 운영하는 위원회를 후원하려는 경향이 커서 우리에게 보조금을 줄 생각이 없었다. 우리 위원회에서 책 몇 권을 지원한 적은 있다. 예를 들어, 뤼셰마이어와 내가 편집한 국가와 사회적 지식에 관한 책(Rueschemeyer and Skocpol 1996)과 피터 홀이 편집한 케인스주의 정책에 관한 책(Hall 1989), 아이라 카츠넬슨과 마틴 셰프터가 편집한 전쟁과 교역에 관한 책(Katznelson and Shefter 2002)을 지원했다.

그렇다 해도 국가-사회구조 위원회는, 예컨대 1950년대와 1960년대 초까지 10년이 넘도록 비교정치학만을 고집한, 알몬드가 이끈 사회과학연구협의회의 비교정치 분과에 비해 영향력이 현저히 떨어진다.

더 강력히 밀고 나갈 수 있었지만, 과연 그렇게 할 필요가 있었는지 모르겠다. 하위 분과를 만들려는 목적이 아니었다. 그보다는 여러 문헌에 담긴 흥미롭고 유익한 의제와 분석을 구체화하려는 시도에 가까웠다. 우리는 『국가를 제자리로』를 통해 이 목표를 달성할 수 있었다. 『국가를 제자리로』의 출간과 그간에 벌인 토론, 즉 사회학과 정치학의 여러 연구에 이미 포함되어 있던, 국가를 행위자로 볼 것인지의 여부 그리고 정치나 정책 과정에 국가 행위와 구조가 미치는 영향 등에 끊임없이 질문을 던져 온 덕에, 굳이 위원회를 통해 목표를 추구할 필요가 없었다. 사회과학연구협의회가 위원회를 정리한 일은 유감스럽게 생각한다. 정기간행물의 구독자가 분야를 막론하고 3천 명이 넘었기 때문이다. 그래도 위원회를 재구성해야 할 절실한 이유는 찾지 못하겠다.

미국정치학회 회장으로 활약하던 2002~03년은 페레스트로이카 운동[31]이 일어나 미국정

---

31 2000년에 '미스터 페레스트로이카'로 자신을 소개한 한 학자가 『미국정치학회보』와 미국정치학회, 정치학계 전반의 개혁을 요구하는 익명의 선언문을 돌렸다. 미스터 페레스트로이카는 학계의 많은 인재가 『미국정치학회보』를 읽지도 않고 『미국정치학회보』에 기고도 하지 않는 것은 미국정치학회의 임원과 『미국정치학회보』 편집위원이 전임자로부터 비민주적인 방식으로 선발되고 『미국정치학회보』가 정치학에 관한 중요한 질문이 아닌 기술적 방법론을 다루는 데 집중하고 있기 때문이라며 우려를 표명했다. 이 학자의 좌절감에 다수의 정치학자가 공감을 표했으며 학계에 많은 논의와 논쟁을 불러일으켰다. 페레스트로이카 운동에 관해서는 Eakin(2000), Monroe(2005), 그리고 페레스트로이카 운동의 주역인 제임스 스콧과의 인터뷰(2권 <인터뷰 9>) 참조.

치학회와 학회지인 『미국정치학회보』가 비판을 받던 시기다. 페레스트로이카 운동에서 불거진 쟁점에 대해서는 어떻게 평가하나? 그리고 미국정치학회 회장으로서 개혁하려던 바가 있다면?

페레스트로이카 운동이 일어나기도 전에, 나를 포함한 많은 정치학자들이 『미국정치학회보』가 좀 더 열린 학술지가 되어야 한다는 점에 동의했다. 이런 개혁은 내가 회장을 맡은 2002~3년까지 순조롭게 진행되었고, 나는 그저 지원을 계속했을 뿐이다. 나는 미국정치학회 전체를 대표하는 회장이었지 특정 정파를 대표한 적이 없다. 지적 교류의 다원성을 유지하고 조성했으며, 포괄적인 방식으로 학회를 관리해 나갔다. 미국정치학회는 꽤 열린 곳이고, 제대로 기능을 하는 곳이어서 별로 어려운 일이 아니었다. 내가 회장직을 수행하며 착수한 작업에는, 정치학과 대학원 교육의 우수성과 다원성을 확립하기 위한 대책위원회를 지원하는 일과, 경제적 불평등이 심화되는 시기에 시민 참여와 거버넌스, 공공 정책 결정에서는 어떤 일이 벌어지는지 검토하기 위해 구성한 미국 민주주의 불평등 대책위원회Task Force on Inequality and American Democracy를 지원하는 일이 포함된다. 개인적으로는 후자의 대책위원회에서 활동하기도 했다. 두 대책위원회 모두 기대 이상의 성과를 거두었고, 훌륭한 보고서를 수차례 발표하기도 해서 자랑스럽게 여긴다.

## 강의

**학자로서의 삶에서 강의가 차지하는 비중은?**

어마어마하다. 하버드 대학 학부생을 가르치는 일은 크나큰 기쁨이다. 강의나 세미나에서 가르칠 내용을 준비할 때마다 매번 새로운 것들을 깨닫게 되는데, 특히 큰 그림에서 각각의 요소들이 어떤 식으로 맞물려 있는지가 보인다. 대학원생은 내게 더더욱 소중하다. 대학원생을 통해서 배우는 점도 많고, 또 내게는 성실하며 우수한 학생을 끌어모으는 재주가 있는 것 같다. 그런 대학원생과 공동 연구를 하고, 그중에서도 가깝게 지내는 학생에게서는 꼭 무엇인가 배우게 된다. 나는 가르치는 일이 너무 좋다.

**우수한 학생의 자질은 무엇이라 생각하나?**

가장 가깝게 지내는 학생은 보통 자발적으로 공부를 시작하고 부단히 노력하는 학생들이다. 프로젝트에 새로운 전망을 제시하는 학생과의 공동 연구 경험도 많다. 특정 주제를 조사하기 위해 팀을 구성하기 때문에 연구의 틀 자체는 내가 짠다. 하지만 어떤 학생이 새로운 쟁점을 제시할 준비가 되어 있다면, 나는 언제나 환영이다. 양적 분석에 능한 학생과 공동 연구를 하는 일도 많은데, 그때마다 양적 분석법에 관해 더 배우게 된다. 시민 참여에 관한 최근 연구는 방대한 자료를 추적해야 하는 작업이 필수적이어서 마치 명탐정 같은 학생들과 함께 연구하고 있다.

**학생들이 중대하고 야심 찬 논문을 쓰게끔 장려하나?**

그렇다. 하지만 나와 작업 중인 공동 연구 프로젝트 내에서 주제를 끄집어내게 하지는 않는 편이다. 뛰어난 학생이라면 대부분 공동 연구와는 별개로 자신이 정한 주제를 밀고 나간다. 덕분에 나는 전 세계 각국에 대한 수많은 다양한 주제들을 접하게 된다.

**논문 지도를 부탁하는 학생들에게 공동 연구 프로젝트에 동참할 것을 요구하는가?**

그렇지 않다. 논문 지도만 해주는 학생도 있고, 일정 기간만 프로젝트에 참여하고 자기 논문은 다른 교수의 지도하에 쓰는 학생도 있다. 때에 따라 다르다고 하겠다. 일반적으로 연구 워크숍에서 대학원생과 교류를 많이 하게 된다. 시카고 대학으로 가게 되면서 그곳에서 진행 중이던 프로그램으로 주간 교수-학생 워크숍을 접했다. 하버드 대학에 돌아와서 이와 유사한 프로그램을 기획했고, 이제 하버드 대학 문리대에는 수십 개의 워크숍이 가동 중이다. 나는 워크숍이 열릴 때마다 참여하며 많은 것을 배운다. 내가 나중에 이야기할 내용을 미리 연습해 보는 것이다. 가장 즐거웠던 프로그램은 하버드 대학에 돌아오자마자 시작한 정치사회조직 비교 연구회Comparative Research on Political and Social Organizations, CROPSO다. 이 워크숍은 5년간 지속되었는데, 정치학과의 비교정치학자, 미국정치학자와 더불어 사회학자도 참여했다. 유명한 워크숍으로 자리매김했고, 여러 귀중한 결과를 끌어낼 수 있었다. 현재는 미국정치연구회American Politics Research Workshop에 즐겁게 참여하고 있다.

**대학원생을 가르칠 때 적용하는 교육 철학이나 접근법이 있다면?**

논문 지도는 거의 손을 놓은 상태다. 하지만 학생들과의 공동 연구는 열심히 하고 있다. 프로젝트의 모든 부분에 관여하고 있으며, 학생들에게도 그렇게 하라고 요구한다. 세미나에서 나온 문제와 문헌 등을 다뤄보는 것이 대학원 교육에서 큰 비중을 차지하는데, 내 교육 철학은 활발한 토론을 유도하고, 학생들이 팀을 이루어 협력하는 구조를 만드는 것이다. 서로에게서 배우는 것이 많다는 생각에서다.

**당신이 대학원생이던 30년 전부터 현재까지, 우리가 비교정치학을 통해 알아낸 것은 무엇인가?**

어마어마하게 많다. 권위주의에서 민주주의로의 체제 변환이 일어나는 조건에 대해 많은 것을 알게 되었다. 혁명의 원인과 결과에 대해서도 알게 되었다. 민족 갈등이 발생하고 해소되는 과정에 관해서도 꽤 많은 것을 알게 되었다. 서구 복지국가의 기원과 발전, 그리고 복지 축소 노력에 관해서도 방대한 양의 지식을 축적했다. 이런 주제에 대해서는 엄청난 양의 연구 문헌들이 존재하며, 이 주제들에 대한 가설들도 추가적인 사례들이 발견되면서 더욱 개선되었다. 또한 세계 정치의 다양성 이면에 존재하는 것에 관해서도 많은 것을 이해할 수 있게 되었다. 제2차 세계대전 직후로 돌아가 생각해 보면, 비교정치학계는 모든 사회가 동일한 경로를 따라서 변화한다는 황당한 이론적 모델들이 지배했다. 이런 극단적인 일반화 모델이 틀렸다는 사실이 명백해졌고, 중간 단계의 견고한 일반화 모델로 대체되었다.

**정치에 관해 누적 가능한, 견고한 지식을 구축하기에 가장 적합한 연구 방식은 무엇이라고 생각하나?**

지식의 축적 양상은 연구하는 현상의 본질에 따라 다르기 때문에 단 한 가지 방식만 있을 수는 없다. 제임스 마호니와 디트리히 뤼셰마이어가 편집한 『사회과학에서의 비교 역사 분석』*Comparative Historical Analysis in the Social Science*에서 잭 골드스톤은, 소수의 사례에서만 발견되는, 본질적으로 거대한 현상인 혁명을 연구할 때, 그 연구 방식은 각 사례 묶음을 일반화하는 형태를 취하게 되며, 결국에는 더욱 일반화된 모델과 연결될 수밖에 없다고 주장했다(Goldstone 2003). 혁명에 관한 연구는 주로 비교 역사와 소·중규모 비교를 사용하는 방식으로만 전개된다는 것이다. 반면에 에드윈 아멘타는 같은 책에서 복지국가에 관한 연구는 그 양상이 매우 다르다고 주장했다(Amenta 2003). 복지국가들에 대한 연구에서는 사례에 기반한 연구와 통계 연구 모두에서 받아들여질 수 있는, 종속변수를 정식화하는 방법이 존재한다는 것이다. 게다가 어떤 방법을 적용하든 간에 복지국가를 연구하는 학자들은 기꺼이 다른 학자와 소통할 의지가 있다고 한다. 테크닉을 따지는 데 시간 낭비하지 않고, 같은 회의에 참석하기도 하면서 서로의 연구를 비옥하게 만든다는 것이다. 이것이 내가 '참여적 다원주의'engaged pluralism라 부르는 과정을 통한 지식 축적의 적절한 예라 할 수 있다. 이런 식으로 지식을 축적한다면 수많은 문제를 처리할 수 있을 것이라 믿는다. 그렇기 때문에 내가 이론과 방법론에 따라 진영이 갈려 서로 전시 동원 체제에 돌입하는 상황을 끔찍하다고 말하는 것이다. 이론에서 다원주의가 필수적이라는 사실은 말할 필요도 없다. 단 한 개의 이론을 밀고 나가는 것이 가장 확실한 방법이라는 견해를 유지하는 분야가 있기는 하다. 바로 미국 의회에 관한 합리적 선택이론과 이 이론을 다른 기관에까지 확장하는 연구가 그것이다. 하지만 그런 분야마저도 면밀히 살펴보면, 합리적 선택이론가들 사이에 서로 첨예하게 대립하는 이론이 있다는 것을 발견할 수 있다. 그래서 에릭 시클러 같은 사람이 사례를 바탕으로 한 비교 연구를 들고 나타나 한 방에 판을 뒤집을 수도 있는 것이다(Schickler 2001). 미국 의회 제도의 변화 사례 40개를 엄격하게 분석한 시클러는, 서로 잡아먹지 못해 안달이 난 합리적 선택이론가들의 개별 연구를 혼합해 논쟁을 종식시킬 수 있었다. 시클러의 예는 방법론과 이론의 다원성을 확보하는 것이 얼마나 중요한지를 보여 준다. 종족 정치에 대한 연구 역시 여러 가지 접근법들을 혼합하기에 적합한 분야인 듯하다. 다양한 연구 방법의 접목이 일어날 수 있을지의 여부는, 다원주의적이고 관용적일 뿐만 아니라, 바로 그 자신의 작업을 통해 다양한 연구 방법들의 상대적 이점을 보여 줄 수 있는 선도적인 연구자들의 연구 성과에 달려 있다. 사실 인내는 수동성이나 소극성을 암시하기 때문에 적절한 단어는 아니라고 생각한다. 선도적인 학자라면 참여적이어야 하며 열린 태도를 지녀야 한다. 서로 만나서 대화할 필요가 있다는 것이다. 만약 그들이 레닌주의자가 되고 싶은 유혹을 뿌리치지 못한다면 결국 창조성은 파괴될 것이고, 진보도 없을 것이다.

**비교정치학계에 학문적 리더십이 부족했나?**

더 나은 리더십이 필요하며, 현재 이런 리더십이 생겨나고 있다. 비교정치 분야에 새로운 분위기가 조성되고 있는 것 같다. 합리적 선택이론이 헤게모니를 상실해 가는 상황에서, 다른 접근법을 인식하고 인정하는 분위기가 조성되고 있는 것이다. 여기에 합리적 선택 연구를 하지 않는 학자들이 서로 힘을 모으는 현상도 나타나고 있다. 이런 집단 간에 균형이 이루어질수록, 여러 접근법들을 넘나들며 협력해 보고자 하는 학자들의 연구 여건은 더 나아질 것이다.

지적 발전에 관한 연구들을 보면, 결국 혁신은 여러 사람이 모여 다양한 아이디어들을 섞어 보는 데서 나온다는 것을 알 수 있다. 시카고 대학 시절 사회학과 동료인 고故 조지프 벤-데이비드Joseph Ben-David가 연구한 바에 의하면, 서구 과학의 혁신성은 경쟁을 통해 달성할 수 있었다. 연구소 내의 다원성, 특히 미국에서는 대학의 다원주의적 체계가 혁신의 동력이 되었다. 그렇기 때문에 사회과학 대학원 과정을 기획할 때 절대로 해서는 안 되는 일은 바로 단 한 개의 이론적 혹은 방법론적 정설을 세우는 것이다. 대신, 다양한 방식의 연구를 구사할 줄 아는 실력 있는 현역 연구자들을 영입해서 학생들이 이런 연구자들 간의 긴장감을 접할 수 있도록 신중히 대학원 과정을 설계해야 한다. 다음으로 학생에게는 능동적으로 선택해야 한다는 책임을 부과해야 한다. 요즘에는 많은 대학원생이 찾아와 자신이 X, Y 혹은 Z를 하도록 강요받는다는 불평을 자주 한다. 나는 이렇게 말해 준다. "생각하는 것처럼 그렇게 강압적이지는 않아. 스터디 그룹을 만들어 보고, 다른 선택지를 고려해 보는 게 어때?" 좋은 경력을 쌓아야 한다는 압박이 강하긴 하지만 사람들이 상상하는 것만큼 어마어마한 것은 아니다. 갇혀 있는 느낌이 든다고 이야기하는 대학원생들을 많이 본다. 그들은 의무감에서 연구 문제를 선택하고, 그다음 경력을 쌓기 위해 사람들이 자신에게 기대하는 특정 주제를 연구하는 것 같다. 자기 판단을 믿고 자신의 호기심에 따라 중요한 문제를 연구하는 이들이 얼마나 되는지 잘 모르겠다. 확실히 학계에는, 이론적 모델과 일정 거리를 둔 상태에서 관망해 보고 이 이론적 모델이 현실 세계의 문제를 과연 얼마나 일깨워 주고 있는지를 파악하는 일보다, 이론적 모델 자체를 파악하는 것을 강조하는 분위기가 지배적이다.


**혁신이 사회과학 진전의 원동력이라는 점을 강조했다. 그러나 어떤 이들은 창조력이나 혁신을 강조하는 것이 실질적으로는 지식의 점진적 축적을 방해할 수 있으며, 학문적 진전을 멈추게 할 것이라 주장할 수도 있다. 건전한 학문이라면 기본을 갖춘 점진적 연구를 수행할 학자가 많아야 하며, 패러다임 전환에 목을 맨 자의식 강하고 개성적인 학자는 불필**

요하다는 말이다. 이런 주장이 나온다면 어떻게 대응할 것인가?

       오늘날의 정치학자가 모방하려고 노력하는 자연과학을 면밀하게 들여다보면, 깜짝 놀랄 만한 새로운 경험적 양상을 발견하는 능력이나, 기존의 분석틀이 틀렸다는 점을 깨닫는 능력을 통해 어떤 근본적인 돌파구가 마련된다는 것을 알 수 있다. 동시에, 전도유망한 이론을 만들었으면 증거를 체계적으로 모아서 이를 검증해야 한다. 우리는 두 가지가 모두 필요하다. 문제는 학자 개개인이 어떤 연구를 하느냐가 아니라, 우리가 우리 분과, 우리의 논쟁들, 우리의 배움의 커뮤니티들, 우리의 교수법을 어떻게 구조화해 혁신의 가능성을 보존해 갈 것이냐에 있다. 오늘날의 대학원생에게 배링턴 무어 같은 인물이 되라고 독려할 생각은 없다. 그런 점은 바로 내가 젊었을 때 벗어나고자 했던 것이다. 하지만, 예를 들어 의회에 관심이 많은 대학원생이라면, 그 주제를 연구하는 수많은 접근법들을 살펴봐야 한다. 그리고 이런 대안적 접근법들을 병치해 보는 데서 나오는 의외의 통찰에 주의를 기울여야 한다.

**당신은 사회학과 출신이다. 현재 정치학과 사회학의 상태를 어떻게 평가하나?**

       지난 10년간 정치학은 매우 흥미진진한 국면 속에 있었다. 이론적으로나 방법론적으로 더욱 다원화되었고, 발전했으며, 정치학을 전공하는 사람들도 더 많아졌다. 현실 세계에서 정치는, 온갖 종류의 새로운 퍼즐들과 놀라운 일들을 만들어 내고 있다 — 때로는 그런 일들이 너무 많지만 말이다. 사회학과의 연결 고리가 약해져서 그런지 한 분야로서의 사회학에 대해서 지금은 그다지 좋게 생각하지 않는다. 내가 매진해 온 분야는 정치학이다. 비교 역사 사회학이 어느 정도 자리를 잡았다는 것은 알겠는데, 현재 사회학에서 최첨단의 연구가 이루어지고 있지는 않은 것 같고, 자잘한 문제에 몰두하는 경향이 늘어난 듯하다. 이것은 사회학과 친구들에게서 들은 내용이다. 반면, 정치학이 앞으로도 필수적이고 다원주의적이며 굳건한 학문으로 남을 것이라는 점에 대해서는 확신이 있다.

**정치학의 미래에 그렇게 자신감을 보이는 이유는?**

정치학자는 현실 세계의 정치적 갈등과 공공 정책 결정, 민주정과 비민주정의 운용 등을 연구하기도 하고 실제로 참여하기도 한다. 그 결과, 정치학자 앞에는 기자, 정치인, 일반 대중이라는 현실 세계의 청중이 앉아 있고, 이들은 정치학자가 해야만 하는 말을 경청할 준비가 되어 있다. 이런 상황이 정치학을 소수만 이해하는 학문으로 변질되는 것을 막아 준다. 정치학에서 빼어난 학문적 성과는 이론과 방법론의 차이를 넘어서 서로 의견을 교환하고 여러 접근법을 혼합하는 학자들로부터 나온다. 오늘날 정치학이 직면한 문제는, 이론과 방법론의 차이와, 너무도 다른 여러 전문 영역을 하나의 학문으로 통합해 내는 일이다. 정치학은 분열할 것인가? 현재까지는 의도적으로 비교정치학을 미국 정치학이나 국제관계학과 떨어뜨려 놓고, 규범적 연구를 경험적 연구와 떨어뜨려 놓음으로써 갈등을 피해 왔다고 할 수 있다. 과연 정치학은 쪼개지는 일 없이 지금보다 더 유연하고, 각 분야가 서로 영향을 주고받는 학문으로 나아갈 수 있을까?

## 여성 학자

지난 30년간 비교정치학 분야나 정치학계 전반에 여성이 진입하는 비율은 어떻게 변화해 왔나?

사회학만큼은 아니지만 과거와 비교해 훨씬 많은 여성이 정치학에 몸담고 있다. 현재 비교정치학 분야에서는 종신 교수나 박사들 가운데 여성이 꽤 중요한 위치를 차지하고 있는 편이다. 여성에게 많은 기회가 주어지고 있으며, 결과적으로 성비가 균등해지는 방향으로 나아가고 있다.

비교정치학 분야의 여성 학자는 오늘날에도 여전히 남성과는 다른 도전에 직면해 있나?

그렇다. 여성 학자는 가정 문제와 종신 재직권 문제로 곤란을 겪는다. 하지만 요즘에는 젊은 남성 학자도 같은 문제로 어려움을 겪고 있다. 많은 여성이 비교정치학 분야나 정치학계 전반에 걸쳐 남성이 우위를 점하고 있다고 생각할 것이다. 그래도 여성 학자는 젠더 문제에만 몰두하고 남성 학자는 젠더 문제를 무시하던 기존의 추세가 점차 약화되고 있다는 사실은 환영할 만하다. 경험적 연구에서는 더 많은 성과가 이루어지고 있다. 예를 들어, 내가 하버드에서 졸업논문 심사를 맡았던 미셸 스베르 Michele L. Swers는 미국 상원에서 여성 의원이 정책 결정에 어떤 차이를 불러오는지를 연구한 멋진 책을 최근 출간했다(Swers 2002). 엄격한 양적 분석과 인터뷰를 기반으로 한 책이며, 젠더 연구이기는 하나 거기에 그치지 않고 입법자의 성 정체성이 가져오는 차이를 탐구했다. 마찬가지로, 무니라 샤라드Mounira M. Charrad는 튀니지와 알제리, 모로코의 국가 수립 과정에서 보이는 여성의 권리와 가족에 관한 각국의 정책 결정을 다룬 훌륭한 책을 썼다(Charrad 2001). 말라 흐툰Mala Htun은 라틴아메리카의 독재정과 민주정 하에서 여성의 권리는 어떤 양상을 보이는지 비교 연구했다(Htun 2003). 지금 언급한 저자는 모두 젠더 문제를 파고들었지만, 여성 관련 연구에 국한되지 않고 사회과학 전반에 기여를 한 출중한 책을 내놓았다. 얄궂게도, 정치학계에 젠더 혁명이 뒤늦게 찾아온 것이 더 나은 결과, 즉 타 분야에 비해 여성의 고립화가 덜 발생하는 현상을 불러온 듯하다. 젠더와 여성에 관한 문제는 정치의 광범한 과정을 조명해 주는 질문이기 때문에, 나는 이런 현상이 사실이기를 바란다. 분리된 주제가 아닌 것이다.

**정치학자가 되려는 학생들에게 해주고 싶은 조언이 있다면 무엇인가?**

자기가 하고 싶은 연구를 할 것, 열정을 지닐 것, 그리고 끝까지 포기하지 말 것을 당부하고 싶다. 본능과 호기심은 다른 방향을 가리키고 있는데, 타인이 시키는 대로 연구하거나 기여해서는 안 된다. 대학원에 첫발을 디딘 동기를 기억하고 초심을 잃지 말아야 한다. 다양한 교수들의 이야기를 들어야 한다. 다양화를 통해 독립적인 공간을 마련해야 한다. 한 사람 또는 한 가지 방법에만 매달리지 말고 다양한 시도를 하라는 것이다. 다양한 사람에게서 배우는 것은 독창적 조합을 만들어 내는 좋은 방법이다. 그리고 교수가 되는 길은 한 가지밖에 없다며 부추기는 부류를 믿어서는 안 된다. 내가 관찰한 바에 의하면 교수가 되는 이들은 여러 방법론을 조합해 가며 자기의 연구를 열정적이고 단호하게 밀고 나간 사람들이다. 대부분의 대학의 대부분의 학과들은 동료 신봉자나 일부 전문가들보다는 더 많은 이들의 관심을 끌 수 있는 연구를 진행할 인재를 필요로 하기 때문에, 앞으로도 이런 사람들이 교수가 될 것이다. 마지막으로, 자신이 하는 일을 즐겨야 하고 관심을 쏟아야 한다. 그럴 수 없다면, 다른 일을 알아보는 편이 좋을 것이다.

Adcock, Robert, and David Collier. 2001. "Measurement Validity: A Shared Standard for Qualitative and Quantitative Research." *American Political Science Review* 95, no. 3 (September): 529-46.

Allison, Graham T. 1971. *Essence of Decision: Explaining the Cuban Missile Crisis.* Boston: Little, Brown[김태현 옮김, 『결정의 엣센스 : 쿠바 미사일 사태와 세계 핵전쟁의 위기』, 모음북스, 2005].

Almond, Gabriel A. 1998. *Plutocracy and Politics in New York City.* Boulder, CO: Westview Press.

Almond, Gabriel A., and James S. Coleman, eds. 1960. *The Politics of the Developing Areas.* Princeton, NJ: Princeton University Press.

Almond, Gabriel A., and Sidney Verba. 1963. *The Civic Culture: Political Attitudes and Democracy in Five Nations.* Princeton, NJ: Princeton University Press.

Althusser, Louis. 1968. *For Marx.* London: Verso/NLB[이종영 옮김, 『맑스를 위하여』, 백의, 1997].

Althusser, Louis, and Etienne Balibar. 1969. *Reading Capital.* London: Verso[김진엽 옮김, 『자본론을 읽는다』, 두레, 1991].

Alvarez, Michael, José Antonio Cheibub, Fernando Limongi, and Adam Przeworski. 1996. "Classifying Political Regimes." *Studies in Comparative International Development* 31, no. 2 (Summer): 1-36.

Amadae, S. M., and Bruce Bueno de Mesquita. 1999. "The Rochester School: The Origins of Positive Political Economy." *Annual Review of Political Science* 2: 269-95.

Amenta, Edwin. 2003. "What We Know About the Development of Social Policy: Comparative and Historical Research in Comparative and Historical Perspective." In *Comparative Historical Analysis in the social Sciences*, ed. James Mahoney and Dietrich Rueschemeyer, 91-130. New York: Cambridge University Press.

Anderson, Perry. 1974a. *Passages from Antiquity to Feudalism.* London: New Left Books[유재건·한정숙 옮김, 『고대에서 봉건제로의 이행』, 창작과비평사, 1990].

_____. 1974b. *Lineages of the Absolutist State.* London: New Left Books[김현일 외 옮김, 『절대주의 국가의 계보』, 까치, 1997].

_____. 1977. "The Antinomies of Antonio Gramsci." *New Left Review* no. 100: 5-80.

Arthur, W. Brian. 1994. *Increasing Returns and Path Dependence in the Economy.* Ann Arbor: University of Michigan Press.

Barro, Robert J. 1997. *Determinants of Economic Growth: A Cross-Country Empirical Study.*

Cambridge: MIT Press.

Bates, Robert H. 1971. *Unions, Parties, and Political Development: A Study of Mineworkers in Zambia.* New Haven, CT: Yale University Press.

_____. 1976. *Rural Responses to Industrialization: A Study of Village Zambia.* New Haven, W. Yale University Press.

_____. 1981. *Markets and States in Tropical Africa: The Political Basis of Agricultural Policies.* Berkeley: University of California Press.

_____. 1983. *Essays on the Political Economy of Rural Africa.* Berkeley: University of California Press.

_____, ed. 1988. *Toward a Political Economy of Development: A Rational Choice Perspective.* Berkeley: University of California Press["정부와 농업 시장: 아프리카의 사례", 「비교정치론 강의 2」, 김웅진, 박찬욱, 신윤환 편역, 한울, 1992에 일부가 번역되어 있다].

_____. 1989. *Beyond the Miracle of the Market: The Political Economy of Agrarian Development in Kenya.* New York: Cambridge University Press.

_____. 1990. "Macropolitical Economy in the Field of Development." In *Perspectives on Positive Political Economy,* ed. James Alt and Kenneth Shepsle, 31-56. New York: Cambridge University Press.

_____. 1996. "Letter from the President: Area Studies and the Discipline." *APSA-CP: Newsletter of the APSA Organized Section in Comparative Politics* 7, no. 1 (Winter): 1-2.

_____. 1997a. *Open-Economy Politics: The Political Economy of the World Coffee Trade.* Princeton, NJ: Princeton University Press.

_____. 1997b. "Comparative Politics and Rational Choice: A Review Essay." *American Political Science Review* 91, no. 3 (September): 699-704.

_____. 1997c. "Area Studies and the Discipline: A Useful Controversy?" *PS: Political Science & Politics* 30, no. 2 (June): 166-69.

_____. 1997d "Area Studies and Political Science: Rupture and Possible Synthesis." *Africa Today* 44, no. 2: 123-31.

_____. 2001. *Prosperity and Violence.* New York: W. W. Norton.

_____. 2003. [Review of Scott, *Seeing Like a State.*] *APSA-CP: Newsletter of the APSA Organized Section in Comparative Politics* 14, no. 2 (Summer): 25-26.

_____. 2005. "Political Insecurity and State Failure in Contemporary Africa." *Working Paper* no. 115, Center for International Development, Harvard University.

Bates, Robert H., Rui J. P. de Figueiredo Jr., and Barry R. Weingast. 1998. "The Politics of Interpretation: Rationality, Culture, and Transition." *Politics and Society* 26, no. 2 (June): 221-56.

Bates, Robert H., Avner Greif, Margaret Levi, Jean-Laurent Rosenthal, and Barry Weingast. 1998. *Analytic Narratives.* Princeton, NJ: Princeton University Press.

Bates, Robert H., Avner Greif, and Smita Singh. 2002. "Organizing Violence." *Journal of Conflict Resolution* 46, no. 5 (October): 599-628.

Bates, Robert H., and Michael F. Lofchie, eds. 1980. *Agricultural Development in Africa: Issues of Public Policy*. New York: Praeger.

Bates, Robert H., and Da-Hsiang Donald Lien. 1985. "A Note on Taxation, Development, and Representative Government." *Politics and Society* 14, no. 1: 53-70.

Bates, Robert H., V.Y. Mudimbe, and Jean O'Barr, eds. 1993. *Africa and the Disciplines: The Contributions of Research in Africa to the Social Sciences and Humanities*. Chicago: University of Chicago Press.

Bendix, Reinhard. 1964. *Nation-Building and Citizenship: Studies of Our Changing Social Order*. New York: Wiley.

_____. 1980. *Kings or People: Power and the Mandate to Rule*. Berkeley: University of California Press.

Benhabib, Jess, and Adam Przeworski. 2006. "The Political Economy of Redistribution Under Democracy." *Economic Theory* 29, no. 2 (October): 271-90.

Bennett, Andrew, Aharon Barth, and Ken Rutherford. 2003. "Do We Preach What We Practice? A Survey of Methods in Political Science Journals and Curricula." *PS : Political Science & Politics* 36, no. 3 (July): 373-78.

Benton, Ted. 1984. *The Rise and Fall of Structural Marxism: Althusser and His Influence*. London: Palgrave Macmillan.

Berelson, Bernard R., Paul F. Lazarsfeld, and William N. McPhee. 1954. *Voting: A Study of Opinion Formation in a Presidential Campaign*. Chicago: University of Chicago Press.

Berg, Elliot. 1981. *Accelerated Development in Sub-Saharan Africa: An Agenda for Action*. Washington, DC: World Bank.

Bienen, Henry. 1967. "What Does Political Development Mean in Africa?" *World Politics* 20, no. 1 (October): 128-41.

Bloch, Marc. 1961. *Feudal Society*. Chicago: University of Chicago Press[한정숙 옮김, 『봉건사회』, 한길사, 1986].

_____. 1967. "A Contribution towards a Comparative History of European Societies." In *Land and Work in Medieval Europe: Selected Papers by Marc Bloch*, Marc Bloch, 44-81. New York: Harper & Row.

Bobbio, Norberto. 1984. *The Future of Democracy*. Minneapolis: University of Minnesota Press [윤홍근 옮김, 『민주주의의 미래』, 인간사랑, 1989].

Boix, Carles. 1998. *Political Parties, Growth and Equality: Conservative and Social Democratic Economic Strategies in the World Economy*. New York: Cambridge University Press.

Boix, Carles, and Susan Stokes. 2003. "Endogenous Democratization." *World Politics* 55, no. 4 (July): 517-49.

Brady, Henry E., and David Collier, eds. 2004. *Rethinking Social Inquiry: Diverse Tools, Shared Standards*. Lanham, MD: Rowman & Littlefield and the Berkeley Public Policy Press.

Bresser Pereira, Luiz Carlos, Jose Maria Maravall, and Adam Przeworski. 1993. *Economic Reform in New Democracies*. New York: Cambridge University Press.

Brooker, Paul. 2000. *Non-Democratic Regimes: Theory, Government and Politics*. New York: St. Martin's Press.

Buchanan, James, and Gordon Tulloch. 1962. *The Calculus of Consent*. Ann Arbor: University of Michigan Press[선상경 옮김, 『국민 합의의 분석』, 시공아카데미, 1999].

Campbell, Angus, Philip E. Converse, Warren E. Miller, and Donald E. Stokes. 1960. *The American Voter*. New York: Wiley.

Campbell, Donald Thomas. 1988. *Methodology and Epistemology for Social Science: Selected Papers*. Chicago: University of Chicago Press.

Campbell, Donald T., and Julian C. Stanley. 1966. *Experimental and Quasi-Experimental Designs for Research*. Boston: Houghton Mifflin.

Cardoso, Fernando H., and Enzo Faletto. 1979. *Dependency and Development in Latin America*. Berkeley: University of California Press.

Charrad, Mounira. 2001. *States and Women's Rights: The Making of Postcolonial Tunisia, Algeria, and Morocco*. Berkeley: University of California Press.

Coase, Ronald. 1960. "The Problem of Social Cost." *Journal of Law and Economics* 3, no. 1 (October): 1-44.

Cohen, G. A. 1978. *Karl Marx's Theory of History: A Defense*. Princeton, NJ: Princeton University Press.

Collier, David. 1975. "Timing of Economic Growth and Regime Characteristics in Latin America." *Comparative Politics* 7, no. 3 (April): 331-59.

_____. 1976. *Squatters and Oligarchs: Authoritarian Rule and Policy Change in Peru*. Baltimore: Johns Hopkins University Press.

_____. 1978. "Industrial Modernization and Political Change: A Latin American Perspective." *World Politics* 30, no. 4: 593-614.

_____, ed. 1979. *The New Authoritarianism in Latin America*. Princeton, NJ: Princeton University Press.

_____. 1991. "The Comparative Method: Two Decades of Change." In *Comparative Political Dynamics: Global Research Perspectives*, ed. Dankwart A. Rustow and Kenneth Paul Erickson. New York: HarperCollins.

_____. 1993. "The Comparative Method." In *Political Science: The State of the Discipline* 11, ed. Ada W. Finifter, 105-19. Washington, DC: American Political Science Association.

_____. 1995. "Trajectory of a Concept: 'Corporatism' in the Study of Latin American Politics." In *Latin America in Comparative Perspective: New Approaches to Methods and Analysis*, ed. Peter H. Smith, 135-62. Boulder, CO: Westview Press.

_____. 1998a. "Comparative Method in the 1990s." *APSA-CP: Newsletter of the APSA Organized Section in Comparative Politics* 9, no. 1 (Winter): 1-2, 4-5.

_____. 1998b. "Comparative-Historical Analysis: Where Do We Stand?" *APSA-CP: Newsletter of the APSA Organized Section in Comparative Politics* 9, no. 2 (Summer): 1-2, 4-5.

_____. 1999a. "Data, Field Work and Extracting New Ideas at Close Range." *APSA-CP: Newsletter of the APSA Organized Section in Comparative Politics* 10, no. 1 (Winter): 1-2, 4-6.

_____. 1999b. "Building a Disciplined, Rigorous Center in Comparative Politics." *APSA-CP: Newsletter of the APSA Organized Section in Comparative Politics* 10, no. 2(Summer): 1-2, 4.

Collier, David, and Robert N. Adcock. 1999. "Democracy and Dichotomies: A Pragmatic Approach to Choices about Concepts." *Annual Review of Political Science* 2: 537-65.

Collier, David, Henry E. Brady, and Jason Seawright. 2004. "Sources of Leverage in Causal Inference: Toward an Alternative View of Methodology." In *Rethinking Social Inquiry: Diverse Tools, Shared Standards*, ed. Henry E. Brady and David Collier, 229-66. Lanham, MD: Rowman & Littlefield Publishers and the Berkeley Public Policy Press.

Collier, David, and Ruth Berins Collier. 1977. "Who Does What, to Whom, and How: Toward a Comparative Analysis of Latin American Corporatism." In *Authoritarianism and Corporatism in Latin America*, ed. James M. Malloy, 489-512. Pittsburgh: University of Pittsburgh Press.

Collier, David, and Steven Levitsky. 1997. "Democracy With Adjectives: Conceptual Innovation in Comparative Research." *World Politics* 49, no. 3 (April): 430-51.

Collier, David, and James E. Mahon Jr. 1993. "Conceptual Stretching Revisited: Adapting Categories in Comparative Analysis." *American Political Science Review* 87, no. 4: 845-55.

Collier, David, and Richard Messick. 1975. "Prerequisites Versus Diffusion: Testing Alternative Explanations of Social Security Adoption." *American Political Science Review* 69, no. 4: 1299-1315.

Collier, Ruth Berins. 1982a. *Regimes in Tropical Africa: Changing Forms of Supremacy, 1945-75.* Berkeley: University of California Press.

_____. 1982b. "Popular Sector Incorporation and Political Supremacy: Regime Evolution in Brazil and Mexico." In *Brazil and Mexico: Patterns of Late Development*, ed. Sylvia Ann Hewlett and Richard Weinhert, 57-109. Philadelphia: Institute for the Study of Human Issues["민중 부문과 헤게모니 : 브라질과 멕시코," 김병국 외 엮음, 『라틴아메리카의 도전과 좌절』, 나남, 1991].

_____. 1992. *The Contradictory Alliance: State-Labor Relations and Regime Change in Mexico.* Berkeley: International and Area Studies Press.

_____. 1993. "Combining Alternative Perspectives: Internal Trajectories Versus External Influences as Explanations of Latin American Politics in the 1940s." *Comparative Politics* 26, no. 1 (December): 1-30.

_____. 1999. *Paths Toward Democracy: Working Class and Elites in Western Europe and South America.* New York: Cambridge University Press.

Collier, Ruth Berins, and David Collier. 1979. "Inducements versus Constraints: Disaggregating 'Corporatism.'" *American Political Science Review* 73, no. 4 (December): 967-86.

_____. 1991. *Shaping the Political Arena: Critical Junctures, the Labor Movement, and Regime Dynamics in Latin America.* Princeton, NJ: Princeton University Press.

_____. 2002. *Shaping the Political Arena: Critical Junctures, the Labor Movement, and the Regime*

*Dynamics in Latin America*. Notre Dame, IN: University of Notre Dame Press.

Colson, Elizabeth. 1974. *Tradition and Contract: The problem of Order*. Chicago: Aldine Publishing.

Cook, Thomas D., and Donald T. Campbell. 1979. *Quasi-Experimentation: Design and Analysis Issues for Field Settings*. Boston. Houghton Mifflin.

Cortés, Fernando, Adam Przeworski, and John Sprague. 1974. *Systems Analysis for Social Scientists*. New York: Wiley Interscience.

Cox, Gary. 1997. *Making Votes Count: Strategic Coordination in the World's Electoral Systems*. New York: Cambridge University Press.

Crowley, Jocelyn Elise, and Theda Skocpol. 2001. "The Rush to Organize: Explaining Associational Formation in the United States, 1860s~1920s." *American Journal of Political Science* 45, no. 4 (October): 813-29.

Cutright, Philips. 1963. "National Political Development: Its Measurement and Social Correlates." In *Politics and Social Life*, ed. Nelson W. Polsby, Robert A. Dentler, and Paul A. Smith, 569-81. Boston: Houghton Mifflin.

Dahl, Robert A. 1956. *A Preface to Democratic Theory*. Chicago: University of Chicago Press[김용호 옮김, 『민주주의 이론 서설 : 미국민주주의의 원리』, 법문사, 1990].

_____. 1961. *Who Governs? Democracy and Power in an American City*. New Haven, CT: Yale University Press.

_____, ed. 1966. *Political Oppositions in Western Democracies*. New Haven, CT: Yale University Press.

David, Paul A. 1985. "Clio and the Economics of QWERTY." *American Economic Review* 75, no. 2 (May): 332-37.

de Soto, Hernando. 1989. *The Other Path*. New York: Harper & Row.

Deutsch, Karl W. 1953. *Nationalism and Social Communication: An Inquiry into the Foundations of Nationality*. Cambridge: MIT Press.

_____. 1961. "Social Mobilization and Political Development." *American Political Science Review* 51, no. 3 (September): 494-514.

_____. 1963. *The Nerves of Government*. New York: The Free Press.

Diamant, Alfred. 1960. *Austrian Catholics and the First Republic: Democracy, Capitalism, and the Social Order, 1918-1934*. Princeton, NJ: Princeton University Press.

Dunlop, John T., Frederick H. Harbison, Clark Kerr, and Charles A. Myers. 1960. *Industrialism and Industrial Man: The Problems of Labor and Management in Economic Growth*. Cambridge, MA: Harvard University Press.

Durkheim, Emile. 1951. *Suicide : A Study in Sociology*. Glencoe, IL: The Free Press[황보종우 옮김, 『자살론』, 청아, 2008].

_____. 1982. *The Rules of Sociological Method, and Selected Texts on Sociology and its Method*. London: Macmillan[박창호 옮김, 『사회학적 방법의 규칙들』, 새물결, 2001].

_____. 1995. *The Elementary Forms of Religious Life*. New York: The Free Press[노치준·민혜숙 옮김, 『종교 생활의 원초석 형태』, 민영사, 1992].

맞 참조

Duverger, Maurice. 1954. *Political Parties*. New York: Wiley[박희선·장을병 옮김, 『정당론』 상·하, 문명사, 1972].

Eakin, Emily. 2000. "Political Scientists are in a Revolution Instead of Watching." *New York Times*, November 4.

Eckstein, Harry. 1966. *Division and Cohesion in Democracy: A Study of Norway*. Princeton, NJ: Princeton University Press.

Eggan, Fred. 1954. "Social Anthropology and the Method of Controlled Comparison." *American Anthropologist* 56, no. 5: 743-63.

Elkins, Zachary. 2000. "Gradations of Democracy? Empirical Tests of Alternative Conceptualizations." *American Journal of Political Science* 44, no. 2 (April): 293-300.

Elster, Jon. 1985. *Making Sense of Marx*. New York: Cambridge University Press.

_____. 1999. *Alchemies of the Mind: Studies in Rationality and the Emotions*. New York: Cambridge University Press.

_____. 2000. "Rational Choice History: A Case of Excessive Ambition." *American Political Science Review* 94, no. 3 (September): 685-95.

Emerson, Rupert. 1960. *From Empire to Nation: The Rise of Self-Assertion of Asian and African Peoples*. Cambridge, MA: Harvard University Press.

Evans, Peter. 1995. *Embedded Autonomy: States and Industrial Transformation*. Princeton, NJ: Princeton University Press.

Evans, Peter, Harold Jacobson, and Robert Putnam, eds. 1993. *Double-Edged Diplomacy: An Interactive Approach to International Politics*. Berkeley: University of California Press.

Evans, Peter, Dietrich Rueschemeyer, and Theda Skocpol, eds. 1985. *Bringing the State Back In*. New York: Cambridge University Press.

Fearon, James D., and David D. Laitin. 1996. "Explaining Interethnic Cooperation." *American Political Science Review* 90, no. 4: 715-35.

_____. 2000. "Violence and the Social Construction of Ethnic Identities." *International Organization* 54, no. 4 (October): 845-77.

_____. 2003. "Ethnicity, Insurgency, and Civil War." *American Political Science Review* 97, no. 1 (February): 75-90.

Fenno, Richard F. 1977. "U.S. House Members and Their Constituencies: An Exploration." *American Political Science Review* 71, no. 3 (September): 883-917.

Finegold, Kenneth, and Theda Skocpol. 1995. *State and Party in America's New Deal*. Madison: University of Wisconsin Press.

Fiorina, Morris P., and Theda Skocpol, eds. 1999. *Civic Engagement in American Democracy*. Washington, DC: Brookings Institution Press and Russell Sage Foundation.

Friedrich, Carl J., and Zbigniew K. Brzezinski. 1956. *Totalitarian Dictatorship and Autocracy*. Cambridge, MA: Harvard University Press[최운지 옮김, 『전체주의 독재정치론』, 정림사, 1972].

Galenson, Walter. 1959. *Labor and Economic Development*. New York: Wiley.

Gallie, W. B. 1956. "Essentially Contested Concepts." *Proceedings of the Aristotelian Society* 51: 167-98.

Gandhi, Jennifer, and Adam Przeworski. 2006. "Cooperation, Cooptation, and Rebellion under Dictatorships." *Economics and Politics* 18, no. 1 (March): 1-26.

Garrett, Geoffrey. 1998. *Partisan Politics in the Global Economy*. New York: Cambridge University Press.

Gates, Scott, and Brian D. Humes. 1997. *Games, Information, and Politics: Applying Game Theoretic Models to Political Science*. Ann Arbor: University of Michigan Press.

Gay, Peter. 1998. *My German Question: Growing Up in Nazi Berlin*. New Haven, CT: Yale University Press.

George, Alexander L., and Timothy J. McKeown. 1985. "Case Studies and Theories of Organizational Decision Making." In *Advances in Information Processing in Organizations* 2, ed. Robert F. Coulam and Richard A. Smith, 21-58. Greenwich, CT: JAI Press.

Gerschenkron, Alexander. 1962. *Economic Backwardness in Historical Perspective*. Cambridge, MA: Harvard University Press.

Gerth, H. H., and C. Wright Mills, eds. 1946. *From Max Weber: Essays in Sociology*. New York: Oxford University Press.

Goldstone, Jack A. 2003. "Comparative Historical Analysis and Knowledge Accumulation in the Study of Revolutions." In *Comparative Historical Analysis in the Social Sciences*, ed. James Mahoney and Dietrich Rueschemeyer, 41-90. New York: Cambridge University Press.

Greenberg, Stanley B., and Theda Skocpol, eds. 1997. *The New Majority: Toward a Popular Progressive Politics*. New Haven, CT: Yale University Press.

Greenstone, J. David. 1969. *Labor in American Politics*. New York: Knopf.

Grossman, Gene M., and Elhanan Helpman. 2001. *Special Interest Politics*. Cambridge: MIT Press.

Gurr, Ted Robert. 1970. *Why Men Rebel*. Princeton, NJ: Princeton University Press.

Haas, Ernst B., and Philippe Schmitter. 1964. "Economics and Differential Patterns of Political Integration: Projections about Unity in Latin America" *International Organization* 18, no. 3: 705-37.

Hall, Peter A,, ed. 1989. *The Political Power of Economic Ideas: Keynesianism across Nations*. Princeton, NJ: Princeton University Press.

Hall, Peter A., and Rosemary Taylor. 1996. "Political Science and the Three New Institutionalisms." *Political Studies* 44, no. 5: 936-57.

Hall, Peter A., and David Soskice, eds. 2001. *Varieties of Capitalism: The Institutional Foundations of Comparative Advantage*. Oxford: Oxford University Press.

Hempel, Carl G. 1965. *Aspects of Scientific Explanation, and Other Essays in the Philosophy of Science*. New York: The Free Press[전영삼 외 옮김, 『과학적 설명의 여러 측면 : 그리고 과학철학에 관한 다른 논문들』 1·2, 나남, 2011].

Hintze, Otto. 1975. *The Historical Essays of Otto Hintze*, ed. Felix Gilbert. New York: Oxford University Press.

Hirschman, Albert O. 1971. "The Political Economy of Import-Substituting Industrialization In Latin America." In *A Bias For Hope: Essays a Development*, Albert O. Hirschman, 85-123. New Haven, CT: Yale University Press.

Hochschild, Adam. 1998. *King Leopold's Ghost: A Story of Greed, Terror, and Heroism in Colonial Africa*. Boston: Houghton Mifflin[이종인 옮김, 『레오폴드왕의 유령 : 아프리카의 비극, 제국주의의 탐욕 그리고 저항에 관한 이야기』, 무우수, 2003].

Homans, George Caspar. 1941. *English Villagers of the Thirteenth Century*. Cambridge, MA.: Harvard University Press.

_____. 1950. *The Human Group*. New York: Harcourt Brace.

_____. 1964. "Bringing Men Back In." *American Sociological Review* 29, no. 5 (December): 809-18.

Horowitz, Donald L. 1985. *Ethnic Groups in Conflict*. Berkeley: University of California Press.

Htun, Mala. 2003. *Sex and the State: Abortion, Divorce, and the Family under Latin American Dictatorships and Democracies*. New York: Cambridge University Press.

Huntington, Samuel P. 1968. *Political Order in Changing Societies*. New Haven, CT: Yale University Press[민준기·배성동 옮김, 『정치발전론 : 변혁 사회에 있어서의 정치 질서』 을유문화사, 1971].

Inglehart, Ronald. 1977. *The Silent Revolution: Changing Values and Political Styles among Western Publics*. Princeton, NJ: Princeton University Press[정성호 옮김, 『조용한 혁명』, 종로서적, 1983].

Iversen, Torben. 1999. *Contested and Economic Institutions: The Politics of Macroeconomics and Wage Bargaining in Advanced Democracies*. New York: Cambridge University Press.

Iversen, Torben, Jonas Pontusson, and David Soskice, eds. 2000. *Unions, Employers, and Central Banks: Macroeconomic Coordination and Institutional Change in Social Market Economies*. New York: Cambridge University Press.

Johnson, Haynes B., and David S. Broder. 1996. *The System: The American Way of Politics at the Breaking Point*. Boston: Little, Brown.

Johnson, James. 2003. "Conceptual Problems as Obstacles to Progress in Political Science: Four Decades of Political Culture Research." *Journal of Theoretical Politics* 15, no. 1(January): 87-115.

Jowitt, Kenneth. 1992. *New World Disorder The Leninist Extinction*. Berkeley: University of California Press.

Joyce, Michael S., and William A. Schambra. 1996. "A New Civic Life." In *To Empower People: From State to Civil Society*, 2nd ed., ed. Michael Novak, 11-29. Washington, DC: AEI Press.

Kasfir, Nelson. 1979. "Explaining Ethnic Political Participation." *World Politics* 31, no. 3: 365-88.

Katz, Elihu, and Paul F. Lazarsfeld. 1955. *Personal Influence: The Part Played by People in the*

*Flow of Mass Communications*. Glencoe, IL: The Free Press.

Katznelson, Ira, and Martin Shefter, eds. 2002. *Shaped by War and Trade: International Influences on American Political Development* Princeton, NJ: Princeton University Press.

Katzenstein, Peter J., Peter B. Evans, James C. Scott, Susanne Hoeber Rudolph, Adam Przeworski, Theda Skocpol, and Atul Kohli. 1995. "The Role of Theory in Comparative Politics: A Symposium." *World Politics* 48, no. 1 (October): 1-49.

Kendall, Patricia L., and Paul F. Lazarsfeld. 1950. "Problems of Survey Analysis." In *Continuities in Social Research: Studies in the Scope and Method of "The American Soldier,"* ed. Robert K. Merton and Paul F. Lazarsfeld, 133-96. New York: The Free Press.

Keohane, Robert. 2003. "Disciplinary Schizophrenia: Implications for Graduate Education in Political Science." *Qualitative Methods—Newsletter of the APSA Organized Section on Qualitative Methods* 1, no. 1 (Spring): 9-12.

Kiernan, V. G. 1980. [Review of Skocpol's *States and Social Revolutions*.] *English Historical Review* 95 (July): 638-41.

King, Gary. 1995a. "Replication, Replication." *PS: Political Science & Politics* 28, no. 3 (September): 444-52.

_____. 1995b. "A Revised Proposal, Proposal." *PS: Political Science & Politics* 28, no. 3 (September): 494-99.

King, Gary, Robert O. Keohane, and Sidney Verba. 1994. *Designing Social Inquiry: Scientific Inference in Qualitative Research*. Princeton, NJ: Princeton University Press.

King, Gary, Christopher J. L. Murray, Joshua A. Salomon, and Ajay Tandon. 2004. "Enhancing the Validity and Cross-Cultural Comparability of Measurement in Survey Research." *American Political Science Review* 98, no. 1 (February): 191-207.

Krehbiel, Keith. 1991. *Information and Legislative Organization*. Ann Arbor: University of Michigan Press.

Kurtz, Marcus J. 2000. "Understanding Peasant Revolution: From Concept to Theory and Case." *Theory and society* 29, no. 1 (February): 93-124.

Laitin, David D. 1977. *Politics, Language, and Thought: The Somali Experience*. Chicago: University of Chicago Press.

_____. 1978. "Religion, Political Culture and the Weberian Tradition." *World Politics* 30, no. 4 (July): 563-92.

_____. 1986. *Hegemony and Culture: Politics and Religious Change among the Yoruba*. Chicago: University of Chicago Press.

_____. 1988. "Political Culture and Political Preferences." *American Political Science Review* 82, no. 2 (June): 589-93.

_____. 1989. "Linguistic Revival: Politics and Culture in Catalonia." *Comparative Studies in Society and History* 31, no. 2 (April): 297-317.

_____. 1992a. *Language Repertoires and State Construction in Africa*. New York: Cambridge University Press.

_____. 1992b. "Language Normalization in Estonia and Catalonia." *Journal of Baltic Studies* 23, no. 2 (Summer): 149-66.

_____. 1994. "Retooling in Comparative Research." *APSA-CP: Newsletter of the APSA Organized Section in Comparative Politics* 5, no. 2 (Summer): 1, 3, 23, 32.

_____. 1995a. "National Revivals and Violence." *Archives Européennes de Sociologie* 36, no. 1: 3-43.

_____. 1995b. "Disciplining Political Science." *American Political Science Review* 89, no. 2 (June): 454-56.

_____. 1998a. *Identity in Formation: The Russian-speaking Populations in the Near Abroad.* Ithaca, NY: Cornell University Press.

_____. 1998b. "Toward a Political Science Discipline: Authority Patterns Revisited." *Comparative Political Studies* 31, no. 4 (August): 423-43.

_____. 1999a. [Review of Scott, *Seeing Like a State.*] *Journal of Interdisciplinary History* 30 no. 1 (Summer): 177-79.

_____. 1999b. "Identity Choice Under Conditions of Uncertainty: Reflections of Selten's Dualist Methodology." In *Competition and Cooperation: Conversations with Nobelists about Economics and Political Science*, ed. James Alt, Margaret Levi, and Elinor Ostrom, 273-302. New York: Russell Sage Foundation.

_____. 2000. "What is a Language Community?" *American Journal of Political Science* 44, no. 1: 142-55.

_____. 2002. "Comparative Politics: The State of the Subdiscipline." In *Political Science: The State of the Discipline*, ed. Ira Katznelson and Helen V. Milner, 630-59. New York and Washington, DC: W. W. Norton and the American Political Science Association.

_____. 2003. "The Perestroikan Challenge to Social Science." *Politics and Society* 31, no. 1 (March): 163-84.

_____. 2004a. "The Political Science Discipline." In *The Evolution of Political Knowledge: Democracy, Autonomy, and Conflict in Comparative and International Politics*, ed. Edward Mansfield and Richard Sisson, 11-40. Columbus: Ohio State University Press.

_____. 2004b. "Whither Political Science? Reflections on Professor Sartori's claim that 'American-type political science…is going nowhere. It is an ever growing giant with feet of clay.'" *PS: Political Science & Politics* 37, no. 4 (October): 789-91.

Laitin, David D., and Guadalupe Rodríguez Gómez. 1992. "Language, Ideology and the Press in Catalonia." *American Anthropologist* 94, no. 1 (March): 9-30.

Laitin, David D., and Carlotta Solé. 1989. "Catalan Elites and Language Normalization." *International Journal of Sociology and Social Policy* 9, no. 4 (October): 1-26

Laitin, David D., Carlotta Solé, and Stathis N. Kalyvas. 1994. "Language and the Construction of States: The Case of Catalonia in Spain." *Politics & Society* 22, no. 1 (March): 5-29.

Lakoff, George. 1987. *Women, Fire, and Dangerous Things: What Categories Reveal about the Mind.* Chicago: University of Chicago Press[이기우 옮김, 『인지 의미론 : 언어에서 본 인간의

마음』, 한국문화사, 1995].

Lasswell, Harold Dwight, and Daniel Lerner, eds. 1965. *World Revolutionary Elites: Studies in Coercive Ideological Movements.* Cambridge: MIT Press.

Lazarsfeld, Paul F. 1955. "The Interpretation of Statistical Relations as a Research Operation." In *The Language of Social Research: A Reader in the Methodology of Social Research*, ed. Paul F. Lazarsfeld and Morris Rosenberg, 115-25. New York: The Free Press.

Lazarsfeld, Paul F., Bernard R. Berelson, and Hazel Gaudet. 1944. *The People's Choice: How the Voter Makes Up His Mind in a Presidential Campaign.* New York: Duell, Sloan and Pierce.

Lenin, V. I. 1939. *Imperialism: The Highest Stage of Capitalism.* New York: International Publishers[남상일 옮김, 『제국주의론』, 백산서당, 1988].

Levitsky, Steven. 1998. "Institutionalization and Peronism: The Concept, the Case, and the Case for Unpacking the Concept." *Party Politics* 4, no. 1: 77-92.

Lichbach, Mark Irving. 1997. "Social Theory and Comparative Politics." *Comparative Politics: Rationality, Culture and Structure*, ed. Mark I. Lichbach and Alan S. Zuckerman, 239-76. New York: Cambridge University Press.

Lijphart, Arend. 1971. "Comparative Politics and the Comparative Method." *American Political Science Review* 65, no. 3 (September): 682-93["비교정치연구와 비교분석방법," 『비교정치론 강의 1』, 김웅진, 박찬욱, 신윤환 편역, 한울, 1992].

_____. 1977. *Democracy in Plural Societies.* New Haven, CT: Yale University Press.

_____. 1984. *Democracies: Patterns of Majoritarian and Consensus Government in Twenty-One Countries.* New Haven, CT: Yale University Press.

Linz, Juan J. 1975. "Totalitarianism and Authoritarian Regimes." In *Handbook of Political Science*, vol. 3: *Macropolitical Theory*, ed. Fred Greenstein and Nelson Polsby, 175-411. Reading, MA: Addison-Wesley.

_____. 1990. "Transition to Democracy." *Washington Quarterly* 13, no. 3 (Summer): 143-64.

_____. 2000. *Totalitarian and Authoritarian Regimes.* Boulder, CO. Lynne Rienner.

Linz, Juan J., and Alfred Stepan. 1996. *Problems of Democratic Transition and Consolidation: Southern Europe, South America, and Post-Communist Europe.* Baltimore: Johns Hopkins University Press[김유남 외 옮김, 『민주화의 이론과 사례 : 이상과 현실의 갈등』, 삼영사, 1999].

_____. Forthcoming. *Federalism, Democracy, and Nation.*

Lipset, Seymour Martin. 1959. "Some Social Requisites of Democracy: Economic Development and Political Legitimacy." *American Political Science Review* 53, no. 1 (March): 69-105.

_____. 1960. *Political Man: The Social Bases of Politics.* New York: Doubleday/Anchor Books.

_____. 1962. "Michels' Theory of Political Parties." Introduction to *Political Parties: A Sociological Study of the Oligarchical Tendencies of Modern Democracy*, Robert Michels, 15-39. New York: The Free Press.

_____. 1963. *The First New Nation : The United States in Historical and Comparative perspective.*

New York: Basic Books[이종수 옮김, 『미국사의 구조 : 국민형성과 민주주의의 사회적 조건』, 한길사, 1982].

_____. 1964. "Ostrogorski and the Analytical Approach to the Comparative Study of Political Parties." Introduction to *Democracy and the Organization of Political Parties*, Moisei I Ostrogorski, ix-ixv. New York: Doubleday.

Lipset, Seymour Martin, and Stein Rokkan, eds. 1967. "Cleavage Structures, Party Systems, and Voter Alignments: An Introduction." In *Party Systems and Voter Alignments: Cross-National Perspectives*, ed. Seymour M. Lipset and Stein Rokkan, 1-64. New York: The Free Press["균열 구조, 정당 체계, 그리고 유권자 편성: 서설," 『비교정치학 강의 3』, 김수진·김웅진·박찬욱·신명순·신윤환 편역, 한울, 1994].

Lipton, Michael. 1977. *Why Poor People Stay Poor: Urban Bias in World Development*. Cambridge, MA: Harvard University Press.

Lowi, Theodore J. 1964. "American Business, Public Policy, Case Studies, and Political Theory." *World Politics* 16, no. 4: 677-715.

Luce, R. Duncan, and Howard Raiffa. 1957. *Games and Decisions: Introduction and Critical Survey*. New York: Wiley.

Luebbert, Gregory M. 1991. *Liberalism, Fascism, or Social Democracy: Social Classes and the Political Origins of Regimes in Interwar Europe*. New York: Oxford University Press.

Mahoney, James. 2000. "Path Dependence in Historical Sociology." *Theory and Society* 29, no. 4 (August): 507-48.

Mahoney, James, and Dietrich Rueschemeyer, eds. 2003. *Comparative Historical Analysis in the Social Sciences*. New York: Cambridge University Press.

Mailer, Norman. 1968. *Miami and the Siege of Chicago: An Informal History of the Republican and Democratic Conventions of 1968*. New York: Signet Books/New American Library.

Manin, Bernard. 1997. *The Principles of Representative Government*. New York: Cambridge University Press[곽준혁 옮김, 『선거는 민주적인가 : 현대 대의 민주주의의 원칙에 대한 비판적 고찰』, 후마니타스, 2004].

Marcuse, Herbert. 1955. *Eros and Civilization: A Philosophical Inquiry into Freud*. Boston: Beacon Press[김인환 옮김, 『에로스와 문명: 프로이트 이론의 철학적 연구』, 나남, 2004].

_____. 1964. *One-Dimensional Man: Studies in the Ideology of Advanced Industrial Society*. Boston: Beacon Press[박병진 옮김, 『일차원적 인간 : 선진 산업사회의 이데올로기 연구』, 한마음사, 2009].

Marx, Karl. 1952. *Class Struggles in France, 1848 to 1850*. Moscow: Progress Publishers.["1848년에서 1850년까지의 프랑스에서의 계급투쟁," 최인호 외 옮김, 『칼 맑스·프리드리히 엥겔스 저작 선집』 2권, 박종철출판사, 1992]

Maynard-Smith, John. 1982. *Evolution and the Theory of Games*. New York: Cambridge University Press.

Mazrui, Ali A. 1966. "The English Language and Political Consciousness in British Colonial Africa." *Journal of Modern African Studies* 4, no. 3: 295-311.

Mazzuca, Sebastián. 2001. "State, Regime, and Administration in Early Modern Europe: What Have We Learned?" Paper presented at the American Political Science Association (APSA) Annual Convention, San Francisco, August 30-September 2, 2001.

McConnell, Grant. 1966. *Private Power and American Democracy*. New York: Knopf.

McGuire, William J. 1997. "Creative Hypothesis Generating in Psychology: Some Useful Heuristics." *Annual Review of Psychology* 48: 1-30.

Miliband, Ralph. 1969. *The State in Capitalist Society*. New York: Basic Books.

_____. 1970. "The Capitalist State: Reply to Nicos Poulantzas." *New Left Review* no. 59: 53-60.

Mill, John Stuart. 1874. *A System of Logic: Raciocinative and Inductive*. New York: Harper & Brothers Publishers["비교의 두 방법," 차종천 옮김, 『비교사회학: 방법과 실제1』, 열음사, 1990에 일부가 번역되어 있다].

Mills, C. Wright. 1956. *The Power Elite*. New York: Oxford University Press[진덕규 옮김, 『파워 엘리트』, 한길사, 1979].

Monroe, Kristen Renwick, ed. 2005. *Perestroika! The Raucous Rebellion in Political Science*. New Haven, CT: Yale University Press.

Moore, Barrington, Jr. 1950. *Soviet Politics: The Dilemma of Power. The Role of Ideas in Social Change*. Cambridge, MA: Harvard University Press[강봉식 옮김, 『현대쏘련정치론』, 사상계사, 1955].

_____. 1954. *Tenor and Progress USSR: Some Sources of Change and Stability in the Soviet Dictatorship*. Cambridge, MA: Harvard University Press.

_____. 1966. *Social Origins of Dictatorship and Democracy: Lord and Peasant in the Making of the Modern World*. Boston: Beacon Press[진덕규 옮김, 『독재와 민주주의 사회적 기원』, 까치, 1985].

Nasar, Sylvia. 1999. *A Beautiful Mind: A Biography of John Forbes Nash, Jr*. New York: Simon and Schuster[신현용·이종인·승영조 옮김, 『뷰티풀 마인드』, 승산, 2002].

Nichols, Elizabeth. 1986. "Skocpol on Revolution: Comparative Analysis vs. Historical Conjuncture." *Comparative Social Research* 9: 163-86.

Nkurunziza, Janvier D., and Robert H. Bates. 2003. "Political Institutions and Economic Growth in Africa." *Working Paper* no. 98, Center for International Development, Harvard University.

North, Douglass C. 1981. *Structure and Change in Economic History*. New York: Norton.

North, Douglass C., and Robert Paul Thomas. 1973. *The Rise of the Western World*. New York: Cambridge University Press.

O'Donnell, Guillermo. 1973. *Modernization and Bureaucratic Authoritarianism: Studies in South American Politics*. Berkeley: Institute of International Studies, University of California.

_____. 1978. "State and Alliances in Argentina, 1956~1976." *Journal of Development Studies* 15, no. 1 (October): 3-33.

O'Donnell, Guillermo, and Philippe C. Schmitter. 1986. *Transitions from Authoritarian Rule: Tentative Conclusions about Uncertain Democracies*. Baltimore: Johns Hopkins

University Press.

O'Donnell, Guillermo, Philippe C. Schmitter, and Laurence Whitehead, eds. 1986. *Transitions from Authoritarian Rule: Prospects for Democracy.* 4 vols. Baltimore: Johns Hopkins University Press[염홍철 옮김, 『권위주의 정권의 해체와 민주화 : 제3세계 민주화의 조건과 전망』, 한울, 1987].

Olson, Mancur. 1965. *The Logic of Collective Action.* Cambridge, MA: Harvard University Press [윤여덕 옮김, 『집단행동의 논리』, 청림출판, 1987].

Perry, Elizabeth J. 1980. [Review of Skocpol's *States and Social Revolutions.*] *Journal of Asian Studies* 39, no. 3 (May): 533-35.

_____. 1993. *Shanghai on Strike: The Politics of Chinese Labor.* Stanford, CA: Stanford University Press.

Persson, Torsten, and Guido Tabellini. 2000. *Political Economics : Explaining Economic Policy.* Cambridge: MIT Press.

Pierson, Paul, and Theda Skocpol. 2002. "Historical Institutionalism in Contemporary Political Science." In *Political Science: The State of the Discipline*, ed. Ira Katznelson and Helen V. Milner, 693-721. New York and Washington, DC: W. W. Norton and the American Political Science Association.

Pitkin, Hannah Fenichel. 1967. *The Concept of Representation.* Berkeley: University of California Press.

Popkin, Samuel L. 1979. *The Rational Peasant : The Political Economy of Rural Society in Vietnam.* Berkeley: University of California Press.

Popper, Karl. 1945. *The Open Society and Its Enemies.* London: Routledge & Kegan Paul.[이한 구 옮김, 『열린 사회와 그 적들』 1(개정판), 민음사, 2006; 『열린 사회와 그 적들』 2, 민음사, 1989]

Poulantzas, Nicos. 1969. "The Problem of the Capitalist State." *New Left Review* no. 58: 67-78.

Przeworski, Adam. 1966. "Party System and Economic Development." Ph.D. dissertation, Northwestern University.

_____. 1985a. *Capitalism and Social Democracy.* New York: Cambridge University Press[최형익 옮김, 『자본주의와 사회민주주의』, 백산서당, 1995].

_____. 1985b. "Marxism and Rational Choice." *Politics and Society* 14, no. 4 (December): 379-409.

_____. 1986. "Some Problems in the Study of the Transition to Democracy." In *Transitions from Authoritarian Rule: Comparative Perspectives*, ed. Guillermo O'Donnell, Philippe Schmitter, and Laurence Whitehead, 47-63. Baltimore: Johns Hopkins University Press["민주주의 이행에 관한 연구의 몇 가지 문제점," 염홍 옮김, 『권위주의 정권의 해체와 민주화 : 제3세계 민주화의 조건과 전망』, 한울, 1987].

_____. 1990. *The State and the Economy Under Capitalism.* New York: Harwood Academic Publishers[박동·이종선 옮김, 『자본주의사회의 국가와 경제』, 일신사, 1999].

_____. 1991. *Democracy and the Market: Political and Economic Reforms in Eastern Europe and Latin America.* New York: Cambridge University Press[임혁백·윤성학 옮김, 『민주주의와 시

장』, 한울, 1997].

_____. 1992. "The Neoliberal Fallacy." *Journal of Democracy* 3, no. 3 (July). 45-59.

_____. 1996. "A Better Democracy, A Better Economy." *Boston Review* 21, no. 2 (April-May).

_____. 1997. "Democratization Revisited." *Items* (SSRC) 51, no. 1 (March): 6-11.

_____. 1999. "Minimalist Conception of Democracy: A Defense." In *Democracy's Value*, ed. Ian Shapiro and Casiano Hacker-Cordón, 23-55. New York: Cambridge University Press.

_____. 2003. *States and Markets: A Primer in Political Economy*. New York: Cambridge University Press.

_____. 2004a. "Institutions Matter?" *Government and Opposition* 39, no. 4 (September):527-40.

_____. 2004b. "Economic Development and Transitions to Democracy: An Update." Unpublished manuscript, Department of Politics, New York University, March 1.

_____. 2005. "Democracy as an Equilibrium." *Public Choice* 123, no. 3: 253-73.

Przeworski, Adam, et al. 1995. *Sustainable Democracy*. New York: Cambridge University Press [김태임·지은주 옮김, 『지속 가능한 민주주의』 한울, 2001].

Przeworski, Adam, Michael E. Alvarez. José Antonio Cheibub, and Fernando Limongi. 1996. "What Makes Democracies Endure?" *Journal of Democracy* 7, no. 1(January): 39-55.

Przeworski, Adam, Michael E. Alvarez, José Antonio Cheibub, and Fernando Limongi. 2000. *Democracy and Development: Political Institutions and Well-Being in the World, 1950~1990*. New York: Cambridge University Press.

Przeworski, Adam, and Fernando Limongi. 1993. "Political Regimes and Economic Growth." *Journal of Economic Perspectives* 7, no. 3 (Summer): 51-69.

_____. 1997. "Modernization: Theory and Facts." *World Politics* 49, no. 2: 155-83.

Przeworski, Adam, and Covadonga Meseguer. 2002. "Globalization and Democracy." Paper presented at the Seminar on Globalization and Inequality, Santa Fe Institute.

Przeworski, Adam, and John Sprague. 1986. *Paper Stones: A History of Electoral Socialism*. Chicago: University of Chicago Press.

Przeworski, Adam, and Henry Teune. 1970. *The Logic of Comparative Social Inquiry*. New York: Wiley[차종천 옮김, "비교연구와 사회과학 이론," 『비교사회학: 방법과 실제I』, 열음사, 1990에 일부가 번역되어 있다].

Przeworski, Adam, and James Raymond Vreeland. 2000. "The Effect of IMF Programs on Economic Growth." *Journal of Development Economics* 62: 385-421.

_____. 2002. "A Statistical Model of Bilateral Cooperation." *Political Analysis* 10, no. 2:101-12.

Przeworski, Adam, and Michael Wallerstein. 1982. "The Structure of Class Conflict in democratic Capitalist Societies." *American Political Science Review* 76, no. 2(June): 215-38.

Rae, Douglas W. 1967. *The Political Consequences of Electoral Laws*. New Haven, CT: Yale University Press.

Redfield, Robert. 1930. *Tepoztlan: A Mexican Village*. Chicago: University of Chicago Press.

Roemer, John. 1982. *A General Theory of Exploitation and Class*. Cambridge, MA: Harvard

University Press.

_____. ed. 1986a. *Analytical Marxism*. New York: Cambridge University Press.

_____. 1986b. "Introduction." In *Analytical Marxism*, ed. John Roemer, 1-7. New York: Cambridge University Press.

Rokkan, Stein, with Angus Campbell, Per Torsvik, and Henry Valen. 1970. *Citizens, Elections, Parties: Approaches to the Comparative Study of the Processes of Development*. New York: David McKay.

Rueschemeyer, Dietrich, John D. Stephens, and Evelyne Huber Stephens. 1992. *Capitalist Development and Democracy*. Chicago: University of Chicago Press[박명림·조찬수·권혁용 옮김, 『자본주의 발전과 민주주의 : 민주주의의 비교역사연구』, 나남, 1998].

Samuelson, Paul A. 1947. *Foundations of Economic Analysis*. Cambridge, MA: Harvard University Press.

_____. 1948. *Economics: An Introductory Analysis*. New York: McGraw-Hill.

Sartori, Giovanni. 1970. "Concept Misformation in Comparative Politics." *American Political Science Review* 64, no. 4: 1033-53["비교정치연구에 있어서 개념 정립 오류", 『비교정치론 강의 1』, 김웅진, 박찬욱, 신윤환 편역, 한울, 1992].

Schelling, Thomas C. 1960. *The Strategy of Conflict*. Cambridge, MA: Harvard University Press [최동철 옮김, 『갈등의 전략』, 나남, 1992].

Schickler, Eric. 2001. *Disjointed Pluralism: Institutional Innovation and the Development of the U.S. Congress*. Princeton, NJ: Princeton University Press.

Schlesinger, Arthur, Jr. 1965. *A Thousand Days: John F. Kennedy in the White House*. Boston: Houghton Mifflin[한상범 옮김, 『케네디 : 그 영광, 그 고뇌의 생애 : 백악관의 천일』, 동서문화원, 1967].

Schmitter, Philippe C. 1971. *Interest Conflict and Political Change in Brazil*. Stanford, CA: Stanford University Press.

_____. 1974. "Still the Century of Corporatism?" *Review of Politics* 36, no. 1: 85-131.

_____. 1977. "Modes of Interest Intermediation and Models of Societal Change in Western Europe." *Comparative Political Studies* 10, no. 1 (April): 7-38.

Schmitter, Philippe C., and Ernst B. Haas. 1964. *Mexico and Latin American Economic Integration*. Berkeley: University of California, Berkeley, Institute of International Studies.

Schrodt, Philip A. 2006. "Beyond the Linear Frequentist Orthodoxy." *Political Analysis* 14, no. 3: 335-39.

Scott, James C. 1976. *The Moral Economy of the Peasant: Rebellion and Subsistence in Southeast Asia*. New Haven, CT: Yale University Press[김춘동 옮김, 『농민의 도덕 경제』, 아카넷, 2004].

Sewell, William H., Jr. 1967. "Marc Bloch and the Logic of Comparative History." *History and Theory* 6, no. 2: 208-18.

_____. 1985. "Ideologies and Social Revolutions: Reflections on the French Case." *Journal of Modern History* 57, no. 1: 57-85.

Shea, Christopher. 1997. "Political Scientists Clash Over Value of Area Studies." *Chronicle of Higher Education* 43, no. 18, January 10.

Shepsle, Kenneth A. 1978. *The Giant Jigsaw Puzzle. Democratic Committee Assignments in the Modern House*. Chicago: University of Chicago Press.

Simon, Herbert A. 1957. *Models of Man*. New York: Wiley.

Skocpol, Theda. 1973. "A Critical Review of Barrington Moore's *Social Origins of Dictatorship and Democracy*." *Politics and Society* 4, no. 1 (Fall): 1-35.

_____. 1976. "France, Russia, China: A Structural Analysis of Social Revolutions." *Comparative Studies in Society and History* 18, no. 2 (April): 175-210.

_____. 1977. "Wallerstein's World Capitalist System: A Theoretical and Historical Critique." *American Journal of Sociology* 82, no. 5: 1075-90.

_____. 1979. *States and Social Revolutions: A Comparative Analysis of France, Russia, and China*. New York: Cambridge University Press[한창수·김현택 옮김, 『국가와 사회혁명 : 혁명의 비교연구』, 까치, 1981].

_____. 1980. "Political Responses to Capitalist Crisis: Neo-Marxist Theories of the State and the Case of the New Deal." *Politics and society* 10, no. 2: 155-201.

_____. 1982. "Rentier State and Shi'a Islam in the Iranian Revolution." *Theory and Society* 11, no. 3: 265-83.

_____, ed. 1984. *Vision and Method in Historical Sociology*. New York: Cambridge University Press[박영신·이준식·박희 옮김, 『역사사회학의 방법과 전망』, 대영사, 1986].

_____. 1985a. "Bringing the State Back In: Strategies of Analysis in Current Research." In *Bringing the State Back In*, ed. Peter Evans, Dietrich Rueschemeyer, and Theda Skocpol, 3-37. New York: Cambridge University Press.

_____. 1985b. "Cultural Idioms and Political Ideologies in the Revolutionary Reconstruction of State Power: A Rejoinder to Sewell." *Journal of Modern History* 57, no. 1: 86-96.

_____. 1986. "Analyzing Causal Configurations in History: A Rejoinder to Nicholls." *Comparative Social Research* 9: 187-94.

_____. 1988. "An 'Uppity Generation' and the Revitalization of Macroscopic Sociology: Reflections at Mid-Career by a Woman from the Sixties." *Theory and Society* 17, no. 5: 627-43.

_____. 1992. *Protecting Soldiers and Mothers: The Political Origins of Social Policy in the United States*. Cambridge, MA: Harvard University Press.

_____. 1994. *Social Revolutions in the Modern World*. New York: Cambridge University Press.

_____. 1996. *Boomerang: Clinton's Health Security Effort and the Turn Against Government in U.S. Politics*. New York: W. W. Norton.

_____, ed. 1998. *Democracy, Revolution, and History*. Ithaca, NY: Cornell University Press.

_____. 2000. *The Missing Middle: Working Families and the Future of American Social Policy*. New York: W. W. Norton.

_____. 2003a. *Diminished Democracy: From Membership to Management in American Civic Life*.

Norman: University of Oklahoma Press[강승훈 옮김, 『민주주의의 쇠퇴 : 미국 시민 생활의 변모』, 한울, 2010].

_____. 2003b. "Doubly Engaged Social Science: The Promise of Comparative Historical Analysis." In *Comparative Historical Analysis in the Social Sciences*, ed. James Mahoney and Dietrich Rueschemeyer, 407-28. New York: Cambridge University Press.

Skocpol, Theda, Marjorie Abend-Wein, Christopher Howard, and Susan Goodrich Lehmann. 1993. "Women's Associations and the Enactment of Mothers' Pensions in the United States." *American Political Science Review* 87, no. 3 (September): 686-701.

Skocpol, Theda, and Kenneth Finegold. 1982. "State Capacity and Economic Intervention in the Early New Deal." *Political Science Quarterly* 97, no. 2: 255-78.

_____. 1990. "Explaining New Deal Labor Policy." *American Political Science Review* 84, no. 4 (December): 1297-1304.

Skocpol, Theda, Marshall Ganz, and Ziad Munson. 2000. "A Nation of Organizers: The Institutional Origins of Civic Voluntarism in the United States." *American Political Science Review* 94, no. 2 (September): 527-46.

Skocpol, Theda, and Ann Shola Orloff. 1984. "Why not Equal Protection?" *American Sociological Review* 49, no. 6: 726-50.

Skocpol, Theda, and Margaret Somers. 1980. "The Uses of Comparative History in Macrosocial Inquiry." *Comparative Studies in Society and History* 22, no. 2 (October): 174-97[임현진 옮김, "거시사회 연구에 있어서 비교사의 유용성," 『비교사회학: 방법과 실제 I』, 열음사, 1990].

Skocpol, Theda, and Margaret Weir. 1985. "State Structures and the Possibilities for 'Keynesian' Reponses to the Great Depression in Sweden, Britain, and the United States." In *Bringing the State Back In*, ed. Peter Evans, Dietrich Rueschemeyer, and Theda Skocpol, 107-63. New York: Cambridge University Press.

Skowronek, Stephen. 1982. *Buildings New American State: The Expansion of National Administrative Capacities,* 1877~1920. New York: Cambridge University Press.

Smelser, Neil J. 1968. "The Methodology of Comparative Analysis of Economic Activity." In *Essays in Sociological Explanation*, ed. Neil J. Smelser, 62-75. Englewood Cliffs, NJ: Prentice-Hall.

_____. 1973. "The Methodology of Comparative Analysis." In *Comparative Research Methods*, ed. Donald P. Warwick and Samuel Osherson, 42-86. Englewood Cliffs, NJ: Prentice-Hall.

_____. 1976. *Comparative Methods in the Social Sciences*. Englewood Cliffs, NJ: Prentice-Hall [일부가 『비교사회학: 방법과 실제 I』, 열음사, 1990에 번역되어 있다: 국민호 옮김, "비교분석가로서의 토크빌" ; 김용학 옮김, "뒤르케임의 비교 방법" ; 이정택 옮김, "기술적 묘사와 인과적 설명에 관한 비교분석 방법론"].

Stein, Howard, and Ernest J. Wilson, eds. 1993. "Robert Bates, Rational Choice and the Political Economy of Development in Africa." *A Special issue of World Development* 21, no. 6: 1033-81.

Stepan, Alfred. 1971. *The Military in Politics : Changing Patterns in Brazil*. Princeton, NJ: Princeton University Press.

Stouffer, Samuel A., Arthur A. Lumsdaine, Marion Harper Lumsdaine, Robin M. Williams Jr., M. Brewster Smith, Irving L. Janis, Shirley A. Star, and Leonard S. Cottrell Jr. 1949. *The American Soldier*. Princeton, NJ: Princeton University Press.

Swers, Michele L. 2002. *The Difference Women Make : The Policy Impact of Women in Congress*. Chicago: University of Chicago Press.

Tilly, Charles, ed. 1975. *The Formation of National States in Western Europe*. Princeton, NJ: Princeton University Press.

_____. 1978. *From Mobilization to Revolution*. Reading, MA: Addison-Wesley[진덕규 옮김, 『동원에서 혁명으로』, 학문과 사상사, 1995].

_____. 1981. "Useless Durkheim." In *As Sociology Meets History*, Charles Tilly, 95-108. New York: Academic Press.

Tilly, Charles, with Edward Shorter. 1974. *Strikes in France, 1830~1968*. New York: Cambridge University Press.

Wallerstein, Immanuel. 1974. *The Modern World-System: Capitalist Agriculture and the Origins of the European World-Economy in the Sixteenth Century*. New York: Academic Press[나종일 외 옮김, 『근대세계체제』 I·II·III, 까치, 1999].

Weber, Marianne. 1975. *Max Weber: A Biography*. New York: Wiley[조기준 옮김, 『막스 베버: 세기의 전환기를 이끈 위대한 사상가』, 소이연, 2010].

Weber, Max. 1946. "Science as a Vocation." In *From Max Weber : Essays in Sociology*, ed. Hans H. Gerth and C. Wright Mills, 129-56. New York: Oxford University Press[이상률 옮김, 『직업으로서의 학문』, 문예출판사, 2009].

_____. 1951. *The Religion of China: Confucianism and Taoism*. Glencoe, IL: The Free Press.

_____. 1958. *The Religion of India: The Sociology of Hinduism and Buddhism*. Glencoe, IL: The Free Press.

_____. 1967. *Ancient Judaism*. New York: The Free Press.

_____. 1978. *Economy and Society: An Outline of Interpretive Sociology*. Berkeley: University of California Press.

Weber, Ronald E., and William R. Shaffer. 1972. "Public Opinion and American State Policy-Making." *Midwest Journal of Political Science* 16, no. 4 (November): 683-99.

Weibull, Jörgen W. 1995. *Evolutionary Game Theory*. Cambridge: MIT Press.

Weiner, Myron. 1978. *Sons of the Soil: Migration and Ethnic Conflict in India*. Princeton, NJ: Princeton University Press.

Weir, Margaret, Ann Shola Orloff, and Theda Skocpol, eds. 1988. *The Politics of Social Policy in the United States*. Princeton, NJ: Princeton University Press.

Wildavsky, Aaron. 1987. "Choosing Preferences by Constructing Institutions: A Cultural Theory of Preference Formation." *American Political Science Review* 81, no. 1: 3-22.

Young, Crawford. 1976. *The Politics of Cultural Pluralism*. Madison: University of Wisconsin Press.

Young, H. Peyton. 1998. *Individual Strategy and Social Structure: An Evolutionary Theory of Institutions*. Princeton, NJ: Princeton University Press.

Znaniecki, Florian. 1934. *The Method of Sociology*. New York: Farrar & Rinehart.

Zolberg, Aristide R. 1965. *Creating Political Order: The Party-States of West Africa*. Chicago: Rand McNally Publishers.

# ㄱ

347, 453

국제사회학회 International Sociological Association, ISA  71

국제정치학회 International Political Science Association, IPSA  258

굿윈, 도리스 컨스 Goodwin, Doris Kearns  104

귀납  39, 43, 139, 146, 322, 415

그람시, 안토니오 Gramsci, Antonio  282, 295, 301, 315

그랜트, 루스 W. Grant, Ruth W.  175

그리프, 애브너 Greif, Avner  137, 143

그린, 도널드 Green, Donald  348

그린스톤, J. 데이비드 Greenstone J. David  206

『근대화와 관료적 권위주의』*Modernization and Bureaucratic Authoritarianism*(1973)  218, 241

글럭먼, 맥스 Gluckman, Max  117-120

글리크먼, 하비Glickman, Harvey  102

기능주의  319, 320, 373, 420, 440

길레스피, 마이클 A. Gillespie, Michael A.  175

길레스피, 존 V. Gillespie, John V.  247


ㄴ


나겔, 잭 Nagel, Jack  274

내시, 존 Nash, John  121, 130

노스, 더글러스 C. North, Douglass C.  129, 130

노스, 리자 L. North, Liisa L.  211, 212

노스웨스턴 대학  11, 14, 16-18, 40

노터데임 대학  228, 250, 254

놀, 로저 G. Noll, Roger G.  168, 171

뉴욕 대학  11, 68, 69, 73

니콜스, 엘리자베스 Nichols, Elizabeth  430

리버스, 더글러스 Rivers, Douglas  168

리엔, 도널드 Lien, Donald Da-Hsiang  147, 150

리핀쿠트 2세, 월디 Lippincott, Jr., Walter  385

리히바흐, 마크Lichbach, Mark  345

립셋, 시모어 마틴 Lipset, Seymour Martin  10, 27, 34, 39, 111, 112, 187, 199, 200, 249,
    281, 349, 354, 373, 376, 390

립턴, 마이클 Lipton, Michael  127


■

마넹, 버나드 Manin, Bernard  54, 55, 68, 69

마라발, 호세 마리아 Maravall, José María  30, 73

마르쿠제, 헤르베르트 Marcuse, Herbert  282

마르크스, 칼 Marx, Karl  24, 27, 28, 51, 59, 70, 370, 379, 389, 399, 422, 423

마르크스주의  15, 16, 22, 47, 51, 59, 70-72, 75, 114, 126, 175, 282, 358, 379, 383, 387,
    389, 397, 403, 404, 423, 430, 432, 441

마이어, 알프레트 G. Meyer, Alfred G.  364

마이어슨, 로저 B. Myerson, Roger B.  136

마즈루이, 알리 A. Mazrui, Ali A.  287, 288

마호니, 제임스 Mahoney, James  225, 262, 449

맞교환  24, 52, 239

매사추세츠 공과대학 MIT  97, 105-107, 109, 111, 114, 115, 120, 122, 144, 190

매코널, 그랜트 McConnell, Grant  184, 185, 205, 206

맥레이 2세, 덩컨 McRae, Duncan, Jr.  207, 208

맥커빈스, 매슈 D. McCubbins, Mathew D.  328

맥피, 윌리엄 N. McPhee, William N.  106, 172

맨스바흐, 리처드 Mansbach, Richard  274

맨체스터 대학  117-121

맨체스터학파  117-119, 169

머러, 존 V. Murra, John V.  198

머튼, 로버트 킹 Merton, Robert King  172, 319

삼차원 방법론tripartite methodology  270, 317-319, 324, 325, 337, 342, 348, 351, 353

새뮤얼슨, 폴 Samuelson, Paul  103, 343

샤, 존 Schaar, John H.  277

샤라드, 무니라 Charrad, Mounira  454

샤피로, 마틴 Shapiro, Martin  327

샤피로, 이언 Ian Shapiro  348

서머스, 래리 Summers, Larry  177

설문 조사  110, 119, 184, 202, 210, 211, 300, 332, 427

『세계 정치』 World Politics  35, 200, 221, 279, 284

세라, 주제 Serra, José  220

셔크, 수전 Shirk, Susan L.  327

셰보르스키, 애덤 Przeworski, Adam  307, 328, 329, 342, 352, 353

셰이부브, 호세 안토니우 Cheibub, José Antônio  73

셰프터, 마틴 Shefter, Martin  442

셸링, 토머스 Schelling, Thomas C.  32, 275, 302

셉슬, 케네스 Shepsle, Kenneth A.  151, 170, 182, 189, 439, 440

소머스, 마거릿 Somers, Margaret  248

소스키스, 데이비드 Soskice, David  352

수니, 로널드 Suny, Ronald  328

수아레스, 파블로 Suarez, Pablo  20

슈로트, 필립 Schrodt, Philip A.  264

슈미터, 필립 Philippe Schmitter  26, 30-32, 68, 90, 204-206, 213

슈미트, 칼 Schmitt, Carl  13

슐레이퍼, 안드레이 Shleifer, Andrei  312

스나이더, 리처드 Snyder, Richard  17

스멜서, 닐 Smelser, Neil  248, 278, 290, 297, 319

스미스, 버넌 Smith, Vernon  153

스베르, 미셸 Swers, Michele  454

스워스모어 대학 Swarthmore College  271, 273-275, 281, 286

스카치폴, 테다 Theda Skocpol  224, 248

스코로넥, 스티븐 Skowronek, Stephen  407

스콧, 제임스 James C. Scott  126, 149, 151, 162, 178, 182, 443

알몬드, 게이브리얼 Almond, Gabriel  233, 279, 300, 351, 443

알베르티, 조르조 Alberti, Giorgio  209, 212

알튀세르, 루이 Althusser, Louis  70, 370

알트, 제임스 Alt, James  439, 440

애리조나 주립 대학 Arizona State University  244, 259

앤더슨, 페리 Anderson, Perry  175, 282, 331, 390, 398, 418

앨커, 헤이워드 R. Alker, Hayward R.  111

앱터, 데이비드 E. Apter, David E.  278

양적 연구(방법)  111, 194, 195, 202, 204, 205, 207, 216, 217, 227, 231, 233, 235, 237-241,
    243, 244, 247, 251, 252, 255, 257, 258, 260, 261, 263-265, 270, 299, 300, 340,
    351-353, 397, 424, 426, 445, 454

에릭슨, 로버트 S. Erikon, Robert S.  257

에머슨, 루퍼트 Emerson, Rupert  200

에번스, 피터 B. Evans, Peter B.  358, 379, 400, 401, 442

엘스터, 욘 Elster, Jon  57, 59, 68-70, 85, 86, 139, 324, 328, 329

엡스타인, 에드워드 C. Epstein, Edward C.  212

『역사 사회학의 방법과 전망』 Vision and Method in Historical Sociology(1984)  358, 397-400

역사 제도주의  194, 403, 428, 439

역진 귀납  146

연역  43, 57, 58, 96, 97, 139, 256, 415

『열대 아프리카의 시장과 국가』 Markets and States in Tropical Africa(1981)  96, 127, 129, 130,
    143, 150, 160, 338

영, 크로퍼드 Young, Crawford  310

예일 대학교  149, 219, 275, 278, 280, 281, 331, 441

오도넬, 기예르모 O'Donnell, Guillermo  26, 30-32, 85, 89, 204, 218-221, 228, 230, 241, 256

오스트로고르스키, 모이세이 Y. Ostrogorski, Moisei Y.  112

오스트롬, 빈센트 A. Ostrom, Vincent A.  247

오스트롬, 엘리너 C. A. Ostrom, Elinor C. A.  247

옥스퍼드 대학  119

올드리치, 존 Aldrich, John H.  176

올슨, 맨커 Olson, Mancur  275

와이너, 마이런 Weiner, Myron  108, 110, 114, 124, 171

# ㅍ

프리드리히, 칼 Friedrich, Carl  38

프리드먼, 데이비드 Freedman David  250, 252

프리드민, 해리엇 Friedman, Harriet  379

프리위트, 케네스 Prewitt, Kenneth  256

프린스턴 대학  121, 228, 250, 441

플라톤 Plato  15, 55

플롯, 찰스 Plott, Charles R.  168

플롯케, 데이비드 Plotke, David  372

피니프터, 에이다 Finifter, Ada  314

피셔, 클로드 S. Fischer, Claude S.  379

피어슨, 폴 Pierson, Paul  249, 439

피오리나 2세, 모리스 P. Fiorina, Morris P., Jr.  146, 168, 440

피트킨, 한나 Pitkin, Hanna F.  249, 276, 277, 290


# ㅎ

하딘, 러셀 Hardin, Russell  68, 69, 328

하버드 대학  97, 105, 115, 120, 122, 142, 151, 153, 158, 165, 168, 175-177, 181, 182, 195, 199-201, 209, 248, 249, 274, 275, 339, 340, 351, 359, 363, 365, 368, 369, 373, 375, 376, 379, 385, 390, 396, 398, 400, 404, 409, 423, 428, 432, 437, 438, 439, 441, 442, 445, 446, 454

하버포드 대학 Haverford College  97, 102, 103, 107

하스, 에른스트 B. Haas, Ernst B.  204, 249, 276, 277, 280, 282, 283, 289, 290, 297, 316, 331

하트, 제프리 Hart, Jeffrey  274

하틀린, 조너선 Hartlyn, Jonathan  222

한, 로버트 W. Hahn, Robert W.  133

한센, 존 마크 Hansen, John Mark  328

합리적 선택이론  10, 83, 87, 96, 97, 132, 142, 145, 147, 152-154, 156, 157, 172, 177-179, 185, 189, 318, 319, 344, 348, 402, 403, 420, 430, 431, 439, 440, 449, 450

핸들먼, 하워드 Handelman, Howard  212

행태과학고등연구소 Center for Advanced Study in the Behavioral Sciences  137